应用型本科“十三五”规划教材
立信精品教材

市场营销理论与实践

主　编　李峻峰　王　希
副主编　肖　葵　桂光泽

立信会计出版社
LIXIN ACCOUNTING PUBLISHING HOUSE

图书在版编目(CIP)数据

市场营销理论与实践/李峻峰，王希主编. —上海：
立信会计出版社，2017.1(2022.12重印)
应用型本科“十三五”规划教材　立信精品教材
ISBN 978-7-5429-5305-6

Ⅰ.①市…　Ⅱ.①李…②王…　Ⅲ.①市场营销学—高等学校—教材　Ⅳ.①F713.50

中国版本图书馆CIP数据核字(2017)第008642号

策划编辑　陈　旻
责任编辑　陈　旻
封面设计　南房间

市场营销理论与实践

SHICHANG YINGXIAO LILUN YU SHIJIAN

出版发行	立信会计出版社		
地　　址	上海市中山西路2230号	邮政编码	200235
电　　话	(021)64411389	传　　真	(021)64411325
网　　址	www.lixinaph.com	电子邮箱	lixinaph2019@126.com
网上书店	http://lixin.jd.com		http://lxkjcbs.tmall.com
经　　销	各地新华书店		

印　　刷	苏州市古得堡数码印刷有限公司		
开　　本	787毫米×1092毫米	1/16	
印　　张	18.75		
字　　数	465千字		
版　　次	2017年1月第1版		
印　　次	2022年12月第2次		
书　　号	ISBN 978-7-5429-5305-6/F		
定　　价	36.00元		

如有印订差错，请与本社联系调换

前　言

市场营销学是建立在经济学、管理学和行为科学等学科基础上的一门新兴的、综合性应用学科。作者在吸收了中外市场营销学权威理论的基础上，融合了多年来在市场营销学领域教学、科研和实践方面的经验，编写了本书。

本书具有如下特点：

1. 理论深厚。在本书的编写过程中，编者们研究了国内外市场营销学学术权威的经典论著，如菲利普·科特勒编著的多种版本的营销管理教材以及多位知名学者编写的各种市场营销学教材，因此本书在理论体系上比较全面和系统。

2. 实操性强。为了培养市场营销的实践能力，本书增加了大量的案例教学和技能训练教学。

3. 案例新颖。本书力求反映近年来市场营销学的新发展，所引用的案例主要是近年来发生的具有一定影响力的案件，因此，本书具有一定的时代性。

本书的编写力求结合国内外市场营销的最新发展理论，准确地阐述市场营销的科学原理，尽可能全面、系统地介绍市场营销学的基础理论，充分体现市场营销理论科学性和系统性的特点。在具体内容上，本书力争反映当前市场营销理论研究的新方法和面临的新问题，提供具体可操作的技巧与策略，贴近现实生活，理论联系实际，突出实用性和可操作性。

本书既可以作为各院校经济管理类与非经济管理类专业学生使用的教材，又可以作为各行各业、不同层次的管理者和市场营销人员自学和研究市场营销学的参考用书。本书的每章后都附有本章小结、同步测试和技能训练，还有配套的PPT课件，帮助读者加深对有关理论和内容的理解。

本书由李峻峰、王希担任主编，肖葵、桂光泽担任副主编。朱再昱对全书进行主审。

在本书编写过程中，编者们参考了大量的市场营销著作以及市场营销学的最新成果、案例，在此向有关作者表示深深的谢意。

由于编者水平有限，书中难免有疏漏和不当之处，恳请各位专家、学者和读者批评指正。

编　者

2017年1月

目　　录

第一章
绪　　论

【学习目的与要求】 本章主要介绍市场和市场营销的基本知识；分析市场营销的管理哲学及其演进过程。学生应掌握营销的基本概念，明确营销的普遍职能等。

市场营销学是近百年来发展最快的管理学科之一。当今，技术革命正在改变着营销规则，促进市场的全球化，使得企业可以跨越国界制造、采购和销售。例如，您身上穿的休闲裤可能是由法国时装师设计，用美国种植的棉花织成的布，在马来西亚缝制的；挂在衣橱里的衬衫可能是由美国企业设计，用亚洲生产的丝绸，在巴西缝制的。企业经营环境的迅速变化向企业提出了挑战。它们必须寻找消费者和分析顾客需求，使这些顾客了解本企业可以满足哪些需求。如何在当今相互作用的市场上取得成功的营销策略，是企业重点思考的问题。

第一节　市场和市场营销

【案例导入】　　　　**两家小店**

有两家卖粥的小店，左边这家和右边那家每天的顾客量相差不多，都是川流不息，人进人出的。然而晚上结算的时候，左边这家总是比右边那家多出了百十来元。天天如此。于是，我走进了右边那家粥店。服务小姐微笑地把我迎进去，给我盛好一碗粥，问："加不加鸡蛋？"我说："加。"于是她给我加了一个蛋。每进来一个顾客，服务员都要问一句："加不加鸡蛋？"有说加的，也有说不加的，大概各占一半。

我又走进左边那家小店。服务小姐同样微笑着把我迎进去，给我盛好一碗粥。问："加一个鸡蛋，还是加两个鸡蛋？"我笑了，说："加一个。"

再进来一个顾客，服务员又问一句："加一个鸡蛋，还是加两个鸡蛋？"爱吃鸡蛋的就要求加两个，不爱吃的就要求加一个。也有不加的，但是很少。一天下来，左边这家小店就要比右边那家多卖出很多个鸡蛋。

【引例分析】

给别人留有余地，更要为自己争取尽可能大的领地。只有这样，才会于无声处获胜。销售不仅仅是方法问题，更多的是对消费心理的理解。

一、市场及其相关概念

(一) 构成市场的条件

市场营销一般意义上可理解为与市场有关的人类活动。因此,我们首先要了解市场及其相关概念。

在日常生活中,人们习惯将市场看作是买卖的场所,如集市、商场、商品批发市场等。这是一个时空(时间和空间)市场概念。营销学家菲利普·科特勒(Philip Kotler)指出:"市场由一切具有特定欲望和需求并且能够以交换来满足这些需求的潜在顾客所组成。"①我们可以从三个方面来理解市场的含义:

首先,市场是建立在社会分工和商品生产,即商品经济基础上的交换关系。这种交换关系是由一系列交易活动构成,并由商品交换规律(其基本规律是价值规律)所决定的。

其次,现实市场的存在要有若干基本条件。这些条件包括:

(1) 存在消费者(用户)一方,他们有某种需要和欲望,并拥有可供交换的资源。

(2) 存在生产者(供给者)另一方,他们能提供满足消费者(用户)需求的产品或服务。

(3) 要有促成交换双方达成交易的各种条件,如双方接受的价格、时间、空间、信息和服务方式等。

最后,市场的发展是一个由消费者(买方)决定,而由生产者(卖方)推动的动态过程。在组成市场的双方中,买方需求是决定性的。

(二) 从不同角度理解市场的概念

市场的概念不是一成不变的,而是随商品经济的发展而变化的,在不同的历史时期、不同的场合,具有不同的含义,因此,应从多角度理解市场:

(1) 从地理的角度出发,市场是商品交换的场所,亦即买卖双方发生联系和作用的地点或地区。这是从地理位置、形式而言的,它是具体的,指的是商品买与卖的地方,如某某市场、某某百货商场等。这是人们对市场的一般认识,也是市场最早出现的形态。我国《易经》中所讲的"日中为市,致天下之民,聚天下之货,交易而退,各得其所",就是对这种古典市场及其活动的具体而生动的描述。

(2) 从商品销售者的角度出发,市场是某一产品的所有现实和潜在买主需求的总和。这种观点认为,商品的销售者(卖方)构成行业,商品的购买者(买方)才构成市场。从这个角度来讲,顾客就是市场,这里说的市场并不是指交易场所的大小,而是指当地的消费者对某商品需求量的大小,即现实、潜在的购买者的多少。对于一切既定的商品来说,市场包含三个要素,即有某种需要的人、为满足这种需要的购买力和购买欲望,如果用公式来表示,就是:

$$市场 = 人口 \times 购买力 \times 购买欲望$$

从上面的公式看,市场首先是指人口,因为人是构成市场的主体,但仅有人口还不能形成市场,还必须要具有购买商品的能力,同时还必须有购买的欲望,这样才能形成市场。就是说,市场的三个要素是相互影响和相互制约的统一体,缺少某一个要素,都不能形成一个现实的市场,只有三者结合起来才能构成现实的市场,才能决定市场的规模和容量。

---

① 菲利普·科特勒,等.市场营销管理[M].亚洲版(上).郭国庆,等,译.北京:中国人民大学出版社,1997(8).

(3) 从商品供求关系的角度出发，市场是买主、卖主力量的集合，是商品供求双方的力量相互作用的总和。市场反映的是"供求强度"，买方市场和卖方市场反映了供求力量的相对强度，反映交易力量的不同状况。在买方市场，商品供应量大于需求量，需求力量占有利地位，商品价格趋于下降，顾客支配着销售关系；在卖方市场，商品的需求量大于供给量，卖方占据交易关系的主导地位，商品价格往往高于正常水平。判断市场供求力的相对强度和变化趋势，对企业进行营销决策具有重要意义。

(4) 从"社会整体市场"的概念出发，市场是指商品的流通领域，反映的是商品流通的全局，是交换关系的总和。在现实经济生活中，任何一个商品生产经营者的买卖活动，总是与其他商品生产经营者的买卖活动紧密联系在一起，由此，就形成了商品流通全局，成为有机的整体市场。这就告诉我们，不仅任何一个企业都只能在整体市场上开展营销活动，而且必定会与市场保持着输入输出的关系。因此，市场是企业赖以生存、发展的空间和环境。

市场的不同概念对企业市场营销具有现实意义。总体而言，前三种概念对于企业具有微观的意义，第四种对于企业营销具有宏观的意义。企业不仅要研究本企业产品的销售地点、目标市场和供求态势，而且必须面对整体市场，通观流通全局，厘清本企业的营销活动与整体市场以至整个社会经济运行的内在联系，以开展正确、有效的市场营销活动，促进企业经济效益的提高。但是，从企业营销的角度来研究市场，同行业供给者，即其他销售者都是竞争者，而不是市场，中心问题是要研究买主的需要、欲望及其购买行为等，以利于开展市场营销活动，因此，市场营销学所研究的"市场"是上述第二种含义的市场，即具有特定需要和欲望，而且愿意并能够通过交换来满足这种需要或欲望的现实及潜在顾客的总和。在这里，市场专指买方，而不包括卖方；专指需求，而不包括供给。卖方组成产业，买方组成市场。因此，在市场营销学的范畴里，"市场"往往等同于"需求"，西方营销学著作中经常交替使用这两个概念。这就是营销学所理解的市场概念，营销学也正是在这个意义来研究市场的。

二、市场营销概述

(一) 市场营销的定义

国内外学者对市场营销的定义有上百种，企业界对营销的理解更是各有千秋。美国学者基恩·凯洛斯曾将各种市场营销定义分为三类：一是将市场营销看作一种为消费者服务的理论；二是强调市场营销是对社会现象的一种认识；三是认为市场营销是通过销售渠道把生产企业同市场联系起来的过程。① 这从一个侧面反映了市场营销的复杂性。本书采用了著名营销学家菲利普·科特勒教授的定义：市场营销是个人和群体通过创造并同他人交换产品和价值以满足需求和欲望的一种社会和管理过程。②

根据这一定义，可以将市场营销概念具体归纳为下列要点：

(1) 市场营销的最终目标是"满足需求和欲望"。

(2) "交换"是市场营销的核心，交换过程是一个主动、积极地寻找机会，满足双方需求、欲望的社会过程和管理过程。

(3) 交换过程能否顺利进行，取决于营销者创造的产品和价值满足顾客需求的程度和

---

① 基恩·凯洛斯. 什么是确切的市场营销[J]. 纽约：市场营销评论，1975(4).

② 菲利普·科特勒，等. 市场营销管理[M]. 亚洲版(上). 郭国庆，等，译. 北京：中国人民大学出版社，1997(8).

交换过程管理的水平。

（二）市场营销的相关概念

1. 需要、欲望和需求

需要和欲望是市场营销活动的起点。所谓需要，是指人类与生俱来的基本需要。例如，人类为了生存必然有对吃、穿、住、安全、归属、受人尊重的需要。这些需要存在于人类自身生理和社会之中，市场营销者可用不同方式去满足它，但不能凭空创造。

欲望是指想得到上述需要的具体满足品的愿望，是个人受不同文化及社会环境影响而表现出来的对基本需要的特定追求。例如，为满足"解渴"的生理需要，人们可能选择（追求）喝水、茶、汽水和果汁等。市场营销者无法创造需要，但可以影响欲望，开发及销售特定的产品和服务来满足欲望。

需求是指人们有能力购买并愿意购买某个具体产品的欲望。需求实际上也就是对某特定产品及服务的市场需求。市场营销者总是通过各种营销手段来影响需求，并根据对需求的预测结果决定是否进入某一产品（服务）市场。

2. 产品

在营销学中，产品特指能够满足人的需要和欲望的任何东西。产品的价值不在于拥有它，而在于给我们带来的对欲望的满足。人们购买小汽车不是为了观赏，而是为了得到它所提供的交通服务。产品实际上只是获得服务的载体。这种载体可以是物，也可以是"服务"，如人员、地点、活动、组织和观念等。当我们心情烦闷时，为满足轻松解脱的需要，可以去参加音乐会，听歌手演唱（人员）；可以到风景区旅游（地点）；可以参加希望工程（活动）；可以参加消费者假日俱乐部（组织）；也可以参加研究会，接受一种不同的价值观（观念）。市场营销者必须清醒地认识到，其创造的产品不管形态如何，如果不能满足人们的需要和欲望，就必然会失败。

3. 效用、费用和满足

效用是消费者对产品满足其需要的整体能力的评价。消费者通常根据这种对产品价值的主观评价和支付的费用来作出购买决定。例如，某人为满足其每天上班的交通需要，会对能满足这种需要的产品选择组合（如自行车、摩托车、公交车、出租车等）和他的需要组合（如速度、安全、方便、舒适、经济等）进行综合评价，以决定哪一种产品能提供最大的总满足。假如他主要对速度和舒适感兴趣，也许会考虑购买汽车。但是，汽车购买与使用的费用要比自行车高许多。若购买汽车，他必须放弃用其有限收入可购置的许多其他产品（服务）。因此，他将全面衡量产品的费用和效用，选择购买能使每一元花费带来最大效用的产品。

4. 交换、交易和关系

交换是指从他人处取得所需之物，而以自己的某种东西作为回报的行为。人们对满足需求或欲望之物的取得可以有多种方式，如自产自用、强取豪夺、乞讨和交换等。其中，只有交换方式才存在市场营销。交换的发生，必须具备五个条件：①至少有交换双方；②每一方都有对方需要的有价值的东西；③每一方都有沟通和运送货品的能力；④每一方都可以自由地接受或拒绝；⑤每一方都认为与对方交易是最合适或称心的。

交易是交换的基本组成单位，是交换双方之间的价值交换。交换是一种过程，在这个过程中，如果双方达成一项协议，我们就称之为发生了交易。交易通常有两种方式：一是货币交易，如甲支付 800 元给商店而得到 1 台微波炉；二是非货币交易，包括以物易物、以服务易服务的交易等。一项交易通常要涉及几个方面:①至少2件有价值的物品;②双方同意的交易条件、时间和地点;③由法律制度来维护和迫使交易双方执行承诺。

一些学者将建立在交易基础上的营销称为交易营销。为使企业获得较之交易营销所得到的更多,就需要关系营销。关系营销是市场营销者与顾客、分销商、经销商和供应商等建立、保持并加强合作关系,通过互利交换及共同履行诺言,使各方实现各自目的的营销方式。与顾客建立长期合作关系是关系营销的核心内容。与各方保持良好的关系要依靠长期承诺和提供优质产品、良好服务和公平价格,以及加强经济、技术和社会各方面联系来实现。关系营销可以节约交易的时间和成本,使市场营销宗旨从追求每一笔交易利润最大化转向追求各方利益关系最大化。

5. 市场营销与市场营销者

交换双方中,如果一方比另一方更主动、更积极地寻求交换,我们就将前者称为市场营销者,后者称为潜在顾客。换句话说,所谓市场营销者,是指希望从别人那里取得资源并愿意以某种有价值的东西作为交换的人。市场营销者可以是卖方,也可以是买方。当买卖双方都表现积极时,我们就把双方都称为市场营销者,并将这种情况称为相互市场营销。

第二节 市场营销观念及其发展

【案例导入】 Facebook让瑞士小镇Obermutten闪闪发光

这个位于瑞士山上,原本只有78个居民的超迷你小镇,因为一个脸书活动而震惊全世界!不是因为要送iphone5,也没有房子可以抽奖,而是,只要你愿意加入这个粉丝页按个赞,该镇的市长承诺,你的大头贴将会被印出来,贴在小镇的布告栏上。对照世界各大观光景点,这个原本默默无名的小镇,如果要拿出天然美景来硬拼,胜算很小,因此,她选择了另一条路,建立旅行者愿意到此一游的诱因,那就是“这个小镇跟我,有不一样的关系”,因为在那儿,曾经出现过我的玉照,这是其他景点所没有的,而这,就是她所创造的旅行的意义!现在,她为了收藏来自世界各地粉丝寄来的信件和礼物,成立了实体的友谊博物馆以展示这些纪念品。

【引例分析】

抓住旅游者“到此一游”的心理,设法找到品牌与消费者之间那个有意义的关系,才是让品牌与众不同的方法。

市场营销的实质是一个交换过程,在这一过程中,两个以上的参与者相互提供有价值的东西以满足各自的需要。在许多时候,人们用货币交换有形产品,如玩具、衣服和汽车;有时,人们用货币交换无形产品,如照顾孩子、理发和音乐会;还有些时候,人们捐款给福利事业或者为福利事业义务劳动,如红十字献血活动、建造学校的新体育馆或保护环境等活动。

虽然营销一直是企业经营的一部分,但许多市场营销学者把企业的市场观念称为企业之“魂”。因为企业的所有营销活动必然在一定的观念指导下进行,这种观念要清楚地阐明企业营销活动的责任和结果,使企业可以遵循一定的原则,处理营销活动中的效率、效果和社会责任等方方面面的问题。

一、市场营销管理及其哲学观念

(一) 市场营销管理

市场营销管理是企业为实现其目标,创造、建立并保持与目标市场之间的互利交换和关系而进行的分析、计划、执行与控制的过程。它的基本任务就是通过营销调研、计划、执行与控制,来管理目标市场的需求水平、时机和构成,以达到企业目标。换言之,营销管理的实质是需求管理。为了保证营销管理任务的实现,营销管理者必须对目标市场、市场定位、产品开发、定价、分销、信息沟通与促销作出系统决策。

企业市场营销管理的任务会随着目标市场的不同需求状况而有所不同。企业通常都会对目标市场设定一个预期交易水平,即"预期的需求水平",然而,期望不等于现实,实际需求水平可能低于或高于期望。营销者必须善于应付各种不同的需求状况,调整相应的营销管理任务。

下面是八种典型的不同需求状况及其相应的营销管理任务。

1. 负需求

负需求是指绝大多数人不喜欢,甚至愿意花一定代价来回避某种产品(如防疫注射、高胆固醇食品等)的需求状况。对于负需求市场,营销管理的任务是实行转换性营销,即分析市场为什么不喜欢这种产品,通过重新设计产品、降低价格和更积极促销等营销手段,来改变市场的信念和态度,将负需求转变为正需求。

2. 无需求

无需求是指目标市场对产品毫无兴趣或漠不关心的需求状况。例如,某些陌生的新产品,与消费者传统观念、习惯相抵触的产品,被认为无价值的废旧物资等。对无需求市场而言,营销管理的任务就是设法把产品的好处与人的自然需求、兴趣联系起来。

3. 潜伏需求

潜伏需求是指现有产品或劳务尚未满足的隐而不现的需求状况。例如,人们对无害香烟、癌症特效药品的需求。在潜伏需求情况下,营销管理的任务就是致力于市场营销研究和新产品开发,有效地满足这些需求。

4. 下降需求

下降需求是指市场对一个或几个产品的需求呈下降趋势的情况。营销管理者要分析衰退的原因,决定能否通过开辟新的目标市场、改变产品特色,或采用更有效的促销手段来重新刺激需求,扭转其下降趋势。

5. 不规则需求

不规则需求是指市场对某些产品(服务)的需求在不同季节、不同日期,甚至一天的不同时段呈现出很大波动的状况。例如,对旅游宾馆、公园、公共汽车和博物馆等服务需求,就是不规则需求。市场营销管理的任务就是通过灵活定价、大力促销以及其他刺激手段来改变需求的时间模式,努力使供、需在时间上协调一致。

6. 充分需求

充分需求是指某种产品或服务的需求水平和时间与预期相一致的需求状况。这时,营销管理的任务是密切注视消费者偏好的变化和竞争状况,经常测量顾客满意程度,不断提高产品质量,设法保持现有的需求水平。

7. 过量需求

过量需求是指某种产品(服务)的市场需求超过企业所能供给或愿意供给水平的需求状况。在过量需求的情况下,营销管理的任务是实施“低营销”,通过提高价格、合理分销产品、减少服务和促销等手段,暂时或永久地降低市场需求水平。

8. 有害需求

有害需求是指市场对某些有害物品或服务,如烟、酒、毒品、色情电影和黄色书刊等的需求。对此类需求,营销管理的任务是实行反营销,即宣传其危害性,劝说消费者放弃这种爱好和需求。对烟酒等商品,大幅度提高价格,以减少购买机会;而对毒品、黄色书刊,则应杜绝生产经营,采取适当措施来消灭需求。一般来说,对有害需求的限制和消除更需要宏观市场营销的力量,从道德与法律两个方面加以约束。

(二) 市场营销管理哲学

市场营销管理哲学是指企业从事营销活动的基本指导思想。它是一种观念、一种态度,或一种企业思维方式。即基于人们对市场状况这个客观环境的认识而产生的对于本企业营销活动的指导原则。在商品经济条件下,任何企业的营销活动都要受一定的指导思想支配。企业的营销决策人乃至一般的市场营销工作者,在从事他们所有的业务活动时都遵循着一定的指导思想,在经营指导思想的引导下,企业领导层制定出自己的营销计划、目标以及确定为达到这些目标要采用的策略、手段;同时,还要在这种指导思想的要求下进行营销管理、营销控制和检查营销计划的实施等。因此,对一个企业来说,有没有正确的经营指导思想(又称正确的市场观念)至关重要。我们学习西方发达国家企业的经营管理,不能只去了解它们的具体营销方法,还应先认识企业的经营指导思想及其与企业自身的发展以及和市场供求诸方面的关系。

二、企业的营销观念及发展

企业的市场营销活动是在特定的经营观念(或称营销管理哲学)指导下进行的。市场营销观念的核心是企业以什么为中心来开展营销活动,一种经营观念一旦形成,就会成为全社会在一定时期经营活动的行为准则。企业营销管理的指导思想是否符合形势,对企业营销管理能否成功和企业的兴衰成败影响极大。

1. 生产观念

生产观念产生于19世纪末20世纪初。由于社会生产力水平还比较低,商品供不应求,市场经济呈卖方市场状态。正是这种市场状态,导致了生产观念的流行。这表现为企业生产什么产品,市场上就销售什么产品。在这种营销观念指导下,企业的经营重点是努力提高生产效率,增加产量,降低成本,生产出让消费者买得到和买得起的产品。因此,生产观念也称为“生产中心论”。

20世纪初,生产阶段达到顶峰,亨利·福特的大批量生产线便是佐证。福特的口号是“消费者可以有不同着色的需要,而我们只生产黑色汽车”,这一口号反映出当时对营销的流行态度。在那时,产品短缺,需求旺盛,因此,不难理解为什么生产活动处于优先地位。

2. 产品观念

产品观念在生产观念基础上稍有进展,即企业以消费者会选择质量高的产品为前提,把企业营销活动的重点放在提高产品质量上,坚信只要企业能提高产品的质量、增加产品的功能便会顾客盈门,而不必讲究其他销售方式。“酒香不怕巷子深”是这种观念的形象说明。在这一观念的指导下，企业在营销管理中通常都缺乏远见，只看到自己的产品质量好，看不到市场的变化。这种产品观念主要是从自我出发，孤芳自赏，使产品改良和创新处于“闭门造车”状态。

3. 推销观念

从20世纪30年代到40年代初期，美国和欧洲的生产技术已相当先进，产量增加。推销观念认为，消费者通常有一种购买惰性或抗衡心理，若听其自然，他们一般不会主动购买企业的产品，因而营销管理的中心是积极推销和大力促销。这一时期的企业一味强调把自己生产出来的产品推销出去，而不注重生产能够出售的新产品。这一观念强调的仍然是产品而不是顾客需求，具体表现为“我们卖什么，人们就买什么”。

在推销观念指导下，企业相信产品是“卖出去的”，而不是“被买去的”。他们致力于产品的推广和广告活动，以求说服，甚至强制消费者购买。他们收罗了大批推销专家，做大量广告宣传，夸大产品的“好处”，对消费者进行无孔不入的促销信息“轰炸”，迫使人们购买。

4. 市场营销观念

市场营销观念形成于20世纪50年代。它的出现是管理哲学的一大变化，它主要是由卖方市场（产品和服务短缺的市场）向买方市场（产品和服务充裕的市场）转变而引起的。第二次世界大战结束后，随着第三次科学技术革命的兴起，西方各国企业更加重视研究和开发，产品技术不断创新，新产品竞相上市。大量军工企业转向民用品生产，使社会产品供应量迅速增加，许多产品供过于求，市场竞争进一步激化。同时，西方各国政府相继推行高福利、高工资、高消费政策，社会经济环境出现快速变化。消费者有较多的可支配收入和闲暇时间，对生活质量的要求提高，消费需要变得更加多样化，购买选择更为精明，要求也更为苛刻。

势头强劲的买方市场的形成导致了消费者导向的出现。公司必须营销产品和服务，而不仅仅是生产和推销它们。也就是说，要从以企业为中心转变到以消费者为中心。例如，1952年通用电气的年度报告提出了一种新的管理哲学：

> 营销观念主张在生产周期的开始而不是末尾让营销人员介入，以把营销融合到经营的各个阶段之中。通过市场调查和研究，营销人员能针对具体的产品，告诉工程师、设计师和生产人员，顾客要的是什么，什么样的价格是顾客愿意支付的，在什么时候、什么地方产品有需求。营销在产品计划、生产进度、存货控制以及销售、分销和服务方面有发言权。①

营销不再被看成是生产过程完成后才开展的辅助性活动。例如，营销人员在产品计划中发挥主导作用。营销与推销不再是同义词。

营销与推销的根本不同是：推销以现有产品（即卖主）为中心，以推销和销售促进为手段，从而达到扩大销售、取得利润的目的。市场营销是以企业的目标顾客（即买主）及其需要为中心，并且以集中企业的一切资源和力量、适当安排市场营销组合为手段，从而达到满足目标顾客的需要、扩大销售、实现企业目标的目的。

5. 社会营销观念

这种经营思想是对市场营销观念的重要补充和完善。其基本内容是：企业提供产品不仅要符合消费者的需要与欲望，而且要符合消费者和社会的长远利益。企业要关心与增进社会福利，强调要将企业利润、消费需要、社会利益三个方面统一起来。

---

① General Electric Company, Annual Report, 1952.

社会营销观念出现于20世纪70年代,它的提出,一方面,是基于"在一个环境恶化、爆炸性人口增长、全球性通货膨胀和忽视社会服务的时候,单纯的市场营销观念是否合适"这样的认识;另一方面,也是基于对广泛兴起的以保护消费者利益为宗旨的消费主义运动的反思。他们认为,单纯的市场营销观念提高了人们对需求满足的期望和敏感,导致了满足眼前消费需要与长远的社会福利之间的矛盾,导致产品过早陈旧,环境污染更加严重,也损害和浪费了一部分物质资源。正是在这种背景下,人们又提出了社会营销观念。

由此看来,社会营销观念与市场营销观念没有本质的差别。社会营销观念强调的诸多方面,是对实施中市场营销观念的补充和进一步完善。

概括起来,以上五种观念可以划分为三个阶段:第一、第二种为第一个阶段;第三种为第二个阶段;第四、第五种为第三个阶段。从新旧观念的划分又可分为两大类,即旧的和新的两种市场观念。前两个阶段(包括第一至第三种观念)为旧观念,后一个阶段(包括第四、第五种观念)为新观念。新、旧不同的市场观念下的营销活动在营销出发点、采用的方法及手段和营销目标方面都存在着很大的差别。新、旧营销观念的比较,如表1-1所示。

表1-1　　新、旧营销观念的比较

营销观念		市场特征	出发点	手段	策略	目标
旧观念	生产观念	供不应求	生产	提高产量降低成本	以产定销	增加生产取得利润
	产品观念	供不应求	产品	提高质量增加功能	以高质取胜	提高质量获得利润
	推销观念	生产能力过剩	销售	推销与促销	以多销取胜	扩大销售获得利润
新观念	市场营销观念	买方市场	顾客需求	整体市场营销	以比竞争者更有效地满足顾客需要取胜	满足需要获取利益
	社会营销观念	买方市场	顾客需要、社会利益	整体市场营销	以满足顾客需要和社会利益取胜	满足顾客需要增进社会利益获得经济效益

三、营销观念的新发展

(一)大市场营销观念

所谓大市场营销,是指企业为了成功地进入特定市场,并在那里从事经营活动,需在策略上协调地采用经济的、心理的、政治的和公共关系等手段,以博得各方面合作的活动过程。

在目前的市场环境中,由于贸易保护主义回潮,政府干预加强,企业营销中所面临的问题,已不仅仅是满足现有目标市场的需求,企业面临的首要问题是如何进入壁垒森严的特定市场。因此,大市场营销观念认为,企业在市场营销中,首先是运用政治权力(Political Power)和公共关系(Public Relationship),设法取得具有影响力的政府官员、立法部门、企业高层决策者等方面的合作与支持,启发和引导特定市场的需求,通过在该市场的消费者中树立良好的企业信誉和产品形象,以打开市场、进入市场。然后,运用传统的市场营销组合去满足该市场的需求,达到占领该目标市场的营销目的。

(二)关系营销

1. 关系营销的含义

所谓关系营销,是指把营销活动看成是一个企业与消费者、供应商、分销商、竞争者、政府机构及其他公众发生互动作用的过程。其核心是建立和发展企业内外关系。

1985年,美国著名学者和营销学专家巴巴拉·本德·杰克逊提出了关系营销的概念,使人们对市场营销理论的研究又迈上了一个新台阶。它是现代西方营销理论与实践在传统的“交易型营销”基础上的一个发展和进步。

关系营销的本质是以服务为导向,协调营销系统中诸要素的关系,从而营造一个良好的市场营销环境,使企业达到占领市场并扩大市场份额的目的。在关系营销中,顾客处于中心位置,是营销的出发点和归宿。重视顾客,通过提供顾客满意的服务,提高顾客忠诚度,与顾客建立长期稳定的关系,是关系营销的一大特色。

2. 关系营销的特点

关系营销的本质可以概括为以下几个方面:

(1) 强调双向沟通:在关系营销中,沟通应该是双向而非单向的。只有广泛的信息交流和信息共享,才可能使企业赢得各个利益相关者的支持与合作。

(2) 强调协同:关系营销的实质是在市场营销中与各关系方建立长期稳定的相互依存的营销关系,以求彼此协调发展。一般而言,只有合作才能实现协同,协同才能实现双赢。

(3) 强调双赢:即通过合作做到相互满足关系方的经济利益,并通过在公平、公正、公开的条件下进行价值交换,使关系方都能得到实惠。

(4) 重视情感交流:关系能否得到稳定和发展,情感因素也起着重要作用。因此,关系营销不只是要实现物质利益的互惠,还必须让参与各方能从关系中获得情感的需求满足。

(5) 重视过程控制:关系营销要求建立专门的部门,用以跟踪顾客、分销商、供应商以及营销系统中其他参与者的态度,由此了解关系的动态变化,及时采取措施消除关系中的不稳定因素和不利于关系各方利益共同增长的因素。

(三) 绿色营销

1. 绿色营销的含义

绿色营销是指企业在营销过程中充分体现环保意识和社会意识,从产品的设计、生产、制造、废弃物的处理方式,直至产品消费过程中制定的有利于环境保护的市场营销组合策略。

英国威尔斯大学肯·毕提(Ken Peattie)教授曾在所著《绿色营销——化危机为商机的经营趋势》一书中指出:“绿色营销是一种能辨识、预期及符合消费的社会需求,并且可带来利润及永续经营的管理过程。”绿色营销观念认为,企业在营销活动中,要顺应时代可持续发展战略的要求,注重地球生态环境保护,促进经济与生态环境协调发展,以实现企业利益、消费者利益、社会利益及生态环境利益的协调统一。从这些界定中可知,绿色营销是以满足消费者和经营者的共同利益为目的的社会绿色需求管理,以保护生态环境为宗旨的绿色市场营销模式。可以说,绿色营销是人们追求健康、安全、环保的意识形态下所发展起来的新的营销方式和方法。

2. 绿色营销的特点

绿色营销与传统的营销方式相比,具有以下特点:

(1) 绿色营销的前提是消费者“绿色意识”的觉醒。消费者对环境恶化与自身健康之间关系认识的加强,唤起了消费者对健康、安全和清洁环境的强烈需求,逐渐形成了绿色消费观念,从而产生了发展绿色产品、绿色产业和绿色营销的要求。

(2) 绿色营销的目标是实现资源永续利用,保护与改善生态环境,即遵循可持续发展战略。

(3) 绿色营销的基础在于绿色产品和绿色产业。

(4) 绿色营销具有鲜明的绿色标记。

(5) 对"绿色"的追求呈现世界无差别。

(6) 绿色营销手段强调可再生资源的开发利用,减少资源浪费,防止环境污染;注重绿色消费需求的调查与引导。

绿色营销超越了传统营销所关注的范围,强调企业通过模仿自然界的协调机制,代表人类行为追求与自然界的融合发展。

3. 绿色营销管理的内容

(1) 树立绿色营销观念。绿色营销观念是在绿色营销环境条件下,企业生产经营的指导思想。与传统的社会营销观念相比,绿色营销观念注重的社会利益更明确位于节能与环保,立足于可持续发展,放眼于社会经济的长远利益与全球利益。

(2) 设计绿色产品。产品策略是市场营销的首要策略,企业实施绿色营销必须以绿色产品为载体,为社会和消费者提供满足绿色需求的绿色产品。所谓绿色产品,是指对社会、对环境改善有利的产品,或称无公害产品。这种绿色产品既要能满足消费者的传统需要,符合相应的技术和质量标准,更要满足对社会、自然环境和人类身心健康有利的绿色需求,符合有关环保和安全卫生的标准。产品的实体部分应减少资源的消耗,尽可能利用再生资源。产品实体中不应添加危害环境和人体健康的原料、辅料。在产品制造过程中应消除或减少"三废"对环境的污染。产品的包装应减少对资源的消耗,包装的废弃物和产品报废后的残物应尽可能成为新的资源。

(3) 制定绿色产品的价格。定价是市场营销的重要策略,实施绿色营销不能不研究绿色产品价格的制定。一般来说,绿色产品在市场的投入期,生产成本会高于同类传统产品,但是,产品价格的上升会是暂时的,随着科学技术的发展和各种环保措施的完善,绿色产品的制造成本会逐步下降,趋向稳定。企业制定绿色产品价格,一方面当然应考虑上述因素;另一方面应注意到,随着人们环保意识的增强,消费者经济收入的增加,消费者对商品可接受的价格观念会逐步与消费观念相协调。所以,企业营销绿色产品不仅能使企业盈利,更能在同行竞争中取得优势。

(4) 绿色营销的渠道策略。绿色营销渠道是绿色产品从生产者转移到消费者所经过的通道。企业实施绿色营销必须建立稳定的绿色营销渠道,启发和引导中间商的绿色意识,建立与中间商恰当的利益关系,不断发现和选择热心的营销伙伴,逐步建立稳定的营销网络;注重营销渠道有关环节的工作。为了真正实施绿色营销,从绿色交通工具的选择,绿色仓库的建立,到绿色装卸、运输、贮存、管理办法的制定与实施,认真做好绿色营销渠道的一系列基础工作;尽可能建立短渠道、宽渠道,减少渠道资源消耗,降低渠道费用。

(5) 搞好绿色营销的促销活动。绿色促销是通过绿色促销媒体,传递绿色信息,指导绿色消费,启发、引导消费者的绿色需求,最终促成购买行为。绿色促销的主要手段有绿色广告、绿色推广和绿色公关等。

(四) 网络营销

1. 网络营销的含义

网络营销是21世纪最有代表性的一种低成本、高效率的全新商业形式。关于网络营销的研究,国内外学者已经出版了不少专著和发表了大量文章,也有一些相关资料出现在互联网相关网站上。但是，到目前为止对网络营销仍没有一个公认的、完善的定义。不同的学者常常从不同的侧面去认识它，为了理解网络营销的全貌，我们从营销的角度出发，将网络营销定义为：凡是以互联网为主要手段进行的、为达到一定营销目标的营销活动，都可以称为网络营销(或称为网上营销、网络行销、互联网营销等)。换言之，网络营销是企业整体营销战略的一个组成部分，是建立在互联网基础上，借助于联机网络、电脑通信和数字交互媒体的威力来实现营销目标的活动。具体而言，网络营销是目标营销、直接营销、分散营销、顾客导向营销、双向互动营销、远程或全球营销、虚拟营销、无纸化交易、顾客参与式营销的综合。

2. 网络营销的特点

(1) 营销成本低。传统的营销方式往往要花大量的经费用于产品目录、说明书、包装、储存和运输，并设专人负责向顾客寄送各种相关数据。而运用网络营销后，企业只需将产品的信息输入计算机系统并上传至网上，就可让顾客自己查询，无需再设专人寄送数据，电子版本的产品目录、说明书等不必再进行印刷、包装、储存和运输。这样就大大地节约了营销费用，降低了营销成本。

(2) 营销环节少。在网络营销中，营销数据不必再求助于出版商，企业可以直接在网上提供有关数据以便顾客查询，潜在的顾客也不必再等企业的营销人员打电话告诉他们所要查询的信息，他们自己可以在计算机上查找。网络营销的运用使企业的营销进程加快，信息传播更快，电子版本的产品目录、说明书等随时可以更新。网络营销可使商品信息发布、收款至售后服务一气呵成，大大减少了营销环节。对于软件、书籍、歌曲和影视节目等知识性产品来说，已经没有了海关和运输问题，人们可以直接从网上下载并采用电子方式交付货款。

(3) 营销方式新。这是指在购买的同时，顾客可以自行控制购买过程。网络营销是一对一的、理性的、消费者主导的、非强迫性的、循序渐进的营销过程。现今，顾客的需求多种多样，他们在购买产品时，希望能够掌握更多有关产品的信息，得到更好的售后服务。聪明的营销者运用多种媒体展示技术和虚拟现实技术，使得顾客可以坐在家中了解最新产品和最新价格，选择各种商品，作出购买决策，自行决定运输方式，自行下订单，从而获得最大的消费满足。

(4) 营销国际性。如今，经济一体化和全球化是大趋势。网络营销有助于企业进军国际市场，在国际市场上占有一席之地。互联网络已经形成了一个全球体系，企业运用网络进行营销，能够超越时间和空间的限制，随时随地提供全球性的营销服务，使国外的顾客与本企业在网上达成交易，实现全球营销。

(5) 营销全天候性。网络营销可以一直进行，没有时间限制。企业的营销信息上网后，电子"信息服务员"就可以一直进行工作，全天候服务，从不间断。

第三节 认识顾客价值

【案例导入】 **两 辆 中 巴**

家门口有一条汽车路线，是从小巷口开往火车站的。不知道是因为路线短，还是沿途人少的缘故，客运公司仅安排两辆中巴来回对开。

驾驶101中巴的是一对夫妇，驾驶102中巴的也是一对夫妇。

坐车的大多是些船民，由于他们长期在水上生活，因此，一进城往往是一家老小。101中巴的女主人很少要求孩子买票，即使是一对夫妇带几个孩子，她也是熟视无睹似的，只要求船民买两张成人票。有的船民过意不去，执意要给大点的孩子买票，她就笑着对船民的孩子说："下次带点小河蚌来，好吗？这次让你免费坐车。"

102中巴的女主人恰恰相反，只要有带孩子的，大一点的要全票，小一点的也得买半票。她总是说，这车是承包的，每月要向客运公司交钱，如果不交足，马上就干不下去了。船民们也理解，几个人掏几张票的钱，因此，每次也都相安无事。不过，三个月后，门口的102中巴不见了，听说停开了。它应验了102中巴女主人的话：马上就干不下去了，因为搭她车的人很少。

【引例分析】

忠诚顾客是靠感情培养的，企业也同样是靠一点一点的优惠获得顾客的忠诚，当我们固执地执行销售政策的时候，我们放走了多少忠诚顾客呢？

一、顾客满意的含义

企业通过满足需求达到顾客满意，最终实现包括利润在内的目标，是现代市场营销的基本精神。这一观念上的变革及其在管理中的运用，曾经带来美国等西方国家20世纪50年代后期以来的商业繁荣和一批富可敌国的跨国公司的成长。然而，实践证明，现代市场营销管理哲学观念的真正贯彻与全面实施，并不是轻而易举的。对于许多企业来说，尽管以顾客为中心的基本思想是无可争辩的，但是，这个高深理论和企业资源与生产能力之间的联系却很脆弱。"利润是对创造出满意的顾客的回报"这个观点，似乎只是建立在信念之上，而不是建立在牢靠的数据之上的。[①] 因此，进入20世纪90年代以来，许多学者和经理围绕营销概念的真正贯彻问题，将注意力逐渐集中到两个方面，即通过质量、服务和价值实现顾客满意，以及通过市场导向的战略奠定竞争基础。

所谓顾客满意，是指顾客对一件产品满足其需要的绩效与期望进行比较所形成的感觉状态。顾客是否满意，取决于其购买后实际感受到的绩效与期望（顾客认为应当达到的绩效）的差异：若绩效小于期望，顾客会不满意；若绩效与期望相当，顾客会满意；若绩效大于期望，顾客会十分满意。

顾客期望的形成，取决于顾客以往的购买经验、朋友和同事的影响，以及营销者和竞争者的信息与承诺。若一个企业使顾客的期望过高，则容易引起购买者的失望，降低顾客满意程度。但是，如果企业把期望定得过低，虽然能使买方感到满意，却难以吸引大量的购买者。

满足顾客需要的绩效是企业通过营销努力，供给消费者的产品（服务）价值或实际利益。它既是企业的预期，也是顾客通过购买和使用产品而得到的一种感受。顾客将这种感受（评价）同期望进行比较，就会形成自己对某种产品、品牌的满意、不满意或十分满意等感觉。

尽管顾客满意是顾客的一种主观感觉状态，但这种感觉状态的形成是建立在"满足需

---

① 小费雷德里克·E·韦伯斯顿.由市场推动的管理[M]. New York: John Wiley & Sons, 1992. 27-28.

要”的基础上的，是从顾客角度对企业产品和服务价值的综合评估。研究表明，顾客满意既是顾客本人再购买的基础，又是影响其他顾客购买的要素。对企业来说，前者关系到能否保持老顾客，后者关系到能否吸引新顾客。因此，使顾客满意，是企业赢得顾客、占领和扩大市场以提高效益的关键。

有关研究还进一步表明，吸引新顾客要比维系老顾客花费更高的成本。因此，在激烈竞争的市场上，维持老顾客，培养顾客忠诚感具有重大意义。而要有效地保持老顾客，仅仅使其满意还不够，还必须使其高度满意，高度的满意能培养顾客对品牌的感情上的吸引力，而不仅仅是一种理性上的偏好。企业必须十分重视提高顾客的满意程度，争取更多高度满意的顾客，建立起高度的顾客忠诚。

因此，贯彻市场营销管理哲学，应要求企业提高给顾客的让渡价值，通过全面质量管理和价值链管理，建立系统的“顾客满意第一”的良性机制，努力使自己成为真正面向市场的企业。

二、顾客让渡价值

（一）顾客让渡价值的含义

由于社会的不断发展，商品生产能力极大提高，从而使如今的消费者面临着纷繁复杂的商品和品牌选择，这就使企业必须关注顾客是如何作出选择的。显然，从经济学的观点来看，消费者既然是社会经济的参与者和商品价值的实现者，他就必然按“有限理性者”行事，即顾客是按所提供的最大价值进行估价的，因而，现代营销理论的前提是买方将从企业购买他们认为能提供最高顾客让渡价值（Customer Delivered Value）的商品或服务。而所谓顾客让渡价值，是指整体顾客价值（Total Customer Value）与整体顾客成本（Total Customer Cost）之间差额部分。整体顾客价值是指顾客从给定产品和期望得到的全部利益，这包括产品价值、服务价值、人员价值和形象价值。整体顾客成本则是顾客在购买商品和服务过程中所耗费的货币、时间、体力和精神成本。

顾客让渡价值概念的提出为企业经营方向提供了一种全面的分析思路。首先，企业要让自己的商品能为顾客接受，必须全方位、全过程、全纵深地改善生产管理和经营，企业经营绩效的提高不是行为的结果，而是多种行为的函数，以往我们强调营销只是侧重于产品、价格、分销和促销等一些具体的经营性的要素，而让渡价值却认为顾客价值的实现不仅包含了物质的因素，还包含了非物质的因素；不仅需要有经营的改善，而且还必须在管理上适应市场的变化。其次，企业在生产经营中创造良好的整体顾客价值只是企业取得竞争优势、成功经营的前提，一个企业不仅要着力创造价值，还必须关注消费者在购买商品和服务中所倾注的全部成本。由于顾客在购买商品和服务时，总希望把有关成本，包括货币、时间、精力和精神降到最低限度，而同时又希望从中获得更多的实际利益。因此，企业还必须通过降低生产与销售成本，减少顾客购买商品的时间、精力与精神耗费，从而降低货币与非货币成本。显然，充分认识顾客让渡价值的含义，对于指导工商企业如何在市场经营中全面设计与评价自己产品的价值，使顾客获得最大程度的满意，进而提高企业竞争力具有重要意义。

（二）整体顾客价值

获得更大顾客让渡价值的途径之一，是增加整体顾客价值。整体顾客价值由产品价值、服务价值、人员价值和形象价值构成，其中每一项价值的变化均对总价值产生影响。

1. 产品价值

产品价值是由产品的功能、特性、品质与式样等所产生的价值。它是顾客需要的中心内容和选购产品的首要因素。一般情况下,产品价值是决定顾客购买总价值大小的关键和主要因素。产品价值是由顾客需要来决定的,在分析产品价值时应注意:

(1) 在经济发展的不同时期,顾客对产品的价值有不同的要求,构成产品价值的要素以及各种要素的相对重要程度也会有所不同。

(2) 在经济发展的同一时期,不同类型的顾客对产品价值有不同的要求,在购买行为上显示出极强的个性特点和明显的需求差异性。

因此,企业必须认真分析不同发展时期顾客需求的共同特点以及同一时期不同类型顾客需求的特征,并据此进行产品的开发与设计,增强产品的适应性。

2. 服务价值

服务价值是指伴随产品实体的出售,企业向顾客提供的各种附加服务,包括产品介绍、送货、安装、调试、维修、技术培训和产品保证等所产生的价值。服务价值是构成顾客购买总价值的重要因素。在现代市场营销实践中,随着消费者收入水平的提高和消费观念的变化,消费者在选购产品时,不仅注意产品本身价值的高低,而且更加重视产品附加价值的大小。特别是在同类产品质量与性质大体相同或类似的情况下,企业向顾客提供的附加服务越完善,产品的附加价值越大,顾客从中获得的实际利益就越大,从而,购买的总价值越大;反之,则越小。因此,在提供优质产品的同时,向消费者提供完善的服务,已成为现代企业市场竞争的新焦点。

3. 人员价值

人员价值是指企业员工的经营思想、知识水平、业务能力、工作效益与质量、经营作风、应变能力等所产生的价值。企业员工直接决定着企业顾客提供的产品与服务的质量,决定着顾客购买总价值的大小。一个综合素质较高又具有顾客导向经营思想的工作人员,会比知识水平低、业务能力差、经营思想不端正的工作人员为顾客创造更高的价值,从而创造更多满意的顾客,进而为企业创造市场。人员价值对企业、对顾客的影响作用是巨大的,并且这种作用往往是潜移默化、不易度量的。因此,高度重视企业人员综合素质与能力的培养,加强对员工日常工作的激励、监督与管理,使其始终保持较高的工作质量与水平就显得至关重要。

4. 形象价值

形象价值是指企业及其产品在社会公众中形成的总体形象所产生的价值,包括由企业的产品、技术、质量、包装、商标和工作场所等构成的有形形象所产生的价值,公司及其员工的职业道德行为、经营行为、服务态度和作风等行为形象所产生的价值,以及企业的价值观念、管理哲学等理念形象所产生的价值等。形象价值与产品价值、服务价值、人员价值密切相关,在很大程度上是上述三个方面价值的综合反映。良好的形象价值会对企业的产品产生巨大的支持作用,带给顾客精神上和心理上的满足感和信任感。因此,企业应高度重视自身形象塑造,为企业,进而为顾客带来更大的价值。

(三) 整体顾客成本

使顾客获得更大顾客让渡价值的另一途径,是降低整体顾客成本。整体顾客成本不仅包括货币成本,而且还包括时间成本、精神成本和体力成本等非货币成本。一般情况下,顾客购买产品时首先要考虑货币成本的大小,因此,货币成本是构成整体顾客成本大小的主要和基本因素。在货币成本相同的情况下，顾客在购买时还要考虑所花费的时间、精神和体力等，因此，这些支出也是构成整体顾客成本的重要因素。这里我们主要考察后面几种成本。

1. 时间成本

在整体顾客价值与其他成本一定的情况下，时间成本越低，顾客购买的总成本越小，从而顾客让渡价值越大。以服务企业为例，顾客在购买餐馆、旅馆和银行等服务行业所提供的服务时，常常需要等候一段时间才能进入正式购买或消费阶段，特别是营业高峰期更是如此。在服务质量相同的情况下，顾客等候购买该项服务的时间越长，所花费的时间成本越大，购买的总成本就会越大；同时，等候时间越长，越容易引起顾客对企业的不满，中途放弃购买的可能性亦会增大。因此，努力提高工作效率，在保证产品与服务质量的前提下，尽可能减少顾客的时间支出，是创造更大的顾客让渡价值、增强企业产品市场竞争能力的重要途径。

2. 精力成本

精力成本（精神与体力成本）是指顾客购买产品时，在精神与体力方面的耗费与支出。在整体顾客价值与其他成本一定的情况下，精神与体力成本越小，顾客为购买产品所支出的总成本就越低，从而顾客让渡价值越大。因为，消费者的购买过程是一个从产生需求、寻找信息、判断选择、决定购买、实施购买，以及买后感觉的全过程。在购买过程的各个阶段，均需付出一定的精神与体力。当消费者对某种产品产生了购买需求后，就需要搜集该产品的有关信息。消费者为搜集信息而付出的精神与体力的多少，会因购买情况的复杂程度而有所不同。在复杂购买行为中，消费者需要广泛搜集产品信息，付出较多的精神与体力。对于这类产品，如果企业能够通过多种渠道向潜在顾客提供全面详尽的信息和相关服务，就可以减少顾客所花费的精神与体力，从而降低整体顾客成本。

（四）运用顾客让渡价值概念应注意的几个问题

（1）顾客让渡价值的大小受整体顾客价值和整体顾客成本两方面及其构成因素的影响。其中，整体顾客价值是产品价值、服务价值、人员价值和形象价值等因素的函数，可表示为：

$$TCV = f(Pd, S, Ps, I)$$

整体顾客成本是货币成本、时间成本、精力成本等因素的函数，可表示为：

$$TCC = F(M, T, E)$$

上述两式中，各个构成因素的变化对其总量的影响作用不是各自独立的。这些构成因素之间也是相互作用、相互影响的。其中，某一项价值构成因素的变化往往会影响其他相关价值因素量的增减，从而综合影响顾客购买总价值或总成本的增减，最终影响顾客让渡价值。企业在制定各项市场营销决策时，应综合考虑构成顾客购买总价值与总成本的各项因素之间的这种相互关系，突出重点，优化营销资源配置，尽可能用较低的生产与市场营销费用为顾客提供具有更多的顾客让渡价值的产品。

（2）不同的顾客群对产品价值的期望和购买成本的重视程度是不同的。企业应根据不同顾客的需求特点，有针对性地设计和增加整体顾客价值，降低整体顾客成本，以提高产品的实用价值。例如，对于工作繁忙的消费者而言，时间成本是最为重要的，企业应尽量缩短消费者寻求产品信息和购买的时间，提供方便使用和便捷的维修服务，最大限度地满足和适应其求速求便的心理要求。总之,企业应根据不同细分市场顾客的不同需要,努力提供对顾客实用价值最强的产品和服务,使之获得最大限度的满足。

(3) 顾客让渡价值的大小,应以能实现企业的经营目标为主要原则。有的企业为了争取顾客,战胜竞争对手,巩固或提高企业产品的市场占有率,往往采取顾客让渡价值最大化策略。但长期过度追求顾客让渡价值最大化的结果,可能会导致企业成本增加过大,利润减少甚至亏损。因此,在市场营销实践中,企业应掌握一个合理的度的界线,以确保实现顾客让渡价值所带来的利益超过因此而增加的成本费用。

三、全面质量营销

企业如果仅仅依赖营销部门,其营销是很难见成效的。再出色的营销部门也没有办法弥补劣质产品或服务。从企业内部制约关系来看,虽然研究与发展部门可按市场需求开发出新产品,但生产部门未必能有效地制造,销售部门也未必能积极推销,这样,由于缺乏内部的协同,企业在争夺市场中,以高昂的代价作出的努力可能没有结果。不言而喻,那些看不懂公司产品文字说明书的顾客,那些无法联系到要找的经理的顾客,或者收到一张开错了发票的顾客,在他们的心目中,对公司的打分是不会高的,公司将在顾客的心目中丧失"公司价值"。

因此,营销管理者应当将改进产品和服务质量视为头等大事。许多在全球获得成功的公司都是因其产品到达了预期的质量指标。大多数顾客已不再接受或容忍质量平平的产品。企业要想在竞争中立于不败之地,除了接受全面质量管理,别无选择。通用电气公司董事长约翰·韦尔奇说:"质量是我们维护顾客忠诚最好的保证,是我们对付外国竞争最有力的武器,是我们保持增长和盈利的唯一途径。"

在产品服务质量、顾客满意和公司盈利之间有一种密切的联系。较高的质量导致顾客较大的满意,同时也支撑了较高的价格和较低的成本。所以,质量改进方案(QIP)通常会增加盈利。

美国质量管理协会认为,质量是一个产品或服务的特色和品质的总和,这些品质特色将影响产品满足各种明显的或隐含的需要的能力。这是一个顾客导向的质量定义。顾客有一系列的需要、要求和期望,当所售的产品和服务符合或超越了顾客的期望时,销售人员就提供了质量。一个能在大多数场合满足大多数顾客需求的公司就是优质公司。

区分适用质量和性能质量是很重要的。例如,一辆梅塞迪斯车所提供的性能质量比大众车高,它行驶平稳、快速、经久耐用等。但是,如果梅塞迪斯车和大众车分别满足了它们各自的目标市场的期望,那么,我们可以说两种车提供了相同的适用质量。一辆 7 万美元的小汽车满足了它的目标市场的要求,就是一辆优质车。一辆价值 1.5 万美元的小汽车能满足其目标市场的要求,也是一辆优质车。但是,如果梅塞迪斯车在行驶时,其平稳性有差异,或者如果大众车在它们的省油方面有差异,那么,两种车都没有传达适用的质量和顾客满意。因此,重要的是"市场驱动质量",而不是"工程驱动质量"。

全面质量是创造价值和顾客满意的关键。全面质量管理是每个人的工作,正如营销是每个人的工作一样。

在一个以质量为导向的企业,营销经理有两项责任:第一,必须参与制订旨在通过全面质量管理获胜的战略和政策。第二,营销必须在生产质量之外传递营销质量。每项营销活动——营销调研、推销员培训、广告、顾客服务等都必须高标准地执行。

越来越多的公司已经任命一位“质量副总经理”专门负责全面质量管理(TQM)。TQM要求确认以下有关质量改进的诸多条件:

(1) 质量必须为顾客所认知。质量工作必须以顾客的需要为始点,以顾客的知觉为终点。

(2) 质量必须在公司每一项活动中体现出来。不能只考虑产品的质量,还应考虑广告、服务、产品介绍文献、送货和售后服务等方面的质量。

(3) 质量要求全体员工的承诺。唯有当公司全体员工都承诺要保证质量,以质量为动力,并得到良好的培训时,质量才有保证。

(4) 质量要求高质量的合作伙伴。一个公司所提供的质量,只有当它的价值链上的伙伴都对质量作出承诺时,才有保证。

(5) 质量必须不断改进。最佳公司坚信“每个人应持续不断地改善每项工作”。改善质量的最好方法就是以“最佳等级”竞争者作为公司业绩的基准,然后努力赶上它们或者超越它们。

(6) 质量改进有时需要总体突破。尽管质量应持续不断地加以改进,但对一个公司来说,有时确定一个总体改进目标是必要的。小的改进常常通过努力工作就可以实现,而大的改进则要求新的思路和更高明的工作。

(7) 质量是必要的,但不是充分的。由于买主的要求越来越高,改进一个公司的产品或服务质量无疑是十分必要的。然而,高质量并不能保证必胜,尤其是当竞争者也处于大致相同的质量水平时。

营销人员必须发挥的重要作用有:①在正确识别顾客的需要和要求时承担着重要责任;②将顾客的要求正确地传达给产品设计者;③确保顾客的订货正确而及时地得到满足;④检查顾客在有关如何使用产品方面是否得到了适当的指导、培训和技术性帮助;⑤在售后还必须与顾客保持接触,以确保他们的满意能持续下去;⑥应该收集顾客有关改进产品和服务方面的意见,并将其反映到公司各有关部门。当营销者做了上述一切工作后,他们就是对全面质量管理和顾客满意作出了自己的贡献。这就意味着营销人员不仅要花精力和时间改善外部营销,还要改善内部营销。

四、价值链

建立高度的顾客满意,要求企业创造更多的顾客让渡价值。为此,企业必须系统地协调其创造价值的各分工部门,即企业价值链以及由供应商、分销商和最终顾客组成的价值链的工作,达到顾客与企业利益最大化。

(一) 企业价值链

企业价值链是指企业创造价值的互不相同,但又互相关联的经济活动的集合。其中每一项经营管理活动都是“价值链条”上的一个环节。企业价值链及其构成,如图1-1所示。

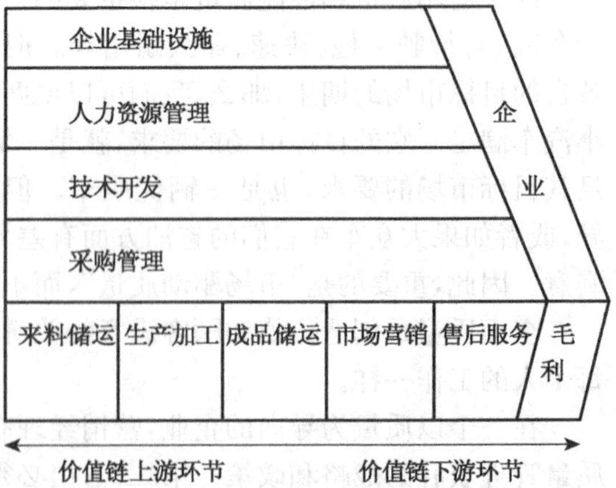

图 1-1 企业价值链及其构成

图 1-1 中,价值链可分为两大部分:下部为企业基本增值活动,即“生产经营环节”,包括来料储运、生产加工、成品储运、市场营销和售后服务五个环节。上部列出的是企业辅助性增值活动,包括企业基础设施、人力资源管理、技术开发和采购管理四个方面。辅助活动发生在所有基本活动的全过程中。技术管理既包括生产技术,也包括非生产技术,如决策技术、信息技术、计划技术等;采购管理既包括原料投入,也包括其他资源,如外聘的咨询、广告策划、市场调研、信息系统设计等;人力资源管理同样存在于所有部门;企业基础结构涵盖了管理、计划、财务、会计、法律等事务。

价值链各环节相互关联、相互影响。一个环节经营管理的好坏,会影响其他环节的成本和效益。但每一个环节对其他环节的影响程度并不相同。一般来说,上游环节经济活动的中心是创造产品价值,与产品技术特性紧密相关;下游环节经济活动的中心是创造顾客价值,成败优劣主要取决于顾客服务。

企业必须依据顾客价值和竞争要求,检查每项价值创造活动的成本和经营状况,寻求改进措施,并做好不同部门之间的系统协调工作。在许多情况下,企业各部门都有强调部门利益最大化的倾向。例如,企业财务部门可能会搞一个复杂的程序,花很长时间审核潜在顾客的信用,以免发生坏账,结果是顾客等待,企业销售部门绩效受到影响。各个部门高筑壁垒,是影响优质顾客服务和高度顾客满意的主要障碍。

解决这个问题,关键是要加强核心业务流程管理,使各有关职能部门尽力投入和合作。核心业务流程主要有:

(1) 新产品实现流程。这包括识别、研究、开发和成功推出新产品等各种活动,要求这些活动必须快速、高质并达到成本预定控制目标。

(2) 存货管理流程。这包括开发和管理合理储存的所有活动,以使原材料、中间产品和制成品实现充分供给,避免库存量过大而增大成本。

(3) 订单——付款流程。这包括接受订单、核准销售、按时送货以及收取货款所涉及的全部活动。

(4) 顾客服务流程。这包括使顾客能顺利地找到本公司适当的当事人(部门),得到迅速而满意的服务、答复以及解决问题的所有活动。

(二) 供销价值链

将企业价值链向外延伸,就会形成一个由供应商、分销商和最终顾客组成的价值链,我们将之称为供应价值链让渡系统。供应价值链构成,如图 1-2 所示。

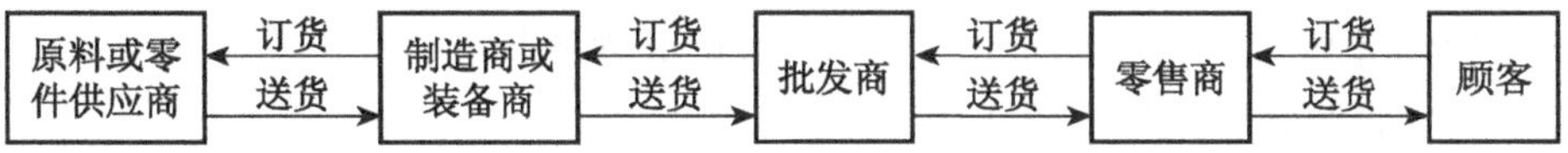

图 1-2 供应价值链

创造顾客高度满意,需要供应链成员的共同努力。因此,许多企业致力于与其供应链上的其他成员合作,以改善整个系统的绩效,提高竞争力。例如,著名的西班牙服装品牌 ZARA,其至关重要的环节是 ZARA 的灵敏供应链系统,大大提高了 ZARA 的前导时间(前导时间是指从设计到把成衣摆在柜台上出售的时间)。ZARA 的产品从设计到上架只需要 15 天。

随着竞争的加剧和实践经验的积累,企业之间的合作正在不断加强。过去,企业总是将供应商、经销商视为导致成本上升的主要对象。现在，它们开始仔细选择伙伴，制定互利战略，锻造供应价值链，以形成更强大的团队竞争能力，赢得更多的市场份额和利润。

【本章小结】

市场是商品经济中生产者与消费者之间的价值交换关系、条件和过程。市场营销则是个人和群体通过创造并同他人交换产品和价值，以满足需求和欲望的一种社会过程和管理过程。其核心概念是交换，基本目标是满足需求和欲望。市场营销是企业最重要的职能。

企业的营销观念是指在一定时期内占统治地位、反映市场状况的企业经营指导思想。企业营销观念是企业生死攸关的大事。迄今为止，有五种被企业采用的营销观念：生产观念、产品观念、推销观念、市场营销观念和社会营销观念。其中，市场营销观念的出现被认为是一个重大的变革，是新旧观念的分水岭。

营销人员必须意识到当今顾客导向的环境，采用计算机技术以满足个体的需求。营销人员应当明白，尽管消费者拥有无限的获得信息的可能，但他们仍然要求所购买的产品是高质量的，并从中得到满足。营销人员必须克服计算机"高速公路"上的障碍，比竞争者跑得更快，并在需要的时候能作出调整，适应变化。未来在于因特网，在于运用数据、声音、视觉和无线的通信，把卖方和买方结合到一起。毕竟，这是所有营销活动的基础。

【同步测试】

一、概念

市场　市场营销　大市场营销　顾客满意　企业价值链

二、选择题

1. 在无需求情况下，市场营销管理的任务是（　　）。

A. 改变市场营销　　B. 刺激市场营销

C. 开发市场营销　　D. 协调市场营销

2. 由于家庭影院、在线电影等的普及，使得消费者对去电影院看电影的需求有所下降，那么电影院的营销任务是（　　）。

A. 改变市场营销　　B. 重振市场营销

C. 降低市场营销　　D. 刺激市场营销

3. 在不规则需求情况下，市场营销管理的任务是（　　）。

A. 协调市场营销　　B. 改变市场营销

C. 反市场营销　　D. 开发市场营销

4. 市场营销的核心是（　　）。

A. 生产　　B. 分配　　C. 交换　　D. 促销

5. 市场营销学作为一门独立的经营管理学科诞生于20世纪初的（　　）。

A. 欧洲　　B. 日本　　C. 美国　　D. 中国

6. 从营销理论的角度而言，企业市场营销的最终目标是（　　）。

A. 满足消费者的需求和欲望　　B. 获得利润

C. 求得生存和发展　　D. 把商品推销给消费者

7. 站在经营者角度来看，人们常常把卖方称为（　　），而将买方称为市场。

A. 企业　　B. 厂商　　C. 供货者　　D. 行业

8. 市场营销管理的实质是(　　)。

A. 刺激需求　　B. 需求管理　　C. 生产管理　　D. 销售管理

三、思考题

1. 企业营销观念有哪些?

2. 分析顾客让渡价值的内涵。

【技能训练】 **特 斯 拉**

公关界有句话叫"No news is bad news."这是个困扰了不少品牌的公关问题,对于特斯拉来说却从不是问题。几乎每一天你都可以在一些媒体上看到特斯拉的最新新闻动态,从不缺新闻,显示了媒体和大众对于品牌的巨大关注。特斯拉自其第一款汽车诞生后就从不缺少话题,其高高在上的价格,让人梦寐以求的产品,颇具传奇色彩的创始人(他的 Space X 同样让特斯拉在品牌声量上受益)让特斯拉"生来尊贵"。

特斯拉在营销上有一个理念就是不做广告,正是由于其"生来尊贵",使它在即使不做广告的情况下,也能在很多区域人尽皆知。2015 年,特斯拉在社交网络上被广泛讨论,不管是好的、坏的、尊敬的还是调侃的,其巨大的关注度在社交网络上形成了大量段子和自发 UGC(User Generate Content),类似这样的情形几乎在 iphone4 火爆的那个年代看到过。

讨论:特斯拉是如何适应市场需求的?

第二章 市场营销环境

> **【学习目的与要求】** 本章将考察市场营销环境的重要性，确定市场营销环境的组成。如何正确地认识企业及其与市场营销环境之间的关系，使企业认识环境并采取适当的对策，是研究市场营销环境的基础。

菲利·普科特勒指出："市场营销环境就是影响公司的市场和营销活动的不可控制的参与者的影响力。"也就是说，营销环境是指与企业营销活动有关的所有力量和影响因素的集合。营销环境对企业营销活动的影响表现在两个方面：一是为企业营销提供机会；二是对企业营销造成障碍和威胁。因此，企业应通过对营销环境深入持续的研究，自觉地识别利用市场机会，规避环境威胁，充分发挥自身的优势，克服劣势，制定正确营销决策，以实现营销目标。

第一节 市场营销环境概述

【案例导入】 **《致青春》营销案例**

《致青春》于2013年4月末上映，上映之前官方微博早已建立，并迅速积累了超过18万的粉丝，而在上映之后，以赵薇和光线传媒为核心的娱乐媒体圈开始在微博上广泛传播关于电影的话题，黑马良驹在《致青春：一场引爆社交网络的周密策划》中写道："赵薇的圈内好友纷纷前来助阵不足为奇，让大家始料不及的是连商业圈的史玉柱、草根圈的天才小熊猫、文化界的张小娴、宗教界的延参法师都参与了微博营销。据不完全统计，几个参与转发的微博大V，区区24个账号，粉丝总数已经接近3.7亿人，在没有去重的情况下已经占了微博总用户量的80%。"除明星的直接参与外，网友主动传播的话题也对电影的营销起到了推波助澜的作用，像"有一种友情叫作赵薇和黄晓明""长得好看的人才有青春"，这样的众包话题引发了极高的参与度。

【引例分析】

明星互捧代言，同时借助互联网环境中的微博平台，利用微博大V海量粉丝广泛传播。

一、营销环境的含义

环境是指与某一特定作用体之间存在关系的所有外在和内在因素和实体的总和。按照美国著名营销学者菲利普·科特勒的观点，市场营销环境是由企业营销管理职能外部的行动者和力量所组成的，这些行动者和力量影响营销管理者成功地保持和发展同其目标市场顾客交换的能力。也就是说，市场营销环境是由对企业的顾客服务能力产生直接或间接影响的各种行动者和力量组成。

随着时代的发展，社会各界对构成企业营销环境的内容也在不断地补充和调整。在20世纪初，西方的企业仅将销售市场作为营销环境。到了30年代以后，又把政府、工会和竞争者等对企业有利害关系者看作环境因素。进入60年代，西方企业家又把自然生态、科学技术和社会文化等作为重要的环境因素。70年代以来，随着资本主义国家政府对经济干预力度的加强，西方企业家开始重视对政治、法律环境的研究。这种对市场营销环境研究不断扩大的过程，国外市场学者称之为"企业的外界环境化"。

企业市场营销环境的内容既广泛又复杂，从不同的角度有不同的分类。常见的分类有三种：

(1) 根据与企业自身的关系，将企业的营销环境分为外部环境和内部环境。外部环境主要是指企业自身之外的各种影响因素，一种是由社会、技术、经济和法律政治等组成(STELP分析)，另一种是由供应者、顾客、竞争者、雇员和股东等组成；内部环境是指构成企业运营的各种内部要素，如企业文化、营销政策和组织结构等。企业要不断优化内部环境，加强对外部环境的适应性与驾驭性。

(2) 根据企业对环境的控制程度，将企业营销环境分为可控环境、部分可控环境和不可控环境。

外部环境多为不可控环境或部分可控环境，内部环境多为可控环境。不可控环境越多，不肯定性越强，越需要企业加强营销环境的分析与预测。

(3) 根据营销环境的层次不同，将企业面临的营销环境分为微观环境和宏观环境。这是本章对营销环境分析的基本分类方法。

微观环境是指与企业紧密相连，直接影响其营销能力的各种参与者，这些参与者包括企业的营销渠道企业、顾客、竞争者、社会公众和影响营销管理决策的企业内部各个部门。

宏观环境是指影响企业微观环境中所有行动者的较大的社会力量，包括人口环境、经济环境、政治法律环境、科学技术环境、社会文化环境及自然生态环境。微观环境直接影响和制约企业的市场营销活动，而宏观环境主要以微观营销环境为媒介间接影响和制约企业的市场营销活动。前者可称为直接营销环境，后者可称为间接营销环境。

二、营销环境的特点

市场营销环境作为相互影响的整体性的系统具有以下特点。

1. *市场营销环境的差异性与同一性的统一*

市场营销环境的差异性不仅体现在营销环境中不同的环境主体之间所代表的内容存在巨大差别，还体现在不同企业受不同环境的影响，而且同样一种环境因素的变化对不同企业的影响也不相同。例如，生产儿童用品的企业主要受人口出生率影响；生产高档轿车的企业主要受收入影响；生产服装的企业主要受人们的审美观念影响等。由于外界环境因素的差异性，企业必须采取不同的营销策略才能应付和适应这种情况。

市场营销环境的同一性体现在所有企业都在特定的社会经济和其他外界环境条件下生存、发展，企业只要从事市场营销活动，就不可能不面对这样或那样的环境条件，也不可能不受到各种各样环境因素的影响和制约；营销环境之间尽管存在巨大差别，但是环境之间又相互影响和制约，一种环境的变化必然影响到其他环境，最终对企业营销的影响很难说是哪种环境变化导致的。例如，企业开发新产品时，不仅要受到经济因素的影响和制约，更要受到社会文化因素的影响和制约。再如，价格不但受市场供求关系的影响，而且还受到科技进步及财政政策的影响。

2. 市场营销环境的动态性与相对稳定性的统一

市场营销环境是由多方面的要素构成的，每一种因素都会随着社会经济的发展不断调整和变化。例如，从居民收入来看，2015 年全年全国居民人均可支配收入 21 966 元，比上年增长 8.9%，扣除价格因素，实际增长 7.4%。按常住地分，城镇居民人均可支配收入 31 195 元，比上年增长 8.2%，扣除价格因素，实际增长 6.6%。农村居民人均可支配收入 11 422 元，比上年增长 8.9%，扣除价格因素，实际增长 7.5%。城镇居民人均消费支出 21 392 元，增长 7.1%，扣除价格因素实际增长 5.5%；农村居民人均消费支出 9 223 元，增长 10.0%，扣除价格因素，实际增长 8.6%。可见，我国城乡居民人均可支配收入水平不断提高。另外，构成企业营销环境的各因素在一定时期内保持稳定，从而使环境的发展按照一定的趋势变化，呈现出一定的规律性。当然，市场营销环境的变化是有快慢大小之分的，有的变化快一些，有的则变化慢一些；有的变化大一些；有的则变化小一些。例如，科技、经济、竞争环境等因素的变化相对快而大，因而对企业营销活动的影响相对短且跳跃性大；而人口、社会文化、自然因素等相对变化较慢较小，对企业营销活动的影响相对长而稳定。企业处于整个环境变化的中心，竭力保持与环境的动态平衡。一旦环境的平衡被打破，企业必然要调整和修正自己的营销策略，力求达到新的平衡。

3. 市场营销环境的不可控性和企业的主观能动性的统一

影响市场营销环境的因素绝大多数具有不可控性。例如，一个国家的政治法律制度、人口增长、社会文化习俗、竞争对手的竞争策略等，企业不可能随意改变。然而，环境的不可控性并不表明企业对环境就无能为力，企业与环境之间还存在互动关系，企业应积极发挥主观能动性，改善自身的营销环境，创造性地制定营销策略。“适者生存”既是自然界演化的法则，也是企业营销活动的法则，如果企业不能很好地适应外界环境的变化，则很可能在竞争中失败，从而被市场所淘汰。企业应从积极主动的角度出发，能动地去适应营销环境。也就是说，企业既可以以各种不同的方式提高适应环境的能力，避免来自营销环境的威胁，也可以在变化的环境中寻找自己的新机会，并可能在一定的条件下转变环境因素。请看以下案例。

【案例导入】 **把木梳卖给和尚**

有一家效益相当好的大公司，为扩大经营规模，决定高薪招聘营销主管。广告一打出来，报名者云集。

面对众多应聘者，招聘工作的负责人说：“相马不如赛马，为了能选拔出高素质的人，我们出一道实践性的试题：就是想办法把木梳尽量多地卖给和尚。”

绝大多数应聘者感到困惑不解，甚至很愤怒：出家人要木梳何用？这不明摆着拿人开涮吗？于是纷纷拂袖而去，最后只剩下三个应聘者：甲、乙和丙。

甲跋涉千山万水，历尽千辛万苦，想尽千方百计，游说和尚应当买把梳子，无甚效果，还惨遭和尚的责骂，好在遇到一个和尚可怜他，买下一把。

乙去了一座名山古寺。他通过观察发现，由于山高风大，进香者的头发都被吹乱了，他找到寺院的住持说：“蓬头垢面是对佛的不敬。应在每座庙的香案前放把木梳，供善男信女梳理鬓发。”住持采纳了他的建议。那山有十座寺院，于是买下了10把木梳。

丙到了一座颇具盛名、香火极旺的深山宝刹，朝圣者、施主络绎不绝，并且该寺住持书法技艺世人皆知。丙对住持说：“凡来进香参观者，多有一颗虔诚之心，宝刹应有所回赠，以作纪念，保佑其平安吉祥，鼓励其多做善事。我有一批木梳，您的书法超群，如刻上‘积善梳’三个字，便可作为赠品。”住持大喜，立即买下1 000把木梳。得到“积善梳”的施主与香客也很是高兴，一传十、十传百，朝圣者更多，香火更旺。

【引例分析】

把木梳卖给和尚，听起来真有些不可思议，但从不同的思维方式，从不同的角度观察分析，就得到不同的营销策略和营销效果，可见在一定的营销环境下，企业和营销人员能动性的重要程度。

三、市场营销环境分析的意义

市场营销环境是企业营销活动的重要约束条件，搞好营销环境的分析对企业有效开展营销活动具有重要意义。

1. 市场营销环境分析是企业各项营销活动的基础，有利于保证营销活动的科学性与正确性

科学性是反映客观规律要求；正确性是符合现状和未来的变化趋势。企业所处的微观环境与宏观环境都对企业产生着直接或间接的影响。只有加强环境分析与预测，掌握大量的信息数据，企业才能制定出符合市场变化的营销策略。那种只顾生产，不注重研究营销环境变化的观念早已过时，并且会给企业带来不利影响，甚至导致企业陷入困境。例如，随着人们收入水平的提高、闲暇时间的增多以及对自身健康状况越来越关注，企业提供的健康概念类的产品将有非常广阔的前景。

2. 市场营销环境分析有利于企业及时充分利用环境的有利方面，克服环境的不利影响

趋利避害、扬长避短是每个企业都知道的一条基本准则。但是，在企业经营实践中却存在着大量因忽视环境分析，过于依靠主观臆想进行草率、武断决策而导致企业经营失败的众多案例。机会从表面看可能像陷阱，陷阱从表面看可能像鲜花，机会也可能飘然而至。企业应加强对自身条件的认识和提升，加强对变化环境出现的及时把握，否则要么机会摆在面前不知道，要么看到机会不能利用。《孙子·谋攻篇》说：“知己知彼，百战不殆；不知彼而知己，一胜一负；不知彼，不知己，每战必殆。”内部环境分析是“知己”，外部环境分析是“知彼”，只有既知己又知彼，企业才能制定利用机会避开威胁的百战不殆的营销策略。

3. 市场营销环境分析是企业满足市场、提高效益的前提

需求引起供给，从而产生市场。唯有在环境分析的前提下，了解竞争环境和商品需求变化及发展趋势以及消费者现实及潜在需要，才便于分析和寻找营销的新机会，发展适销对路的产品策略，研究并制定价格策略，设计销售方案、分销途径，以及广告宣传、销售服务等，更好地协调产、购、销、调、存之间的关系，满足市场消费需求，努力使经济效益达到最大化。

4. 市场营销环境分析有利于提高环境预见性，保持营销策略的稳定性

保持企业目标与外部环境、内部环境的动态平衡是企业顺利经营的必要条件。企业环境，尤其是外部环境不断发展变化，又使营销策略不得不作出适当调整。一方面要求相对稳定,另一方面又要适时调整。解决这一矛盾的办法就是加强企业营销环境分析,对环境现状和未来的变化趋势作出较为正确的判断,优化资源配置,以小变应大变,保持策略在较长时期的稳定,减少大调整带来的大损失。

第二节 市场营销微观环境

【案例导入】 **让宜家帮你改造厨房**

瑞典家具品牌宜家与MEC娱乐公司合作,在美国A&E电视台曾开辟了名为“改造我家厨房”(Fix this Kitchen)的实境节目。在每一集约30分钟的节目中,制作单位会从主动报名的观众中,挑选适合改造的家庭,并观察他们的作息和兴趣,再由主持人和知名主厨,在5天内为这一家人打造专属的厨房。每一集的节目中,制作单位都运用宜家产品,为一家人带来翻天覆地的大改造,并悉心介绍各种产品特色,以及能为生活带来的便利,即使观众清楚地知道节目是由宜家赞助制作,但实用的信息仍满足了消费者迫切的需求。根据Latitude Research的调查,在收看过节目的观众中,60%认为宜家提供了高质量产品,也有高达2/3的观众在计划改造厨房时,会考虑造访宜家。这档节目更直接地让宜家在线厨房设计软件的使用量提升30%。

【引例分析】

宜家从“相关性”入手,将品牌身份与消费者需求紧密结合起来,加强两者之间的双向沟通,通过建立联系,实现品牌目的。

市场营销微观环境制约着企业目标市场服务能力,对企业开展营销活动会形成直接影响。企业能否成功地开展营销活动,对微观环境的认识程度和适应能力至关重要。市场营销微观环境主要包括企业自身、市场营销渠道企业、顾客、竞争者和社会公众等要素。

一、企业

企业营销活动的效果不只是营销部门自身努力的结果。企业作为一个系统,营销活动不是某个部门的孤立行为,而是企业整体能力与实力的体现,是企业内部各部门科学分工与协作的结果。企业各部门能力及作用,如表2-1所示。

表2-1 企业各部门能力及作用

能力构成	部门分工保障	作用
企业科研能力	企业研究与发展部门	离开调查研究与专题分析,企业会失去方向
企业制造能力	生产部门	离开企业有序的生产管理,高质量产品无法产生
计划与采购	供应部门	没有物资保证,企业无法开展生产
企业销售能力	销售部门	离开强有力促销,无法形成市场
资金能力	财务部门	没有资金保证与财务分析,企业无法做到心中有数,提高经济效益
管理能力	各行政职能部门	没有内部各行政职能部门的合作,无法形成合力

二、市场营销渠道企业

市场营销渠道企业是指生产、分销某一生产者的商品或劳务的所有企业和机构，如供应商、中间商、实体分配机构、营销服务机构和财务中介机构。

1. 供应商

供应商是指向企业及其竞争者提供生产经营所需资源的企业或个人，包括提供原材料、设备、能源、劳务等。供应商和企业关系密切，供货的及时性、稳定性，供货的价格、数量、质量、规格等都对企业营销产生直接影响。企业必须充分考虑供应商的资信状况并力求使自己的供应商多样化。

2. 中间商

中间商是指某种商品或劳务从生产者向消费者转移的过程中，取得这种商品和劳务的所有权或帮助所有权转移的所有企业和个人，包括经销商和代理商。经销商从事商品购销活动，并取得商品所有权；代理商协助商品成交，但对商品没有所有权。随着社会的发展，中间商在消除生产与消费在品种、地点、时间等方面矛盾所具有的作用会越来越突出。

3. 实体分配机构

实体分配机构是指帮助制造商把商品进行实体转移的仓储公司、运输公司等。每个企业都会在自建、租用、数量、地点、库存控制等方面作出决策。

4. 营销服务机构

营销服务机构是指各种广告公司、调查公司和咨询公司等，它们为企业营销提供服务支持，帮助企业选择最恰当的市场。

5. 财务中介机构

财务中介机构是指银行、保险公司、信托公司等，它们为企业营销提供资金融通。

三、顾客

企业的一切营销活动都是以满足顾客的需要为中心的，因此，顾客是企业最重要的环境因素。营销学上的顾客即目标市场，是企业营销活动所要进入和服务的市场。按照购买动机不同，顾客可以分为以下五种。

1. 消费者市场

消费者市场是指为满足个人或家庭需要而购买商品或服务的市场。

2. 生产者市场

生产者市场是指为赚取利润或达到其他目的而购买商品或服务来生产其他产品和服务的市场。

3. 中间商市场

中间商市场是指为赚取利润购买商品或服务进而转售的市场。

4. 非营利组织市场

非营利组织市场是指为提供公共服务或将商品与服务转给需要的人而购买商品或服务的政府和非营利机构。

5. 国际市场

国际市场是指国外买主，包括国外的消费者、生产者、中间商和政府等。

每一类顾客市场有其不同的特点，企业营销人员应根据不同类型顾客的需要，以不同的方式提供不同的产品或劳务，并分析和掌握顾客的变化趋势，确定不同的营销策略。

四、竞争者

竞争是商品经济的基本特性，只要存在着商品生产和商品交换，就必然存在着竞争。企业在目标市场进行营销活动的过程中，不可避免地会遇到竞争者或竞争对手的挑战。市场营销的根本任务是比竞争对手更好地向顾客提供服务。只有识别竞争者，加强对竞争对手的竞争策略分析和追踪，采取相应的应对措施，企业才能战胜竞争对手。但在日常生活中，很大一部分企业对竞争对手的界定过于狭窄，仅限于同业竞争上，这对企业正确认识竞争格局及其变化是极其不利的。从消费需求的角度划分，企业的竞争者包括四种类型。

1. 愿望竞争者

愿望竞争者是指满足消费者的各种目前需要，与本企业争夺同一顾客购买力的所有其他企业。消费者的需要是多方面的，但由于财力有限等原因很难同时满足，在某一时刻可能只能满足其中的一个需要，消费者可能会经过慎重考虑来作出购买决策，因此，争夺这个购买力的所有企业便构成了愿望竞争者。例如，房地产公司可将汽车公司看作竞争者，因为顾客若买了房子，就可能无力购买汽车。

2. 类别竞争者

一般竞争者是指提供不同种类的产品，满足购买者同一愿望的企业。例如，摩托车制造公司就将汽车制造公司视为竞争者。空调公司将电扇公司作为竞争对手。

3. 产品形式竞争者

产品形式竞争者是指提供同种，但不同规格、型号、款式的产品，满足购买者某种愿望的产业。例如，通用汽车公司的竞争者就包括了所有生产轿车的公司。

4. 品牌竞争者

品牌竞争者是指提供产品相同，规格、型号等也相同，但品牌不同的企业。例如，一汽公司以福特、丰田、本田及其他提供同等档次的轿车制造商为主要竞争者，而并不把生产其他类型轿车的公司看作是自己的竞争者。产品形式竞争者和品牌竞争者属于同行业的竞争。在同业竞争中，竞争状况是决定行业吸引力的一个重要因素。影响竞争状况的因素有：

(1) 卖方密度。如果某个细分市场已经有了众多的、强大的或者竞争意识强烈的竞争者，那么，该细分市场就会失去吸引力。

(2) 进入退出壁垒。某个细分市场的吸引力随其进退难易程度而有所区别。根据行业利润的观点，最有吸引力的细分市场应该是进入的壁垒高、退出的壁垒低。最不具吸引力的是进入壁垒低、退出壁垒高。如果细分市场进入和退出的壁垒都较低，公司便可以进退自如，获得的报酬虽然稳定，但不会太高，一般只能获取正常的利润回报。现实生活中，技术、专利、资金规模和政府政策等都可能成为某些企业经营上的壁垒。

(3) 产品差别度及替代产品。如果某个细分市场属于完全竞争性的市场，企业所经营的产品同质，具有完全可替代性，该细分市场就失去吸引力。同质性产品和替代产品的存在会限制细分市场内价格和利润的增长。在竞争性的市场中，除受到行业竞争者挑战外，还受到潜在竞争者、替代品和供货商和购买者讨价还价能力等的挑战。例如，如果某个细分市场中供货商和购买者的讨价还价能力很强或正在加强，该细分市场就没有吸引力。供货商会极力提高产品供货价格或提高购买者转移成本；购买者会设法压低价格，对产品质量和服务提出更多要求，并且使竞争者互相斗争，所有这些都会使销售商的利润受到损失。

五、社会公众

社会公众是指对某一组织实现其营销目标的能力有实际或潜在的利益关系和影响的任何团体或个人。社会公众可能会增强企业实现其目标的能力，也可能会妨碍企业实现其目标的能力。企业必须采取积极适当的措施，主动加强与相关公众的联系，发展建设性关系，树立企业的良好形象，促进市场营销活动的顺利开展。一个企业的社会公众主要有以下七类。

1. 政府公众

政府公众是指负责管理企业业务经营活动的政府机构，如工商行政管理部门、税务部门、各级物价部门等。

2. 媒介公众

媒介公众是指那些联系企业和外界的大众媒介，包括报纸、杂志、电视台、电台等，媒介公众对企业声誉有着举足轻重的影响。

3. 金融公众

金融公众是指那些关心和影响企业取得资金能力的集团，包括银行、投资公司、证券公司、保险公司等。

4. 公民行动公众

公民行动公众是指有权指责企业经营活动影响社会利益及顾客利益的团体和组织，包括消费者协会、保护环境团体等。

5. 地方公众

地方公众是指企业周围居民和团体组织，他们对企业的态度会影响企业的营销活动。

6. 一般公众

一般公众是指上述各种关系之外的社会公众。一般公众虽然没有有组织地对企业采取行动，但企业形象会影响他们的惠顾。

7. 内部公众

内部公众是指企业内部全体员工，包括领导(董事长)、经理、管理人员和职工。处理好内部公众关系是搞好外部公众关系的前提。

第三节　市场营销宏观环境

【案例导入】　　**优 衣 库**

尽管日本潮流服装零售店优衣库在大多数国家非常知名，但在美国，该品牌却未被大多数人熟知。2015 年，优衣库开始在美国本土进行扩张营销，不仅在旧金山和新泽西开设了新店，在最繁华的曼哈顿也开设了 3 家店面。旧金山旗舰店还在开业时配套了闪电广告战，包括一艘贴有优衣库 LOGO 的软式小飞船，以及人气网络萌猫 Maru(YouTube 观看次数近 1.6 亿次)到店助阵。

优衣库还不断培育本土购物兴趣，推出了一项在线营销活动，将全美各个城市的本土名人头像印在衣服上，如橄榄球49人队传奇四分卫 Joe Montana、创业名人 Brit Morin、芭蕾舞团首席舞者 Benjamin Millepied 和当红时尚博主 Leanddra Medine 等。

优衣库市场营销部主管 Jean Shein 说："这种营销活动会取得两种效果。一方面，提高特定商品的销量；另一方面让时尚之都纽约重新认识了这个品牌。"

【引例分析】

让产品富有个性，并为特定的市场制定专属营销策略；最差劲的策略就是向大众市场进行"盲目扫射式"的营销。

市场营销宏观环境代表一组企业不可控制的因素。宏观环境在给企业带来机会的同时，也会造成威胁。在充分调整各项可控因素的前提下，加强对宏观环境的洞察和分析，适应其发展变化，是企业成功开展营销活动的基本要求。

一、人口环境

按营销学的基本观点，市场是某种产品的现实购买者与潜在购买者需求的总和，包括三个要素：人口、购买能力、购买欲望。人口是市场的基础，是构成市场的第一位因素，决定着市场的潜在容量。人口环境对市场需求的影响具有深刻性、整体性和长远性。企业必须重视对人口环境的研究，密切关注人口特性及其发展动向，及时采取对应的营销措施。

1. 人口规模

这是影响消费资料及生产资料需求的首要因素，人口越多，对物质资料的需求越大，对企业的机会就越多。在1825年马尔萨斯提出《人口论》时，当时地球上大约只有10亿人口。到了20世纪，人口数量迅速增长。1996年时，世界人口数量已达57亿人，单是1995年一年的时间，世界人口增加了1亿人，1999年达到60亿人(发展中国家占80%)。按照人口学专家的最保守估计：到2050年，世界人口数量将会突破100亿人。中国是世界上人口最多的发展中国家，1999年年底，全国总人口为12.6亿人(不含香港地区、台湾地区和澳门特别行政区)，约占世界总人口的21%。到2005年，全国人口总数在13.3亿人以内；2010年，全国人口总数在14亿人以内；到21世纪中叶，全国人口总量在达到峰值(接近16亿人)后缓慢下降。

2. 人口分布

人口分布是指一定时点上人口在各地区中的分布状况。人口分布状况是自然、经济、社会和政治等多种因素交互作用的结果。全世界人口分布极不平衡，这是由自然环境的地区差异性和社会经济发展的不平衡性决定的。人口最稠密的地区一般都是自然条件优良、资源丰富、历史悠久和经济较发达的地区。人口最稀少的地区主要是那些自然环境严酷、资源尚未开发利用的地区。不同的地区，人们可能有不同的消费需求、不同的购买习惯、不同的消费心理及购买能力。中国人口分布很不均衡，省区间差异显著。内蒙古、新疆、青海、西藏四省区，面积约占全国的一半，人口仅占全国4%。其余27个省(自治区、直辖市)，面积占全国一半，人口却占96%。近年来，我国的人口分布与迁移的主要特征有：一是人口分布的城市化倾向；二是大城市中心地区的空心化倾向；三是由西到东、由北到南的流动；四是政府重点工程及扶贫脱困政策实施所涉及的移民数量增加。

3. 人口结构

人口结构是指某一国家或地区在一定年度内的人口构成状况，人口结构表明社会经济、政治和文化的发展程度，分为自然构成和社会构成。自然构成包括年龄构成、性别构成等；社会构成包括民族构成和文化教育构成等。消费者由于收入、生活方式、价值观念和社会活动的不同而形成不同的消费群体，这是企业发现市场营销机会的一个很重要的方面。

以年龄构成为例。中国20世纪60年代前属于典型的年轻型、增长型，70年代后向成年稳定型发展。到20世纪末，中国城市逐步进入老年型人口社会。1991年，全国少年组（0～14岁）占27.7%，成年组（15～64岁）占66.72%，老年组（65岁以上）占5.58%。到了2014年年底，中国60周岁以上人口已达到2.12亿人，其中65周岁以上人口达到1.38亿人，分别占总人口的15.5%和10.1%。按照国际通行标准，我国人口年龄结构已开始进入老龄阶段。据预测，今后一个时期我国老年人口还将以较快速度增长，这意味着我国将在21世纪上半叶进入严重老龄化社会。老年人口对商品、交通、住宅、文化娱乐、社会服务等方面都有特殊需求，给企业创造了一个庞大的“银色市场”。

从社会阶层看，按中国社会科学院的研究结果，以职业分类为基础，以组织资源、经济资源和文化资源占有状况作为划分社会阶层的标准，把当今中国划分为十个阶层：国家与社会管理阶层，经理阶层，私营企业主阶层，专业技术人员阶层，办事人员阶层，个体工商户阶层，商业服务人员阶层，产业工人阶层，农业劳动者阶层，城乡无业、失业和半失业人员阶层。同一社会阶层内部，人们消费具有明显的相似性；不同社会阶层之间，人们消费具有明显的差异性。营销人员在社会阶层的分类判别下，有利于快速准确地认识目标市场，制定正确的营销策略。

4. 家庭单位

在中国，家庭是社会的基本单元，直接影响着消费资料的需求。家庭变化趋势有：晚婚，离婚率上升，妇女就业，家庭小型化（新中国成立前，我国家庭人口平均5.38人，70年代国家实行计划生育政策以来，家庭趋向小型化，核心家庭增加，主干家庭减少。现在家庭人口平均不到4人，“四、二、一”家庭结构出现），独身化倾向增加。这些趋势对企业营销都会产生重要影响，企业要密切关注。如出生率降低、独生子女政策，它使得低档次儿童用品厂家销量降低，但给高档儿童用品生产企业带来广泛的市场机会，“向阳市场”蓬勃发展。另外，妇女就业为快餐业的发展提供了机会。

二、经济环境

经济环境是指影响企业营销活动的各种经济因素，包括经济发展水平、国民收入、居民家庭的平均收入及支出状况等。要搞好市场营销活动，必须正确认识和把握经济环境及其变化情况。

1. 经济发展水平

企业营销在一定区域内进行，必然受到营销区域整体经济发展水平的影响。经济发展水平越高、速度越快，企业的市场机会就越大。并且，区域经济发展水平的差异也会影响居民消费的偏好。例如，以消费者市场来说，经济发展水平比较高的地区，品质竞争多于价格竞争。而在经济发展水平低的地区，则较侧重于产品的实用性，价格因素将扮演重要角色。不同经济发展水平的地区，企业应采取不同的市场营销策略。改革开放以来，中国以前所未有的高速度发展。国内生产总值从2001年的48.41亿元增加到2015年的67.67亿元，按可比价格计算，年均增长率为6.9%，是世界上发展最快的国家之一。中国经济一枝独秀，为企业创造了无限的商机，吸引了大量的外商投资。改革开放以来的30多年里，我国累计实际吸收外商投资10 600多亿美元,成为发展中国家中最大的吸收外商投资国。1993年以后,我国成为世界上仅次于美国的第二大外商投资东道国。

2. 消费者收入水平

消费者收入是指消费者通过各种渠道的全部货币收入总量。消费者收入的高低,直接影响着购买力的大小,从而决定着市场容量和消费者支出的模式。按消费者对收入支配的程度不同,可分为个人可支配收入和可任意支配收入。个人可支配收入是在个人收入中扣除税款和非税性负担(如会费、交通罚款等)后所得余额,它是个人收入中可以用于消费支出或储蓄的部分,构成实际的购买力。个人可任意支配收入是在个人可支配收入中减去用于维持个人与家庭生存不可缺少的费用(如房租、水电、食物、燃料、衣着等项开支)后剩余的部分。这部分收入是消费需求变化中最活跃的因素,也是企业开展营销活动时所要考虑的主要对象。

另外,考虑到通胀等因素影响,消费者收入还应区分货币收入和实际收入。货币收入是不考虑通胀、价格等因素变动的名义收入,实际收入是剔除这些因素影响之后的收入。如果收入情况不变,出现了紧缩则意味着实际收入增加,出现了通胀则意味着实际收入下降。如果货币收入增长速度小于通货膨胀的增长速度,实际收入会下降,相反实际收入会上升。消费者在进行购买决策时,不仅需要考虑名义货币收入情况,更需关注实际货币收入。实际收入直接影响消费者的购买行为和支出模式。

在加强消费者收入上述研究的同时,企业还应进行消费者收入的结构分析,研究各个阶层的消费者收入以及不同地区、不同年龄、不同职业的收入水平等,以便确定企业的产品发展战略,搞好目标市场定位。

3. 消费者支出

消费者支出主要取决于消费者的收入水平。随着消费者收入水平的变化,消费支出的模式会发生相应变化,从而使消费结构也发生变化。经济学家常用恩格尔定律来分析消费模式和消费结构。恩格尔定律可以表述如下:随着家庭收入增加,人们用于食物支出占家庭收入的比重将减少;用于住宅建筑和家务经营的支出占家庭收入的比重大致不变(如燃料、照明灯);用于服装、交通、文化娱乐等方面的支出占家庭收入的比重将会上升。恩格尔系数反映了人们收入增加时支出变化的一般趋势,西方一些学者以此作为衡量家庭、阶层乃至国家富裕程度的重要参数。

中国居民消费结构持续优化,恩格尔系数(食品消费比重)逐年下降。2013年恩格尔系数为31.2%,2014年降至31%,2015年则进一步降至30.6%。如今生活宽裕的高收入居民,十分关注生活质量的提高。饮食观念发生了转变,消费档次也逐年提高,粮食消费比重继续走低,副食品消费比重逐年上升;穿着崇尚名牌,讲究款式、品质和个性;生活用品上青睐一些科技含量高、时代感强的高档家电产品,诸如手机、电话普及率提高;住宅面积和品位不断提升;汽车开始进入家庭并逐步普及。

消费者收入是影响消费支出模式的主要因素,除这个因素外,还受家庭生命周期阶段和消费者家庭所在地点等因素的影响。

4. 居民储蓄、投资和消费信贷

居民收入很少全部花掉,人们的收入通常有一部分用于储蓄、投资。储蓄是未来的消费。当消费者的收入一定时,储蓄数量越大,现实支出数量就越小,从而影响企业的产品销售。投资的表现形式有购买证券、进行古币或邮票收集等。投资和储蓄一样,直接影响到消费者现实的消费水平。

消费信贷也是影响消费者购买力和支出的一个重要因素。消费信贷，就是消费者凭信用先取得商品使用权，然后按期归还贷款以购买商品。消费信贷和储蓄的作用正好相反，是消费者提前透支未来的收入，提前消费。它有利于增加现实的消费能力，对企业营销起到刺激作用。西方国家盛行的消费者信贷主要有：①短期赊销；②购买住宅分期付款；③购买昂贵的消费品分期付款；④信用卡信贷。随着人们消费观念的变化，人们逐渐接受了提前消费的思想，消费信贷在中国越来越普遍。

三、自然环境

自然环境是指企业生产经营所依赖的自然物质环境。自然环境总体变化趋势表现为：①日益逼近的原料短缺；②能源成本的增加；③污染的增加；④政府干预的加强。

1. 日益逼近的原料短缺

随着人类技术的进步，人类征服和改变自然的能力越来越强大。人类生产的发展，提高了人们的生活水平，但随着世界人口的不断增加，本来丰富的资源蕴藏变得越来越稀缺。进入 20 世纪以来，特别是第二次世界大战以来，人类对自然资源的消耗成倍增长，原料短缺已成为摆在人们面前的基本问题。

2. 能源成本不断增加

企业生产一刻也离不开能源。石油、煤等都属于不可再生资源。虽然人们越来越重视风能、太阳能等新能源，但受各种条件限制，目前大规模的推广还不现实。持续增长的需求和有限的供给导致能源成本不断上升。例如，1970 年每桶仅 2.23 美元的石油价格一去不复返，欧佩克周平均油价在“9・11”事件后两周内曾经超过每桶 25 美元，是 1970 年的 20 多倍。

3. 污染的增加

占世界人口总数 15％的工业发达国家，其工业废物的排放量占世界废物排放总量的 70％。现在，全世界每年排放二氧化硫 1.96 亿吨，氮氧化物 6 800 万吨，它们在空中变为酸雨降落到地面，被称为“空中死神”。全世界一年生产垃圾 450 亿吨，其中危险废物(有毒垃圾)3 亿多吨。我国虽属发展中国家，但工业“三废”(废渣、废水、废气)对环境也造成严重污染，其中煤烟型污染最为突出。企业面临的治理污染的挑战会日趋严重，企业要发展，就要接受这种约束，就要正视这种挑战，并且得付出代价。与此同时，它也为企业开发治理污染、减少污染的新产品提供了机会，如除尘公司、垃圾发电公司等。

4. 政府干预的加强

这是资源短缺、环境污染的严重情况带来的必然结果。1992 年 6 月，联合国环境与发展大会通过了包括《21 世纪议程》在内的一系列重要文件。《21 世纪议程》提出 21 世纪人类社会应该走可持续发展的道路。该理论认为，人类应当跳出单纯追求经济增长、忽视生态保护的传统发展模式，通过产业结构调整和合理布局，发展高新技术，实行清洁生产和文明消费，协调环境与发展的关系，使社会的发展既能满足当代人的需求，又不对后人需求的满足构成危害，最终达成社会、经济、资源与环境的协调。中国顺应会议精神，制定了《中国 21 世纪议程》，确定了 21 世纪初中国可持续发展的重点领域和行动计划。

政府加强干预，使企业的压力增大，但同时也迫使企业寻找新的发展机会。企业营销人员要树立环保意识，自觉遵守环保法令，力争做到既能减少环境污染，又能提高经济效益。在这种背景下，绿色营销观念应运而生。绿色市场营销要求企业在开展市场营销活动的同时，努力消除和减少生产经营对生态环境的破坏和影响。要求企业在选择生产技术、生产原料、制造程序时应符合环保标准；在进行产品设计和包装装潢设计时，应尽量减少产品包装或产品使用的剩余物，以降低对环境的不利影响；在分销和促销过程中，应积极引导消费者在产品消费使用、废弃物处置等方面尽量减少环境污染；在产品售前、售中、售后服务中，应注意节省资源、减少污染。实质就是要求企业努力把经济效益和环境效益结合起来，保持人与环境的和谐，不断改善人类的生存环境。企业也应积极努力，争取得到ISO14000 认证和“环境标志”，取得 21 世纪营销的“合格证”。

四、技术环境

科学技术是生产力中最活跃和决定性的因素，对企业的生产经营影响巨大。工业发达国家科技进步因素在国民生产总值中所占比重已从 20 世纪初的 5%～20%，提高到现在的80%以上。我国目前这一比重仅占 30%左右。技术环境对企业营销的影响体现在以下几个方面。

1. 技术进步使产品生命周期越来越短

产品更新周期越来越短，由过去的几十年、十几年，缩短为现在的 5 年、1 年，甚至更短。例如，1946 年研制出的第一台计算机，到现在速度提高上万倍，同时，价格却下降上千倍，特别是微机中核心芯片 CPU 基本上每隔 18 个月就更新一次。产品更新周期的缩短要求企业不断地进行技术革新，赶上技术进步的浪潮。否则，企业的产品跟不上更新换代的步伐，跟不上技术发展和消费需求的变化，就会被市场无情地淘汰。在这样的形势下，企业新技术、新产品开创，需要自我开发和技术引进并行。

2. 技术进步将会使人们的消费需求结构发生深刻的变化

科学技术是一种“创造性的毁灭力量”，它本身创造出新的东西，同时又淘汰旧的东西。一种新技术的应用，必然导致新的产业部门和新的市场出现，使消费对象的品种不断增加，范围不断扩大，消费结构发生变化。例如，电视对电影的冲击、复印机对复写纸的冲击、计算器对算盘的冲击、收割机对镰刀的冲击等。企业应及时追踪技术的动态变化，做好对新技术的吸收和利用，促进企业稳定发展。

3. 技术进步有利于改善交易方式，创造新的营销手段

互联网技术的发展和应用是 20 世纪留给人类的一笔巨大财富。它也改变了企业的销售模式和消费者的工作生活方式。网络营销作为一种全新的营销模式，具有方便、快捷、交互性能好、在线结算的优点，改变了传统的营销风貌，对传统的标准化产品、营销渠道、定价策略和促销策略造成冲击，导致竞争形态转变、顾客关系再造和企业组织重组。美国亚马逊公司成立于 1995 年 7 月，现在能提供 300 多万种图书（包括 100 多万种绝版图书）。1996 年销售额占在线图书市场的 43%。目前，其网上销售内容也越来越丰富，产品逐渐扩展到玩具、礼品、软件等，甚至涉足拍卖。电脑网络普及带来的另一个影响是改变了人们的购物方式。电脑网络可以提供一个供世界各地人们自由进入的虚拟购物中心，顾客可以在国际互联网上搜寻、选择和购买自己需要的商品。网络打破了购物的时空界限，通常使得营销决策者重视的购买时间、购买地点要素变得不怎么重要了。根据中国互联网络信息中心发布的《中国互联网络发展状况统计报告》，截至 2015 年 12 月，中国网民规模达到 6.88 亿人，互联网普及率达到 50.3%，中国居民上网人数已过半。其中，2015 年新增网民 3 951 万人，增长率为6.1%，较2014年提升1.1个百分点，网民规模增速有所提升。《报告》同时显示，网民的上网设备正在向手机端集中，手机成为拉动网民规模增长的主要因素。截至2015年12月，我国手机网民规模达6.20亿人，有90.1%的网民通过手机上网。只使用手机上网的网民达到1.27亿人，占整体网民规模的18.5%。中国网络的普及对企业营销转变提出了新挑战。

4. 新技术有利于企业改善经营管理

技术革命是管理变革的动力，管理变革推动管理进步。随着以微电子技术为中心的技术革命的兴起，企业在经营管理中普遍使用电脑、传真机、复印机等设备，借助条形码技术、电子货币、电子收款机、销售点管理系统、管理信息系统和电子数据交换等手段，大大提高企业经营管理水平和效益。当然，这些现代化技术手段的使用，在提高工作效率、准确性和及时性的同时，也对企业人员素质提出了新的要求。

5. 知识营销变得日益重要

传统营销产品逐步被科技含量高的产品所替代，营销交易工具和手段也日益高科技化。这就要求营销者具有高素质，不仅要深谙营销技巧，同时也要掌握产品的知识含量，能够把这些知识推销给消费者。知识营销更适合产品高技术含量、智能化和个性化要求。在知识经济时代，企业必须用知识赢得顾客，实现产品知识信息的共享，消除顾客的消费障碍，从而扩大销售。企业也应向消费者、竞争对手和社会学习，发现自己的不足，吸取好的经验方法，补充和完善自己的营销管理过程。

五、政治和法律环境

政治法律环境是指那些强制和影响社会上各种组织和个人的法律、政府机构和公众团体。企业营销活动必然要受到政治法律环境的规范、制约。

1. 政治、经济管理体制

中国已经从过去的计划经济体制转向社会主义市场经济体制。政治与经济改革越深入，企业所面临的经营环境就越开放、公正、透明，合法的企业营销就越有保障。

2. 政治局势

政治局势是指企业营销所处的国家或地区的政治稳定状况。国家政局的变动对企业市场营销活动有较大影响。一个国家政局稳定，社会安宁，企业就能在和平环境里进行公平竞争，营销活动会顺利进行。政权更替频繁、暴力事件频繁发生、治安混乱和示威游行、文化分裂、宗教对立经常是政治动荡的根源，能迅速改变企业环境，可能对企业营销活动产生不利影响。世界上某些地区虽然有较大的市场潜力，但由于政治不稳定，企业在开展营销活动时需要认真评估。

3. 与企业市场营销有关的经济立法

在市场经济条件下，企业之间的利益冲突和协调需要由法律加以调节，法律在经济生活中的地位越来越高。为适应市场经济发展，现代国家的政治、法律环境出现了两种变动趋势：一是管制企业的立法增多；二是政府机构执法更严。企业必须了解营销区域的相关立法，只有这样才能在做好营销工作的同时，免受法律制裁。经济立法的目的有些是为了保证企业间公平竞争，有些是为了保证消费者的权益，有些是为了保护社会的整体利益和长远利益。例如，世界各国的广告规则有如下几种形式：一是关于“广告词”的可信度。例如，德国不允许使用比较性广告和“较好”或“最好”等广告词。二是限制为某些产品做广告。例如,英国不许在电视上做烟草或酒类广告。三是限制促销技巧。例如,佣金的规模、价值和种类也被许多国家明确限定。佣金只能占产品销售额的有限部分和佣金的使用只能与该项产品有关,也就是说,手表的广告佣金不能用来做肥皂的广告等。我国的经济立法还不完善,为适应发展的要求,在对原有立法进行清理规范的同时,要不断加大立法力度,为企业经营提供公正的法制环境。在现实工作中,企业要了解经济合同法、商标法、专利法、广告法和票据法等相关法律。

4. 政府的方针政策

政府政策应保持连续性,给企业比较稳定的预期。政策的连续性越强,企业营销环境的可预测性就越强,企业经营的积极性就越高。例如,中国自20世纪70年代末就将对外开放、对内搞活作为基本国策,企业的经营自主权越来越大,营销的积极性越来越高。

六、文化环境

从广义的角度来看,文化一般是指人类在社会发展过程中所创造的物质财富和精神财富的总和,表明了社会的发展水平、程度和状态。从狭义的角度来看,文化是指在物质文化基础上,社会成员在长期发展中形成的情感模式、思维模式和行为模式,如风俗习惯、伦理道德观念和价值观念等。社会文化具有社会性、继承性、民族性和稳定性的特点。

文化是影响人们欲望和行为的最重要的因素之一。每个人都在一定的社会文化环境中生活,不同的社会文化环境下人们有不同的认识事物的方式。文化影响着人们生活的方方面面,影响人们为人行事的基本方式。企业在进行营销活动时必须要关注文化环境,准确掌握和分析顾客的购买动机、态度和行为,制定正确的营销方案。在跨区域或国际营销活动中,文化对营销的影响将更为突出,无视社会文化环境的企业营销活动必然陷入被动或失败。例如,中国人喜爱莲花,认为莲花“出淤泥而不染,濯清涟而不妖”,而在日本则认为莲花不洁;中国认为山羊作为品牌无可非议,甚至还代表一种锲而不舍的精神,而在英语国家尤其英国,山羊可能代表不正经的男人,以此命名的产品其销路可想而知;日本人在数字上忌用“4”和“9”,因在日语发音中“4”同死相近,“9”同苦相近;中国、日本、美国等国家对熊猫特别喜爱,但一些阿拉伯人却对熊猫很反感;在欧美,妇女结婚时喜欢穿白色的婚礼服,因为她们认为白色象征着纯洁、美丽;在我国,妇女结婚时喜欢穿红色的婚礼服,因为红色象征吉祥如意、幸福美满;国产“白象”牌电池在国内较畅销,出口到西方国家却无人问津,因为“白象”一词在英语中的含义是:花了心力,耗费了金钱,但又没有多少价值;汉民族视农历春节为最重要的节日,贴春联、办年货等独具特点,西方人的圣诞节,寄圣诞卡、买圣诞礼品等另有特色。并且,同一社会在不同时代也会出现不同的观念,如唐朝以胖为美,现代人以瘦为荣,甚至强调“骨”感。企业进行市场营销考虑文化环境,就要了解民风习俗、礼仪交往、图腾文化等,结合不同目标市场的文化习俗特点,重视商品包装、设计、商标乃至色彩的“适用性”,力求使产品包装、色彩、图案与目标市场的文化习俗以及由此而形成的风俗习惯相适应、相协调。

企业除了了解整体社会成员所遵守的风俗观念外,还要着重研究社会亚文化及其价值观念。每一种社会文化内部都包含着若干亚文化群。构成亚文化群的有种族亚文化群、民族亚文化群、宗教亚文化群(影响最大的有伊斯兰教、佛教、基督教或天主教)、地理亚文化群、职业亚文化群和年龄亚文化群等。销售人员应关注其独特的特性。

在文化体系中价值观念有基本价值观念和次价值观念之分。价值观念是一种信仰,它阐明什么是正确的，什么是错误的，或者说一种总的偏爱。基本价值观念是子女从父母那里继承过来，并由社会的主要机构予以加强，具有高度的稳定性和持续性。例如，在中国要求为人正直、诚实等。次价值观念则较易变化。企业在进行营销活动时，要分析策略与对象观念的吻合性，吻合度越高，成功的可能性就越大。如果企业的产品和营销策略与人们的观念不相吻合，就要权衡转变人们态度的成本支出以及由此带来的收入的关系。

第四节 市场营销环境分析

每个企业都处于微观环境和宏观环境影响之下。环境总处于动态变化之中。企业能否生存的关键在于对环境变化的洞察力、适应力和利用力。也就是说，企业要在环境变化中，适应变化、捕捉机遇、利用机遇。

一、SWOT 分析

SWOT 是帮助决策者在企业内部的优势（Strengths）和劣势（Weaknesses），外部环境的机会（Opportunities）和威胁（Threats）的动态结合分析中确定相应的生存和发展战略的一种有用而简单的决策分析方法。从整体上看，SWOT 可以分为两部分：第一部分为 SW，主要用来分析内部条件；第二部分为 OT，主要用来分析外部条件。它很有针对性，有利于领导者和管理者在单位的发展上作出较正确的决策和规划。

下面就企业外部环境的威胁与机会加以介绍。

二、环境威胁分析

环境威胁是指营销环境中对企业营销不利的各种趋势。这种环境威胁，主要来自两方面：一方面，环境因素直接威胁着企业的营销活动，诸如某些地区为了减少空气污染、噪声和减轻交通压力，对摩托车上牌照加以限制，这对摩托车生产和销售企业就构成了巨大的威胁。另一方面，企业的目标、任务及资源同环境机会相矛盾，如人们对电视机的需求从黑白小屏幕向彩色大屏幕发展，这对原有的生产小屏幕黑白电视的企业是个重大挑战。企业不采取果断的市场营销行动，这种不利的趋势将伤害到企业的市场地位，甚至会影响企业的生存和发展。例如，摩托车相关企业可以考虑生产和销售符合人们需求的电动自行车来将环境威胁变为环境机会。总之，企业营销人员要善于识别所面临的环境威胁，并根据威胁的严重性和威胁出现的可能性进行分类管理，然后，针对那些严重性大而且出现的可能性大的威胁制定应变计划，防患于未然。

以环境威胁矩阵图（见图 2-1）来进行分析、评价。在环境威胁矩阵中，用纵轴代表威胁潜在的严重性，即威胁发生给企业带来的损失，可以用金钱来表示；横轴代表威胁发生的可能性，概率处于 0～1 之间，数字越小表明威胁发生的概率越低，数字越大说明威胁发生的概率越高。纵轴中，以中等损失将整体区域分为上、下两部分，上部为损失大，下部为损失小；横轴中，以概率 50%将整体区域分为左、右两部分，左边概率大，右边概率小。

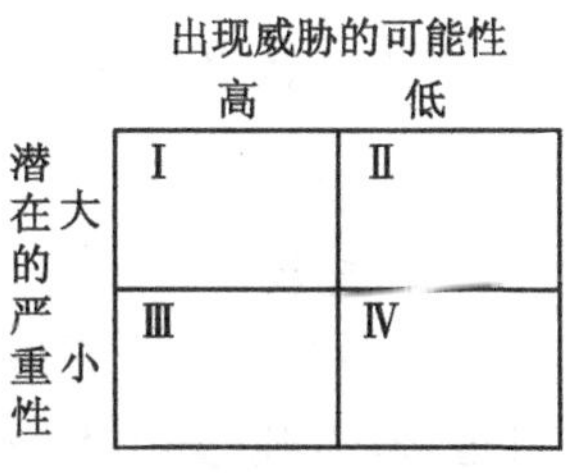

图 2-1 环境威胁矩阵图

对于处于第Ⅰ象限的威胁，由于潜在的威胁损失及其发生概率都较高，企业应特别予以重视；对于处于第Ⅳ象限的威胁，由于潜在的威胁损失及其发生概率都较小，企业可不予理会；对于处于第Ⅱ、第Ⅲ象限的威胁，由于潜在的威胁损失及其发生概率处于交替大小的状态，企业应特别予以密切监督，以防向不利的方向发展。

三、环境机会分析

环境机会即市场机会，是指环境所出现的有利企业发展的趋势。但是，这些对企业来说只是一种可能性。只有当利用该市场机会与企业的任务目标一致，企业有利用市场机会的资源，企业能更好地通过利用机会获取相对于竞争对手的比较优势时，市场机会才能真正转化为企业机会。企业市场机会的特点有：①针对性，环境时时刻刻都在发生变化，有变化就有机会，但是一定的营销环境条件只对于那些具有相应内部条件的企业来说才构成机会。②利益性，企业利用机会能为企业带来经济的或社会的效益。③时效性，市场机会从产生到消失的过程通常也是很短暂的，企业一定要抓住机会的战略之窗。④公开性，市场机会是某种客观的、现实存在的或即将发生的营销环境状况，是每个企业都可以去发现的。

以市场机会矩阵图（见图 2-2）来进行分析、评价：在市场机会矩阵中，用纵轴代表市场机会潜在的吸引力，即成功利用机会；横轴代表机会发生的可能性，概率处于 0～1 之间，数字越小表明威胁发生的概率越低，数字越大说明威胁发生的概率越高。纵轴中，以中等吸引力将整体区域分为上、下两部分，上部为吸引力大，下部为吸引力小；横轴中，以概率 50%将整体区域分为左、右两部分，左边概率大，右边概率小。

潜在的吸引力 \ 出现机会的可能性	高	低
大	Ⅰ	Ⅱ
小	Ⅲ	Ⅳ

图 2-2　市场机会矩阵图

对于处于第Ⅰ象限的机会，由于潜在的机会利益及其发生概率都较高，企业应特别予以重视；对于处于第Ⅳ象限的机会，由于潜在的机会利益及其发生概率都较小，企业可不予理会；对于处于第Ⅱ、第Ⅲ象限的机会，由于潜在的机会利益及其发生概率处于交替大小的状态，企业应特别予以密切监督。在评价机会吸引力时要充分考虑市场潜在需求规模及其增长速度、竞争状况、利润空间等要素，进行赋值、赋权，综合计算之后得出期望值，作为评价机会价值的基本依据。

如果将环境威胁和市场机会综合考虑，企业将面临四种业务选择（见图 2-3）：

（1）理想业务：大机会和低威胁的业务。

（2）冒险业务：大机会和高威胁的业务。

（3）成熟业务：小机会和低威胁的业务。

（4）困难业务：小机会和高威胁的业务。

机会水平 \ 威胁水平	高	低
大	冒险业务	理想业务
小	困难业务	成熟业务

图 2-3　企业业务的分类评价

四、企业对策

面对威胁和机会，企业应审时度势地采取对应策略。

1. *反抗*

反抗是指企业采取措施试图限制或扭转不利因素的发展。例如，我国浓缩苹果汁年产量近 20 万吨，其中 85%出口欧美市场。近年来，我国苹果汁生产发展很快，对美国的出口也直线上升，可是，由于国内企业大都各自为战，生产和出口缺乏协调、统一，使得出口至美国的浓缩苹果汁价格从1995年的吨价1 800美元下跌到1998年的每吨600美元以下。这么低的价格引起了美国苹果汁生产厂家的恐慌，美国苹果协会主席纳斯于1998年年底开始酝酿联合美国同类企业起诉中国苹果汁低价倾销，并在1999年年初向美国商务部递交申请，诉我国苹果汁倾销，要求对其征收高达91.84%的反倾销税。面对美方起诉，以烟台北方安德利等为首的10家国内企业决定应诉。1999年7月，应诉的中方企业从美国聘请到富有反倾销经验的米歇尔律师，负责协助打这场官司。在此危急关头，我外经贸部向应诉企业伸出了援助之手，去函美国商务部表示"强烈希望中方企业能在此次诉讼中得到合理、公正的对待！"后来经过5个多月的反复较量，我国应诉企业中，烟台北方安德利的进口税率初裁为0，其余企业的初裁税率从9.85%到38.86%不等，所有应诉企业的平均关税为14.88%，这些税率远低于美国苹果协会所要求的91.84%的水平。

2. 减轻

减轻是指企业通过调整市场营销组合等来改善环境的适应性，以减少环境威胁的严重性。例如，自1995年开始，乐百氏酸奶在上海的销量虽然保持增长，但增势趋缓，业绩与总部的期望有一定距离。企业通过调查发现有以下几方面的原因：①购买力被其他饮料分流了很大一部分；②成人酸奶品牌对儿童酸奶市场的侵占超过了原先判断；③乐百氏奶的主体消费群是1～9岁的孩子，而这一群体的人口数在急剧下降(1994年，上海市10岁以下的人口数为125.1万人，1997年为94.96万人)；乐百氏酸奶的消费群趋于低龄化(10岁的孩子就觉得自己是一个小大人了，而乐百氏广告的主角往往是4～6岁的孩子，画面是孩子在蹦蹦跳跳。大孩子们就觉得乐百氏是弟弟妹妹们喝的东西，潜意识里对乐百氏的认同度降低)。问题发现后，企业采取了一系列措施，如竞争策略上，与优诺、达能、光明全面展开市场争夺，主要针对10岁以上孩子的市场，开展"大孩子，乐百氏也爱你"及"年轻的父母啊！只有乐百氏才最适合你的孩子"等活动，最后乐百氏酸奶在上海市场的销量由1997年的5 300万瓶上升到1998年的7 200万瓶。又如，1982年，一个精神异常的人在美国强生公司生产的"泰利诺"胶囊中掺入氯化钾，造成5个人死于非命，引发了"泰利诺危机"。公司当即发动全体员工将货架上产品全部收回。但在第二天，加州又发现被下毒的药，这说明被下毒的药不仅限于已收回的那批产品。于是，强生董事长每半小时举行一次记者会，向大众说明真相，并向全美所有销售网络回收产品，结果又发现两瓶被下毒的药。强生原本可以不负责任，将此事推给警方，但他们没这样做，反而在一周内重新设计包装，一个月内新包装药品开始生产。该公司耗资11亿美金回收9.3万瓶泰利诺胶囊，并给消费者调换安全的泰利诺胶囊，使公司渡过了生存危机。

3. 转移

转移是指企业决定转移到其他盈利更多的行业或市场。例如，从美国、英国、日本等国际知名的烟草公司的发展来看，已经完成了产品经营向资本经营的转变，在"一业为主，多元经营"的发展战略上取得了成功。20世纪90年代以来，国内烟草行业的竞争日益激烈，国内烟草市场供不应求的时代已经过去，出现了产大于销的局面，以红塔集团为主体的云南烟草受到巨大的压力和严峻的挑战。从红塔集团的经营状态来看，20世纪90年代之前是经营烟草，称为烟草专业化；90年代初期开始涉足烟草以外的行业，逐渐走上多行业的经营，形成多元化经营的格局。截至2000年，红塔集团已累计投资人民币120亿元，项目达72个，形成五大支柱产业，即烟草配套企业群、能源交通企业群、建材木业企业群、宾馆酒店服务企业群和金融保险证券行业群。

【本章小结】

成功的企业必须关注所处的环境,企业的市场营销活动是从环境分析开始的。营销环境分析有利于企业趋利避害,扬长避短,加强营销策略的针对性和稳定性。市场营销环境是由企业营销管理职能以外的行动者和力量所组成的,这些行动者和力量影响营销管理者成功地保持和发展同其目标市场顾客交换的能力。市场营销环境具有差别性与同一性、动态性和相对稳定性、不可控性和主观能动性的特点。

微观环境是指与企业紧密相连,直接影响其营销能力的各种参与者。市场营销微观环境由企业、市场营销渠道企业(供应商、生产者、中间商、实体分配机构、营销服务机构和财务中介机构)、顾客(消费者市场、生产者市场、中间商市场、非营利组织市场、国际市场)、竞争者(愿望竞争者、类别竞争者、产品形式竞争者、品牌竞争者)、社会公众(政府公众、媒介公众、金融公众、一般公众、地方公众、公民行动公众、内部公众)组成。

宏观环境是指影响企业微观环境中所有行动者的较大的社会力量。市场营销宏观环境由人口环境、自然环境、经济环境、技术环境、文化环境和政治法律环境组成。

企业针对环境要搞好威胁、机会分析,认清企业面对的业务类型,了解理想业务、冒险业务、成熟业务和困难业务的特点。针对威胁采取对应的策略,如反抗、减轻和转移。

【同步测试】

一、概念

市场营销环境　微观环境　宏观环境　市场机会

二、选择题

1. (　　)是向企业及其竞争者提供生产经营所需资源的企业或个人。

A. 供应商　B. 中间商　C. 广告商　D. 经销商

2. (　　)是指协调企业促销、销售和经销其产品给最终购买者的机构。

A. 供应商　B. 制造商　C. 营销中间商　D. 广告商

3. (　　)就是企业的目标市场,是企业服务的对象,也是营销活动的出发点和归宿。

A. 产品　B. 顾客　C. 利润　D. 市场细分

4. 影响消费者需求变化的最活跃的因素是(　　)。

A. 个人可支配收入　B. 可任意支配收入

C. 个人收入　D. 人均国内生产总值

5. 恩格尔定律表明,随着消费者收入的提高,恩格尔系数将(　　)。

A. 越来越小　B. 保持不变　C. 越来越大　D. 趋近于零

6. (　　)是指一个国家或地区的民族特征、价值观念、生活方式、风俗习惯、宗教信仰、伦理道德、教育水平和语言文字等的总和。

A. 社会文化　B. 政治法律　C. 科学技术　D. 自然资源

7. (　　)是指人们对社会生活中各种事物的态度和看法。

A. 社会习俗　B. 消费心理　C. 价值观念　D. 营销道德

8. 威胁水平和机会水平都高的业务,被叫作(　　)。

A. 理想业务　B. 冒险业务　C. 成熟业务　D. 困难业务

9. 出现于不同行业之间的交叉与结合部分的市场机会,则称之为(　　)。

A. 全面机会　B. 行业市场机会　C. 边缘市场机会　D. 局部机会

10. 企业的营销活动不可能脱离周围环境而孤立地进行，企业营销活动要主动地去(　　)环境。

A. 控制　　B. 征服　　C. 改造　　D. 适应

三、思考题

1. 简析企业分析市场营销环境的意义。
2. 简述市场营销环境的构成。
3. 简述市场营销环境的特征。
4. 企业在面对威胁与机会水平不等的各种营销业务时，可以采用的营销对策有哪些？

【技能训练】　家乐福败走香港

继1997年年底八佰伴及1998年中大丸百货公司在香港相继停业后，2000年9月18日，世界第二大超市集团"家乐福"位于香港杏花村、荃湾、屯门及元朗的4所大型超市全部停业，撤离香港。

法资家乐福集团，在全球共有5 200多间分店，遍布26个国家及地区，全球的年销售额达363亿美元，盈利达7.6亿美元，员工逾24万人。家乐福在我国的台湾地区、深圳、北京、上海的大型连锁超市，生意均蒸蒸日上，为何独独兵败香港？

家乐福声明其停业原因，是由于香港市场竞争激烈，又难以在香港觅得合适的地方开办大型超级市场，短期内难以在市场争取到足够占有率。

家乐福倒闭的责任可从两个方面来分析。

1. 从自身来看

家乐福的"一站式购物"(让顾客一次购足所需物品)不适合香港地窄人稠的购物环境。家乐福的购物理念是建立于地方宽敞处，与香港寸土寸金的社会环境背道而驰，显然资源运用不当。这一点反映了家乐福在适应香港社会环境方面的不足和欠缺。

家乐福在香港没有物业，而本身需要数万至10万平方英尺(1平方英尺＝0.092 9平方米)的面积经营，背负庞大租金的包袱，同时受租约限制，做成声势时租约已满，竞争对手觊觎它的铺位，会以更高租金夺取；家乐福原先的优势是货品包罗万象，但对手迅速模仿，这项优势也逐渐失去。

除了已开的4间分店外，家乐福还在将军澳新都城和马鞍山新港城中心租用了逾30万平方英尺的楼面，却一直未能开业，这也给它带来沉重的经济负担。

家乐福在台湾有20家分店，能够形成配送规模，但在香港只有4家分店，直接导致配送的成本相对高昂。在进军香港期间，它还与供货商发生了一些争执，几乎诉诸法律。

2. 从外部来看

在1996年它进军香港的时候，正好遇上香港历史上租金最贵时期，经营成本高昂，这对于以低价取胜的家乐福来说，是一个沉重的压力，并且在这期间又不幸遭遇亚洲金融风暴，香港经济也大受打击，家乐福受这几年通货紧缩影响，一直无盈利。

由于香港本地超市集团百佳、惠康、华润、苹果速销等掀起的减价战，给家乐福的经营以重创。作为国际知名的超市集团，家乐福没有主动参加这场长达两年的减价大战，但几家本地超市集团的竞相削价，终于使家乐福难以承受，在进军香港的中途铩羽而归。

思考题:

1. 你认为家乐福败走香港的真正原因何在?
2. 你认为世界零售业“巨无霸”打入中国以后,中国本土零售商能与之决一雌雄吗?
3. 家乐福败走香港对中国大陆零售业发展有何启示?
4. “入世”后中国大陆零售业如何制定与世界零售业巨头的竞争策略?

第三章
营销调查与预测

【学习目的与要求】 学生通过本章学习，掌握市场调查的主要内容和调查方法，能有效进行市场需求测量和预测，运用市场营销信息系统为企业更好地服务。

市场调查与预测是系统地收集、记录、整理和分析有关市场的信息资料，运用科学的方法，对市场的现状和未来的发展变化趋势作出描述和量的估计的过程。市场调查和预测是企业制定市场营销计划和决策的重要依据。企业管理人员必须重视市场调查和预测，了解和掌握市场调查和预测的基本原理和常用方法，并学会运用市场调查和预测的结果为营销决策服务。

第一节 市场调查概述

【案例导入】 **流水声音卖高价**

费涅克是一名美国商人。在一次休假旅游中，小瀑布的水声激发了他的灵感。他带上立体声录音机，专门到一些人烟稀少的地方，录下小溪、小瀑布、小河流水、鸟鸣等声音，然后回到城里复制出录音带高价出售。想不到他的生意十分兴隆，尤其买"水声"的顾客川流不息。费涅克了解到许多城市居民饱受各种噪音干扰之苦，却又无法摆脱。这种奇妙的商品，能把人带入大自然的美妙境界，使那些久居闹市的人暂时忘却尘世的烦恼，还可以使许多失眠者在水声的陪伴下安然进入梦乡。

【引例分析】

留心处处皆商机。在我们抱怨生意难做的同时，却有无数的商机在我们身边溜走或等待我们去发掘。发掘新的商机，比跟在别人后面亦步亦趋更具发展前景，因为谁是新商机的发现者，谁就是市场的独占者，没有竞争，任君驰骋。不过，要强调的一点就是，只有在需求存在时，营销创新才能构成新的商机，否则一文不值。

一、市场调查的内容

市场调查的内容主要有以下几个方面。

(一) 市场需求调查

(1) 消费者情况调查。即调查分析哪些人是本企业产品的消费者，他们居住的地区、收入水平、年龄、职业、性别、教育水平等情况如何，本企业的市场占有率有多高。企业通过这些调查，可以为正确确定目标市场、调整市场营销组合提供依据。

（2）消费者购买行为调查。即调查消费者购买的习惯，如购买时间、地点、品牌等，以及消费者的购买类型、购买欲望、爱好等。企业通过这些调查，可以了解消费者的需求和购买行为规律，使企业的市场营销活动能满足消费者的需要。

（二）市场竞争情况调查

任何产品在市场上都会面临着竞争，因此，企业必须了解市场竞争情况，预测市场竞争形势的发展变化规律。具体调查内容有：

（1）企业面临的主要竞争者和类型。主要竞争者是指与企业竞争能力较为接近的竞争对手。企业的竞争者有四种类型：愿望竞争者、类别竞争者、形式竞争者和品牌竞争者（详见第二章）。

（2）主要竞争对手的优势和劣势。竞争对手的优势是企业的市场压力和进入市场的不利条件，竞争对手的劣势是企业的市场机会和进入市场的有利条件。因此，这里要了解在目标市场中，各个竞争对手，特别是主要竞争对手的优势和劣势，便于企业扬长避短，取得竞争的胜利。

（三）市场营销环境调查

任何企业的营销活动都是在一定的市场营销环境中进行的，因此，企业必须对目标市场的市场营销环境的现状及未来的可能变化情况进行调查了解。这包括对目标市场的政治、经济、社会、文化、法律、科技和教育等环境因素的现状进行研究和分析，并预测和估计其发展的趋势，判断目标市场诸环境变化的规律性及其变动的特点。市场营销环境是企业开展市场营销活动的不可控因素，通过调查，可以使企业的市场营销活动适应环境的需要，为企业选择和创造一个良好的营销环境。

（四）市场营销可控因素调查

产品、价格、销售渠道和促销是企业开展市场营销活动的四个可控因素，调查的主要内容有以下几方面。

1. 产品调查

产品是企业赖以生存的物质基础，一个企业要想在竞争中求得生存和发展，就必须始终如一地生产出顾客满意的产品。产品调查的主要内容有：

（1）产品设计的调查。它包括产品功能设计、用途设计、使用方便和操作安全设计、产品的品牌和商标设计及产品的外观和包装设计等。

（2）产品和产品组合的调查。

（3）产品生命周期的调查。

（4）对老产品改进的调查。

（5）对新产品开发的调查。

（6）对如何做好销售服务的调查。

2. 商品价格调查

价格对产品的销售和企业的获利情况有重要影响，开展商品价格调查，对于企业制定正确的价格策略有重要意义。商品价格调查的内容有：

（1）市场供求情况及其变化趋势的调查。在市场经济条件下，价格受市场供求的影响，了解市场供求情况及其变化趋势，对于了解商品价格的变化趋势，为企业制定正确的价格决策提供依据。

(2) 影响价格变化的各种因素的调查。

(3) 产品需求价格弹性的调查。

(4) 替代产品价格的调查。

(5) 新产品定价策略的调查。

3. 促销调查

促销调查包括广告调查、人员推销调查、各种营业推广的调查及企业形象的调查等方面的内容。具体有:

(1) 广告调查。它包括广告信息调查、广告媒体调查、广告时间调查、广告效果调查等。

(2) 人员推销调查。它包括销售力量大小的调查、销售人员素质的调查、销售人员分派是否合理的调查、销售人员报酬的调查等。

(3) 各种营业推广的调查。

(4) 公共关系与企业形象的调查。

4. 销售渠道调查

销售渠道的选择是否合理,产品的储存和运输安排是否恰当,对于提高销售效率,缩短交货期和降低销售费用有着重要的作用。因此,销售渠道调查也是市场调查的一项重要内容。调查的主要内容有:

(1) 各类中间商调查。

(2) 仓库、运输工具如何安排的调查。

以上各项内容,是从市场调查的一般情况来讲的。各个企业在不同时期,在营销过程中遇到的问题不同,所要调查的问题也就不同。所以,各个不同的企业,必须根据自己的具体情况来确定各个时期的市场调查的重点,并组织力量,把调查工作做好。

二、市场调查的类型

按不同的分类方法,可以把市场调查分为不同的类型。

(一) 按市场调查的范围分

1. 普查

即对调查对象中的所有单位进行全部调查的一种调查方法,如我国的人口普查、农业普查等。

2. 抽样调查

即把调查对象中一部分单位作为调查样本,对样本进行调查,然后根据样本情况推测调查对象总体情况的一种调查方法。

(二) 按市场调查的时间分

1. 一次性调查

企业开展某一项新的经营业务时,就需要进行一次性调查,如企业开发新产品时。

2. 定期性调查

企业针对市场情况,按时间定期所作的市场调查。它的形式有月末调查、季末调查、年终调查等。

3. 经常性调查

经常性调查又称不定期调查。企业根据生产经营活动中出现的问题和外部市场的变化情况，对调查对象作不定期的经常性的调查，以随时了解有关市场信息，掌握市场发展变化的动态。

（三）按市场调查的目的分

1. 描述性调查

描述性调查是指全面、系统地收集、整理有关市场信息资料，然后实事求是地分析，将分析结果如实地叙述表达，从而起到描述市场现状的作用的一种调查形式。描述性调查要说明的是“什么”“何时”“如何”等问题，但不用解释“为什么”。这种调查的目的主要是为了了解市场的过去和现状，收集反映市场信息的客观资料，如社会购买力调查、市场占有率调查等就属于这种类型。

2. 因果性调查

因果性调查是指为了弄清市场变量间的因果关系而进行的专题调查，如对某种产品销售减少的原因进行调查。在因果性调查中，调查问题至少包含着两个或两个以上的变量，开展因果性调查，就是收集有关市场变量的数据资料，并运用统计分析方法和逻辑推理，找出它们之间的相互联系。因果性调查的目的就在于找出问题的答案，回答“为什么”的问题。

3. 探测性调查

企业探测性调查是指在市场不明的情况下，为了找出问题的症结而进行的一种非正式的初步调查。企业通过探测性调查，对调查对象的性质、范围、原因等有了大概了解以后，便可进一步组织开展正式调查。探测性调查一般不必制订严密的调查方案，而是往往采取一些简便的方法，以便很快得出结论。

三、市场调查的程序

市场调查是一项复杂、细致的工作，涉及面广，对象不稳定。为了使整个调查工作有节奏、高效率地进行，使调查取得良好的预期效果，必须加强组织工作，合理安排调查的程序。不同的市场调查虽然程序不尽相同，但大都经过以下几个步骤。

（一）明确调查目的

明确调查目的，是市场调查首先要解决的问题。从总的方面看，它的目的是提供市场信息，研究市场发展和经营决策中的问题，为企业制定经营决策服务。但是，每一次市场调查的具体目的又不完全相同，所以在市场调查之初，要明确：①为什么要做这次调查。②通过调查要了解哪些情况。③调查结果有什么具体用途。市场调查人员设想的市场调查，开始往往涉及面宽，提出的问题也比较笼统。因此，应先进行初步调查，通过初步调查，查出市场的主要问题，明确调查目的。这是市场调查的第一步，也是至关重要的一步，因为以后的整个调查过程，都围绕着这个目标展开。如果找不到主要问题，目标不明，将使整个市场调查无的放矢，调查工作成为无效劳动。这一阶段是为正式调查做准备的，又称预备调查阶段。

（二）确定调查项目

调查目的确定以后，要根据目的的要求，确定具体的调查项目。调查项目是表明调查对象特征的各项标志。例如，调查对象是消费者，可供选择的调查项目有收入、职业、文化程度等。调查项目可以有多种选择，选择的原则取决于调查目的，就是说，依据调查目的选择调查项目。

（三）调查前的准备

1. 拟定调查方案和工作计划

调查方案就是对某项调查的设计，包括调查的目的要求、调查的具体对象、调查资料收集方法等，它是指导调查实施的依据。调查的工作计划，是对某项调查的组织领导、人员配备和考核、完成工作时间和工作进度、费用预算等的预先安排。

2. 选择调查对象和调查地点

选择调查对象，主要是确定调查对象应具备的条件。调查对象是根据市场调查目的选定的市场活动的参与者。选择调查对象，是从市场整体中选出被调查的个体。同时也要确定调查对象样本的数量。样本数量要根据市场调查目的、范围、时间等因素考虑。

选择调查地点，要从市场调查范围出发，考虑是在一个地区还是在几个地区调查，被调查对象是集中还是分散。

3. 拟定调查提纲，设计调查表

这是将调查内容进一步具体化的关键一步。为提高调查工作的成效，应先准备好要调查哪些具体问题，收集哪些基本数据。为便于对调查资料进行统计分析，应设计一套调查表格。对调查表格的设计要遵守一定的规则，力求简练、明确，便于填写。

（四）组织实施调查

组织实施调查就是调查人员着手收集资料，为进一步分析提供依据的过程。

为了得到所需要的信息，调查人员要收集有关资料，包括二手资料和原始资料。所谓二手资料，是指经别人收集、整理过的资料，通常是已经发表过的。原始资料则是指调查人员通过发放问题卷、面谈等方式收集到的第一手资料。

调查人员在开始调查一个项目之初，一般先收集二手资料，这就是案头调查。二手资料主要有两个来源：一是内部资料，二是外部资料。内部资料包括企业营销系统中贮存的各种数据，如企业历年销售额、利润状况，主要竞争对手的销售额、利润情况，有关市场的各种数据等。外部资料主要是政府的各类出版物，公开出版的各种报刊、书籍，各类咨询公司、信息中心提供的各种有关数据。一般来讲，调查人员可以比较迅速地得到二手资料，而收集原始资料则成本较高，时间较长。但是，仅靠二手资料有时不能满足决策者对信息的需要，因为二手资料在时间和准确性等方面可能存在问题，而且有些资料通过案头调查也可能收集不到，因此，调查人员还必须进行原始资料的收集，即实地调查。

实地调查是指调查人员亲自深入营销实践，现场收集资料的过程。实地调查直接接触千变万化的实际，及时了解市场状况，其工作质量的好坏，直接影响调查结果的准确性。调查资料是否准确与调查人员的素质有关，在调查之前，一般都要对调查人员进行必要的培训，提高他们的工作技能和认识水平，减少工作失误，尽可能按调查方案的要求取得调查资料。

（五）分析整理资料，并提出报告

这个阶段是调查工作全过程的最后一环。这个阶段的工作如果做得不好，就会使整个调查工作功亏一篑，前功尽弃。这个阶段的工作又可以分为以下几个步骤。

1. 整理分析资料

调查人员要把收集到的各种资料进行检查核实和校订，以便及时发现问题，及时核实、补充、订止，保证资料的准确性、完整性。然后要对各种资料按调查提纲的要求，进行分类汇编，编号归类，以便查找使用。

2. 资料的加工

调查人员要把经过整理的各种资料再进行加工，如进行统计汇总，计算出各种比例，制成分析图表等。

3. 撰写调查报告

在对市场调查得到的资料进行分析的基础上，撰写市场调查报告。撰写调查报告，要系统、全面地反映调查内容；注明本次调查的目的；说明资料来源和调查方法；反映调查的发现及结果；最后，还要根据调查结果，提出相应的工作建议或决策意见。同时，调查报告最好附有必要的统计图表。

四、市场调查的方法

市场调查的方法很多，选用的方法是否得当，对调查结果的准确性影响很大。市场调查的方法有以下几种。

(一) 询问法

询问法是指以询问的方式向被调查者了解市场情况的方法。询问的具体方式灵活多样，根据调查人员同被调查者接触方式的不同，又可分为面谈调查、邮寄调查、电话调查和留置调查。

1. 面谈调查

面谈调查是指调查人员同被调查者直接面谈，当面听取意见，收集市场反映，询问有关问题的方法。在谈话中要注意做好记录，以便事后整理分析。

面谈调查的交谈方式，可以采用个人面谈，也可以采取小组面谈和集体座谈的形式；可以安排一次面谈，也可以进行多次面谈。这些要根据市场调查的目的、调查的时间、调查的费用情况而定。

面谈调查具有直接性和灵活性的特点，能够直接接触被调查者，收集第一手资料；可以根据被调查者的具体情况进行深入的询问，从而取得良好的调查效果。面谈调查的主要缺陷是调查费用高，调查时间长。特别是面谈调查需要调查人员具有熟练的谈话技巧，善于启发引导谈话对象，善于归纳记录谈话内容。如不具备这些条件，面谈调查的效果会受到一定影响。

2. 邮寄调查

邮寄调查是指将设计印刷好的调查表通过邮政系统寄给被调查者，由被调查者填好后再寄回来的方法。邮寄调查的主要特点是：第一，调查的空间范围大，不受调查所在地区的限制，只要通邮的地方，都可以选为调查样本；第二，调查的样本数目可以很多，而费用开支少；第三，被调查者有充裕的时间来考虑回答问题，并可避免受调查人员个人意见的影响。邮寄调查的不足之处是调查表回收率低，可能影响样本的代表性，不能了解问卷中未涉及的问题而遗漏重要的市场信息。

3. 电话调查

电话调查是指借助电话向被调查者进行询问，了解市场情况的方法。电话调查的优点是了解情况、收集资料速度快，费用少，有些面谈会感到不自然的问题，电话中可获得坦白的回答。但由于受时间限制，电话调查的问题只能比较简单。如果调查的问题比较复杂，这种方法就难以奏效。

4. 留置调查

留置调查是指将调查问卷当面交给被调查者，说明填写的要求，并留下问卷，让被调查者自行填写，由调查人员定期收回的方法。留置调查的优点是回收率高，被调查者可以当面了解填写问卷的要求，澄清疑问，避免由于误解提问内容而产生的误差，并且填写时间充裕，便于思考回忆，被调查者意见不受调查人员的影响。其主要缺点是调查地域范围有限，调查费用较高。

（二）观察法

观察法是不与被调查者直接接触，而是通过各种方式对调查对象作直接观察，在被调查者不知不觉中，观察和记录其行为、反应或感受的方法。常用的方法有以下几种。

1. 直接观察法

直接观察法是指派人直接到商店、商品展销会、订货会、消费者集中的地方或其他场合，观察消费者的反应的方法。

2. 亲身经历法

亲身经历法是指调查人员亲自参与某种活动来收集有关资料的方法，如调查人员可扮作销售人员，直接了解顾客的爱好等。

3. 痕迹观察法

痕迹观察法是指不直接观察被调查者的行为，而是观察被调查者留下的实际痕迹的方法。例如，美国汽车经销商大多同时经营汽车修理业务，他们为了了解在哪一个广播电台做广告的效果最好，对开来修理的汽车，观察汽车收音机的指针对准哪一个电台，并作下记录。他们就可以从中了解哪一个电台的听众最多，下一次就可以选择这个电台做广告。

4. 作为记录法

作为记录法是指在调查现场安装收录、摄像及其他监听、监视仪器设备，调查人员不必亲临现场，即可对被调查者的行为和态度进行观察、记录和统计的方法。

观察法的优点是调查情况比较真实，因为被调查人员的活动没受干扰，处于自然的活动状态。但它也有不足之处，即只能观察到消费者的表面活动，往往不能了解市场内在因素、消费者心理变化及市场变化的原因和动机。

（三）实验法

实验法在收集市场信息资料中应用很广，特别是在因果关系调查中，实验法是一种非常重要的方法。例如，将某一种产品改变设计、改变质量、改变包装、改变价格、改变广告、改变销售渠道以后，对销售量会产生什么影响，都可以先在一个小规模的市场范围内进行实验，观察顾客的反应和市场变化的结果，然后再决定是否推广。常用的实验调查方法有以下几种。

1. 实验室实验调查法

这在研究广告效果和选择广告媒体时常被使用。例如，某企业为了了解什么样的广告信息最吸引人，就可以找一些人到一个地方，每人发一本杂志，让他们翻看一遍，问他们每一本杂志里，哪几个广告对他们吸引力最大，以便为本企业设计广告信息提供一些有用的参考资料。

2. 销售区域实验调查法

该方法就是把少量产品先拿到几个有代表性的市场去试销，看一看那里的销售效果，得到一些资料，然后再分析把产品推销到全国可能有多大的市场占有率，值不值得在全国推销等。

3. 模拟实验法

这种实验的基础就是计算机模型。模拟实验必须建立在对市场情况充分了解的基础上，它所建立的假设和模型，必须以市场的客观实际为前提，否则就失去了实验的意义。模拟实验的好处是，它可以自动地进行各种方案的对比，这是其他实验难以做到的。

五、市场调查技术

采用询问调查时，调查人员得到资料的多少与他们的调查技术有很大的关系，特别是询问技术和抽样技术的运用。

（一）询问技术

1. 两项选择法

两项选择又称是非选择，要求从两项要求中选择其一，回答“是”或“不是”“有”或“没有”。这种询问技术的优点是回答方便，观点明确，无中立意见，缺点是不能表示程度上的差别。

2. 多项选择法

该方法就是让被调查者从预先准备好的多种方案或结论中，选择其中之一回答。这种方法比两项选择法的强制性有所缓和，并可以区分程度上的差别。但要注意，备选答案要先编号，要尽可能包括全部可能的情况，但应避免重复，备选答案不宜过多。

3. 自由问答法

自由问答法多用于面谈调查和电话调查。调查者与被调查者之间自由交谈，了解所需情况资料。它的特点是被调查者不受限制地回答问题，有充分发表意见的机会，调查者也可以根据谈话过程采取讨论、质疑的形式深入调查。其缺点是答案由调查人员记录和整理，有时会出现偏差。

4. 顺位法

顺位法是指事先列举若干需要排定顺序的项目，让被调查者根据自己的意见，对所列答案列出先后顺序的方法。

5. 评定法

该方法要拟定表示不同程度的多种答案，或按不同程度给予分值，要求被调查者表示对某一事物的爱好或认可程度。

以上不论哪种方法，事先都要先列调查表，按照表中的问题询问。所以，都要处理调查问卷设计问题，并符合问卷设计的一般要求。调查问卷的设计要符合以下几个要求：

(1) 文字要准确，不应使填表人有模糊认识。问题要提得清楚明确，避免一般性提问，避免用多义词或笼统的询问，如经常、普通、一般、基本等，这些词义较笼统，应尽量避免使用。

(2) 防止使用引导性语句，问句要有艺术性，避免引起被调查者的反感而不予合作。

(3) 不提不易回答的问题。这里有两种情况：一种是涉及填表人的心理、习惯和个人生活隐私问题而不愿回答的问题；一种是由于时间长久，回忆不起来或回忆不准确的问题。这两种情况在设计调查表时应尽量避免。

(4) 要注意问题的排列顺序。一般是简单的、容易回答的问题放在前面，逐渐增加难度。同类或相联系的问题要放在一起，便于被调查者合作。

一张在实际询问调查过程中的调查问卷，最好有调查目的、调查要求（填表要求）、调查内容（调查的具体内容），还要有被调查者的基本情况（姓名、职业、年龄、文化程度、家庭人口、人均收入）以及调查者的姓名、调查单位、调查时间等，以便明确责任，以及查询。

（二）抽样技术

市场调查可以采用两种形式，即市场普查和抽样调查。当调查对象数量多时，采用普查形式花费时间长，费用大，调查人员多，这是一般企业力所不能及的。因此，在市场调查实践中，更多地采用抽样调查的形式。与市场普查相比，抽样调查工作量小，省时、省力。但抽样调查会产生抽样调查结果的误差，这也是抽样调查的弱点。因为，抽样调查所取得的整体结果是根据市场总体中的一部分推算出来的。从一定意义上讲，出现或多或少的抽样误差是可以控制在允许的范围之内的。为了发挥抽样调查的积极作用，应尽量减少误差。减少误差的途径除了做好调查的组织工作，提高工作质量外，采用适当的抽样方法，是至关重要的。常用的抽样方法有随机抽样和非随机抽样两大类，每类又各有多种方法。

1. 随机抽样

随机抽样又分为单纯随机抽样、分层随机抽样及分群随机抽样。

（1）单纯随机抽样。单纯随机抽样又称简单随机抽样，就是在总体单位中不进行任何分组、排队等，完全排除任何主观的有目的的选择，采用纯粹偶然的方法从总体中选取样本。在市场调查实践中，常用的单纯随机抽样方法主要有抽签法和随机号码表法。

抽签法是将市场总体进行编号，然后把它们掺和起来，打乱顺序，从中抽出一定的签数，被抽出的签号即为被调查单位。这种方法只有在调查单位不多，单位之间差别不大的情况下才适用。否则，单位过多，安排签号有困难，单位之间差别大，样本的代表性就差。

随机号码表又称乱数表，它是将 0～9 这 10 个自然数随机排列成表，应用时可任意从表上一个数开始，或自左向右，或自上而下，或是按行，或隔一行或数行，顺序抽取。

（2）分层随机抽样。这种方法不是直接从调查总体中抽取样本，而是先按某种划分标准将市场总体分为若干层，再从各层相同子体中随机抽出样本。这种方法适用于总体范围大，总体中各单位间差异大且分布不均时，采用单纯随机抽样法所选取的样本可能集中于某些特征，代表性差，抽样误差也大。为了弥补单纯随机抽样法的不足而发展起来这种随机抽样方法。当然，对市场总体进行分层不是依主观随意性而定，而要按一定的客观标准进行。在分层时要符合两个要求：第一，分层以构成调查内容的核心项目和关系密切的项目为标准。如调查居民收入，分层应以收入水平为标准，因为这是调查的核心项目。如调查服装消费，分层可以年龄为标准，因为服装消费与年龄相关，属于关系密切的调查项目。第二，以公认的、界限清楚的客观依据为标准，如地区、职业、文化程度等。总之，分层之后，各层应在一定的标准下保持同质，各层之间保持异质。分层之后仍然要用单纯随机抽样法，最终取得调查样本。

（3）分群随机抽样。分群随机抽样是将市场总体分为若干群体，然后以单纯随机抽样法选定若干群作为调查样本，对群体内各子体进行普查。分群随机抽样与分层随机抽样是有区别的。分层随机抽样要求各层之间有差异，各层内部具有相同性；分群随机抽样刚好相反，它要求各群体之间保持相同性，而每一群体内部具有差异性。分群随机抽样是在单纯随机抽样基础上发展起来的。采用单纯随机抽样，有时会因样本单位过于分散而导致调查费用过高。采用分群抽样因抽中的单位比较集中，调查起来方便，省时、省力。但在分群过程中，注意分成的群体之间差异要小，以使被抽取的群体代表性强。如果分成的群体间差异大，抽中的群体不能很好地体现总体属性，抽样误差就大。

2. 非随机抽样

非随机抽样包括任意抽样法、判断抽样法及配额抽样法。

（1）任意抽样法。任意抽样法是一种由调查人员根据其工作便利而随意选取样本的方法，如在街头向遇到的过路行人访问调查等。这种方法认为，市场总体中每一分子都是相同的，随意选取一个样本都可以取得代表总体特征的结果。而事实上，并非所有总体中每一分子都是一样的，如果总体中分子差异较大，抽样误差也较大，其结果可信度大为降低。因此，任意抽样多用于市场初步调查或对市场情况不甚明了时采用，在正式市场调查中很少采用。

（2）判断抽样法。判断抽样法是由市场调查人员根据经验判断而选定样本的一种抽样方法。这种方法适用于市场总体中各单位构成不同，样本数目不多的调查。依据判断抽样法选取样本，符合市场调查人员工作需要，调查结果回收率较高，简便易行。但它要求调查人员必须对市场总体的基本特征、分布情况了解清楚，要有丰富的工作经验和较强的判断能力；否则，便会产生主观判断的失误，从而造成较大的误差。

（3）配额抽样法。配额抽样法是指将市场总体按某些属性特征进行分层，对分层后的各层样本按一定的特征规定样本配额，配额内的样本则由调查人员主观判断选定。从对市场总体分层并从每层中抽取样本这一特征看，配额抽样与分层抽样有类似之处，但是对于层次的抽样方法就不同了，分层抽样法是采用随机方法抽取样本；配额抽样则是按判断抽样法抽取样本。从一定意义上说，配额抽样法属于分层判断抽样法。实行配额抽样法的理论假设是：特征相同的调查对象，如同一年龄段、同一收入水平的居民，市场需求和反应大体相似，差异不明显，因而不必再按随机原则抽取样本了。

配额抽样法的优点是简便易行，节省费用，选择过程短，能够较快地取得调查结果，因而在实践中被广泛采用。进行配额抽样，大致有四个步骤：

第一，确定分层标准，即以某些社会的、经济的特征作为分层标准，如年龄、收入等。至于具体选择哪些标准，要依市场调查的目的、调查对象的性质和客观环境条件而定。

第二，按标准进行分层，确定各层之间的比例关系。

第三，决定各层的样本数，通常是根据各层在市场总体中所占比例分配样本数额。

第四，进行配额分配。各层样本数目确定后，由调查人员分配数额，在样本数额内自由选择调查对象。

第二节 市场需求测量

【案例导入】 **先有鸡还是先有蛋？**

有一个餐厅生意好，门庭若市，老板年纪大了，想要退休，就找了3位经理过来。

老板问第一位经理："先有鸡还是先有蛋？"第一位经理想了想，答道："先有鸡。"

老板接着问第二位经理："先有鸡还是先有蛋？"

第二位经理胸有成竹地答道："先有蛋。"

老板又叫来第三位经理，问："先有鸡还是先有蛋？"

第三位经理镇定地说："客人先点鸡，就先有鸡；客人先点蛋，就先有蛋。"

老板笑了，于是提升第三位经理为总经理。

【引例分析】

先有鸡还是先有蛋？如果你一味地想这个问题的答案，永远也不会有结果。以前在争论先有物质还是先有意识这一哲学的基本问题时，就有哲学家提出过“先有鸡还是先有蛋”的命题，如今，这第三位经理给出了这一命题的营销学答案，这就是“客人的需求永远是第一位的”。

一、市场需求的基本概念

（一）市场需求

某产品的市场需求是指一定的顾客在一定的地理区域、一定的时间、一定的市场营销环境和一定的市场营销方案下愿意购买的总数量。在这个定义中包括八个要素。

1. 产品

市场需求测量首先必须确定要测量的产品种类。由于产品的范围是广泛的，并且即使是同一类产品在需求上也存在着种种差异。例如，消费者对空调机类产品便有着规格、功能、档次等方面不同的需求。制造商也要从不同的方面看待它渗透相邻市场的机会。因而，企业在进行需求测量时，应明确规定产品的范围。

2. 总量

它通常直接标明了需求的规模。应注意的是，市场需求大小有多种表达方法，我们可用绝对数值，如产品实体数量以及金额来表述市场需求，也可用相对数值来表述市场需求大小。

3. 消费者群

市场细分原理提示了消费者需求的差异性，因而，在对市场需求测量时不仅要测量整个市场的需求量，而且要注意分别确定各个细分市场的需求。

4. 地理区域

区域的限定范围不同，消费者对产品的需求也会因地理的差异呈现需求差异，因此，企业应根据实际情况，合理划分区域，确定各自市场的需求。

5. 时间周期

测量市场需求必须规定时期。因而，企业的营销计划一般有长期、中期与短期之分。不同时间周期内的市场需求也将随着时间的不同而不同，因此，在进行市场需求测量时，必须以明确的时期为限。

6. 营销环境

如前面市场营销环境中已分析过市场营销环境对营销活动的影响，尤其是许多不可控制因素直接影响着市场需求，对此，在进行市场需求测量时，应注意对此类因素的相关分析。

7. 实际购买

市场需求最终要通过购买行为表现出来，而只有最终进行购买的需求才是真正意义上的市场需求。

8. 市场营销方案

通常情况下，企业的营销决策对市场需求有着更为直接的影响。这就是说，市场需求对产品价格、产品改进、促销和分销等都表现出某种程度的弹性。因而，应考虑企业自身的营销活动对市场需求变动的可能影响。

认识理解市场需求的概念,关键在于市场需求不是一个常量,而是一个函数。即市场需求受以上诸因素的影响。营销费用—需求曲线图,如图 3-1 所示。

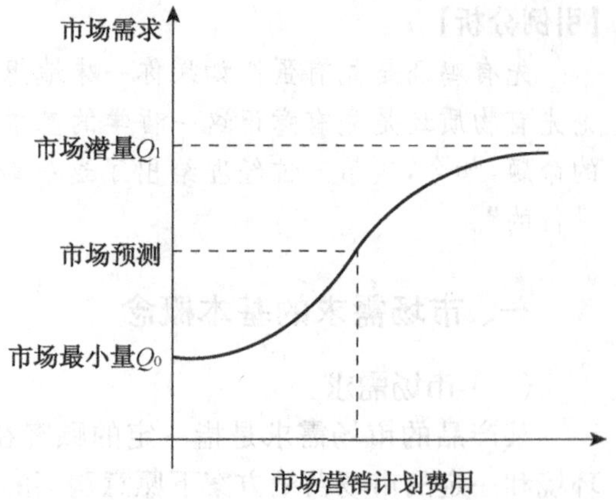

图 3-1 营销费用—需求曲线图

图 3-1 表明,在特定的营销环境下,市场需求是市场营销费用的函数。可以想象,即使在没有任何需求刺激、不开展任何市场营销活动的情况下,市场对某种产品的需求仍会存在,表现为一个基础值(市场最小量 Q_0)。随着市场营销费用的增加,需求水平呈现上升状态,且先以逐渐增加的比率,然后以逐渐减少的比率增加;但当营销费用达到一定的水平后,再增加费用却不会激起需求的进一步上升。一般把市场需求的最高界限称为市场潜量。

(二) 市场潜量

市场潜量是指在一定的市场营销环境条件下,随着行业市场营销费用逐渐增加,营销活动强化及不懈努力,某类产品的市场需求所能达到的最大极限值。在这个概念中,有必要特别提出的是“一定的市场营销环境条件”的作用,因为它最终决定着市场潜量。例如,对某种产品来说,市场潜量在经济繁荣时期就比在萧条时期要高,且差异极其明显,通常,市场潜量在前者条件下要比在后者条件下大得多。

(三) 企业需求

企业需求就是在市场需求中企业所占的需求份额。可用公式表示为:

$$Q_i = S_i Q$$

式中:Q_i 表示企业需求量;

S_i 表示企业 i 的市场占有率;

Q 表示市场需求总量。

由上式可见,企业需求量的大小不仅受到市场需求总量的影响,而且还要受到企业市场占有率的影响,一般情况下,有四个影响企业市场占有率的主要因素,即市场营销费用、市场营销组合和策略、市场营销有效性以及市场营销弹性。

(四) 企业潜量

企业潜量是当企业的市场营销力量相对于竞争者不断增加时,企业需求所能达到的最大极限。很明显,企业需求的绝对极限就是市场潜量。但在绝大多数情况下,企业潜量是低于市场潜量的。

市场需求、市场潜量、企业需求和企业潜量之间的关系表明,市场潜量与当前市场需求的差额,反映了某一市场潜力和市场机会的大小;企业潜量与企业需求的差额则反映了企业进一步作出营销努力的潜力。如果两者的差距较大,则说明企业营销活动强度不够或效果不佳,需增加营销费用,设计更有效的市场营销组合,挖掘出更大的市场潜力。

二、市场需求测量的基本方法

市场需求测量是企业市场经营活动的重要组成部分,也是企业制定正确营销战略的前提。正确的估计当前需求及未来需求的趋势，以此分析市场机会，选择目标市场，才能使企业在激烈竞争的市场上立于不败之地。

在企业的实践中，市场需求测量可以依据测量对象发生时间的不同分为两大类，即对目前需求的估量和对未来需求的预测。

（一）估计目前市场需求的基本方法

企业对目前市场需求的估量，其特征在于，对正在发生过程中的需求加以分析和评价。就是要测量总的市场潜量，区域市场潜量、实际销售额和市场占有率。

1. 总的市场潜量的估量方法

总市场潜量是指在一定时期内，在一定的行业营销努力水平和一定的环境下，一个行业中所有企业可能达到的最大销售量。总市场潜量可以用下面的公式估算：

$$Q = nqp$$

式中：Q 表示总市场潜量；

q 表示每个购买者的平均购买量；

p 表示每单位产品的平均价格；

n 表示在一定的假设条件下，特定产品或市场上的购买者数量。

在此公式中，较难把握的因素是 n，即特定产品（市场）的购买者人数。我们可以先从总人口着手，这称为总体群。从中排除那些显然不会购买的人数，再进一步对余下的"可能的购买者"加以分析。这种分析，一般可以某一两个方面为主，如从消费者的社会阶层或收入水平等着眼，经过一步步剔除后，剩下的就是"最可能的购买者"。

2. 区域市场潜量

企业不仅要计算总的市场潜量，还要选择欲进入的较理想的区域，并在这些区域内最佳的分配其市场营销费用，评估其在各个区域的市场营销效果。因而，企业必须估量不同地区的市场潜量。有两种主要方法可以采用：一种是生产产业用品的企业所采用的市场组合法，另一种是消费品生产企业所采用的多因素指数分析法。

3. 估计实际销售额和市场占有率

企业不仅要估计市场潜量和区域潜量，还必须知道发生在市场上的实际行业销售额。根据国家统计部门公布的有关统计数字，企业可以了解到本行业的总的销售状况，并将企业销售状况与整个行业发展相比较，评价自己在本行业中的绩效。例如，如果企业的销售额年增长率为 6%，而行业销售额的年增长率为 10%，这就意味着企业的市场占有率在下降，企业实际上正在丧失行业中相应的地位，而竞争者却发展迅速。

（二）未来需求的预测方法

对未来需求的预测是一项十分复杂的工作，只有特殊情况下的少数产品的预测较为简单。如一个产品的未来需求趋势相当稳定，并且竞争关系不存在（我国的公用事业）或竞争条件比较稳定（如纯粹垄断的产品生产）等。但在大多数市场上，企业经营的市场环境是在不断变化的。由于这种变化使得市场的总需求和企业需求并不稳定。需求越不稳定，越需要精确的预测。这时可靠而准确的预测就成了企业成功的关键。任何错误的预测都可能导致诸如存货过多或存货不足，从而使销售额下降以至中断而丧失销售机会等不良后果。

企业对未来需求进行预测，一般要经过环境预测、行业预测和企业销售预测这三个阶段。环境预测就是分析通货膨胀、失业、利率、消费者支出和储蓄、企业投资、政府支出、净出口以及其他一些与本企业有关的重要因素，最后作出对国民生产总值的预测。以环境预测数据为基础，结合其他环境指标进行行业销售预测，最后，根据对企业未来市场占有率的估计，预测企业销售额。

由于产品种类不同，情报资料来源的可靠性和种类的多样性，价值预测目标不同，因而对未来市场需求的预测有许多不同的预测方法。所有的预测都建立在人们所说的、人们要做的和人们已做的三个信息的基础上。“人们所说的”，是指购买者及其接近过购买者的人，如推销员、企业以外的专家的意见。在此基础上的预测方法有：购买者意向调查法、销售人员综合意见法和专家意见法等。在“人们要做的”基础上建立预测，其方法是：把产品投入市场进行试验，观察销售情况及消费者对产品的反映。建立在“人们已做的”基础上的预测方法，使用数理统计等工具，分析过去购买行为和销售情况的数据，主要采用时间序列分析法和统计需求分析法两种预测方法。

购买者意向调查法、销售人员综合意见法、专家意见法、市场实验法、时间序列分析法和统计需求分析法是估计未来需求的几种主要预测方法。这些方法的适宜性将随着预测的目的、产品种类、数据的有效性和可靠性的不同而不同，我们在第三节市场预测中有所介绍。

第三节 市场预测

【案例导入】 **婴儿手足印**

许多父母都希望自己的子女出世之后，能留下美好而完整的记录。于是，有拍相片的，有留下婴孩小撮胎毛的，有填写宝宝日记的，凡此种种，不一而足。日本的一家公司推出了令人耳目一新的产品——“婴儿手足印”纪念框，以年轻父母为销售对象。年轻的父母替小宝宝印下手印或足印后，该公司据此用黏土做成模型，并且注入特殊的树脂原料，等其凝固后，便成为一个立体的手形或足形。继而在其表面镀上一层金色或银色或棕色，再将手形或足形镶入木框之中，再铸上格言、感想或人名等合适的字眼。这样，一件带有纪念意义的艺术性装饰品便完工了。这新生的小宝宝的手掌或脚掌，常常可以令父母回想起孩子出生时的情景。而孩子长大后，见到自己当初的小手小脚，更是感到惊奇而有趣。这种产品在日本一上市，即呈现畅销的势头。

【引例分析】

婴儿手足印实际上就是一种开发产品的创意，其成功在于抓住了年轻父母的消费心理特点。

预测是人们根据过去和现在的已知因素，有目的地运用已有的知识、经验和科学方法，对事物未来的发展趋势进行估计和判断的活动过程。预测又可看作是一种信息变化系统。这种系统是由预测者、预测方法、预测对象和预测资料组成的。这一系统输入的是历史和现在的资料，输出的是预测信息。

市场预测是在市场调查和市场分析的基础上，利用各种信息资料，运用逻辑和数学方法，预先对市场未来的发展变化趋势作出描述和量的估计，从而为企业的正确决策提供科学依据。

一、市场预测的类型和内容

（一）市场预测的类型

根据不同的分类标准，市场预测可有以下几种不同的分类方法。

1. 按整个经济活动分

按整个经济活动划分，市场预测可分为宏观预测和微观预测。宏观预测是从宏观经济管理的角度，从国民经济全局出发，对整个国民经济发展的趋势进行预测，对整个国家的政治、经济、人口政策以及资源、能源、自然环境等综合开发和治理方面进行预测，对商品生产和流通总体的发展方向进行综合性的预测。它以整个社会经济发展的总图景作为参考对象，研究经济活动中各个有关的总量指标、相对指标和平均指标之间的联系和发展趋势。微观预测是从企业角度对影响企业生产经营的市场环境以及企业生产的产品、市场占有率、经营活动进行的预测，它以单个经济单位的经济活动前景作为考察对象，研究各个单位的各项经济指标之间的联系和发展趋势。

2. 按预测时间长短分

按预测时间长短划分，市场预测可分为长期预测、中期预测、短期预测和近期预测。长期预测是指对 5～10 年的市场发展前景的预测。中期预测是指对 1～5 年的市场发展前景的预测。短期预测是指对 3 个月以上 1 年以下的市场发展前景的预测。近期预测是指以日、周、旬、月为单位到 3 个月以下的市场发展前景的预测。也有人将短期预测和近期预测合并，凡是 1 年以下的市场预测均称为短期预测。

3. 按预测方法分

按预测方法划分，可分为定性预测和定量预测。定性预测是指凭人们的直觉或经验，对未来市场发展的一般变动方向和大致趋势所作的预测，它侧重在对经济过程本身性质的分析和预见。常用的方法有购买者意向调查法、销售人员综合意见法和专家意见法等。定量预测是根据调查得到的数据资料，运用数学方法对未来市场的发展变化作出“量”与“度”的测算和判定。

（二）市场预测的内容

市场预测的内容是相当广泛的，从宏观市场预测方面看，主要是对国民收入和人口增长的预测，居民购买力的预测，对市场需求量及其发展变化趋势的预测等。从微观市场预测方面看，主要是根据市场供求变化对企业营销活动具有直接影响的因素，或者有较大相关影响的因素进行预测。主要有以下几个方面。

1. 市场需求预测

市场需求预测是指通过对消费者的购买心理和消费习惯的分析，以及对国民收入水平、收入分配政策的研究，推断出社会的市场总消费水平。

企业在进行市场预测中，除了要知道产品的市场需求最低点和市场需求潜量以外，更重要的是还要知道该产品当前的可能需求量，这个当前的市场需求量称为该产品的需求预测量。产品需求预测量必介于市场需求最低点与市场需求潜量之间，并随营销费用的增减而变化。市场需求最低点、市场需求潜量以及它们的大小的关系依产品类别的不同而有所不同。对于生活必需品，市场需求最低点较高，与市场需求潜量之间差额较小；而对于非生活必需品，受营销费用的影响较大，市场需求最低点相对偏低，但市场需求潜量较高。在不同的市场环境下，同一产品的市场需求最低点和市场需求潜量是不一样的，在同样的营销费用水平下，产品的需求预测值也是不同的。了解市场需求潜量、市场需求最低点和产品的需求预测量这些市场需求指标，对于企业制定市场经营战略具有重大意义。

2. 市场占有率预测

市场占有率是指一定时期、一定市场范围内，企业所生产的某种产品的销售量占该产品同一市场销售总量的比重，计算公式如下：

$$S_i = \frac{M_i}{\sum M_i} \times 100\%$$

式中：S_i 表示企业的市场占有率；

M_i 表示企业某种产品的销售量；

$\sum M_i$ 表示同一市场同类企业某种产品销售量的总和。

在产品需求量一定的情况下，企业产品的市场占有率越大，产品的销售量就越大；反之，则越小。对于市场占有率的计算范围，必须根据该产品和适销范围，同时还必须与市场需求潜量，市场需求最低点、产品销售预测量的计算范围一致。在企业产品的市场占有率既定的情况下，企业产品销售预测量可由下式计算：

企业销售预测量 = 行业产品销售预测量 × 本企业的市场占有率

对企业产品市场占有率的预测，主要是预测企业市场占有率的发展趋势及其影响因素，充分估计竞争对手的变化，并对各种影响本企业市场占有率的因素采取适当的营销策略加以控制。要准确地预测企业的市场占有率，首先，要分析本企业产品在市场中的地位，预测同类产品、替代产品等未来发展趋势。其次，要分析竞争对手的情况，他们可能采取什么样的营销策略进入市场，其生产的规模，产品质量等的变化，分析是否会有潜在的竞争者进入，以便企业掌握市场竞争的动态状况，采取相应的市场竞争策略。

3. 产品发展预测

产品发展预测是指对现有产品的市场生命周期的发展变化，新产品的发展方向和规格、结构等变化方向所作的预测。预测产品生命周期的发展变化趋势，可以使企业根据生命周期的不同阶段，采取不同的营销手段，以提高企业的竞争能力和经济效益。新产品的开发对企业的发展具有重要意义，因此，企业在开发新产品时，必须对新产品的发展进行预测，要预测新产品的开发方向、顾客对新产品的式样、规格、质量、售价等方面的需求变化以及新产品上市后的销售量和市场需求潜量，以使得企业在新产品开发工作中目标明确，减少开发新产品的风险和可能遭受的损失。

4. 产品价格变动趋势预测

产品价格变动预测是指对产品价格的涨落及其发展趋势进行的一种预测。在正常情况下，价格是市场波动的主要标志和信息载体，产品价格的变动，一方面将对企业的经济效益产生直接影响，另一方面对市场需求也具有重要影响。预测价格的变动，便于企业及时调整产品结构，适应市场供求状况。对产品价格变动进行预测主要是分析产品的成本构成因素及其变化趋势，以判断成本的变化趋势，并依此预测产品价格的变化趋势；预测市场的供求关系，了解产品的市场供求关系的变化，然后根据供求关系对价格的影响预测价格的变动趋势；分析研究主要竞争对手的价格策略及其对市场总需求量及本企业产生的影响，分析本企业价格策略对市场需求、企业效益的影响，预测产品价格的变动趋势。

二、市场预测的方法

（一）定性预测的方法

1. 购买者意向调查法

购买者意向调查法是在市场研究中最常使用的一种市场需求预测方法。这种方法以问卷的形式征询潜在的购买者未来的购买量，同时，调查用户意见，分析用户的需求变化趋势，参照市场状况，测算出市场需求。由于市场需求是由未来的购买者来实现的，因此，如果在征询中潜在的购买者如实反映自身购买意向的话，那么，据此作出的市场需求预测将是相当有价值的。特别是在用户不多或主要用户不多的情况下，使用这种预测方法就更为有效。在应用这一方法时，对生产资料和耐用消费品的预测较非耐用消费品精确，这是因为对非耐用消费品的购买意向往往容易受到许多因素的影响而发生变化。购买者意向调查法在使用时也会受到许多条件的限制。尤其是在用户较多的情况下，要对每一个购买者进行访问，事实上是难以做到的，即使能够做到，也会占用大量的人力，支出较多的调查费用；另外，有些购买者不愿意吐露真实的购买意向，增加了信息的不确定性。

2. 销售人员意见综合法

市场预测中，充分发挥销售人员的作用是合适的，由于他们直接参与市场上各种营销活动，因而对消费者来说，企业竞争对手的情况及其市场供求关系的变化动向比较了解，特别是对自己负责的营销范围内的情况更为熟悉。这种方法要求每一位预测者就用户需求及发展趋势、竞争对手状况、产品销售量等作出各自的预测，然后在分析、综合他们意见的基础上，作出企业市场预测。这种预测方法的优点在于：能获取丰富的第一手资料和得出近乎实情的预测，在市场因素剧烈变化时，企业能较快地作出反应。但是，一般情况下，这种预测结果需进一步修正。这是因为，销售人员的判断具有较多的主观因素，容易受个人的认识水平和偏见的影响，受最近营销成败的影响而对于市场发展趋势过于乐观或悲观；由于所处地位的局限性，他们通常意识不到宏观经济的发展变化及其影响，或对企业营销整体规划不甚了解；有时销售人员为减少分配定额而故意低估未来销售额，或为获取额外利益，有意扩大营销风险，压低预测效益。

3. 专家意见预测法

专家意见预测法以专家为索取信息的对象，其预测的准确性，主要取决于专家的专业知识和与之相关的科学知识基础，以及专家对市场变化情况的洞察程度。

专家意见法在实际应用中有多种形式，如专家会议法和德尔菲（Delphi）法。专家会议法是由预测主持者组织一个专家小组，由这些专家针对预测问题提出各自的估计，然后交换意见，经过讨论，提出小组预测。这种方式的缺点是，小组成员容易屈从于某个权威，不愿提出不同的意见，使预测组织者最后综合的意见不一定能完全反映出与会者的正确意见。现在应用较普遍的方法是德尔菲法。它于20世纪40年代由美国兰德公司首先创立，是市场营销预测中应用广泛的一种定性方法。其具体做法是：聘请一批专家，采用问卷或表格的形式，征询专家的匿名预测意见，将得到的初步结果综合整理，再随问卷或表格重新发给专家，要求专家在反馈信息的引导下对原有的预测进行修正或不予修正，然后把这些意见再行汇总。这一过程经过多次反复，当专家意见趋于一致时，对最后一轮征询预测问卷或表格进行统计整理，得出预测结果。

德尔菲法具有如下特点：第一，真实性。在整个预测过程中，专家们彼此之间不发生联系，完全消除了心理因素的影响，使之独立自主进行判断，因而预测结果真实。第二，多向反馈性。它是一个征询——答复——反馈——再征询——再答复——再反馈的多重反复过程，有利于预测的修改和完善。第三，数字化与统计性。即它要求用表格形式与定量的表达方法进行专家间的交流与意见征询，因而，预测结果便于汇总统计，也更具科学性、准确性。

（二）定量预测方法

1. 时间序列预测法

它是根据预测对象的历史资料所形成的时间序列进行分析，推算事物未来的发展趋势，从而进行预测的方法。由于采用的方法不同，时间预测法又可分为若干不同的种类。

（1）简单平均数法。它是根据观察期的数据计算算术平均数，以此作为下期的观察值。这种方法简单易行，但精确度差，不能充分反映发展趋势和季节变动影响，适用于短期预测。其计算公式为：

$$\hat{Y}_{n+1} = \frac{1}{n}(Y_1 + Y_2 + \cdots + Y_n) = \frac{1}{n}\sum Y_i$$

式中：$\hat{Y}_{n+1}$ 表示 $n+1$ 期的预测值；

Y_i 表示第 i 期的观察值（$i=1, 2, \cdots, n$）；

n 表示时间序列的资料期数。

（2）加权平均数法。对不同时期的观察值根据其重要性的不同，分别给予不同的权数处理后再求平均数。一般给近期数据的权数大，给远期数据的权数小，这样可体现各期数据的不同影响程度，减少误差，因而，预测结果比简单平均数法准确。其计算公式为：

$$\hat{Y}_{n+1} = \frac{w_1Y_1 + w_2Y_2 + \cdots + w_nY_n}{w_1 + w_2 + \cdots + w_n} = \frac{\sum w_iY_i}{\sum w_i}$$

式中：$\hat{Y}_{n+1}$ 表示 $n+1$ 期的预测值；

Y_i 表示第 i 期的观察值（$i=1, 2, \cdots, n$）；

w_i 表示第 i 期观察值的权数（$i=1, 2, \cdots, n$）。

（3）移动平均法。移动平均法是在简单平均数法的基础上发展起来的。它是将观察值按顺序逐点分段移动平均，以反映出预测对象的长期发展趋势。其具体做法是：将观察期的数据由远而近按一定跨越期进行平均，取其平均值，随着观察期的推移，按既定跨越期的观察期数据也相应向前移动，逐一求得移动平均值，并将接近预测期最后一个移动平均值，作为确定预测值的依据。移动平均法的计算公式为：

$$M_t = \frac{Y_t + Y_{t-1} + \cdots + Y_{t-n+1}}{n} = \frac{\sum Y_i}{n}$$

式中：M_t 表示第 t 期的移动平均值；

Y_i 表示第 i 期的观察值（$i=t, t-1, \cdots, t-n+1$）；

n 表示移动期数，也称跨越期数。

用移动平均法进行预测，本期的移动平均值就是下一期的预测值。即

$$\hat{Y}_{t+1} = M_t$$

(4) 指数平滑法。指数平滑法是对移动平均法的改进和发展，是一种特殊的加权平均移动法。指数平滑法是将全部的历史数据而不是一组历史数据参与平均，且对历史数据不是采用简单平均而是采用加权平均，近期的历史数据加较大的权数，远期历史数据加较小的权数，这和近期历史数据对预测有较大影响，远期历史数据则影响较小是相一致的。

指数平滑法的计算公式是：

$$S_{t+1} = \alpha Y_{t+1} + (1-\alpha) S_t$$

式中：S_{t+1}表示第 $t+1$ 期的指数平滑值；

Y_{t+1}表示第 $t+1$ 期的观察值；

St 表示第 t 期的指数平滑值；

α 表示指数平滑系数 $0 \leqslant \alpha \leqslant 1$。

利用指数平滑法进行预测时，一般是将上一期的指数平滑值作为下一期的预测值。即

$$\hat{Y}_{t+1} = S_t$$

同时直接取 $S_1 = Y_1$。

注意：不同的 α 值，得出的预测值不同。一般来讲，对于呈水平变动趋势且变动幅度不大的数据，预测时 α 值宜取小些；对缓慢的线性上升或下降趋势且变动的幅度较大的数据，预测时 α 值则宜取大些。在实际预测中，可选择不同的 α 值进行试算，然后比较不同的 α 值下的预测误差，选取预测误差相对较小的 α 值进行预测。

2. 回归分析预测法

回归分析法是一种因果分析预测方法。大量的经济现象都是多种因素影响的结果，且各因素还存在着相互之间的因果联系。例如，供求与商品价格，消费者购买支出与收入等。回归分析法就是通过研究引起未来状态变化的各种因素所起的作用，找出各种因素与未来状态的统计关系进行预测的方法，如果研究的因果关系只涉及两个变数，叫作一元回归分析，如果涉及两个以上的变数，就叫作多元回归分析。现仅对一元线性回归分析法作一介绍。

一元线性回归分析法是利用预测对象（因变量）与一个影响因素（自变量）之间的线性相关关系进行预测的一种方法，又称直线拟合法。当历史数据的变化趋势接近直线时，可用一元线性回归分析法进行预测，其主要步骤是：确定预测目标和影响因素，收集整理历史统计数据，建立一元线性回归方程：

$$y = a + bx$$

式中：y 表示因变量；

x 表示自变量；

a、b 称为回归系数。

在实际预测时，定性预测和定量预测常结合使用，且以定性预测为基础，并可同时采用多种定量预测方法，通过相互比较，调整预测结果。此外，用定量分析的方法进行市场预测，必须对预测结果进行误差分析。经过误差分析，可以了解误差的大小及产生的原因，有助于选择有效的预测方法，确定预测结果的适用程度。

第四节　市场营销信息系统

一、市场营销信息系统的问题与对策

在市场营销活动中，下述问题是普遍存在的：

(1) 信息工作缺乏系统性。营销管理人员常常通过看电视、阅读书籍、报刊和同业协会的出版物，或通过与顾客、供应商、分销商或其他外界人员以及同公司内部的其他经理和人员谈话来自行收集情报。但这些获取信息的方法带有相当大的偶然性，可能会忽略有价值的信息或知道得太迟，而且这样收集到的是零星的、个别的信息，缺乏系统性。

(2) 信息内容缺乏针对性。营销管理人员面临决策问题时，面前会有很多资料，有原始资料，也有很多二手资料，但往往感到对解决具体营销问题真正有用的信息很少，现有资料针对性差。

(3) 信息流程缺乏规范性。企业每天会有相当多的信息反馈回来，其中不乏重要的信息，但由于缺乏合理的信息管理流程，很多有用的信息会被有意或无意地忽略，白白地浪费或丢失，有时会因此而误事。

(4) 信息缺乏准确性和及时性。营销管理人员会对营销信息系统部门提供的信息在准确性、时效性，以及在某些营销信息的处理分析和挖掘深度上不太满意。在很多企业，信息处理不够精细，没有考虑到营销管理人员能否有效地使用众多的信息。信息管理部门提供的资料冗长，营销管理人员有时无法阅读应该全部读完的数据资料；营销管理人员获得及时的营销信息非常困难，重要的信息来得太迟；有时很难估计收到的信息的准确性。

鉴于营销管理部门的人员对市场营销信息的需要量越来越多、质量要求越来越高，要解决上述问题，必须做好企业的基础信息管理工作，即企业必须长期地、系统地、大量地、全方位地收集整理有关信息，分析其内在联系，提高信息有序化的程度，为营销管理人员提供真正反映市场营销动态的信息。实现上述目标的根本途径是建立一个良好的科学的市场营销信息系统。

一个理想的市场营销信息系统应满足以下几点要求：能向各级营销管理人员提供所需要的一切信息；能够对信息进行选择，便于各级营销管理人员获得相应的信息；能够满足营销管理人员对所需信息的时间要求；能提供所要求的任何形式的分析资料与信息；所提供的信息一定是最新的，并且所提供的信息的形式都是有关营销管理人员最容易了解和消化的。

二、市场营销信息系统的概念和任务

市场营销信息系统(Marketing Information System)由从事收集、整理、分析、评估、报告和分配营销信息的人员、设备和工作程序所组成，其功能就是准确、及时地向有关管理人员提供营销信息，以便根据内外部环境的变化制定、执行、调整和评估市场营销计划和活动。

在市场营销信息系统的组成中，人员、设备和工作程序是三大要素。人是市场营销信息系统的主体，包括作为信息来源的顾客、消费者、公众、企业销售人员等，也包括收集与处理有关信息的人员、企业内部的市场调查人员、信息分析研究人员、信息传输人员和信息管理人员。设备包括计算机系统(硬件和软件),还包括市场调研中所使用的工具或仪器,如摄像机、计数器等。计算机的运用使大量信息的快速处理和实时查询成为可能,而利用仪器可以获得人员无法获得的信息,或者有利于更有效、更真实地获得资料。工作程序是指执行和完成各项信息资料收集、整理、分析、评估、报告和分配工作的规则和过程。企业通过此工作程序,可以使人员和设备有机地结合起来,有序地完成营销信息系统的职能。

市场营销信息系统的主要任务就在于为营销决策和沟通提供必要的信息支持。具体地说,市场营销信息系统的任务包括评估信息需求,开发所需信息,收集所需信息,分析、解释与报告信息,并及时把信息传递给营销经理。所需信息的收集通过内部报告系统、营销情报系统、营销调研系统和营销决策支持系统四个子系统的工作进行。营销信息系统收集、处理和传送市场营销信息的过程,如图 3-2 所示。

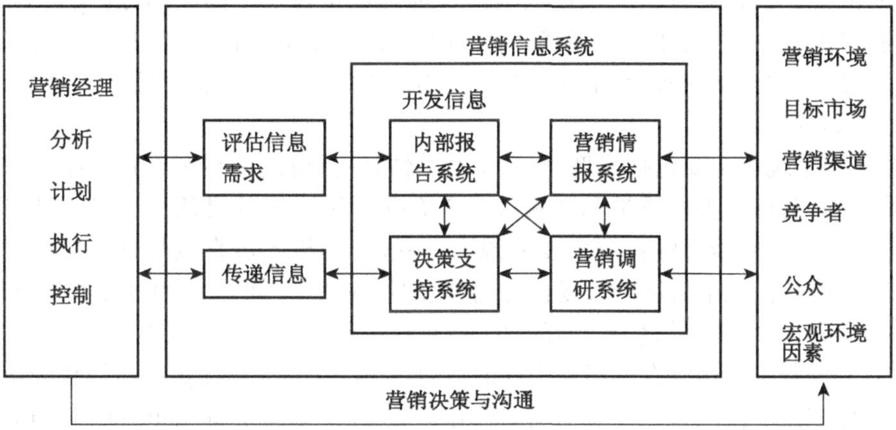

图 3-2　市场营销信息系统

三、市场营销信息系统的构成

市场营销信息系统包括内部报告系统(Internal Recording System)、营销情报系统(Marketing Intelligence System)、营销调研系统(Marketing Research System)和营销决策支持系统(Marketing Decision Support Analysis System)四大部分,信息一般来源于前三个系统。

1. 内部报告系统

内部报告系统是营销经理使用的最基本的信息系统。内部报告系统提供企业内部信息,以内部会计系统为主,同时辅之以销售报告系统。在营销涉及的范围内,内部报告系统主要是指订单、销售记录、价格、成本、存货水平、现金流量、应收及应付账款、客户比例、售后服务记录、客户反馈意见、市场份额等各种反映企业经营状况的统计报表。营销管理人员通过及时比较实际绩效与预测目标之间的差距,可以发现一些重要的机会和问题,进而采取切实可行的改进措施。

内部会计系统的核心是订单——收款循环。公司订货部门要及时处理推销员、经销商和顾客提交的订单,仓储部门要及时发货,并将发票副本、运单和账单或复印件及时分送有关部门。

销售报告系统向公司经理提供全面、准确、适时的销售信息，以便掌握时机，更好地处理采购、销售、存货、运输等环节的问题，在市场竞争中处于有利地位。新型的销售报告系统的设计，应符合使用者的需要，要求及时、准确、简单化、格式化，并且应具有应用性和目的性，真正有助于营销决策。

尽管营销经理很容易获得上述的内部资料，但由于这些资料是为其他目的收集、整理的，因而，很多具体的营销信息，如关于客户的、有关竞争对手的、关于营销活动效果的资料无法从这个系统获得。因此，内部报告系统只能作为一部分营销信息的来源。

2. 营销情报系统

营销情报系统是指使营销经理用来获得环境中正在发生的当前有关市场营销外部环境发展变化趋势信息的各种来源和程序。营销情报系统与内部报告系统的区别在于，内部报告系统为营销管理人员提供内部运营结果的数据，是一种事后的统计资料，而营销情报系统是一种当前资料，为营销经理提供当前外部环境正在发生的数据，这些是不能通过统计资料得到的。企业需要随时了解客户需求的变化，竞争对手的动向，市场的走向，环境中有利于企业发展的政策和机会，不利于企业发展的因素等。这是营销管理人员制定和调整市场营销计划的基础。

营销情报系统应主要包括三部分：竞争对手情报、供应商情报和客户情报（特别是重点客户的情报）。营销情报的质量和数量决定着企业营销决策的灵活性和科学性，进而影响企业的竞争力。营销情报资料的主要来源有：一线的销售人员直接与顾客打交道，对于市场最为敏感，能捕捉到最鲜活的市场信息；企业的供应商、中间商、零售商、顾客和其他贸易伙伴会对市场有关的很多信息有较好的把握，可以反馈给企业；有些政府主管部门、行业协会、专业的市场调研公司会有偿提供定期的资料，如某些行业发展变化的趋势分析、某些消费品的销售情况、节目的收视率调查等；利用多渠道、多形式了解竞争者的营销活动情况，包括参加有关展销会、行业协会、学会，阅读竞争者的宣传品、广告和招聘材料，购买竞争者产品、浏览竞争者的网站等；通过建立内部营销信息中心，加强和改进信息收集、处理、传递工作。

3. 营销调研系统

营销调研系统是企业为了解决面临的与营销环境相关的特定问题而系统地设计、收集、分析并报告有关的数据和调查结果的过程。这些信息用于识别营销机会与问题，制定、修正和评估营销活动计划，监测营销绩效，增进对营销过程的了解，研究公司所面临的特定情况。有些特定问题前两个子系统解决不了，需要企业专门成立一个小组，或者是委托一家专门的公司，就这个问题专门设计一个项目，进行正式的调查，系统地收集信息，在此基础上进行分析，最后通过报告阐明有关结果。

4. 营销决策支持系统

营销决策支持系统是由有关数据、分析处理技术和相关软、硬件构成的一个系统，其任务是从改善经营或取得最佳经济效益的目的出发，通过分析各种模型，帮助市场营销管理人员分析和解释复杂的市场营销问题，为营销行动提供决策依据和参考。完善的营销决策支持系统，通常由资料库、统计库和模型库三部分组成，如图 3-3 所示。

借助于营销决策支持系统提供有效的信息分析使信息形成有形的价值是建立营销信息系统的核心目的。营销决策支持系统主要利用模型技术和统计分析，尤其是各种数学模型来分析处理信息，得出决策的评价。这个子系统辅助决策的能力主要表现在定量分析

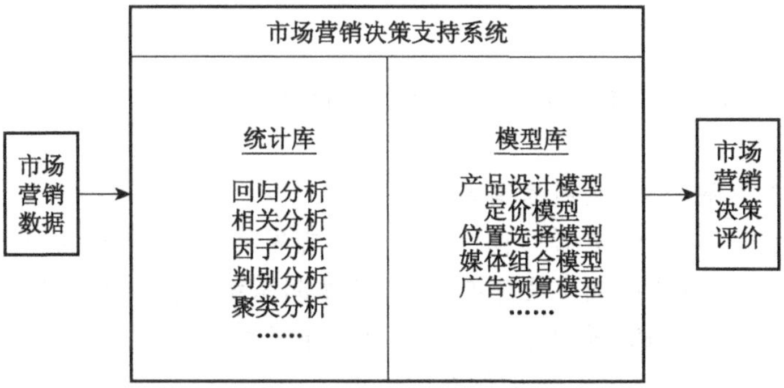

图 3-3　营销决策支持系统

上，涉及的是一些统计学和数学的内容。从数据出发，充分借助计算机和统计分析等技术，建立描述各种变量之间关系的模型，通过对模型的分析、数值模拟来拓展对各种不确定性的认识能力，从而设计出更加有效的营销决策。利用决策模型的优势是：得到更加一致性的结论、探索更多的决策选择，容许更多的变量、调整主观判断的结果。营销决策支持系统应用的统计分析方法包括聚类分析（市场细分、消费者行为研究）、因子分析（市场细分、市场定位、广告研究）、回归分析（销售预测）、关联分析（新产品开发）、时间序列分析（销售预测）等。计算机技术的发展和数据资源的丰富提升了人们决策和认知的能力。

【本章小结】

市场调查与市场预测工作是现代企业的一项不可缺少的工作。市场调查与预测是企业了解市场的重要手段，是企业经营预测和决策的基础，是企业制定、调整和修正市场营销策略的重要依据，对提高企业经营管理水平和竞争能力有着重大作用。

为提高市场调查的效率和质量，必须有计划、有步骤地进行。市场调查的基本步骤为：调查方案的总体设计，抽样设计和问卷设计，正式问卷、调查实施、分析调查资料和撰写调查报告。市场调查的方法一般有询问法、观察法和实验法三种，每种方法都有其优缺点，实际应用时常常结合起来加以采用。调查问卷是市场调查的重要工具。抽样调查能根据抽出的样本推断总体的特性。

市场需求是市场营销费用的函数。市场需求测量是企业市场营销活动的重要组成部分。市场需求测量的基本方法有对目前需求的估量和对未来需求的预测两种。

市场预测是应用预测技术对市场的供求趋势，影响因素和变化状况所作的分析与推断。预测的主要内容有：市场需求预测、市场占有率预测、产品发展预测和产品价格变动趋势预测等。市场预测的基本程序是确定预测目标，收集整理资料，选择预测方法，实施预测，提出预测报告。预测的方法，总体上可分为定性和定量预测两大类。在实际预测时，需要将定性预测和定量预测相结合，并可同时采用几种定量预测方法，通过相互比较、验证、调整预测的结果，以求减小预测误差。

市场营销信息系统由从事收集、整理、分析、评估、报告和分配营销信息的人员、设备和工作程序所组成，内部报告系统、营销情报系统、营销调研系统和营销决策支持系统是市场营销信息系统的四个子系统。

【同步测试】

一、概念

市场需求　市场潜量　市场预测　市场营销信息系统

二、选择题

1. 最有效，而且最经济、实用的调查方法是(　　)。

A. 电话访问　　B. 人员访问　　C. 邮寄问卷　　D. 现场问卷

2. 数据的(　　)与实际测定程序有关，它关系到系统误差和随机误差两个方面。

A. 可靠性　　B. 随机性　　C. 准备性　　D. 有效性

3. (　　)最富有灵活性，但是花费成本较高。

A. 电话访问　　B. 人员访问　　C. 邮寄问卷　　D. 现场问卷

4. 为了试验特定市场营销刺激对顾客行为的影响，可采用(　　)。

A. 观察法　　B. 实验法　　C. 调查法　　D. 专家估计法

5. 市场营销管理人员用以了解有关外部环境发展趋势的信息的各种来源与程序的是(　　)。

A. 市场营销信息系统　　B. 内部报告系统

C. 市场营销情报系统　　D. 市场营销研究系统

6. 抽样方式随研究目的不同而有所不同，对于探索性研究仅用(　　)程序法就行了。

A. 概率抽样　　B. 随机抽样　　C. 非概率抽样　　D. 分层抽样

三、思考题

1. 市场营销信息系统有几个子系统?
2. 营销调研的内容有哪些?
3. 市场需求预测方法有哪几种?

【技能训练】　机动车辆保险的调查分析

从2003年1月1日起在全国推广机动车辆保险改革，一改以前车险千人一面的统颁条款和费率，保险公司各自使出浑身解数开卖自家制定的车险产品，消费者也惊喜地发现，原来买车险也可以有这么多的不同选择。但是很少人知道，不管保险公司使出怎样的营销手法，它们都必须按照保监会审批的费率销售，而不能擅自降价或采用高回报的手段抢夺保单，因为一个《机动车辆保险行业自律协定》在约束着保险公司的行为。

在车险费改革全面启动的前夜，2002年11月28日，在中国保险行业协会的召集下，全国经营车险的10家保险公司负责人悄然汇聚广西北海，签署了一份自律协定。协定的主旨是各家公司必须遵守自律公约，不得擅自进行不正当竞争，以维护车险改革的健康顺利推行。

为何保险公司会在大战前签订如此一份协定? 区区一张纸，真能约束各地保险营业机构的不当竞争行为吗? 中国保险行业协会秘书长李东升认为，保险行业所具有的特殊性决定了在保险市场放开的情况下，必须加强行业自律。2002年11月28日达成的行业自律协定主要包括三个内容：一是行业协会出面让省、地、市、县的地方行业协会组织当地保险公司的机构签订行业自律协议，并专门成立监督检查组织；二是10家保险公司的总公司明确表态，自律组织有权检查各公司分支机构是否有不正当的竞争行为；三是由总公司来督促自己的分支机构参加行业自律组织的自律活动。而行业自律组织所监察的保险公司的"不正当竞争行为"主要包括是否严格执行了向保险会报批的车险条款费率、是否有高回扣的行为等。对于违规行为的处罚措施,则由各省级行业协会自行制定。李东升表示,这样做的目的还是为了维护市场秩序,保证保险公司理性经营,不打价格战,使车险市场放开后得以稳定发展。

思考题:

1. 为什么在2003年机动车辆保险改革之前保险行业从来没有出现过行业自律协定?
2. 试分析在我国目前情况下,车险市场价格竞争的影响和趋势。

第四章 市场营销战略

【学习目的与要求】 本章主要介绍市场营销战略计划的含义,确定企业任务和目标,选择企业的发展战略,市场竞争战略的制定等。

在现代市场经济条件下,企业的市场营销活动进入了战略性经营管理时代。企业在现代市场营销观念指导下,开展市场营销战略管理的一个重要内容,就是制定切实可行的市场营销战略计划。竞争是市场经济的基本特征,企业必须认真研究竞争者的战略,才能在激烈竞争中求得生存和发展。

第一节 市场营销战略计划的含义和作用

【案例导入】 **多芬:让美丽发声**

杂志和电视的明星让“美”这个词高不可攀,和《人物》周刊上桑德拉·布洛克(Sandra Bullock)和格温妮丝·帕特洛(Gwyneth Paltrow)的照片相比,大多数女性都会觉得自己虽然不漂亮但也不胖啊。

2014 年,全球女性在 Twitter 上共发布了 500 万条推文,抱怨自己的容貌和身材。与之相比,微信朋友圈上的中国女性立马显得自信而向上。

多芬希望改变 Twitter 上自卑和自怨。其联手 Twitter,应用语义分析监测负面的自我评价,鼓励发推人自信起来,并推送由专家提供的“美不在外表”的“建设性”建议。此外,在奥斯卡颁奖典礼期间,多芬发布了一系列推文,鼓励女性在看到红毯上的明星时不要“自卑自弃”。

从 2004 年开始,多芬花了 11 年的时间纠正我们的审美。从《真美素描》(Real Beauty Sketches)到选择美丽(Choose Beautiful),以 Real Beauty 为母题的各种活动不断鼓励全球各地的女孩们相信自己的内在美和外在美。

【引例分析】

所谓的品牌价值传递和文化引领,以及品牌和消费者“共生和共赢”的关系,应该就是这样吧。而探索与社交媒体平台的更高层次的合作,是多芬“让美丽发声”案例值得思考的地方。

一、市场营销战略计划的含义

(一)战略计划的含义

“战略”一词来源于希腊字 Strategos，其含义为“将军”，是一军事术语，意思是指挥和领导军队，运用军事力量的计谋、艺术和科学。直到 20 世纪 60 年代美国的 H·I·安索夫的《企业战略论》一书出版后，军事战略思想才被引入企业管理，并在企业管理中使用。对战略计划的理解，我们可以引用乔治·斯蒂佛在其著作中提出的定义：“战略计划是一个过程，在这个过程中，一个组织在一个特定的环境中，确定它的主要目标，然后配置其资源以达到目标”。换个角度来说，所谓战略计划，实际上就是在没有得到准确答案之前，或者说在事情还没有发生变化之前，就制定并实施有预见性的规划。这一行动按照一个系统模式进行循环：了解环境→对环境信息作出评价(机会与威胁)→分析组织内部条件(优势与劣势)→决定对策→制定行动方案→实施结果反馈。每经过一次循环，对环境的认识都会更接近实际，从而使组织活动更具适应性与应变性，最终能使组织在变幻不定的环境中立于不败之地。

战略计划适用于不同层次、不同内容的管理活动，既适用于企业层次，又适用于部门层次，也适用于各个产品、业务层次。但不同层次与内容的战略计划考虑的因素与责任是不同的。

(二)市场营销战略计划的含义

企业通过市场营销活动将产品或服务提供给顾客，并从供应商那里获得所需资源，通过交换的实现使自己能够生存与发展。而在企业的市场营销活动过程中，往往不止一个有希望实现的目标，但企业必须依据内部条件和外部环境，确定一个一定时期内最为合理的目标，这便是市场营销战略计划的第一层含义。面对一个既定的目标，往往又不止一个途径，一种方案去实现，但其中必有一种方案或一个途径被企业认为是最适宜、最可行的，谋划、选择和确定一个最为合理、最为可行、最能快速高效实现其预定目标的方案，这便是市场营销战略计划的第二层含义。

我们认为，市场营销战略计划是企业以市场需求为导向，在激烈的竞争中，为了充分利用市场机会，避免环境威胁，求得企业持续、稳定、健康、高效地发展，在对企业内部营销环境分析的基础上，对企业市场营销的任务、目标以及实现目标的方案、重点和措施作出总体的和长远的谋划并实施与控制管理的过程。它是企业营销活动，合理分配企业资源的行动纲领。

(1) 市场营销战略计划的首要前提是以市场需求为导向，树立正确的战略营销管理理念。例如，飞利浦集团“让我们做得更好”的企业精神，诺基亚集团的“科技以人为本”，海尔集团的“真诚到永远”等。这些理念给企业树立了良好的形象。

(2) 市场营销战略计划是有形的，不仅是一种观念，一种指导思想，而且是一种具体的设计、规划和管理过程。

(3) 制定市场营销战略计划的依据是对企业内外营销环境的分析，及企业的发展目标。其实质是通过战略计划的实现，使企业的资源与能力同不断变化的营销环境间保持和加强战略适应性。

(4) 制定市场营销战略计划的目的是为了保证企业在激烈的市场竞争中，能够充分利用市场机会，克服环境威胁，扬长避短，发展优势，使企业能够持续、稳定、高效地发展。

（5）市场营销战略计划的内容包括战略任务、目标以及实现目标的方案、重点和措施的确定等。

二、市场营销战略计划的作用

市场营销战略计划是关系企业长远发展和全局利益的重大决策，其选择正确与否，直接影响到企业营销的成败和经济效益的大小。它是企业全体员工行动的纲领，它的重要性不仅表现在企业管理中的地位上，而且更直接作用于企业最重要的营销活动中。主要作用表现如下：

（1）它是有效协调企业内部各种管理功能的基本手段，它使企业的资金筹措、资金配置、生产和营销过程得到统筹管理。由于战略计划的制订是以企业的全局为对象，根据营销活动总体发展的需要对企业总体行动的谋划，它要求把企业的各个生产、管理、营销活动有条不紊地组织起来，在对目标确定、方案的选择实施与控制中体现着合理配置、高效使用营销资源，进一步发挥其整体协同功能，提高营销效率。在对企业内部资源和外部环境的科学分析下，在不同业务、不同产品以及不同市场间合理安排并使用其可利用的资源，从而使企业实现其各项目标的可能性更大，使企业能够在稳步的基础上持续有序地向前发展。

（2）使企业最高决策层从全局出发，从企业的长期利益来高瞻远瞩地考虑问题，还有利于企业总体与各战略业务部门横向、纵向信息沟通，以把企业内部可能出现的问题与矛盾降至最低限度。营销战略计划是企业对未来较长期内营销活动运行与发展的总体谋划，它的着眼点是迎接未来的挑战，通过对市场机会、环境威胁的科学分析与预测，展望未来，为企业谋求长期发展的目标与对策。正如古人云："人无远虑，必有近忧。"没有这种对未来的高瞻远瞩，企业必将永远羁绊于眼前的困扰而不能自拔，失去营销的主动性，从而也就增加了企业经营的风险性。

（3）使企业对不断变化的宏观与微观环境予以高度的重视，对影响未来环境变化趋势的因素给予分析与判断，动态地适应营销环境，这对提高企业适应环境的能力和应变能力意义重大。在21世纪的今天，人们的思想意识和价值观念，以及社会、经济环境都在发生日新月异的变化。营销战略计划的制订，使企业的营销活动，在不断变化的营销环境中，内部统一思想，统一目标，不盲目地、被动地滞后。在市场营销战略计划的约束下，有预见地、主动地、方向明确地随时调整营销活动，使企业临变不乱、稳步前进，提高企业经营的稳定性与安全性，提高营销活动的目的性、预见性、整体性、有效性和有序性，增强企业的竞争能力和应变能力。在企业众多的营销工具中，战略计划是最富有科学性、艺术性的。例如在市场竞争中，有些资源贫乏的小企业却能战胜实力雄厚的大企业。如同在军事上以弱胜强，只有靠战略上胜人一筹才能达到。这便是战略计划对营销能力产生"1＋1＞2"的加和效应。

第二节　市场营销战略计划的过程

【案例导入】　　**我　们**

2014年，范冰冰就曾说黄晓明要是结婚，她就公布男友。2015年黄晓明结婚，范爷倒不食言，发了"我们"，透的就是一股范爷之所以为范爷的女王范儿。娱乐圈纷纷扰扰那么多新闻，这种最简单的表达反倒看着舒坦，而她那头乌黑的瑞贝卡假发也在低调中赚足了眼球。

【引例分析】

娱乐圈这么复杂，简单霸气点才爽。

市场营销战略计划过程又称战略管理过程，是指企业最高管理层为企业及其各业务单位的生存和发展而制定战略计划所采取的一系列重大步骤，包括确定企业任务，确定企业目标，选择企业的发展战略和确定战略业务单位的资源配比。

一、确定企业任务

一个企业之所以能够生存发展，是因为它所做的事情适应了总体环境的某一部分。例如，世界范围内计算机领域的迅速发展，在于这一行业适应了科学技术的高速发展对信息和信息处理能力的极大需求。美国 IBM 公司因最出色地满足了这方面的需求而享誉世界。每一个公司在发展的前期，其任务和目标通常是非常明确的，但随着时间的推移，公司不断地增加新的市场和新的产品线。这是因为，一个企业在成长过程中，当经历经济繁荣的时期，很多领域就会显示出良好的机会，致使企业可能会采取多角化战略。在经历了一次次的业务扩展之后，当企业最高管理者重新审视其主要任务时，已经不是很清晰，或者任务虽然明确，但对管理层和新的环境已失去原本的意义和价值。

当企业最高管理者意识到企业变得不景气，在走下坡路时，首先须重新审视企业的目标与任务，即需要对那些至关重要的、根本性的问题进行认真的研究：我们的任务是什么？顾客是谁？顾客的价值是什么？企业为顾客提供了什么价值？企业对产品的价值是否与顾客对产品的价值发生了背离和偏差？企业的业务应是什么？每一个成功的企业都会经常地或阶段地向自己提出这类问题。

（一）确定企业任务时应考虑的要素

企业的最高层管理者认为应该调整其任务时，可向股东、顾客、经销商、企业员工等有利益方广泛征求意见，并且需考虑以下五个关键性要素。

1. 企业的历史背景

每个企业的目标、政策、成就都是有一定的历史原因与历史特征的，在调整其任务时，必须尊重其过去的历史。例如，一家有着悠久历史的知名药店，就不宜将其任务改变为像 IBM 公司那样的高科技企业。

2. 所有者和管理者目前的偏好与意图

例如，巨人集团高层管理者意欲进入房地产与保健品市场，这种意图不能不对企业的任务产生影响。

3. 企业生产经营环境的发展变化

企业经营环境的发展变化会给企业造成一些环境威胁与市场机会，为加强企业的适应性，就要对其任务加以科学调整。

4. 企业可控资源情况

这个因素决定企业可能经营什么业务，经营业务有独特的优势。

5. 企业的核心竞争力

核心竞争力是一种能为企业进入各类市场提供潜在机会，能借助最终产品为所决定的顾客利益作出重大贡献，而且不容易为竞争者所模仿的能力。企业在规定其任务时，要善于利用自己的核心竞争力，方可扬长避短，发挥优势，取得良好的竞争优势。

（二）任务报告书应具备的条件

企业的任务一般要以任务报告书的形式反映出来，一份有效的任务报告书会使企业职员对企业宗旨、发展方向和机会形成一种共识，如同一只“看不见的手”那样引导着员工分工独立却又目标一致地努力工作。一份行之有效、有着较强导向作用的任务报告书应满足以下条件。

1. 明确企业的经营范围

任务书首先必须明确企业的经营范围，而关于业务范围的表述，大多数企业常常是从产品角度或技术角度来限定的。一些大企业都经营若干业务领域，但未必每个企业都能深刻地理解它们自己的业务范围。一些企业的管理者经常会有意无意地用产品来界定企业业务范围。例如，他们习惯说企业经营“汽车业”，经营“化妆品业”，而现代市场营销导向则主张用市场来界定企业的业务范围。用市场界定企业的业务范围的提法是：我们的业务是“满足顾客对交通与舒适的需求”“满足顾客对美容化妆的需求”等。总之，企业的业务应被视为一个满足顾客需求的过程，而不是一个制造产品的过程。顾客需求不是固定的，而是动态的，而且随着科学技术、社会生产力水平的提高，人类的各种需求越发复杂多变，需求变化的周期呈相对缩短趋势，因此，产品也需要随着顾客需求和顾客群体的变化而改变，这些都从根本上为企业的发展提供了机会与潜力。总之，以顾客需求为依据，以市场为驱动，是确定企业业务范围的原则。

2. 切实可行

任务报告书要根据企业的内外环境、企业的人才、技术和市场等因素特点来决定其业务范围，既不要把业务范围规定得太窄或者太宽，也不要说得太笼统，因为这样既不切合实际，又缺乏可操作性。

3. 富有激励性

企业通过任务的判定和实施，要使职员感到自己的工作是有价值的、重要的，对人类生活有益的，从而能鼓舞士气，充分调动其工作的积极性，为实现企业的任务而努力。苹果公司的长远目标是要每个人都能掌握计算机的威力。IBM 公司的总裁说，公司的目标是要在 20 世纪末实现 100 亿美元的销售额。显然，苹果公司的任务报告书要远远比 IBM 公司的任务报告书更富有激励性。

4. 政策具体、责权明确

政策是指企业员工如何对待顾客、供应商、竞争者以及其他有关营销公众。只有政策具体、责权明确，才能使企业全体员工明确自己的责权范围。在处理一些重大问题时，有一个可以统一遵循的准则，从而保持行为的一致性，提高工作效率。企业任务报告书一般应提出企业未来一二十年的远景规划和发展方向，由于环境变化，企业原定的任务与目前形势不再适应，或者不能再为企业确定最优的发展道路时，企业就应重新修改其任务了。

例：1. 联想集团的愿景是：未来的联想应该是高科技的联想、服务的联想和国际化的联想。

联想电脑公司使命：为客户利益而努力创新。

联想公司价值观——成就客户、创业创新、精准求实、诚信正直。

成就客户——致力于客户的满意与成功。

创业创新——追求速度和效率，专注于对客户和公司有影响的创新。

精准求实——基于事实的决策与业务管理。

诚信正直——建立信任与负责任的人际关系。

2. 华为公司愿景——丰富人们的沟通和生活。

华为公司使命——聚焦客户关注的挑战和压力，提供有竞争力的通信解决方案和服务，持续为客户创造最大价值。

创造世界最优秀、最具创新性的产品。

像对待技术创新一样致力于成本创新。

让更多的人获得更新、更好的技术。

最低的总体拥有成本(TCO)，更高的工作效率。

二、确定企业目标

企业的任务确定后，还要将这些任务具体化为企业各管理层的目标，形成一套完整的目标体系，使每个管理层的人员都有自己明确的目标，并负起实现这些目标的责任。战略目标是企业经营战略的核心，它反映了企业的经营思想，指明了企业今后较长时期内的努力方向，同时，也为企业选择战略方案提供了依据。

(一) 战略目标的内容

企业的战略目标是多元化的，既包括经济性目标，也包括非经济性目标。企业战略决策者应从以下几个方面来考虑建立企业的战略目标。

1. 获利能力

获利能力通常用利润率、投资收益率、销售利润率和每股平均收益率等来表示，这是企业的一个基本目标。

2. 生产能力

生产能力用投入产出或单位产品成本表示。通常情况下，企业通过改进投入与产出的关系可以获得盈利。因此，有必要建立生产能力方面的目标。

3. 产品

产品用产品线、产品销售额和盈利能力、开发新产品的完成期来表示。

4. 市场

市场常用市场占有率、销售额、销售量来表示。市场占有率可以分为绝对市场占有率和相对市场占有率两种。绝对市场占有率是指一定时空条件下，本企业产品销售量(销售额)，在同一市场上的同类产品的销售量(总额)中所占的比重。相对市场占有率是指本企业的某种产品销售总额与竞争对手同种产品销售总额之比。

5. 竞争能力

竞争能力表现企业在行业中所处的地位、产品创新、企业技术水平、产品质量名次及塑造企业在消费者心目中的形象等。这些目标越来越显示出其在企业战略目标体系中的重要性与深远性，它们反映的是企业创新能力和在市场上知名度、美誉度的大小。实现这类目标对于提高企业竞争能力、扩展市场、延长产品市场寿命、扩大销售会长远地发挥作用。

6. 社会责任

社会责任反映企业对社会的贡献程度，如环境保护、节约能源、参与社会活动、支持社会和地区的各项事业等。

(二)制定战略目标的要求

企业往往有许多不同层次的目标,但是,这些目标中常常有一些是不现实的,或是相互冲突的,或是模糊不具体的。而目标是要通过行动来实现的,好的目标应能指导行动、激励行动。因此,企业在确定其目标时就要有所选择、有所遵循、满足一定的要求。

1. 层次化

企业的总目标多数情况下是不具体的和间接的。因此,企业制定目标的程序就是将企业的总目标层层分解成分目标,直到分目标具体直观为止。目标的层次化,即注意使企业的总目标与达到这个主要目标的过程中所派生出的相应分目标间的协调与衔接,又要做到各种目标之间等级分明、环环相扣。具体说要注意:分解后的分目标与总目标要保证一致;分目标的集合一定要保证总目标的实现;分目标之间可能一致,也可能不一致,甚至是矛盾的,但在整体上要达到协调。

2. 先进合理性

企业所确定的目标,一方面要有挑战性,另一方面又要切实可行。企业战略目标的确定不能是主观的臆想和希望,而应是建立在对企业内外环境进行周密调查研究和综合平衡的基础上经过努力可以达到的。它应略高于企业和个人的能力,同时又要防止高不可攀,起到鼓舞和激励士气的作用。

3. 具体化和定量化

企业的总体目标应该分解为具体的、可衡量的作业目标,具体落实到各层次、各部门以至每个人。同时,在具体化过程中应尽可能地数量化,以便于衡量与考核。切忌将战略目标变成笼统、空洞的口号。例如,"增加利润"这个目标,就不如"将投资收益率提高10%,利润增加100万元"易于把握与检查。

4. 协调性

各项战略目标之间是相互联系、相互制约的,只有相互协调,平衡衔接,才能保证获得良好的整体效果。战略目标之间的平衡协调,包括不同层次、不同职能、不同时期之间的平衡协调与衔接。在平衡协调中,应当分清主次,次要目标要服从主要目标,下层目标要保证上层目标,职能目标要保证总体目标,短期目标要保证长期目标的实现。例如,一定时期内不可能"既获得最大销售量,又获得最高利润",也不可能"既获得企业规模迅速扩大,又降低企业经营风险"。

三、选择企业的发展战略

发展战略是众多企业广泛采用的战略,是一种使企业在现有的战略基础水平上向更高一级的目标发展的战略。选择有益于企业发展的市场机会,以便与企业所确定的企业目标相匹配,这是制定市场营销战略计划的一个重要组成部分。

企业的发展目标,可以说最终都是靠对总销售额和总利润的计划实现的。一个富有挑战性的企业,其战略发展计划目标一般都要比其近期计划目标或者实际水平有所超越,这个未来期望达到的销售额与预计销售额或实际销售额之间的差距,我们称之为战略计划差距。面对这个差距,企业可以用三种方式来填补:①密集性增长机会,即企业在现有业务中寻找或者挖掘进一步发展、增加其销售额的机会。②一体化增长机会,即在行业中寻求更多的机会,开发或者拓展与企业现有业务相关的新业务,以寻求增加其销售额或利润的机会。③多角化增长机会,跨行业寻求发展机会,增加一些与企业现有业务无关,但有吸引力的新业务，以寻求增加其销售额或利润的机会。

如上所述，企业面对的市场机会可以概括为三种类型，每一大类中的具体机会都在表4-1中列出。

表 4-1　　主要的增长机会类型

密集性增长	一体化增长	多角化增长
市场渗透	后向一体化	同心多角化
市场开发	前向一体化	水平多角化
产品开发	水平一体化	集团多角化(跨行业多角化)

(一) 密集性发展战略

企业首先应分析是否还有机会增进现有业务绩效。安索夫(Ansoff)提出了一个思考密集性发展方法，称为“产品——市场扩展矩阵”，如图 4-1 所示。

	现有产品	新产品
现有市场	1. 市场渗透战略	3. 产品开发战略
新市场	2. 市场开发战略	4. 多角化战略

图 4-1　三种密集性增长战略

1. 市场渗透战略

市场渗透战略是指管理者设法在现有市场上，采取更积极有效，更富有进取精神的营销手段和措施扩大现有产品的市场份额。具体实现形式有三：一是刺激现有顾客更多地购买本企业现有产品；二是吸引竞争对手的顾客，提高现有产品的市场占有率；三是激发潜在顾客的购买动机，促使他们加入本企业产品的购买行列中来。强有力的促销和低价是市场渗透的常用策略。

2. 市场开发战略

市场开发战略是指用现有产品打入企业原未开发的新市场，实现销售增长。第一，设法发现当前销售区域中有哪些潜在顾客，可以刺激他们对产品产生浓厚兴趣。第二，公司可在现有销售区域内寻找其他分销渠道。第三，可以考虑向新地区甚至向国外销售。

3. 产品开发战略

产品开发战略是指通过向现有市场提供多种变型产品(如增加花色、品种，提高档次，改进包装、增加服务等)来全面地满足顾客需求，扩大销售和市场，实现增长目标。

(二) 一体化发展战略

一体化发展战略，是指一个企业把自己的营销活动扩展到产、供、销、竞争者等不同环节而使自身得到发展的营销战略。如果企业所属行业有较大的吸引力和增长潜力，或实行一体化后可大大提高效率、盈利能力和控制能力，则可采取一体化发展战略，具体有三种方式，即后向一体化、前向一体化和水平一体化。实现一体化的主要方法是兼购和联合。

1. 后向一体化发展

这是一种按照销、产、供为序进行一体化经营而获得发展的战略，是企业在现有业务的基础上，通过收买、联合、兼并等形式，对其所需原材料的成本、质量及其供应情况进行有效控制，以便降低成本，减少风险，实行供产一体化经营。

2. 前向一体化发展

这是一种按照供、产、销为序实现一体化经营使企业得到发展的战略，它是在现有业务基础上通过购买、兼并、联合等形式建立经销系统，控制销售渠道，有助于企业更好地掌握市场信息和发展趋势，更迅速地了解顾客的意见和要求，从而增加产品的市场适应性，形成产销一体化或现有原材料生产企业向成品生产发展。

3. 水平一体化发展

这是企业通过购买、联合、兼并它的竞争对手，或者与国内外其他同类企业合资经营等途径实现企业自身发展的战略。该种战略的目的是扩大本企业的实力范围，提高竞争能力。对于大型企业实施该战略，可以利用其他企业的场地、设备、人力、资金等资源，扩大自己的生产经营规模。对于中小型企业运用该战略，可以利用其他企业的技术、商誉等，提高本企业的业务素质、提高产品的声誉等。

(三) 多角化发展战略(多元化发展战略)

所谓多角化发展战略，是指企业所在行业缺乏有利的营销机会，而其他行业富有吸引力，公司又具有相应条件与优势的情况下，向行业以外发展，实现跨行业经营，以实现业务增长。多角化发展战略有以下三种方式。

1. 同心多角化战略

该战略是企业寻求与现有产品线在技术上和市场营销上有最佳协同效果的新产品，以吸引更多顾客的战略。其优点是利用生产技术、原材料、生产设备的类似性，能够获得生产技术上的协同效果，风险比较小，容易取得成功。如某制药企业利用原有的制药技术生产护肤美容产品、运动保健产品等。

2. 水平多角化战略

该战略又称横向多角化战略。企业寻求那些与现有产品线在技术上不相关，但能吸引现有顾客的新产品，这意味着企业向现有产品的顾客提供他们所需要的其他产品。例如，我国的海尔集团在生产冰箱的基础上开发生产空调、洗衣机等。

3. 集团多角化战略

这是一种通过联合、收购、兼并其他行业的企业，或者向其他企业投资，发展与现有产品、技术、市场毫不关联的新业务、新产品，以吸引新顾客的战略。例如，美国通用汽车公司除主要从事汽车产品外，还生产电冰箱、洗衣机、飞机发动机、潜水艇、洲际导弹等。

多角化发展战略最初由安索夫在20世纪50年代提出。一般认为，其目的有四个：①多种经营可避风险。②针对主营业务经营规模的有限性或逃避业务萎缩。③充分利用闲置资源，或充分利用现有的营销能力和渠道，或充分利用现有生产能力，或利用现有顾客基础等。④形成品牌家族，实现集团规模增长，获取经济效益。但是，运用多角化发展战略，要求企业自身具有拓展经营项目的实力和管理更大规模企业的能力；要求企业具有足够的资金实力和技术保证；要求企业具有有效控制的分销渠道或拥有迅速组建分销渠道的能力等。否则，利用多角化增长是有着极大风险的，对于大多数企业，尤其是中小企业来说，一般不宜盲目采用。

四、确定战略业务单位的资源配比

为了实现企业目标，制定战略计划时必须对其各项业务或产品进行分析评价，确认哪些应当发展，哪些应当缩减，哪些应当维持，哪些应当放弃，并相应作出投资安排。这是企业内部资源配置问题，其目的是把企业发展中相对短缺的资金分配到那些市场潜力最佳、发展前景最好的战略业务单位及相关的市场领域中。其主要工作有以下几个方面。

（一）战略业务单位划分

许多企业无论大小，都是经营多种产品、多种业务，甚至是跨行业经营的，企业为了从战略上管理业务，优化业务投资组合计划，首先，应将企业所有的产品或业务划分成若干个战略业务单位（简称 SBU）。一个 SBU 可以是企业中的一个或几个部门，也可以是一类产品或一种产品，甚至可以是一个品牌。它有以下几个特征：

（1）它是一项业务或几项相关业务的组合。

（2）它有自己的明确的任务。

（3）它能单独计划、单独考核其营销业绩。

（4）它要面对一组自己的竞争者。

（5）它有一位专门负责的经理。

（6）它掌握一定的资源。

（7）它有自己独立的经营战略，并对战略计划实现的盈亏负责。

（二）战略业务单位评价

企业对不同战略业务单位资金及相关营销要素的配比与投入，是实现战略计划最实质性和最关键性的问题。为了确保企业对各战略业务单位资金及营销要素配置决策的正确性，企业对每一个战略业务单位的盈利潜力的评估是极其重要的。西方管理学界的研究者提出了若干种业务投资单位分析技术与方法，以帮助企业着眼于未来市场的评估与选择。在这些方法中，最为卓著并得到企业普遍应用的是美国波士顿咨询公司（Boston Consulting Group，简称 BCG）法和通用电器公司（General Electric，简称 GE）法。下面我们结合一些应用案例来介绍这两种方法。

1. BCG 法（市场增长率—相对市场份额矩阵方法）

BCG 是一家著名的管理咨询公司，它首创并推广的“市场增长率—份额矩阵法”，产生于 20 世纪 70 年代，此法的目的是帮助企业管理者根据企业各战略业务单位的市场增长率和相对市场份额来决定每个战略业务单位应有的战略特色。波士顿咨询公司市场增长率—相对市场份额矩阵图，如图 4-2 所示，其分析方法简述如下：

（1）分析计算业务单位的市场增长率和相对市场份额。在这里，市场增长率代表市场潜力或机会，是对未来的预测，以纵坐标表示。图 4-2 中，市场增长率的范围为 0～22%，以 10%为划定市场增长率高低的界限。

注意，市场增长率的范围可能会超过 22%，这是因为有的市场在萎缩（负增长），如国内计算机市场“九五”期间增长率保持在 30%以上。

市场增长率高、低分界线的划分更应当注意。一般地讲，它是以“整个经济”的增长率为标准的。如我国在今后相当长的

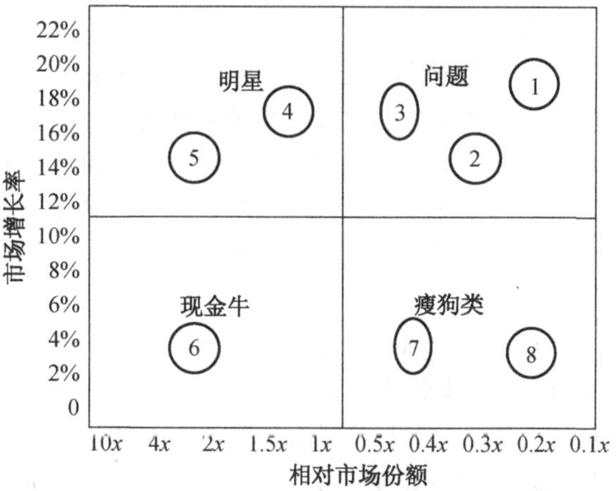

图 4-2 波士顿咨询公司市场增长率—相对市场份额矩阵图

时间里，经济增长将保持在8%左右，8%就是划分的界限。但是，如果本企业的业务主要是计算机和软件开发，而这些市场的增长率都在30%左右，那么，按国家经济增长率的划分界限，本企业的业务就会集中到图4-2所示的上半部分，这就失去了这种分析的意义和作用。同样的问题，如果企业同时在国内外市场经营，那么，划分界限应以哪个国家的经济增长率为标准呢？因此，划分市场增长率高低界限，既有客观的成分，也有主观的成分。主客观的结合，就在于对"整个经济"范围的理解。它可以是国内的、国际的，也可以是行业的，要视企业服务的和准备服务的市场范围及该市场的平均增长率而定。

相对市场份额就是本企业的某项业务的市场份额与同行业中最大竞争者的市场份额之比，它表示如下：

$$\text{本企业某项业务的相对市场份额} = \frac{\text{本企业该项业务市场份额}}{\text{最大竞争者该项业务份额}}$$

相对市场份额>1，本企业是市场领导者；

相对市场份额=1，本企业与最大竞争者竞争能力相当；

相对市场份额<1，本企业竞争能力较弱。

关于竞争能力强弱的划分界限，通常以1.0为界限，但从相对市场份额的概念中可以看出，稍微比1.0大，并不意味着本企业具有绝对的竞争优势，尤其是在市场增长迅速的新兴市场中，更难以本企业市场份额高出对手几个百分点，就得出本企业拥有竞争优势这样的结论。因此，在运用BCG方法时，有些企业将划分竞争能力强弱的界限定在相对市场份额为1.5的位置上。

(2) 业务位置与性质。划分战略区域以相对市场占有率作为横坐标，以市场增长率为纵坐标分别确定临界值。根据各业务单位横纵坐标值确定其位置，并用大小不同的圆圈标明，圆圈面积大小表示产品销售额在企业总销售额中的比重。根据各业务单位所处战略区域，将它们分成四类，即问题类、明星类、现金牛类和瘦狗类。

问题类业务是指高市场增长率，低市场份额的业务。大多数企业都是从问题类业务开始的。企业总是试图进入一个快速成长的市场，为了应付竞争、赢得市场地位，企业在这一市场上一般需要追加资金投入，以跟上快速成长的市场。在图4-2中，有三项问题类业务。企业需要决策的问题是对三个业务同时投资，还是投资集中在最适合发挥企业实力的一两项业务上。

明星类业务是指如果问题类业务经营成功，就跨入明星类业务行列。明星类业务是高速成长市场的领先者，但明星类业务并不能给企业带来大量的现金收入。因为企业仍然需要投入相应的资金来维持市场增长率和加强竞争实力，以达到保持市场领先地位的目的。如果明星类业务发展良好，从长远发展来看，会变成现金牛类业务。此时，市场增长率—份额矩阵上有两个明星业务，如图4-2所示，情况良好。如果一个公司没有明星业务，就值得注意了。

现金牛类业务，即当市场增长率下降到10%以下，而且企业仍继续保持较大的市场份额，明星类业务就成了现金牛类业务。现金牛类业务为企业带来大量的财源。由于市场增长率下降，企业不需要大量追加投资扩展市场，同时，作为市场领先者，它还享有规模经济和边际利润的优势。企业可以用现金牛类业务支持明星类、问题类和瘦狗类业务的增长。然而，在图4-2中企业只有一项现金牛类业务，因此，地位很脆弱，抽取了过多的资金，不能保持其地位，就可能变成瘦狗类业务。

瘦狗类业务，是指市场增长率低，相对市场占有率也低的“夕阳”业务。瘦狗类业务一般利润率很低，大多处于惨淡经营的维持状态，但损失也不会很大。在此矩阵中，企业有两项瘦狗类业务，显得略多了些。企业需要认真考虑这些业务存在的必要性，单纯出于感情上的缘故不能作为支持此业务存在的理由。

企业把主要战略业务单位的业务在市场增长率—份额矩阵图上定位以后，就可以确定它的业务组合是否健康。同时，企业管理决策者不能仅把视线集中在矩阵的现有位置上，应注意它们的动态发展，从这个动态意义上讲，市场增长率—份额矩阵就成为企业总部管理决策者制定战略计划的基础。

2. 通用电器公司(GE)法

GE(General Electric)法，又称战略业务规划网络，是由美国通用电器公司创导的。GE法较BCG法有所发展，这种方法不仅根据市场占有率和市场增长率两个因素，而且是对多项因素加权考虑的结果。BCG法可以看作是GE的一个特例。GE法简述如下：

(1) 分别找出并确定影响市场吸引力和企业竞争能力的诸因素。市场吸引力是对企业发展的市场机会的综合评价。其主要因素有：市场增长率、市场规模竞争强度、技术要求、能源要求等决定企业业务单位所处行业潜在盈利水平的因素。

企业竞争能力表示企业某项业务在市场中的综合竞争力。其主要因素有：产品质量、品牌形象、促销能力、生产能力、开发研究水平、物质供应能力等决定或影响企业竞争能力大小的因素。

(2) 分析业务位置、性质。根据影响行业吸引力的各因素的作用大小，分别给定权数；同样，对影响企业业务实力的各因素也给定权数；对不同业务情况下各影响因素的实际水平分高、中、低三档评分。根据行业吸引力各因素评分值与权数加权平均，计算出各业务的行业吸引力综合指标值。同样，加权平均计算出各企业业务实力的综合指标值。以企业业务实力为横坐标，以行业吸引力为纵坐标，分别确定临界值，将横坐标分为强、中、弱三档，将纵坐标分为大、中、小三档。从而形成9个不同的战略区域。根据各业务行业吸引力、企业实力综合指标值在坐标中确定位置，并用圆圈大小表示行业市场规模，阴影部分表示本企业业务在该行业中的市场份额。分析已形成的九象限图，制定各战略业务单位的投资战略，如图4-3所示。

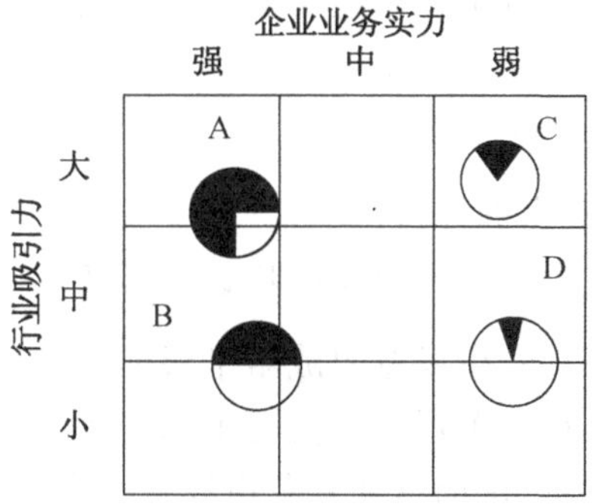

图 4-3 通用电器公司战略业务规划网络

在图4-3中，A，B，C，D 4个圆圈代表4个业务单位，业务单位A在本行业占有75%的市场份额，不仅业务力量强，行业吸引力大，而且行业规模也大。B业务单位市场占有率为50%，业务力量较强，但行业吸引力不大。C，D两个业务单位市场占有率小，而且业务力量弱，行业规模也小，没有太大吸引力。所以，企业应发展A，维持B，对C，D可经进一步具体分析确定去留。

(三) 制定各战略业务单位投资战略

对战略业务单位分析评估后，企业应着手制定业务投资组合计划，可供参考选择的投资战略主要有以下几种。

1. 发展战略

其目的是扩大战略业务单位的市场份额，必要时可以放弃短期利润。这种战略适用于BCG法中问题类有希望转为明星类的业务单位和明星类业务单位；GE法中处于大强、大中、中强区域的业务单位，表现为追加投资促进发展。

2. 维持战略

此战略是保持业务单位现有市场份额。它适用于BCG法中的现金牛类和GE法中处于小强、中中、大弱类业务单位，表现为不愿意再追加投资或追加部分投资以维持现状。

3. 收获战略

此战略在于增加业务单位的短期现金收入，而不考虑长期效果，适用于BCG法现金牛类中前景暗淡的业务单位和尚有一定潜力可挖的问题类和瘦狗类业务单位；GE法中小中、小弱、中弱之类，表现为不再追加投资或缩减投资。

4. 放弃战略

此战略意指变卖、处理和淘汰某些业务单位，以便把资源转移到盈利的业务单位上来。它适用于BCG法中瘦狗类业务和问题类业务；GE法中行业吸引力和企业实力都弱的业务单位。

第三节　市场竞争战略

【案例导入】 微信春晚抢红包

春节微信摇红包算是改变了人们看春晚的习惯，抱着5台手机刷一晚上的大有人在。红包由广告主买单，企业营销场景也在微信中立足，而微信借此将微信支付向二三线市场作了进一步渗透。曾经，支付宝改变了人们的支付习惯，而如今，微信支付将人们的支付习惯又刷新了一遍。

【引例分析】

地上掉了一块钱你忽略，红包里的每分钱你却不放过。

市场竞争战略是根据企业在市场竞争中的角色和地位来制定的相应的营销战略，根据在相关行业所占的市场份额，企业在市场竞争中充当的角色有四种：市场领导者、市场挑战者、市场追随者及市场补缺者。市场领导者在行业中所占的市场份额最大，市场补缺者最小，挑战者和追随者的份额则介于两者之间。企业不同地位所占市场份额，如表4-2所示。

表4-2　企业不同地位所占市场份额

市场领导者	市场挑战者	市场追随者	市场补缺者
40%	30%	20%	10%

一、市场领导者

多数行业都有一个为人们所熟知的市场领导者，它在相关的产品市场中，拥有最大的市场占有率，而且通常在新产品开发、价格调整、渠道创新及促销活动等方面领导着其他厂商。例如，美国汽车行业中的通用汽车公司，软饮料行业的可口可乐公司等。中国轿车行业中的上海大众汽车公司、卷烟行业的玉溪卷烟厂等都是妇孺皆知的市场领导者。

市场领导者处于众人关注的焦点，必须时刻保持警惕，提防挑战者及其他企业的进攻，同时又要锐意进取，在营销活动的各方面起到行业领头羊的作用。其营销战略表现在以下三个方面。

（一）扩大总市场

当行业总的市场规模扩大时，占据最大份额的市场领导者往往受益最大。因此，市场领导者要积极地为整个行业扩张市场。通常的方法是：为产品寻找新使用者；开发产品新用途；劝说现有顾客扩大产品使用量。

1. 寻找新使用者

每一种产品，都有吸引购买者的潜力。许多潜在购买者之所以没有购买该产品，可能是由于不知道该产品或不了解其特性，或没有意识到自己对该产品的需要。作为市场领导者的企业，应责无旁贷地担负起宣传该产品功能、刺激消费者购买欲的重任。例如，生产绿色食品的领导企业应大力倡导食品回归大自然的消费倾向；保健产品行业的领导者应大力宣传日常保养对人们健康的重要作用。

2. 开发产品新用途

企业可通过发现并推广产品的新用途来招揽更多顾客，来扩张市场规模。美国杜邦公司就是这方面的成功范例。杜邦公司制造的尼龙最初用于制造降落伞的合成纤维，以后公司发现它可作为制造妇女丝袜的纤维，再以后又成为男女衬衣的主要原料，以至于今天被用于制作汽车轮胎、沙发椅套和地毯。这样，尼龙产品的市场规模便成倍扩张。

3. 劝说顾客增加使用量

说服消费者在更多的使用场合更多地使用该产品，从而在顾客规模不变的条件下增加产品销量。例如，牙膏生产企业可劝说人们养成早晚各刷一次牙的习惯。

（二）保证市场占有率

市场领导者同时也是市场上受攻击的对象。因此，它在努力扩张市场时，必须时刻注意现有市场不受对手侵犯。

“进攻是最好的防守”，领导者保持市场份额的最佳办法是不断创新。不仅要在现有产品的成本降低、价格调整、渠道创新与促销活动等方面充当开路先锋，而且要不断开拓新业务领域，在产品和业务的一体化与多样化方面有所发展。

（三）扩张市场占有率

在整个行业产品的总市场无法扩张的情况下，领导者应致力于扩大自己在现有市场的占有份额。著名的“经营战略对利润的影响”(Profit Impact Of Mana Gement Strategies，简称 PIMS)研究显示，获利率（以税前的投资回报率衡量）随着市场份额的增长而直线上升，如图4-4所示。

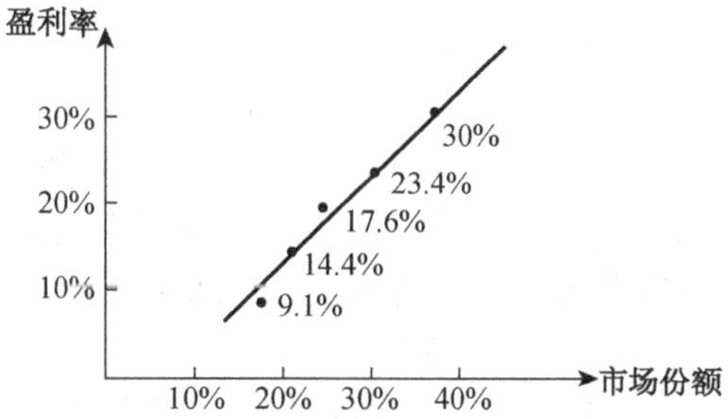

图 4-4　PIMS 研究显示的线性关系

但需要注意的是，市场占有率达到一定水平（如 60%左右）后，其增长会与获利率成反比关系。因为，这时再要扩大市场份额，成本会迅速上升。其原因是，当领先企业的市场份额扩张到一定程度后，坚持不买的顾客可能是不喜欢本企业，或忠于其他竞争者，或有某种特殊偏好，这些倾向往往是难以改变的。另外，竞争者也可能为保卫其仅有的市场份额作出各种努力。这样，企业若顽固坚持继续扩张市场份额，必然要花费更高昂的公关、广告等促销成本。精明的企业家应善于把握火候，适可而止，及时转移战略重点。

二、市场挑战者

市场挑战者是指市场占有率仅次于领导者，并有实力向领导者发动全面攻击的厂商。例如，美国汽车行业的福特公司，软饮料行业的百事可乐公司等。市场挑战者的基本战略是扩张市场占有率，从而增加盈利率。为此，它可选择市场领导者或其他竞争者作为攻击对象，用侵蚀领导者的市场或吞并小公司来扩张自己的势力范围。其营销战略包括以下几方面。

1. 攻击市场领导者的弱点

这是一个高风险与高报酬并存的战略，一旦成功，收益会极为可观。由于市场的多变性，领导者难免出现服务不到或服务有缺陷的细分市场，这些细分市场便成为挑战者攻击的切入点。例如，美国米勒公司能在啤酒市场上取得成功，就是因为它发现了一个被领导企业忽视的细分市场——需要味道较淡啤酒的顾客群。日本的山叶摩托车制造公司正是抓住市场领导者本田公司在营销渠道管理上的弱点，推出自己有效的渠道管理策略，从而取得巨大成功。

2. 攻击缺乏创新、财力不足的规模相仿企业

规模相仿的企业可以说是挑战者最主要的对手。两者之间相互争夺市场的斗争直接关系到各自命运。挑战者要选择那些创新不足、财力拮据的同类企业，依靠产品或渠道创新及价格折扣等策略，迅速夺取其原有市场份额。美国钟表公司正是通过大众化的销售渠道，即在杂货店而非传统采用的珠宝店出售其廉价的天美时手表，而在众多竞争者中脱颖而出的。

3. 攻击地区性小企业

与上述两种战略相比，这是一条更为便捷的成功之路。许多汽车公司和烟草公司之所以有今天的市场规模，并非依靠争夺彼此顾客的方法，而是依靠吞并“小生物”或“小鱼”的方法吞并小企业和它们的市场份额。

三、市场追随者

扮演市场追随者与挑战者角色的企业实力往往难分彼此，其市场占有率也往往相差不大。他们的主要区别在于对待市场领导者的态度不同，挑战者采取积极进攻的姿态，而追随者默认领导者地位，只求维持自己现有市场份额。在钢铁、化肥、化工等资本密集、产品同质的行业，产品形象差异不大，服务质量也相仿，但对价格的敏感程度较高。所以，在这些行业中，企业之间不应热衷于互相抢夺顾客，以免造成两败俱伤。特别是中小企业最佳战略是效仿市场领导者，为顾客提供相似的产品。同时，保持住现有顾客，并在新的顾客群中赢得满意的市场份额。追随领导者的方式有以下三种。

1. 紧密地追随

追随者尽可能地在各细分市场及营销组合方面模仿领导者。这类追随者往往几乎以一个市场挑战者的面貌出现，但只是不激进地妨碍领导者，避免发生直接冲突。

2. 保持距离地追随

追随者与领导者保持一定差异，而在主要市场的产品创新、价格调整、配销道路上追随领导者。因为，这样做对领导企业的市场计划执行无碍，所以受领导者的欢迎。

3. 选择性地追随

追随者在有些方面紧跟领导者，而在有些方面按自己的方式行事。它们通常是极具创新性的，故在未来极有可能发展为市场挑战者。

四、市场补缺者

市场补缺者是指除上述三类企业以外的、规模较小、实力较差，且市场占有率较低的企业。换言之，就是市场上为数众多的中小型企业。市场补缺者战略的关键在于实行专门化。他们应当选准自己擅长的少数细分市场和专门化领域，精心耕耘，成为各专门化领域的“专家”。企业可选择既能发挥自己优势，又是大企业或别的中小企业不愿做或做不来的事业。一般说来，有以下几种战略。

1. 垂直整合专门化

垂直整合专门化即在产品垂直整合的某一环节上专业发展。垂直整合专门化又称垂直一体化，是指产品在原料、零组件、产成品、销售和品牌这条线上向前或向后拓展。作为补缺者的企业，可致力于在这条线上的某一环节成“专家”。例如，美国有家公司专门生产飞机用的保安零组件中的螺丝钉，事业发展十分成功。中国台湾地区的台扬科技公司，当年成立时即以小耳机作为其主攻产品，多年来专心一致，到今天，台扬的某些产品在全世界已有过半的市场占有率。

2. 质量专门化

质量专门化是指企业只在市场两极（高档品、低档品）进行经营。例如，惠普公司在袖珍计算器市场专门生产高质量、高价格的产品。有些乡镇企业专门生产低档低价的服装。

3. 服务专门化

服务专门化是指企业提供别的企业所没有提供的服务。例如，报销前来洽谈业务的来往路费，免费调试安装产品等。

4. 产品特色专门化

产品特色专门化是指企业生产别人所没有的特色产品。例如，有位个体皮鞋生产者专门生产残疾人穿用的异型皮鞋而发家致富。

5. 定做专门化

定做专门化是指企业专门开展根据顾客要求定做产品的业务。例如，有些小服装公司按顾客要求的样式、规格加工服装。

【本章小结】

市场营销战略计划就是企业以市场需求为导向，在对企业内部环境分析的基础上作出的有关企业总体的和长远的谋划，是关系企业长远发展和全局利益的重大决策，具有重要作用。

市场营销战略计划过程包括四个步骤：确定企业任务、确定企业目标、选择企业的发展战略和确定战略业务单位的资源配比。确定企业任务时，要考虑五个关键因素，而一份有效的任务报告书应具备四个条件；企业的目标常常是多元的，在制定目标时要有所选择，要满足一定的要求;企业的发展战略可概括为三大类,即密集性发展战略、一体化发展战略和多角化发展战略,每种又分别包括三种具体方式;确定战略业务单位资源配比常用的方法有BCG法和GE法,但在使用这些方法之前必须先将企业所有的产品或业务划分成若干个战略业务单位。

企业在市场竞争中充当的角色有四种:市场领导者、市场挑战者、市场追随者及市场补缺者。市场领导者是在各方面起到领头羊作用的企业,需时刻保持警惕,提防挑战者企业的进攻;市场挑战者是仅次于市场领导者,有能力向其发起挑战的企业,其基本战略是扩张市场占有率,采取进攻战略;市场追随者与市场挑战者实力相当,区别只是对待市场领导者的态度不同;市场补缺者是市场规模小、实力较差的中小企业,战略的关键是实行专门化,成为各专门化领域的"专家"。

【同步测试】

一、概念

市场营销战略　企业任务　市场领导者　市场挑战者

二、选择题

1. 在那些产品差异性很小而价格敏感度很高的资本密集,且产品同质的行业中,竞争者之间通常谋求(　　)局面。

A. 攻击市场主导者　　B. 阵地防御
C. 和平共处　　D. 迂回进攻

2. 以防御为核心是(　　)的竞争策略。

A. 市场领导者　　B. 市场挑战者
C. 市场追随者　　D. 市场补缺者

3. 市场追随者追求的是与市场领导者(　　)。

A. 和平共处　　B. 取而代之
C. 维持现状　　D. 保护自己

4. 当一个企业规模较小,人力、物力、财力都比较薄弱时,应当采用(　　)竞争策略。

A. 进攻策略　　B. 专业化生产和经营
C. 市场多角化　　D. 防御策略

5. 一个企业若要识别其竞争者,通常可以从(　　)方面进行。

A. 产业和市场　　B. 分销渠道
C. 目标和战略　　D. 利润

三、思考题

1. 市场营销战略计划的含义、作用是什么?
2. 简述企业市场营销战略目标。
3. 企业在市场竞争中有哪四种角色?各个角色的营销战略如何?

【技能训练】　向强者挑战——百事可乐的市场竞争战略

1886年,世界上第一瓶可口可乐诞生于美国,距今已有100年的历史。这种神奇的饮料以它不可抗拒的魅力征服了全世界数以亿计的消费者,成为"世界饮料之王",甚至享有

“饮料日不落帝国”的赞誉。

但是，就在可口可乐如日中天时，竟然另外有一家同样高举“可乐”大旗，敢于向其挑战的企业，它宣称要成为“全世界顾客最喜欢的公司”，并且在与可口可乐的交锋中越战越强，最终形成分庭抗礼之势，这就是百事可乐公司。世界上第一瓶百事可乐同样诞生于美国，那是在1898年，比可口可乐的问世晚了12年，它的味道同配方绝密的可口可乐相近，于是，便借可口可乐之势取名为百事可乐。

由于可口可乐早在10多年前就已经开始大力开拓市场，到这时早已声名远扬，控制了绝大部分碳酸饮料市场，在人们心目中形成了定势，一提起可乐，就非可口可乐莫属，百事可乐在第二次世界大战以前一直不见起色，曾两度处于破产边缘，饮料市场仍然是可口可乐一统天下。

尽管1929年开始的大危机和“二战”期间，百事可乐为了生存，不惜将价格降至5美分/磅，是可口可乐价格的一半，以至于差不多每个美国人都知道“5美分可以多买1倍的百事可乐”的口头禅，百事可乐仍然未能摆脱困境。在饮料行业中，可口可乐和百事可乐一个是市场领导者，一个是市场追随者（挑战者）。作为市场追随者，有两种战略可供选择：①向市场领导者发起攻击以夺取更多的市场份额；②参与竞争，但不让市场份额发生重大改变。显然，经过近半个世纪的实践，百事可乐公司发现，后一种选择连公司的生存都不能保障，是行不通的。于是，百事可乐开始采取前一种战略，向可口可乐发出强有力的挑战，这正是“二战”以后斯蒂尔、肯特·卡拉维等“百事英雄”所做的。

1960年，百事可乐把客观存在的广告业务交给BBDO（巴腾-巴顿-德斯廷和奥斯本）。当时，可口可乐以5∶1的绝对优势压倒了百事可乐。BBDO公司分析了给消费者构成消费心理的变化，将火力对准了可口可乐“传统”的形象，做出种种努力来把百事可乐描绘成年轻人的饮料。经过4年的酝酿，“百事可乐新一代”的口号正式面市，并一直沿用了20多年。

10年后，可口可乐试图对百事可乐俘获下一代的广告作出反应时，它对百事可乐优势已经减至2∶1了。而此时，BBDO又协助百事可乐制定了进一步的战略，向可口可乐发起全面进攻，被世人称为“百事可乐的挑战”。其中两仗打得十分出色。

第一个漂亮仗是品尝实验和其后的宣传活动。1975年，百事可乐在达拉斯进行了品尝实验，将百事可乐和可口可乐都去掉商标，分别以字母M和Q作上暗记，结果表明，百事可乐比可口可乐更受欢迎。随后，BBDO公司对此大肆宣扬，在广告中表现的是，可口可乐的忠实主顾选择标有字母M的百事可乐，而标有字母Q的可口可乐却无人问津，广告宣传完全达到了百事可乐和BBDO公司所预期的目的：让消费者重新考虑他们对“老”可乐的忠诚，并把它与“新”可乐相比较。可口可乐对此束手无策，除了指责这种比较不公德，并且吹毛求疵地认为人们对字母M有天生的偏爱之外，毫无办法。结果，百事可乐的销售猛增，与可口可乐的差距缩小为2∶3。

1983年年底，BBDO广告公司又以500万美元的代价，聘请迈克尔·杰克逊拍摄了两部广告片，并组织杰克逊兄弟进行广告旅行，此为第二仗。这位红极一时的摇滚乐歌星为百事可乐赢得了年轻一代狂热的心，广告播出才1个月，百事可乐的销量就直线上升。

1978年6月12日，《商业周刊》的封面赫然印着“百事可乐荣膺冠军”。A·C·尼尔森关于商店里饮料销售情况的每月调查报告表明：百事可乐第一次走进了可口可乐的领先地位。

色彩：红与蓝。实际上，可口可乐和百事可乐的商标设计可能最能反映两者的特色和定位。可口可乐选用的是红色，在鲜红的底色上印着白色的斯宾塞体草书“Coca-Cola”字样，白字在红底的衬托下，有一种悠然的跳动之态，草书则给人以连贯、流线和飘逸之感。红白相间，用色传统，显得古朴典雅而又不失活力。百事可乐则选择了蓝色，在纯白的底色上是近似中国行书的蓝色字体“Pepsi Cola”，蓝字在白底的衬托下十分醒目，呈活跃、进取之态。众所周知，蓝色是创新和年轻的标志，高科技行业的排头兵IBM公司就选用蓝色为公司的主色调，被称为“蓝色巨人”，百事可乐的颜色与它的公司形象和定位达到完美的统一。

问题：

1. 在百事可乐与可口可乐的竞争过程中，百事可乐的竞争角色是什么？说明理由。
2. 百事可乐依靠什么挑战可口可乐？
3. 百事可乐是如何塑造差异化的？

第五章
消费者购买行为分析

【学习目的与要求】 本章主要对消费者购买行为进行了分析，要求学生掌握消费者市场的相关概念，了解影响消费者购买行为的主要因素以及消费者购买决策的一般过程，并懂得针对不同的消费者购买行为制定相应的市场营销策略。

【案例导入】 **史玉柱聊出《征途》**

2004 年 10 月，盛大公司的一批研发人员走出来寻找投资。史玉柱连忙投入 2 000 万元网罗这批人才，开发出一款名为《征途》的游戏。为了开发这款游戏，史玉柱通过找玩家聊天的方式来了解消费者的喜好。

据说，史玉柱在开发这款游戏的过程中与 2 000 个玩家聊天，每人至少 2 小时。按 2 小时计算，2 000 个人，就是 4 000 个小时。一天按 10 个小时算的话，也要聊天 400 天。

如此浩大的工程！史玉柱本可以找十几个人聊聊天就行了，其他凭借想象，也可以有个八九不离十。可史玉柱不这样想。每个人都是一个宇宙，都有闪光点，把分散在许多人身上的闪光点汇集在一起，就有了无人匹敌的竞争力。

跟人聊天很容易，尤其是目的性不强的聊天，很可能是难得的消遣。可是，真要咬定目标去与新新人类聊天 400 天而不生出厌倦来，史玉柱是第一人。他要了解什么？

在 4 000 多个小时的聊天过程中，他一个个洞悉了从事网游的乐趣、激情、义愤、郁闷、心跳、欢畅、紧张、算计、张狂、好奇、窃喜、嫉妒、悔恨、无奈、宣泄、控制、霸气、说一不二、依剑昆仑、饮马天河的豪气等。所有这些复杂的甚至对立的情绪，他先前没有体验过，甚至连想都没有想过，现在他却了如指掌。给所有这些情绪一种载体，一种释放机制，正是《征途》最吸引人的地方。40 多岁的史玉柱，平心静气地进入了十几岁少年的情怀。对人性的这种把握和定力，是史玉柱主导的《征途》不同于任何一个网游的根本所在。

作为老板，史玉柱的主要工作时间是做售后服务。史玉柱喜欢做客服，每天 10 个小时做客服，帮助游戏玩家解决碰到的问题，那也是《征途》能够不断更新的原动力。因为玩家每分钟遇到的问题，都是游戏本身要解决的。这种问题，老板冲在第一线，还是靠听汇报来决策，是完全不同的两回事。史玉柱通过一天花费十几个小时做客服，真正掌握了业务的核心。

【引例分析】

在市场经济社会里，消费者是市场的主人，市场营销的核心就是满足消费者的需求。企业只有认真、细致地了解、分析和研究消费者的需求及其影响因素，研究消费者的购买行为及其自身特有的规律，才能有效地开展市场营销活动，实现其营销目标。

第一节　消费者市场概述

一、消费者市场的含义

消费者市场是指所有为了生活消费而购买物品或服务的个人和家庭所构成的市场，它是现代市场营销理论研究的重要对象。消费者市场一般可分为商品市场和服务市场。商品市场买卖各种生活用品，是消费者市场的主要组成部分；服务市场是以向消费者提供劳务来满足消费者的需求，并不涉及实物商品的转移。

消费者是市场的主人，是企业开展市场营销活动的最终对象。因此，只有充分了解消费者的需求、动机与购买行为，了解消费者的喜怒哀乐与七情六欲，才能有效地开展市场营销活动。

二、消费者市场的特点

1. 非盈利性

消费者市场是为个人或家庭提供最后的、直接消费品的市场，消费者市场的购买也称最终性购买。人们购买消费品，不是为了转卖或盈利，而是为了获得某种使用价值，满足自身的生活消费需要。因此，非盈利性是消费者市场的一个显著特征。

2. 广泛性

生活中的每个人都不可避免地发生消费行为或消费品购买行为，成为消费者市场的一员。因此，消费者市场人数众多，范围广泛。

3. 分散性

消费者市场是以个人或家庭为基本单位进行购买和消费的。限于每个单位的人数、需要量、购买能力、存放条件，以及商品有效期等因素，消费者购买一般是小批量、多批次的零星购买，尤其是购买日常消费品比较频繁。另外，众多的消费者在空间位置上也比较分散。因而，消费者市场具有分散性特征。

4. 地区性

同一地区的消费者往往在生活习惯、收入水平、购买特点和商品需求等方面有较大的相似之处，而不同地区的消费者的消费行为则常常表现出较大的差异性。

5. 可诱导性

一般来说，消费者对商品的专门知识比较缺乏，尤其是对那些技术性较强、操作比较复杂的商品。在多数情况下，消费者购买商品易受个人情感或受厂家、商家促销的影响，也就是说，消费者市场具有可诱导性。造成这种状况的原因，首先，消费品花色、品种繁多，质量、性能各异，消费者很难掌握各种商品知识，因而，他们在购买商品，特别是一些复杂的耐用消费品或新产品时，需要卖方的宣传、介绍和帮助。其次，因为不少消费品替代性强，需求弹性较大，消费者对商品规格、品质的需求不如生产者那样严格。最后，消费者一般都是自发、分散地作出购买决策，具有随机性。

6. 多样性

由于消费者人数众多，在年龄、性别、职业、兴趣爱好、价值观念、教育程度、收入水平、居住区域、文化背景、宗教信仰等方面都会有所不同，因而，消费者的需要、欲望、兴趣、爱好和习惯也就各式各样，继而对商品产生不同的需求。不仅如此，对于同种商品的不同品种、规格、外观、式样、价格、服务以及质量等也都会产生多种多样的要求。针对消费者市场多样性需求的特点，企业应根据市场信息和自身的能力，合理确定生产经营的目标市场，尽可能向消费者提供丰富多彩的商品类别、花色品种，以满足消费者多样的需求。

7. 层次性

消费者需求总是在一定支付能力和其他客观条件的基础上形成的。一般来讲，人的需求是多种多样的，但不可能同时得到实现，要依照本人的支付能力和客观条件的许可，由低层次的市场需求逐步向高层次的市场需求发展。关于消费需求层次的划分有许多观点，马斯洛提出了著名的需求层次理论，它包括自低到高的五种需要，即生理（生存）需要、安全需要、社交需要、尊重需要和自我实现的需要。还有专家指出，人们首先是对“生存资料”的需求，如衣、食、住、行等，在此基础上逐步产生对“享受资料”和“发展资料”的需求。消费者市场层次性特征的提出，对于企业分析消费者的购买动机、购买行为和促进销售提供了一个有效的依据。

8. 伸缩性

消费者购买商品，在数量、品级、式样等方面往往会随着购买力水平的变化而变化，随商品价格的高低而转移。它反映着在收入和价格作用下的需求弹性问题。日常的生活必需品，需求弹性较小，人们对他们的需求是均衡而有一定限度的。但其他相当多的商品，需求弹性则较大，如一些中、高档服装，家用电器等。一般地讲，随着人们的货币收入增多、购买力水平提高，或者商品价格降低，对消费品的需求会随之增加；反之，就会减少。因此，消费需求的伸缩性决定了消费者市场也具有伸缩性的特征。

9. 周期性

有些消费需求在获得满足后，于一定时期内不再产生，但随着时间的推移还会重新出现，并显示出明显的周期性。消费需求的周期性主要由消费者的生理运行机制及某些心理特性引起，并受到自然环境变化周期、产品生命周期及社会时尚变化周期的影响，受产品的使用周期、更新换代周期和消费时尚重复周期的共同作用。在这些因素共同作用下，消费需求的周期性呈现出各种不同的表现形式。一般而言，重新出现的需求不是对原有需求的简单重复，而是在内容、形式上有所变化和更新。

10. 发展性

随着科技进步和社会经济的发展，消费者的消费水平不断提高，物质产品的极大丰富和新的消费领域、消费方式的不断涌现，消费者在消费的总量、结构和层次上也会不断地发生变化，人们的消费需求在内容、层次上不断更新与发展，一种需要满足了，新的需要又会产生。消费需求发展总的趋势呈现由低级向高级、由简单向复杂、由追求数量向追求质量、由物质需要向精神需要的方向发展。

11. 时代性

消费者市场需求不仅受到消费者内在因素的影响和制约，而且还经常会受到时代精神、风尚和环境因素的影响。时代不同，人们的消费需求也会不同，如当代社会对知识的重视、对人才的重视，使人们会加大对教育的投入，使书籍、文化等用品的需要明显增加。在时尚性方面，服装的款式颜色、住宅的装修等表现得更为明显。

三、消费者购买行为的基本模式

消费者的购买行为，是指消费者为满足其需要而选择、获取、使用、处置产品或服务所采取的各种行动，包括采取这些行动的决策过程，是消费者的需要和购买动机在市场购买过程中的具体表现。由于受到社会、文化、个人、心理等因素的影响，消费者行为往往表现得复杂多变。不同的消费者对不同的产品，甚至同一消费者对同一产品在不同的时期，其购买动机、购买方式和购买决策过程都存在一定的差异。因此，需要建立和应用一定的分析模式和理论框架，认识和掌握消费者购买行为中带有规律性的东西，把握其行为的实质。

消费者购买行为的基本模式是营销刺激与消费者反应之间关系的模式，如图 5-1 所示。该模式亦称“营销刺激与消费者反应”模式。

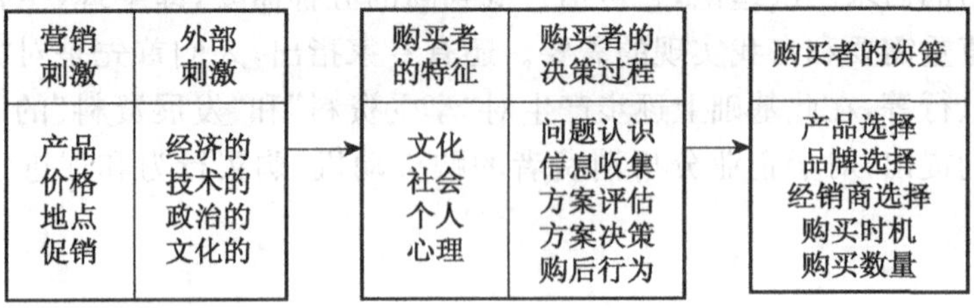

图 5-1 购买者行为模式

该模式用以说明“外部刺激”与“消费者反应”之间的关系。在这个模式中，企业营销刺激以及其他外部刺激，进入消费者“黑匣子”，通过消费者“黑匣子”的作用，刺激转化成了反应。营销人员需发掘出隐含在消费者“黑匣子”中的东西以及这些东西怎样使外部刺激转换成了反应。如图 5-1 所示，市场营销刺激与其他外部刺激因素进入购买者的意识后，购买者的特征决策过程导致了购买决策。购买者的外部刺激来自两个方面：其一是企业所安排的市场营销刺激，包括产品、价格、分销和促销；其二是外部宏观环境的刺激，包括政治、经济、文化等。当这些外界刺激作用于购买者，并经过一定的心理过程，就产生一系列看得见的购买者反应，如产品选择、品牌选择、购买时间选择等。营销人员所要研究的消费者“黑匣子”中的内容包括两方面，一是消费者的自身特征，二是消费者的购买决策过程。其目的是了解消费者在接受了市场营销刺激后如何产生反应的，哪些因素会影响消费者的购买行为。

在消费者购买行为分析中，还必须弄清楚消费者购买行为中的六个问题，即了解购买者是谁(Who)、购买什么(What)、为何购买(Why)、何时购买(When)、何处购买(Where)与如何购买(How)，这六个问题的中心是要搞清楚消费者对企业所要进行的各种营销刺激作出何种反应。

(1) 消费品由谁购买。这是指谁是购买的主体。研究购买主体的目的，在于分析和找出谁是购买的决定者。购买某个商品，表面上看似乎只是一个人的行动，但实际上，其中有发起者、影响者、决定者和执行者之分。到商店来的购买者，可能本身是决定者，也可能只是一个执行者而不是决定购买的主体。在一般情况下，商品的购买活动是由特定的购买主体来完成的。例如，在一个家庭中，家庭日用品、化妆品、摆设品和时装等商品是由妻子来购买的，而购买耐用消费品的决定者通常是丈夫。不同的购买主体对商品的要求具有很大的差异。因此，找出购买的决定者，从而采取有针对性的广告宣传和销售服务，以诱导影响消费者，争取决定者，促使购买行为的实现。

(2) 消费者购买什么。即购买的对象，包括购买商品和服务的类型、品牌、型号、颜色、式样、包装和价格等。传统的营销观念以企业为中心，企业想生产什么就销售什么。事实证明，这种观念在供大于求的买方市场是行不通的。现代营销理念强调以市场为中心，以消费者为导向，因此，企业应密切关注消费者的购买行为，努力通过了解消费者购买什么来研究消费者的购买需求以及购买偏好，从而有针对性地制定市场营销策略，更好地满足消费者的需求。

(3) 消费者为何购买。即购买目的。购买行为的发生，基于一定的目的性，了解消费者为何购买，就能从更深层次挖掘消费者的购买需求，把握消费者的购买行为。不同的消费者购买商品和服务的目的和动机具有很大的差异性，营销人员应认真分析研究这些差异性，选择适合自己的目标市场，做到从根本上去满足消费者的需求，实现企业与消费者的“双赢”。

(4) 消费者何时购买。消费者的购买时间，受商品的性质、季节、假日和消费者闲忙影响，有一定的习惯和规律。一般来说，日用消费品要经常购买，季节性商品则较多集中在季节到来之前或使用季节时间购买；城镇居民和职工大都习惯节假日和领得薪资之后大量购买；农民则大多数在收获季节过后大量购买。研究和掌握消费者对本企业经营商品的购买时间规律，据以适时投放商品，集中销售服务的力量，既可满足消费者需要，又可以扩大企业经营效果。

(5) 消费者何处购买。消费者的购买地点与消费品的种类有关。对于日用消费品，消费者一般都愿意就地就近购买，而对于选购品或耐用消费品，消费者一般都愿意到繁华的商业区和有名的商店去购买；对于名特产品，消费者通常到专业商店或专用商店去购买；一些经济收入较高或社会地位较高的消费者，则愿意到高级商店去购买。因此，企业应根据自己经营商品的性质，结合消费者的购买地点，合理安排商业网点和商品分销路线，方便消费者的购买活动。

此外，企业营销者还应区分消费者在何处决定购买与消费者在何处实际购买。这两者可以在同一地方，也可以在不同的地方。一般地说，个人日用消费品，大都在购货现场决定并进行实际购买；而家庭耐用消费品和高档消费品，如电视机、电冰箱等，大都在家庭成员集体研究决定后再去商店购买。市场营销者应该根据本企业经营商品的性质，采取不同的策略。例如，一般生活用品应加强对售货现场的布置和陈设，以吸引消费者现场决定购买；而对一些需由家庭成员集体作出决定的商品，则应做好广告宣传，扩大企业商品的影响，并建立方便消费者的分销网点和设施，以促使消费者家庭事先作出对本企业有利的决定和方便消费者购买。

(6) 消费者如何购买。消费者的经济条件不同，决定了他们具有不同的购买方式。由于消费者的经济条件不同，在购买商品时对价格反映的灵敏程度往往有所不同。有的消费者对价格特别敏感，有的消费者则重视商标、品牌而不计较价格的高低，还有的消费者重视商品的款式、造型。在付款方式上，由于购买力不同，有的消费者要求对购买的商品能实行分期付款，有的消费者则愿意一次付清。因此，企业在经营商品的花色品种、经营方式和付款方式上应灵活多样，以适应不同消费者的要求。

第二节　影响消费者购买行为的因素

消费者的购买行为主要受到文化、社会、个人和心理等因素的影响。这些因素都属于企业的不可控因素，但对消费者的购买行为却具有很大的影响力。

一、文化因素

文化因素主要包括文化、亚文化群和社会阶层等。

1. 文化

文化是指人类在生活实践中建立起来的价值观念、道德、理想和其他有意义的象征综合体，是社会精神财富的结晶，是引发人们欲望及行为的最根本的动因。每一个社会都有自己的文化，人们通过学习，接受本社会最基本的价值观、社会规范、宗教信仰和风俗习惯等一系列的行为准则，不同的文化造就了不同的消费者购买观念，从而影响人们的购买和消费行为。例如，中国文化重视“落叶归根”，房子对大多数中国人来说是刚性需求，很多人愿意倾其一生积蓄只为买一套房子，这对西方文化背景下生长的人来说简直不可思议。必须承认，文化对消费者的购买行为产生着广泛而深刻的影响。

2. 亚文化群

从市场营销学的角度来看，一个人的消费行为不仅受社会文化的影响，还要受到亚文化群的影响，因为每种文化又可细分为不同的亚文化。亚文化由具有共同生活经历和环境形成的具有共同价值观念的人群组成。所谓亚文化群，是指一国的人民常常属于同一文化群，但这同属同一文化的人们又根据不同的民族、习惯、地区、宗教、年龄、性别、职业和社会阶层等标准，分为若干不同的更小的文化群，称为亚文化群。每个亚文化群中有着自己的独特价值观和风俗习惯，但又有一些与整个社会的基本文化一致的特点。在同一个亚文化群体中，其成员将显示出更具体的认同和更具体的社会文化。亚文化群体主要有民族群、宗教群、种族群和地理区域群等。例如，由于地理位置、气候、出产、经济发展水平和风俗习惯的差异，我国可明显地分出南方、北方，或东部沿海、中部、西部内陆区等亚文化群。不同地区人们的生活习惯有差异，消费自然有别，所以在食品口味上，我国一直有北咸南淡、东甜西酸的不同消费需求。

许多亚文化群构成了重要的细分市场，营销人员就根据这些亚文化成员的需要设计产品、制定营销策略。例如，美国市场营销人员将黑人消费者作为一种亚文化对待，一些大公司，如西尔斯、麦当劳、可口可乐都聘请黑人模特做广告，在黑人杂志上做宣传，极力对这个市场进行渗透。

3. 社会阶层

几乎所有的社会都有某种形式的社会阶层结构，它是影响消费者购买决策、购买行为的一个十分重要的因素。社会阶层是指一个社会的相对稳定和有序的分类，主要是根据职业、收入、教育、财富和其他因素划分的。由于不同社会阶层的成员具有不同的经济状况、价值观念、生活习惯、兴趣和消费行为，因而具有不同的亚文化特征，它使不同社会阶层的消费者形成独特的消费观、价值取向和行为准则，在每一个社会阶层中，其成员的价值观、生活方式、行为方式又有相似性。对此，营销人员可根据这些相似性细分市场，采取针对性的营销策略。20 世纪 80 年代，美国出现一个“雅皮士”阶层，他们收入较高，追求高档消费品及生活享受。一些著名企业的营销人员根据这个目标市场，树立名牌、高档的品牌形象，并运用适当的促销手段，取得了这个市场的成功。当今社会，也有不少品牌正是因为满足了诸如“白领阶层”“金领阶层”等某一细分市场的独特的消费需求而赢得成功的。

二、社会因素

社会因素主要包括相关群体、家庭、角色与地位等。

1. 相关群体

人的行为经常受到许多群体的影响，只不过由于关系不同，受到影响的程度也不同。所谓相关群体，是指能够影响一个人的价值观念、态度及行为的社会群体，它在一个人的态度或行为形成过程中起着直接或间接比照作用。相关群体不一定是一种组织，只是消费者之间的相互影响或社会联系。相关群体为人们带来新的行为和生活方式，影响人们的态度和自我观念，因此，也会影响一个人对产品和品牌的选择。

相关群体可分为三类：一是首要群体，是指对个人影响最大、关系最密切的群体，如家庭、亲友、邻居、同事。首要群体之间的联系往往倾向于非正式的。二是次要群体，是指对一个人的影响较次一级的群体，相互影响较少，并且倾向于正式的联系，如宗教组织、各类专业协会等。三是崇拜性群体，是指通过非正式交往，具有共同志趣，如崇拜社会名流、体育明星等所形成的群体。

相关群体对消费者的购买行为的影响表现为三个方面：一是为消费者提供可供选择的消费行为或生活方式的模式；二是引起消费者的仿效欲望，影响他们对商品购买与消费的态度；三是它促使人们的行为趋于某种“一致性”，进而影响人们对某种商品花色的选择。这是因为，相关群体会形成一种团体压力，使团体内的个人自觉不自觉地符合团体规范，以寻求安全感和稳定感。因此，企业必须十分重视相关群体对消费者行为的影响力。在制定生产和营销策略时，要选择同目标市场关系最密切、传递信息最快的相关群体，了解其爱好，做好产品推销工作。

2. 家庭

家庭是以婚姻、血缘和继承关系成员为基础组成的社会生活的基本单位。家庭对购买行为的影响不仅是直接的，也是潜移默化的。人们的价值观、审美观、爱好和习惯多半是在家庭的影响下形成的。家庭也是影响消费行为的最直接、最密切的一个重要因素。家庭对购买行为的影响集中表现在家庭的不同发展阶段和不同家庭类型两个方面。一个人在其一生中要经历两个家庭：首先是生活在父母的家庭，然后又组成了自己的家庭，即个人的衍生家庭。消费者在作出购买决策时，必然要受到这两个家庭的影响，并且主要是受衍生家庭的影响。

家庭购买决策大致有三种类型：①一人独自做主；②全家参与意见，一人做主；③全家共同决定。在商品购买活动中，各个家庭成员可能以各种不同的身份出现，如倡议者、影响者、决策者、购买者或使用者。在这五种角色中，最重要的角色是购买决策者。根据谁来决策，社会学家把家庭分为各自做主型、丈夫支配型、妻子支配型和共同支配型四种类型。研究家庭购买决策，就是要在分析各种家庭购买角色及其相互影响的基础上，找出购买决策者，以便有针对性地采取有效措施诱导购买。

3. 角色与地位

一个人在一生中会参加许多群体，如家庭、俱乐部以及各类组织，每个人在各群体中的位置可用角色和地位来确定。角色是一个人所期望从事的活动内容。每一角色都伴随着一种地位。人们在购买商品时往往结合自己在社会中所处的地位和角色来考虑。例如，公司总经理们会坐高级轿车，住高档酒店，穿名牌西服；职业女性穿职业服装等。在有些情况下，产品和品牌已经成为角色和地位的标志和象征。

三、个人因素

消费者的个人特性因素主要包括消费者的年龄、性别、教育程度、职业、经济状况和生活方式等。

1. 年龄和家庭生命周期阶段

不同年龄的消费者，其欲望、兴趣和爱好有所不同，在购买行为上存在较大的差异。每一个人的衣、食、住、行各方面的需求都是随着年龄的变化而变化的。而且，不同年龄的消费者在购买方式上也各具特色。比如服装，年轻人喜欢新潮服装，而老年人则喜欢端庄、朴实、实惠的衣服。新产品、新款式若以年轻人为目标市场则普及得较快，而老年人比较稳重、保守，不易改变旧习惯。青年人缺少经验，容易在各种信息影响下出现冲动性购买；老年人经验比较丰富，常根据习惯和经验购买，一般不太重视广告等商业信息。因此，消费者的年龄是影响其购买行为的一个重要因素。

家庭生命周期是指一个以家长为代表的家庭生活的全过程，它从一个家庭的建立开始到家长死亡或家长年老后并入子女家庭为止的过程。这里所谓的家长并非年长者，而是指在家庭中获得主要收入并有决定性消费决策权的主要家庭成员。根据家庭各成员的年龄、子女的教育和工作情况、家长与子女的关系等，可以把家庭生命周期划分为若干阶段。国外一般将其划分为单身阶段、新婚阶段、“满巢”阶段（Ⅰ，Ⅱ，Ⅲ）、“空巢”阶段和丧偶独居阶段等。由于在家庭生命周期的不同阶段，家庭人口、收入、年龄、消费品存量等各不相同，因此，处于不同生命阶段的家庭，其消费需要与购买行为模式呈现不同的特点。例如，在单身阶段生活需求很简单，而在“满巢”阶段对子女的抚养和教育费用则增加。

2. 性别

由于生理和心理上差异，不同性别消费者的欲望和消费构成有所区别，他们的购买习惯也有所不同。表现在需要和购买使用的商品种类上，男性消费者主要需要购买烟、酒、领带、西装、运动服等，女性消费者则喜欢购买时装、首饰和化妆品等。表现在购买方式上，男性消费者购买商品时多数表现为目标集中、购买直接果断，女性消费者在购买过程中则往往更愿意认真比较、仔细挑选。

3. 教育程度与职业

教育程度和职业也会影响消费者的欲望和购买行为。一般来说，消费者受教育的程度越高，对精神生活方面的需求越多，在其收入中用于购买书籍、报刊等文化用品的需求量较大，购买商品的理性程度较高，审美能力较强，购买决策过程较全面，更善于利用非商业性来源信息。职业不同、工作条件不同，消费构成和购买习惯也存在区别。不同职业的消费者对于商品的爱好需要和购买行为也会有所不同。例如，同样是购买服装，人们往往会根据职业的需要修饰自己，教师倾向于购买大方、端庄的职业装，而演艺人员则喜欢追赶新潮，张扬个性，购买时髦甚至另类的服装。由此可见，消费者的职业与消费者的购买行为之间也存在着因果关系。

4. 经济状况

消费者的经济状况是指消费者的收入情况，包括收入水平、稳定性和时间、储蓄和资产情况以及借贷能力等。消费者一般都在可支配收入的范围内考虑以最合理的方式安排支出，以便更有效地满足自己的需要，显然，消费者的经济状况会影响其购买行为。例如，收入水平较低的消费者比收入水平较高的消费者更关心价格的高低以及商品的实用性。收入越低,购买生活必需品等基本生存资料的开支所占的比重越大。

分析消费者的收入水平,一般采用两个指标:个人可支配收入和个人可任意支配收入。个人可支配收入是指扣除消费者个人缴纳的各种税款和交给政府的非商业性开支后可用于个人消费和储蓄的那部分个人收入。它是影响消费者购买力和消费者支出的决定性因素。个人可任意支配收入是指个人可支配收入减去维持生活所必需的支出(如食品、衣物、住房)和其他固定支出(如分期付款、学费)所剩下的那部分个人收入。它是影响消费需求结构最活跃的经济因素。这部分收入越多,人们的消费水平就越高,企业营销的机会也就越多。

一些商品的销售很容易受到经济状况的影响,经营这些商品的企业应密切注意个人收入、存款和利率、消费信贷等方面的动向,以便必要时调整营销战略,保持商品对目标顾客的吸引力。由于消费者收入往往要受到产品价格变化的影响,因而对消费者收入还要区别为货币收入和实际收入。在消费者的货币收入不变时,如果物价下跌,则表明实际收入上升;反之,则表明实际收入下降。即使消费者的货币收入随着物价上涨而增长,但是,如果通货膨胀率超过了货币收入增长率,消费者的实际收入也会减少。

5. 生活方式

生活方式是指一个人根据个人的中心目标或价值观安排生活的模式,并通过他的活动、兴趣、意见等表现出来,是影响个人行为的心理、社会、文化、经济等各种因素的综合反映。由于社会生活的复杂化,人们的生活方式可以说是千差万别。即使是来自同一个社会阶层,甚至是相同的职业,也可能具有不同的生活方式。不同的生活方式,会有不同的物质追求。当然,一个人的生活方式也不是一成不变的,而是会随着个人地位和收入、环境的变化而变化。同一个消费者生活方式发生了变化,就会产生新的需求。例如,未参加工作的大学生,消费要求一般不会太高,而他们一旦参加工作,尤其是获得了一个好的工作岗位或职位后,生活方式发生了变化,消费要求往往会大大提高,同时还会产生许多新需求。所以,消费者的生活方式也是影响消费者购买行为的一个重要因素。市场营销人员要研究企业产品与消费者生活方式的关系,尽可能去满足不同生活方式消费者的需求。

6. 个性与自我形象

个性是指个人带有倾向的、本质的、比较稳定的心理特征的总和,包括人的兴趣、能力、气质、性格等方面。个性体现了个体的独特的风格、独特的心理特征和独特的行为表现。个性使人对环境产生比较一致和持续的反应,可以直接或间接地影响购买行为。市场营销人员需要经常研究目标市场上消费者可能具有的个性,以便建立品牌形象,使其正好配合目标市场的个性特征。自我形象,一般指人的实际自我认识,即一个人怎样看待自己;有时还指人的理想与自我认识,即一个人希望怎样看待自己;或社会自我形象,即一个人认为别人如何看待自己。由于人们总希望保持或增强自我形象,并把购买行为作为表现自我形象的重要方式,因此,消费者一般选择符合或能改善其自我形象的产品或品牌。例如,同样是服装品牌,“香奈儿”高贵典雅,“范思哲”夸张性感,“粉红玛丽”极具女人味,还有些品牌另类怪诞,很“杀马特”,但销售业绩也很好,这些品牌的成功都是因为它们恰到好处地彰显了目标市场的个性特征,体现甚至提升了品牌消费者的自我形象。

四、心理因素

消费者心理是指消费者在满足需求过程中的思想意识和内心活动,它支配和影响着消费者的购买行为，主要包括需求、动机、感知、学习以及信念与态度等。

1. 需求

消费者的购买行为是从激发需求开始的，有了需求才有动机，需求是消费者购买行为的首要动力。所谓消费者需求，是人们对于市场上具有货币支付能力的商品的购买要求，通常包含两个基本要素：一是消费者的需求欲望；二是消费者的货币支付能力，即在一定价格条件下，消费者对某种商品或服务的购买愿望。消费者需求按不同的标准，可以进行不同的分类。

(1) 按照需求的起源，可以分为自然需求和社会需求。自然需求是指一个人作为一个生物有机体与生俱来的生理需求，包括呼吸、饮食、性爱、保暖、休息、排泄、生理安全、保健等；社会需求是指消费者在后天的社会生活中形成的各种需求，包括社会安全、交际、沟通、学习、自尊、自我实现等。在现实中，这两类需求往往是相互结合在一起的。

(2) 按照需求的对象，可以分为物质需求和精神需求。物质需求是指消费者对一切具有有形物质形态的资源或产品的需求；精神需求是指消费者对感情、智力、道德、审美、自尊、自我实现、完美等观念形态的对象的需求。精神需求的实现一般总是以物质需求为载体的，而物质需求的满足又总能带来某种精神需求的满足。

(3) 按照需求的显现程度，可将消费者需求分为现实需求和潜在需求。现实需求是指消费者有支付能力并且已经意识到的需求。潜在需求是人们对更高层次的生活标准或生活的追求，是指消费者在未来时期内对商品和劳务可能产生的具有支付能力的需求。企业营销的目的不仅是要满足消费者的现实需求，更重要的是还要创造条件满足消费者的潜在需求。

(4) 按照需求的满足顺序，可将需要分为若干不同层次。美国心理学家马斯洛在他的“需要层次论”中将人类需要划分为五种基本类型，在需求规律研究和消费者行为研究中被广泛采用。

第一，生理的需要。即人们为了生存而对必不可少的基本生活条件的需要，如满足解饥、御寒、睡眠等所需的食物、衣服、住所等方面的需要。生理需要是人类最基本的需要，也是人类第一需要。

第二，安全的需要。即人们希望保护自己的机体和精神不受危害的需要，包括安全感、稳定感、秩序以及在自然环境中的人身安全等。在现实生活中，当一个人的生理需要得到一定程度的满足后，安全的需要就变得强烈起来。

第三，社交的需要。即人们作为社会成员，希望获得友情、爱情，与他人保持密切的交往，并归属于某一社会群体，受到社会的承认。它和一个人的生理特征、经历、教育、宗教信仰等都有关系。

第四，尊重的需要。它包括自我尊重和受人尊重两方面的要求，具体表现为希望自己有才能和成就、独立和自由，渴望名誉或声望，希望得到别人的赏识、关心和尊重。这种需求的产生和满足可以促使人们自信、自重、廉洁自爱、奋发向上。

第五，自我实现的需要。即人们渴望在工作中最大限度地发挥自己的特长和潜能，实现自己的理想、信念、抱负，充分实现自身的价值。尽管自我实现的愿望很少完全实现，但只要这种需要存在，就能够促使人们充分发挥自己的禀赋能力。当然，为满足自我实现需求所采取的途径是因人而异的，其表现方式还会随年龄等因素的变化而变化。

马斯洛在其晚年时，在上述分类基础上又增添了认识和审美两种需要。认识的需要产生于人们对未知事物的好奇心和对客观世界的探索欲望。审美的需要是出于人类爱美的天性,表现为对美好事物的追求和向往。

另外,还有人将消费需求分为生存需求、享受需求和发展需求。生存需求是指人类为维持机体生存而产生的对基本生活用品的消费需求,如对米、食油、蔬菜等的需求。享受需求是指人们为了增添生活情趣,提高生活质量而产生的对各种娱乐、休息等享受性消费品的消费需求,如对彩电、空调、装饰品等的需求。发展需求是为发展智力和体力、提高个人才能而产生的消费需求,如对书籍、滋补产品等的需求。

2. 动机

动机是指驱使人们产生某种行为的内在心理活动,是引起行为发生、造就行为结果的直接原因。购买动机则是指为了满足一定需要而引起人们购买行为的欲望或意念,它是促使消费者购买商品的内在原动力。按照一般规律,每个消费者的购买行为都是由其购买动机引发的,而动机又是由人的需要而产生的。由于受客观条件的限制,人的各种需要不可能同时全部得到满足。因此,只有那些强烈的、占主导地位的消费需要才能引发消费者购买动机,促成现实的购买活动。在实际生活中常见的购买动机大体上可以归纳为以下几种类型:

(1) 求实动机。这是以追求商品的实际使用价值为主要倾向的购买动机。它的核心是注重商品的实际效用,追求经济实惠、经久耐用。

(2) 求廉动机。该动机是以注重商品价格或希望得到更多利益为特征的购买动机。其核心是“廉价”。这类消费者在购买商品时,特别重视商品的价格,往往要对同类商品之间的价格差异进行仔细的比较,最终选择较为便宜的商品购买。这类消费者还可能在自己本身没有强烈的需求,只因为商品非常便宜的情况下产生购买动机。

(3) 求便动机。具有这种动机的消费者在购买商品时比较注重其便利性。这种便利性主要体现在两方面:一是购买方便,比如距离近,购买程序简单或是送货上门等。现在很多消费者热衷网购,除了因为网上商品便宜外,还有一个重要原因就是网上购买比较方便。二是购买的商品使用方便,比如速溶咖啡、速冻水饺、方便面、懒人用品等。

(4) 求名动机。求名动机的核心是追求商品的名牌和高档。具有这种购买动机的人在选购商品时,特别注重商品的品牌和商品的声誉,其中有些人是信赖名牌产品的质量,有些人则是为了显示自己生活富裕、地位特殊或购买能力超群,突出自己的优越感。

(5) 求新动机。求新动机是以追求商品的新颖、时兴、奇特为主要目的的购买动机。这种动机的核心是“时髦”和“奇特”。这类消费者在购买商品时,力求新颖、时髦、与众不同,甚至另类。比如,近年出现的厕所餐厅、监狱茶吧、魔鬼酒店等能受到一些消费者的追捧,正是因为满足了他们的求新、求奇动机。

(6) 求美动机。这是一种以追求商品的审美价值和艺术价值为主要特征的购买动机,其核心是“装饰”和“打扮”。这部分消费者在购买商品时,特别注重商品本身的造型美、色彩美、艺术美,注意商品对人体的美化作用、对环境的装饰作用、对人的精神生活的陶冶作用,以达到艺术欣赏与精神欣赏的目的。近年来,美容、服装、家装等行业的飞速发展说明持有该动机的消费者越来越多。

(7) 求同动机。求同动机又称仿效动机,是一种以仿效他人追求社会潮流为主要特征的购买动机。它主要表现在人们在购买商品方面要和别人保持同一步调的趋势。社会风气和周围的环境会给购买者一种驱使力,使他们渴望购买别人已经拥有的同类产品。持这类动机的消费者比较喜欢追逐“流行”商品。同时，这种“求同”还突出表现为对明星的仿效，明星的发型、服装款式以及使用过的产品都可能成为效仿的对象。乔布斯去世后，他生前特别爱穿的品牌“李维斯”牛仔裤热卖，他生前喜欢的“套头衫”款式还曾一度脱销；现在一些企业不惜重金聘请明星做代言，做广告，多是基于消费者的这种求同动机。

(8) 求安全动机。随着人们生活水平提高，消费者越来越重视自身的健康和安全，表现在购买行为中，人们越来越关注商品是否纯天然，是否环保，是否安全健康无隐患。尤其是当今社会上假冒伪劣、坑蒙拐骗的恶性事件越来越多，消费者求安全的动机就越来越强烈。可以肯定，有利于人们健康安全的商品会越来越受欢迎，而消费者也越来越倾向于选择形象良好，有信誉度，有社会责任感的企业的商品。

(9) 求吉利动机。具有这种动机的消费者在购买商品时比较注重商品的象征意义，以期在购买商品的同时买回一份祝福，一种吉祥。例如，很多消费者在过年时一定要买鱼、笋、年糕和汤圆，因为它们的寓意分别是“年年有余”“顺顺利利”“步步高升”“团团圆圆”；相反，一些容易让人产生不吉利联想的商品往往销量不佳。因此，当年的“金狮”领带已改名为“金利来”领带，以前的旅游景点“石人山”现更名为“尧山”。

此外，消费者的购买行为还常常基于炫耀、攀比、习惯、纪念、馈赠、补偿、发泄、怀旧以及自我表现等动机。在现实生活中，促成消费者实现购买行为的往往不是某种单一的动机，而是多种动机的综合。

3. 感知

消费者一旦产生了购买动机，他的行为还要取决于对商品刺激物的感知程度。心理学讲的感知包括感觉和知觉。感觉是人通过自身器官对外界的刺激或情境的反映或印象。感觉是简单的心理活动，人对客观世界的认识，是从感觉开始的。知觉是指人们为了解世界而收集、整理及解释信息的过程，是对直接作用于感觉器官的客观事物的整体反映。知觉是在感觉的基础上形成的，但又不是感觉简单的相加。由于感觉和知觉在时间、空间上联系十分密切，所以，心理学中统称为感知。任何消费者购买商品，都要通过自己的感觉得到印象，然后用知觉进行整体反映，才能决定是否购买。所以，产品促销只有通过人的感知，才能影响消费者的购买行为。

心理学认为，人们的感觉器官对客观事物的个别性的反应能力是有很大差别的，消费者的知觉又在很大程度上依赖于本人的态度、知识和经验，还要受到消费者文化、社会心理等主观因素的影响。因此，同一情境对于不同的消费者可以产生不同的感觉，导致最终的购买行为也可能截然不同。这是因为，感知过程是一个选择性的过程，在这一过程中，有三种机制在起作用：一是有选择的注意。每个人都会面临着许多刺激物，但是，你不可能注意所有的刺激物，而只能有选择地注意某些刺激物。一般来说，人们只注意那些与自己的主观需要有关系的事物，或者是所期望的事物，或者是较为特殊的刺激物，二是有选择的曲解。消费者往往按照自己的第一印象(或先入为主)来曲解客观事物。这就是说，人们有一种把外界输入的信息与头脑中早已存在的认识相结合，并按照个人的意图曲解信息的倾向，这种倾向叫作选择性曲解。三是有选择的记忆。人们对于了解到的东西不可能统统记住，而主要是记住那些符合自己信念的东西，而忘记与己无关紧要或者印象不深、不感兴趣的东西。这种心理机制，就称为选择性记忆。因此，企业营销人员要设法利用消费者的这种认识机制，注意消费者在感知上的差别性，留意消费者对商品感受的反馈，如对商品性能的反应、对商品外观接触的反应；留意消费者对企业市场营销组合各组成部分的反应，如对推销宣传的反应、对销售渠道的反应等。积极引导消费者对企业产品形成良好的感觉，以利于产品的销售。

4. 学习

人类的行为除了少数本能反应以外，绝大多数行为是通过后天学习、实践得来的。由于经验而引起个人行为的改变就是学习。在这里，学习是指消费者在购买和使用商品的过程中，逐步获得和积累经验并根据经验调整购买行为的过程。市场营销理论中运用“学习”这个概念，主要强调消费者购买行为有理性的一面，消费者爱好的形成，偏爱的产生都是通过消费实践学习得来的。因此，学习是消费者认知的主要来源，并在很大程度上决定着消费者的价值观念和行为倾向。

消费者的学习大致有四种类型：①行为学习，即在日常生活中消费者通过模仿，不断学习他人有用的消费行为；②符号学习，即消费者通过了解各种符号的含义，得以通过广告、商标、招牌与经销商和制造商进行沟通的过程；③解决问题的沟通学习，即在对如何满足自身需要进行经常性的思考的过程中，不断深化消费者解决问题方式，以此指导其消费行为的过程；④情感学习，即由于自身的实践体会和外界宣传、刺激，消费者带有明显感情色彩的购买行为得到不断强化和定型的过程。消费者的学习过程是一个加强、保留、概括与辨别的过程。当消费者购买了某一商品而且很满意时，就会加强购买信念。当消费者对买过的商品称心如意时，就会保留在记忆里。当消费者从某企业买到令他满意的商品和得到优质服务时，他就会由此产生对这个企业其他商品和服务的好感，这就是概括。当消费者选用一种商标或品牌的商品使用起来感觉到比其他牌号的好，这就是辨别。一个企业要扩大产品销售，就要经常通过各种方式，给消费者提供商品信息，加强其企业产品的记忆与印象，同时，企业必须做到商品和提供的服务自始至终保持优质，这样，消费者才有可能通过学习建立起对企业品牌、商标的偏爱，企业才可以进一步占领市场，提高销量。

5. 信念与态度

消费者在购买和使用商品后形成了信念和态度。这些信念和态度又反过来影响人们的购买行为。

信念是指人们在思想上对某种事物的看法和评价。一些信念建立在知识的基础上，能够验证其真实性，另一些信念则建立在成见的基础上，很难验证其真实性。企业应重视消费者对其产品的信念，因为信念会形成产品的品牌形象，从而影响消费者的购买选择。例如，瑞典名车 VOLVO，由于无与伦比的安全性深入人心，在北欧就造就了一些“VOLVO 家庭”。年轻人婚前或婚后没有小孩时，多是买跑车，可一旦有了孩子，就会换一辆 VOLVO。孩子长大后，第一辆车一般都是旧车，父母亲的车会传给他们，加上 VOLVO 安全的特性，所以，孩子的第一辆车很多都是 VOLVO，以后他们再买车时，传统的力量就会发生作用，代代相传。如果消费者对产品持有某种成见，企业应立即查找原因，并采取适当的措施，设法纠正这些信念。

态度是人们长期保持的对外界事物反应的心理倾向，它是建立在比较稳定的信念、兴趣和目的的基础上的。消费者的态度对其购买行为有着直接的影响。消费者一旦形成对某种产品或品牌的态度，以后就倾向于根据态度作出重复的购买决策，不愿费心去进行比较、分析、判断。消费者对商品持积极肯定的态度，会推动购买行为的完成；持消极否定的态度，会阻碍购买行为。企业在一般情况下应迎合人们现存的态度，而不是设法改变这种态度，因为改变产品设计和推销方法要比改变不利的态度容易很多。在推销产品时，企业除了要努力提高产品的质量之外，还要利用各种广告媒体，加强与消费者之间的信息沟通，促进消费者对商品形成积极肯定的态度，扭转消费者的不利态度。

第三节　消费者购买决策行为分析

市场营销者在分析了影响消费者购买行为的因素之后，还需了解消费者是如何真正作出购买决策的，即了解谁作出购买决策、消费者购买行为的类型以及购买决策的过程。

一、消费者购买决策过程的参与者

在购买决策过程中，可能发挥作用的人员主要有以下几种角色：

(1) 发起者，即首先建议或想到要购买某种商品或服务的人。

(2) 影响者，即对购买有影响力的人。

(3) 决策者，即购买的最后决定者。

(4) 购买者，即实际购买商品或服务的人。

(5) 使用者，即商品的实际使用人。

了解商品或服务的购买过程参与者和影响者在购买中发挥的不同作用，能够帮助营销人员制定切实可行的营销策略。例如，VOLVO 汽车公司就注意到了所有参与购买者的需要。在它的广告中，不仅有白发的老年夫妇、稳重的中年夫妇形象，而且有充满活力的年轻人、快乐的少年，甚至婴儿也可悠然地躺在特制的座位里面。

二、消费者购买行为的类型

消费者因其经济条件、购买态度、性格、修养、情绪等主观因素与外界因素的不同，在具体的购买活动中，会产生千差万别、各具特色的购买行为。归纳起来，常见的消费者购买行为主要有以下七种类型。

1. 理智购买型

这类消费者在购买某种商品之前，已具有明确的购买目标，通常对商品性能、特点了解得很清楚，购买产品时十分认真，他们能够广泛收集商品信息，了解市场行情，对所需的商品进行认真挑选，在产品质量、价格、可靠性、实用性、使用方便性、设计科学性、服务周到性等方面反复比较和评价，慎重地权衡利弊后才作出购买决定。这类购买者购物受促销影响少，交易过程较慢，接待这类顾客要耐心、周到，不厌其烦。

2. 感情购买型

这类消费者心理活动丰富，想象力和联想力也比较丰富，因而其购买决策易受感情支配，也易受外界环境的感染诱导，往往以商品能否符合自己感情的需要来确定购买决策。他们的购买行为具有冲动性、即景性和不稳定性的特点，易受广告宣传、商品展销、社会流行、外界因素的影响。

3. 经济购买型

这类消费者以价格高低作为选购产品的标准。他们在购物时，对价格特别敏感，善于发现别人不易察觉的价格差异。这类消费者又可以分为两类：一类是经济便宜型，他们追求价廉经济实惠；另一类是高价优质型，他们认为价高质必优，使用这种产品才能经久耐用，使用这种产品才能显示自己的身份与地位。

4. 习惯购买型

这类消费者的购买行为特点是，购买者对特定商店、厂牌或商品产生特殊的信任和偏好，通常以自己已形成的经验和习惯，按过去购买的某种牌号、商标、规格、档次重复购买某种商品，而且会长期惠顾某家商店。这类消费者在购买产品时，成交迅速，容易形成重复购买。其购买通常建立在对某种商品或商店的了解和信任的基础上，较少受广告宣传等外界因素的影响。

5. 冲动购买型

这类消费者的购买行为特点是极易受外界因素的影响，如商品的外观、式样、颜色、商标、广告宣传和推销人员等的影响。这类购买者常常从个人兴趣出发，对产品的性能、效用以客观感受为主，很少作反复的比较和选择，一时心血来潮，就会立即作出购买决策。对商品的选择易受广告与包装的影响。

6. 随意购买型

这类消费者的购买行为特点是购买的心理活动不稳定，选购商品时表现出缺乏主见或购买经验，犹豫不决。这类消费者购物时对商品没有固定的偏爱，优柔寡断，易受外界的影响，一般是随便购买。对这类消费者，只要销售人员态度热情、服务周到、善于介绍，就能赢得他们的满意，从而促成购买。

7. 疑虑购买型

这类消费者性格内向，在购买商品时通常是三思而后行，言行谨慎、疑心较重。他们购买后还常常疑心上当受骗。

三、消费者购买决策过程

消费者购买决策过程是指消费者从产生需要到满足需要的过程。在这一过程中，既有表露在外的市场行为，又有看不见的心理活动。一般地说，消费者购买决策过程是一种"阶段性模式"，大致分为五个阶段：确认需要、收集信息、评价方案、购买决策和购买后行为。由此看出，这个过程在实际购买作出之前就已经开始了，而且会持续到购买之后。营销者应关注整个购买进程，而不是仅仅关注购买决策本身。不过在日常购买中，消费者有时会省略其中几步，甚至把它们的次序颠倒。

1. 确认需要

每一购买过程都是从消费者对其需求问题的认识开始的。所谓确认需要，就是消费者发现现实的状况与所要达到的理想状况之间的差异，并产生了相应的解决问题的需要。这可能由消费者内在的生理、心理活动引起，也可能由外界刺激物引起。内在的原因多是由人体内在机能的感受所引发，如寒冷、饥渴达到一定限度，就会形成需要。人们依据以前对付这些需要的经验，驱使自己去寻找能满足这些需要的产品。外来的刺激多是客观对主观的影响，如看到新出炉的面包产生食欲；外界宣传的影响和内心赶潮流的冲动，使许多年轻人都对购买电脑、上网和玩电子游戏充满了兴趣。

在这个步骤中，营销人员应了解消费者有什么样的需求或问题，以及消费者产生某种需要的环境，找到引发这种需要的内在动因和外来刺激因素，从而运用各种营销手段，促使消费者与刺激因素频繁接触，并强化刺激因素与该需要之间的必然联系。例如，德国西门子冰箱宣传 0 度不结冰技术，并运用各种营销手段让消费者真切地感受到 0 度保鲜的好处，从而引发人们的购买欲望。

2. 收集信息

需要受到激发的消费者会积极进行有关信息的收集，他会考虑到买什么样、什么规格、什么品牌的商品，到什么地方去买的问题。为了解决这些问题，消费者就得着手广泛了解和搜集各种信息。消费者的信息来源主要有：

(1) 公共来源。包括大众媒体、消费者评比机构、官方公布等。

(2) 商业来源。包括广告、推销人员、经销商、展览、产品包装、商店橱窗与货架、产品说明书等。

(3) 个人来源。包括家庭、邻居、朋友、熟人以及通过自身亲身经历和感受而获得的经验来源等。

一般地说，消费者得到的关于产品的信息主要来自商业来源，即被营销者控制的来源，而最有影响力的来源一般是个人来源。商业来源一般起告知作用，个人来源和经验来源起评价作用。

消费者通过收集信息，可以加深对相关产品的了解，市场营销人员应当把握消费者的主要信息来源和各类信息对消费者购买决策的影响程度。企业要在对各种信息来源调查分析的基础上，设计和安排恰当的信息渠道和传播方式，采用对目标市场影响最大、信息数量最多的促销组合。如有些企业向国家有关部门或国际标准认证机构，积极地进行产品奖项或认证申请，以期得到官方或国际上对产品的认可，通过此方式向目标市场传递产品信息，从而使消费者确信产品信息的可靠性。

3. 评价方案

消费者广泛搜集商品的信息以后，就要根据自己的经济条件、情趣爱好等对所有可供选择的商品进行认真的分析、研究、比较和评价。消费者要对商品的品牌、质量、性能、款式、价格和售后服务等进行综合分析，对同类商品进行全面比较，缩小挑选范围，确定购买对象。消费者对产品的评价一般会涉及以下几个要素：

(1) 产品属性。即产品能够满足消费者某种需要的特性。消费者可以在一件商品中找到多种属性。比如，一部手机，它的属性可以包括外观设计、重量、功能、通话质量、品牌和价格等。产品的各项不同属性可以满足消费者的多方位需求。然而，并不是产品属性越丰富，消费者就越满意。对于不同的消费者而言，各种属性的重要程度是不一样的。消费者最关心的属性是与自己相关的部分。只有符合消费者实际需要的产品属性越丰富，消费者才越满意。

(2) 属性权重。即消费者因各项产品属性的重要程度不同而对其赋予的不同权重。属性权重具有很强的不确定性，消费者在不同时期对同一属性赋予的权重会发生变化，而且，消费者对各项产品属性的关切程度也因人而异。显著的产品属性并非是重要的产品属性。有些属性较显著，仅仅是因为消费者经常接触相关信息，但它们不一定能满足消费者最迫切的需要。

(3) 品牌信念。即消费者对某品牌优劣程度的总的看法。由于消费者个人经验、选择性注意、选择性曲解以及选择性记忆的影响，其品牌信念可能与产品的真实属性并不一致。

(4) 效用函数。即描述消费者所期望的产品满足感随产品属性的不同而有所变化的函数关系。它与品牌信念的联系是，品牌信念是指消费者对某品牌的某一属性已达到何种水平的评价，而效用函数则表明消费者要求该属性达到何种水平他才会接受。

(5) 评价模型,即消费者对不同品牌进行评价和选择的程序和方法。目前尚没有一种能为所有消费者或一位消费者在各种购买情况下均可使用的简明的评价模式。比较普遍的观点是消费者对产品的判断大都是建立在自觉和理性的基础之上的。消费者会对以上要素进行综合考虑,对各种品牌进行评价、比较,才能作出购买选择。在这一阶段,营销人员应当注意:首先,通过调查,研究消费者期望的产品属性有哪些,以及各项属性所占的权重。其次,在提供充分符合消费者需要的产品基础上,通过各种手段强化本企业品牌所具有的优势属性的权重,并培养消费者对企业品牌的良好信念。最后,针对不同评价模型,调整营销组合。

4. 购买决策

消费者通过对各种信息进行比较评价后,就会作出是否购买的决策。一般有三种情况:一种是认为商品品牌、质量、规格、价格等符合自己的要求,决定立即购买;一种是认为商品的某些特性还不完全符合自己的要求,决定暂缓购买;再一种是感到商品不符合自己的要求而决定不买。在这个过程中,消费者的购买决策要受到三个因素的影响:一是别人的态度。如果与其关系密切的人坚决反对购买,消费者就很可能改变意向。如丈夫正准备购买可乐饮料时,妻子却说"不要购买,含糖量太高",丈夫可能就会转而购买矿泉水。二是意外情况。如出现家庭收入减少、预期价格的下降或得知准备购买的品牌令人失望等意外情况,消费者也可能改变购买意向。如丈夫突然被单位解雇,那么家庭准备购买小汽车的意向可能就会推迟甚至被放弃。三是预期风险的大小。在所购买商品比较复杂,价格昂贵,因而预期风险较大的情况下,消费者会采取一些减少或避免风险的做法,包括暂不实现或改变购买意向。

5. 购买后行为

购后行为是消费者购买决策过程的最后一个环节,也是最重要的环节。消费者在购买商品后,会通过使用和与他人交换信息,把他所感受到的使用的实际效果与以前对产品的期望进行比较,而表示出满意、基本满意和不满意。消费者是否满意,会直接影响他购买后的行为。如果感到满意,他就有可能再去购买这种产品,并且会对别人称赞这种产品的好处,这种称赞往往比广告宣传更有效,它能对其亲朋好友形成连锁购买效应。所以,西方许多企业信奉一句名言:"满意的顾客是最好的广告。"知名品牌星巴克采取的最主要的宣传方式就是顾客的"口口相传"。反之,消费者如果感到不满意,他以后就不会再去购买这种产品,并影响与他相关的社会群体对该产品产生抵触情绪。一项研究表明,顾客向其他人抱怨不满的几率要比向他人讲述愉快经历的几率高出 3 倍。当然,如果抱怨能迅速解决的话,95%的顾客还会继续购买同种产品。所以,企业要特别重视消费者的购后感受和评价,采取适当措施,千方百计增加消费者购买后的满意感,减少其不满意感,否则,消费者的反宣传影响足以使企业的促销努力付之东流。

一般来说,当消费者的需要没有得到满足或者现实与期望之间有较大差距时,消费者容易产生失望和不满情绪,差距愈大,不满情绪就愈强烈。因此,企业营销人员在宣传推销产品时,要注意实事求是,客观介绍商品性能,不可夸大其辞。此外,建立消费者投诉系统,及时、妥善地化解消费者的抱怨与不满,定期衡量顾客的满意程度也是十分必要的。

研究和了解消费者的购买决策过程,是市场营销成功的基础。借此,市场营销人员可以获得许多有助于满足消费者需要的有用线索,并为其目标市场设计出成熟有效的市场营销计划。

【本章小结】

消费者市场是指所有为了生活消费而购买物品或服务的个人和家庭所构成的市场，它是现代市场营销理论研究的主要对象。消费者市场可分为商品市场和服务市场。消费者市场的特征主要表现为：非盈利性、广泛性、分散性、地区性、可诱导性、多样性、层次性、伸缩性、周期性、发展性和时代性。在消费者购买行为分析中，必须弄清楚消费者购买行为中的六个问题，即了解购买者是谁(Who)、购买什么(What)、为何购买(Why)、何时购买(When)、何处购买(Where)与如何购买(How)。

消费者的购买行为主要受到文化、社会、个人和心理等因素的影响。文化因素对消费者购买行为的影响包括：文化、亚文化和社会阶层；社会因素对消费者购买行为的影响包括：相关群体、家庭、角色与地位等。个人因素对消费者购买行为的影响包括：年龄和家庭生命周期阶段、性别、受教育程度与职业、经济状况、生活方式、个性与自我形象等。心理因素对消费者购买行为的影响包括：需要、动机、感知、学习、信念与态度。

消费者购买决策过程的参与者主要有：发起者、影响者、决策者、购买者和使用者；消费者购买行为类型一般可分为以下七种：理智购买型、感情购买型、经济购买型、习惯购买型、冲动购买型、随意购买型和疑虑购买型。消费者购买决策过程是消费者从产生需要到满足需要的过程，大致分为五个阶段：确认需要、收集信息、评价方案、购买决策和购买后行为。

【同步测试】

一、概念

消费者市场　亚文化群　相关群体　个人可任意支配收入　消费者需求

二、选择题

1. 消费者市场是为个人或家庭提供最后的、直接消费品的市场，人们购买消费品，不是为了转卖或盈利，而是为了获得某种使用价值，满足自身的生活消费需要。从这个角度讲，消费者市场具有(　　)。

A. 可诱导性　　B. 广泛性　　C. 分散性　　D. 非盈利性

2. 影响消费者购买行为的文化因素主要包括文化、亚文化群和(　　)等。

A. 职业　　B. 社会阶层
C. 家庭　　D. 经济状况

3. 影响消费需求结构最活跃的经济因素是(　　)。

A. 个人可支配收入　　B. 个人可任意支配收入
C. 货币收入　　D. 实际收入

4. 马斯洛在他的“需要层次论”中将人类需要划分为五种基本类型，其中，(　　)是人类最基本的需要，也是人类第一需要。

A. 生理需要　　B. 安全需要
C. 社交需要　　D. 尊重需要

5. 在日常生活中，消费者通过模仿，不断学习他人有用的消费行为被称为(　　)。

A. 行为学习　　B. 符号学习
C. 情感学习　　D. 解决问题的沟通学习

6. 在整个购买决策过程中，购买的最后决定者是(　　)。

A. 发起者　　　　B. 决策者

C. 购买者　　　　D. 使用者

7. 对于消费者来说，最有影响力的信息来源一般是（　　）。

A. 公共来源　　　　B. 个人来源

C. 商业来源　　　　D. 政府来源

8. 知名品牌星巴克采取的最主要的宣传方式就是消费者的“口口相传”，这是通过消费者购买决策过程中的（　　）来强化形象的。

A. 确认需要　　　　B. 评价方案

C. 购买决策　　　　D. 购买后行为

三、思考题

1. 消费者常见的购买动机主要有哪些？

2. 消费者购买行为类型包括哪几种？

3. 影响消费者购买行为的主要因素有哪些？

4. 消费者购买决策过程主要有哪几个阶段？

【技能训练】 **云南白药牙膏抢占高端市场**

2005 年，一支特立独行的牙膏以超凡的胆识和魄力、势如破竹的姿态，在中国牙膏市场掀起了一场史无前例的风暴。这支牙膏的名字就叫云南白药牙膏，2006 年年底，其市场销售额累计已飙升至 3 亿元，成功地开拓了功能性牙膏高端市场的新大陆，确立了中国功能性牙膏的品牌地位，2012 年销售额超 12 亿元。一举成为医药产品进军日化领域的成功典范。

目前，我国牙膏市场规模在 180 亿元左右，云南白药牙膏在牙膏市场占有率约为 10%，占有率排名第五。云南白药牙膏在高端市场中市占率很高，预计未来几年内仍将保持略高于行业的增速。云南白药 2012 年一季度实现净利润 2.91 亿元，EPS 0.42 元，同比增长 28.87%。一季度增长超过 30%，主要依靠牙膏拉动。

云南白药品牌享誉中外，是中国止血愈伤、消肿止痛、活血化瘀类产品的百年品牌。云南白药牙膏是以牙膏为载体，借鉴国际先进口腔护理、保健技术研制而成的口腔护理保健产品。它选用高档软性洁牙磨料和高级润湿剂，膏体细腻，清新爽口，有效祛除口腔异味。在日常刷牙中，即可使牙龈、牙周、牙齿和口腔其他组织得到专业的护理、保健，令口腔更健康，牙齿更牢固，是新一代口腔护理、保健产品。

除了产品配方不可复制外，云南白药牙膏几乎不具任何优势，而作为后进入市场的新品，却能以 20 多元的价格与“洋牙膏”竞争。

讨论：试从消费者行为学角度对该案例进行分析。

第六章
组织市场及其购买行为分析

【学习目的与要求】 本章主要对组织市场购买行为进行了分析，要求学生掌握组织市场的相关概念，了解影响组织市场的类型、特点、购买参与者以及购买决策的过程，懂得针对不同的组织市场类型，分析影响其购买行为的主要因素并制定相应的市场营销策略。

【案例导入】 戴尔全球采购中心

戴尔全球采购部门总共有约850名员工，其中约一半人都在美国以外的地方工作，在中国的采购人员有190名，因为戴尔有很多供应商在亚洲，为配合他们，戴尔全球采购中心在中国设立了这个团队。戴尔全球采购的资源被分成两类：一类是生产资料采购，采购来的资料直接用于生产；另一类是通用型采购，采购来的资料并非直接用于生产。

在管理生产资料供应商方面，全球采购中心有三个战略性任务：

一是保证供应商供应的连续性。也就是戴尔在需要原料时，供应商能够按照戴尔的需求及时送到。

二是保证供应商在生产成本方面有一定的领先性。戴尔需要持续地降低在原材料方面的成本以便给客户带来更多的价值。

三是要保证供应商产品的品质。

因此，戴尔公司严格挑选供应商，并多方面地考查供应商的各项能力：

(1) 环保与员工福利——戴尔非常注重自身的环保和员工的福利待遇，所以戴尔也希望同其合作的供应商能够注重环保并且很好地对待自己的员工。这是一个基本前提。

(2) 成本领先——戴尔会将供应商与其他同类型的供应商作比较，看其在成本上是否具有优势。

(3) 技术产业化的速度——供应商的生产技术水平怎样？能否把新的技术迅速形成规模化的量产？

(4) 持续供应能力——戴尔会从供应商的财务能力、现在跟哪些厂家合作、供货的情况怎样、能够做到几天的库存量等方面来考察供应商是否有很好的持续供应能力。

(5) 服务——供应商能否满足戴尔在服务方面的需求也是很重要的。

(6) 品质——这是最核心的因素。戴尔会对供应商的产品品质在不同的环境进行评测，既会在供应商的工厂里，也会在戴尔的工厂里，还会在客户使用的环境里进行评测，来保证产品的品质，密切配合供应商。

【引例分析】

组织市场的购买参与者，即所有参与购买决策过程的人员构成采购组织的决策单位，市场营销学称为“采购中心”，影响“采购中心”购买决策的主要因素正如戴尔公司所注重的包括成本、技术、服务、品质以及持续供应能力等，这也是所有企业都必须重视的。

第一节 组织市场概述

企业的市场营销对象不仅包括众多的消费者，也包括各类组织机构，这些组织机构，即生产者市场、中间商市场和非营利组织市场共同构成了组织市场。

一、组织市场的类型及其特点

1. 组织市场的类型

组织市场是指为了进一步生产、维持机构运作或再销售给其他消费者而购买产品和服务的各种组织消费者。简而言之，组织市场是以某种组织为购买单位的购买者所构成的市场，是由各种组织机构形成的对企业产品和服务需求的总和。它主要有三种类型：生产者市场、中间商市场和非营利组织市场，其中生产者市场是组织市场中最常见且非常重要的部分。

中间商市场是由那些为了转卖或出租而购买商品，并从中获取利润为目的的个人和组织构成，包括各种批发商和零售商。

非营利组织市场是指为执行政府职能或从事社会公益事业，不以盈利为目的而采购或租用商品的各类机构和各级政府部门。由于政府通过税收、财政预算等方式，掌握了相当大的一部分国民收入，所以形成了一个很大的政府市场。

2. 组织市场的特点

与消费者市场相比较，组织市场在以下方面具有显著特点：

(1) 购买者数量少、规模大。组织市场的购买者数量通常比消费者市场少得多，但购买的数量和金额却远较消费者市场大很多。

(2) 系统采购。组织购买者在大宗采购时，往往是购买一系列相互关联的产品或需要提供系统服务，一般不是零散购买不同产品再把它们组合起来。因此，更愿意从一个或少数供应商处购买成套产品或系统服务。采取招标的方式，寻找能够提供成套产品或系统服务的供应商是他们的经常做法。

(3) 理性购买。由于组织采购经常涉及大笔资金和复杂的技术经济因素，对自身发展影响较大，因而，常常要投入众多的人员和花费更多的时间来制定购买决策。因此，组织市场的采购工作通常是理性的购买，一般都是由内行的专业人员担任，有组织地制定购买决策。大宗购买通常还需要详细的产品说明、书面的购买订单、细致的供应商调查以及正式的合同。

(4) 直接采购。在组织市场中，相当多的产业用品都不经过中间环节，而是从生产商那里直接购买。一般来说，技术越复杂、价值越贵重，越倾向于采用直接采购的方式。

(5) 价格需求缺乏弹性。一般来说，消费者对商品价格更为敏感，而组织需求受价格变动的影响小，特别是在短期内。

(6) 供需双方关系密切。在组织市场上由于购买者人数较少，大客户对供应商更具重要性。供应商常常根据客户在技术规格和交货期等方面的特殊要求提供定制产品。因此，销售总是在合作密切、关系融洽的供需双方中达成。越来越多的供应商已经参与到企业客户的运营管理中,共同研究探讨产品质量、规格以及供货方式的改进。

二、组织市场的购买参与者

组织市场的购买参与者,是指那些参与购买决策过程的个人和群体。所有参与购买决策过程的人员构成采购组织的决策单位,市场营销学称之为"采购中心",通常包括使用者、影响者、采购者、决策者以及控制者五种成员。

(1) 使用者。即企业将要实际使用这种产品的人员。使用者一般也是购置该产品的建议者,并在计划购买何种产品、规格的决策上有较大的影响。

(2) 影响者。即直接或间接对采购决策有影响的人员。他们参加拟定采购计划,协助确定采购商品的技术要求、规格等因素,如工程师审查产品标准,会计师审查成本费用。

(3) 采购者。即被企业正式授权具体执行采购任务的人员。对于简单的、重复的购买行为,采购者往往就是决策者,而对于数额较大、较复杂的购买活动,采购者可以起到参谋作用。

(4) 决策者。即在企业中有权决定采购项目和供应者的人。在交易大而复杂的情况下,企业的关键决策者是有权签订高额订单或协议的人,如采购经理、生产主管等。小型企业的购买决策权也可直接由厂长(总经理)担当。

(5) 控制者。即在企业外部和内部能控制市场信息流转到决策者、使用者的人员。例如,企业的采购代理商、接待员、电话员和秘书以及为购买决策提供必要信息资料的技术人员等。

在"采购中心"中,上述五种人员凭借他们的权威、资历、影响力和说服力的不同,在购买决策过程中充当一定的角色,发挥着不同的作用。但"采购中心"并不是组织内部一个固定和正式划分的单位,其规模和人员组成也会随不同的产品和不同的购买情况而发生变化。对于一些日常购买,一个采购人员就可以承担"采购中心"的所有角色,并且是唯一的决策者。对于复杂的购买,"采购中心"会包括来自组织内部不同层次和部门的许多人员。

三、组织市场购买决策过程

与消费品购买者相比,由于组织采购经常涉及大笔资金和复杂的技术经济因素以及购买单位内部众多人员的相互影响,因而,采购人员常常会面临更复杂的购买决策。组织市场上的采购过程远比消费市场上的采购过程复杂和正规。而且,随着购买类型的不同,其决策的繁简程度也有很大差异。

组织购买有三种基本类型,即直接重购、修正重购和新购。直接重购是指采购者按过去的订货目录重复采购;修正重购是指因某种原因对过去采购的产品规格、价格、供应商等作适当修正的一种购买行为;新购是指购买者首次购买某种产品的情况。以新购为例,一个完整的采购过程大致可分为八个阶段:

(1) 认识需要。不论是营利组织还是非营利组织,其正常的经营和运转都是将一定的投入通过中间环节转换为输出的过程。在这个过程中,必然产生对各种原料、设备及其他生产服务的需求。当有关人员认识到要购买某种商品或服务以满足组织需要时,采购过程就开始了。

(2) 确定需要。认识了某种需要之后,采购者便要着手进一步确定所需品种的特征和数量。对于通用的标准化产品和直接重购来说,这一阶段并不复杂,一般由采购人员直接决定即可。但对于非标准化产品或修正重购和新购而言,采购人员要和使用者、工程技术人员等共同研究才能作出决定,必要时还要辅之以图纸、文字说明,以弄清所需品种的特征和数量。

(3) 说明需要。总体需要确定以后,采购人员还要对所需产品从技术和经济两个方面,详细说明该项需要的规格、型号以及经济性能。对于复杂的购买项目,需要请有关专家进一步对需购品种进行论证和价值分析。在进行价值分析时,一般就如下问题作出回答:①使用该商品能否增加价值;②该商品的价格与用处是否成比例;③该商品的所有特性是否都是必需的;④就某一用途而言,还有没有其他更好的产品;⑤能否找到可以使用的标准产品。企业通过价值分析,往往能够对生产所需的各种原料和部件实行标准化或重新设计,从而以更低的成本来生产产品。专业人员依据最佳产品的特征拟定详细的说明书,以便采购人员购买符合预期标准的产品。

(4) 物色供应商。凡是购买复杂的、价格较贵的工业物资,采购人员都需要广泛寻找合适的供应商。采购人员通常利用查找工商名录、媒体、网络等资料查询,并通过广泛招标等物色供应商。然后,对这些供应商的生产、供货、人员配备及信誉等方面进行调查和综合评估,从中选出理想的供应商作为备选。

(5) 征寻供应信息,即采购人员向被列入供应商名单的企业发函,请他们提供产品说明书和报价单等有关资料,如果是复杂、贵重产品的新购,则需更详尽的资料。采购人员通过对报价单的分析,删除一些报价不当的供应商,保留报价合适的供应商。

(6) 选择供应商,即购买决策者对于合适的供应商及其报价进行全面的评估和权衡,以确定最终的供应商。选择供应商考虑的因素主要有:①企业交货能力;②产品质量和规格;③产品价格;④企业信誉及历来表现;⑤维修服务能力;⑥技术和生存能力;⑦财务状况;⑧对顾客的态度;⑨地理位置。采购人员在不同的情况下,对上述条件的重视程度会有所不同,而且,多数产业用户不愿把全部的订单给一个供应商,而是有多条供应渠道,以免受制于人。

(7) 正式订购。供应商一经决定,采购部门就要给选定的供应厂商发出采购订单,列出所需产品的技术规格、拟购数量、交货时间、退货办法、产品保证条款和措施等内容,并正式签订供货合同。

(8) 履约评估与使用效果评价。供货合同签订之后,采购部门就要考察各供应商的履约情况,以决定今后对各供应商的态度。购进产品之后,其采购部门还要及时与使用部门联系,了解他们的使用情况和满意程度,并通过搜集本单位使用部门对供应商所供产品的意见,从不同的角度对使用效果进行全面评价,以决定是否继续购买。

在所有的采购活动中,只有新购买可经过这八个阶段,直接重复购买最为简单,只需经过拟定产品规格和评估履约情况两个阶段;而修正重购也只需要其中某些阶段。此外,在实际情况中,有些阶段可能会被简化或省略,或根据需要增加某些步骤。

第二节 生产者市场的购买行为分析

一、生产者市场的含义

生产者市场又称产业市场,它由所有购买产品和服务并进一步加工、制造其他产品和服务，以供销售、租赁，从中盈利的机构和个人组成。组成生产者市场的主要产业有：农、林、水产业，制造业，建筑业，通信业，公用事业，银行业、金融业和保险业，服务业等。

二、生产者购买的特点

生产者购买的产品主要有以下三种生产资料：

一是生产装备。生产装备包括主要生产设备、厂房建筑和那些价值昂贵的装备，如大型计算机、成套设备等。生产装备价值大，性能要求高，对买方企业未来生产效率及产品质量至关重要。因此，对企业来说，购买生产设备是一项重大决策，需要许多人参与决策，其过程最为复杂、正式。

二是原材料、加工过的材料及零部件。原材料，如原木、矿石、原油、谷物等；加工过的原料，如钢材、玻璃、皮革、焦炭等；零部件是已完工的产品，但还将被组装到用户的产品中，如电机、轮胎、仪器、仪表等。这类产品，企业一般需大批量、定时、定点地重复购买，且有规定的标准、等级或规格。

三是附属设备和消耗品。前者主要是一些价值较低，在生产过程中不起关键作用的设备，如工具、运输车辆、办公家具等。这类购买一般有一定的规格标准要求，采购员即可作出决策。消耗品则类似消费市场上的便利品，特点是单价低、消耗快、要经常购买。这类购买决策过程简单，一般属常规购买。

生产者位于再生产的中间环节，他们的购买消费是一种生产性消费和经营性活动，有明确的盈利目标。除了具有前述组织市场的特征外，由于生产者市场需求最终来源于消费者对消费品的需求，受经济形势和某类消费品市场需求的影响较大，因而还具有其自身的一些特点。

1. 生产者市场的需求是派生性需求

这就是说，生产者对产业用品的需求，归根结底是从消费者的需求派生出来的。例如，要生产和销售一双皮鞋，皮货商要将皮货卖给制革商，制革商把皮革卖给制鞋商，制鞋商把皮鞋卖给批发商，批发商把皮鞋转卖给零售商，零售商将皮鞋销售给消费者。制革商之所以要购买兽皮，皮鞋制造商之所以要购买皮革，归根到底是因为消费者要去零售商那儿购买皮鞋。如果消费者不需要皮鞋，就必然会引起连锁反应：零售商不会向批发商购买皮鞋，批发商不会向制鞋商购买皮鞋，而制鞋商也就不会向制革商购买皮革，制革商也就不会向皮货商购买皮货。

2. 生产者市场需求具有波动性

生产者对于产业用品和劳务的需求比消费者的需求更容易发生变化。在现代市场经济条件下，购买工厂设备等资本货物的行情波动会加速原料的行情波动。如上所说，生产者市场的需求是"派生需求"，消费者需求的少量增加能导致产业购买者需求的大量增加，即所谓加速理论。如有时消费者需求只上升10%，就能使下期产业购买者需求增长50%；如消费者市场需求有10%的下落，就可能导致下期产业购买者需求的全面暴跌。因为，生产者市场的需求变化很大，所以，生产产业用品的企业往往实行多角化经营，尽可能增加产品品种，扩大企业经营范围，以减少风险。

3. 生产者市场地理位置上较为集中

受政治、经济和自然条件的影响，生产者市场在地理位置上较为集中。例如，由于产业发展的分区实施，往往形成不同地区明显不同的产业。长江三角洲向来有我国的天然粮仓之称，新疆则是我国主要的棉花生产基地；我国空调器的生产者，主要集中在珠江三角洲和长江三角洲；汽车工业的生产者主要集中在长春、上海、北京、天津这样一些大城市。这种集中性有助于降低产品的销售成本，也有利于降低采购者的信息收集和购买成本。

4. 专业人员购买

由于产业用品特别是主要设备的技术性较强，对产品质量、规格、性能等各方面都有系统的计划和严格的要求。因而，企业通常都雇有训练有素的、专业知识丰富的专职采购人员，负责采购工作。企业采购主要设备的工作较复杂，参与决策的人员比消费者市场也多，决策过程更为规范，通常由若干技术专家和最高管理层组成采购委员会领导采购工作。

5. 互惠

生产者在购买时往往向供应商提出条件："你买我的产品，我就买你的产品。"这种习惯的做法称为互惠，或称为互购。互惠有时表现为三角形或多角形。例如，假设有 A，B，C 三家公司，C 是 A 的顾客，A 就可能提出这种互惠条件：如果 B 购买 C 的产品，A 就购买 B 的产品。这种互惠行为使购买相对稳定，并使其贸易关系出现双边和多边关系。

6. 生产者往往通过租赁方式取得产业用品

机器设备、车辆、飞机等产业用品单价高，通常用户需要融资才能购买，而且技术设备更新快，因此，企业所需要的机器设备等有越来越大的部分不采取完全购买方式，而是通过租赁方式取得。承租人可以在获取最新设备和更好服务的同时，获得节约成本和税务优惠等好处，出租人则一样可以获取利润。

三、影响生产者购买决策的主要因素

生产者购买决策时受一系列因素的影响，这些因素可划分成四类，即环境因素、组织因素、人际因素和个人因素。

1. 环境因素

即企业外部环境的因素。生产者购买行为常常受到需求水平、社会经济状况、贷款利率、供应条件、技术发展状况、竞争态势、政治法律等各种因素的制约，涉及政治、法律、社会文化、经济、技术和自然条件等诸多领域。这些环境因素往往是买卖双方都无法控制的。

2. 组织因素

即企业内部的因素。它包括企业自身的采购目标、政策、程序、组织结构和相应的制度等。这五个组织因素交互影响，通过组织的力量，确定购买一方在制定购买决策中的期望、目标和使用资料，是影响购买力行为的重要因素。

3. 人际因素

即组织内外的人事关系。企业采购中心的各个参与者在企业中的权力、地位、说服力以及他们之间的关系有所不同，这种人事关系不能不影响产业购买者的购买决策、购买行为。如果营销者能够掌握和了解客户采购中心参与者的各种特点，对于营销工作肯定会有很大帮助。另外，生产者与供应商的人事关系对其购买决策也有着重要影响。

4. 个人因素

即参与购买决策的个人方面的因素。所有有组织的购买行为最终都是组织中相互影响的个人行为，每个决策参与者对某一项购买都会有各自独立的态度。特别是在产品质量、价格、服务相类似时，个人情感因素更明显地影响购买者对拟购商品和供应商的感觉及对风险的态度。而个人情感又受年龄、收入、教育程度、职位、性格以及对风险所持态度等因素的影响。因此，产业市场上的营销活动目标应当是具体决策的参与者，而不是抽象的企业。

第三节 中间商市场的购买行为分析

一、中间商市场的含义与类型

中间商市场是指那些通过购买商品和劳务以转售或出租给他人获取利润为目的的个人或组织。一般来说，中间商就是各类商业企业。

按在流通环节中的地位，中间商主要有批发商和零售商两大类。

从经营范围的角度看，中间商的购买行为主要可分为独家搭配购买、深度搭配购买、广度搭配购买和混合搭配购买。独家搭配购买是指中间商只经营某个厂家而不买其他厂商的产品。深度搭配购买是指中间商经销许多生产者的同类产品，即从深度上经销某类产品族，从而产生相应的购买行为；广度搭配购买是指中间商经营范围较广，但一般都是系统购买、系统销售，如购买和销售与其现在经营商品在使用上有关联的商品，或者相同功能但不同消费形式、不同原料工艺加工的替代产品等。混合搭配购买是指中间商经营范围广泛，但彼此无关的多类别、多品种的产品，从而产生的购买行为。中间商的经营范围，主要受自身企业的种类、该企业在市场上的定位以及竞争战略的影响。此外，中间商的经营范围也和其规模大小有着重要的关系。

二、影响中间商购买决策的主要因素

中间商的购买决策仍然包括买什么、买多少、何时买、何地买、怎样买等内容。采购参与人与采购决策方式，因企业规模、采购任务的大小而有所不同。大中型企业的采购，一般设专门的采购机构或专职采购人员，简单或重复性的购买决策可由采购人员作出，重大的购买活动需要企业经理和采购委员会共同作出决策。

影响中间商购买决策的因素同生产者市场的情况大致相同，包括环境因素、组织因素、人际关系因素和个人因素等。在此，还需特别强调的有以下几方面。

1. 中间商特别重视消费者的接受程度

从某种程度上说，消费者的接受程度是中间商购买决策的决定性因素。

2. 中间商非常重视供应商是否能提供更好的交易条件

例如，优惠、折让、运输、技术培训和服务等。在其他条件一样的情况下，中间商当然愿意选择那些提供优惠和折让多的供应商，以获得最大限度的利润。

3. 中间商非常重视广告与促销

对广告宣传的要求是中间商市场所特有的。商品生产者越来越多的广告与促销活动，在很大程度上影响着消费者的购买趋向，因此，中间商在制定购买决策时，会充分考虑广告与促销的影响，并充分利用这些影响，这对中间商的销售有很大的促进作用。

4. 中间商非常重视产品销售的风险性

一般而言，中间商愿意经销市场需求稳定的产品，不愿经销市场需求不稳定或易变质、易损坏、难搬运、服务要求高的产品。当然，有些产品在短时间内可能无利可图或者获利不多，但如果该项目具有很大的市场潜力，远景看好，有远见的中间商出于占领市场吸引消费者的考虑，也会作出相应的购买决策。

5. 中间商非常重视供销双方的合作关系

良好的供销关系是中间商购买决策的重要保证，我国近年来多起因供销关系恶化导致合作关系终止的事例已经充分说明了这点。

6. 个人因素对中间商购买决策影响更为显著

采购人员所具有的不同的购买风格对购买决策有很大的影响，根据常见的采购人员的购买风格，可将其购买行为分为以下七种类型：

(1) 忠诚型。这类采购者由于感情原因或为了获得优惠，长期向固定供应商购买，不轻易变换购货渠道。

(2) 随机型。这类采购者出于采购的便利或平衡与各供应商之间的关系，从已经选定的几个能满足其长期利益的供应商中随机选择供应商，而不固定于某一个供应商。

(3) 最佳条件型。这类采购者寻找并选择在一定时间及场合能给予最佳条件的供应商，而不限定于事先选定的供应商候选名单。

(4) 广告型。这类采购者会要求在需要做广告的那些产品上，供应商能给予广告补贴。

(5) 创造型。这类采购者会主动向供应商提出有关他们所需的产品、服务和价格等方面的交易条件，要求供应商满足自己。

(6) 琐碎型。这类采购者首先注意产品的多样化，特别重视花色品种齐全，而购买数量往往很少。

(7) 斤斤计较型。这类采购者在谈判时，总是要求供应商在价格上作特别让步，争取卖主最大限度的优惠。

此外，根据购买者在购买时关注的重点不同，还可找出更多的类型。例如，侧重产品质量、款式、利润率、单位利润额、新颖程度等。对于供应商来说，认识和把握购买者的类型和特点，对于提高营销效果是十分重要的。

第四节　非营利组织市场的购买行为分析

一、非营利组织市场的特点及其购买方式

1. 非营利组织市场的含义

非营利组织市场是指为执行政府职能或从事社会公益事业，不以盈利为目的而采购或租用商品的各类机构和各级政府部门，包括行政性政府机构、议会、军队、法院、各治安机构以及由政府直接拨款管理的公共性、福利性事业单位和社会团体等机构。由于政府市场不仅容量庞大，而且购买的商品也非常广泛而复杂，因而是非营利组织市场中的主体。

2. 非营利组织市场的特点

非营利组织市场是组织市场的组成部分，因而，与生产者市场和中间商市场必然有许多相似之处，同时，非营利组织的购买同样属于最终消费(非生产性消费)，因而，又与消费者市场有不少共同点。撇开与其他市场的共性，非营利组织市场的特点主要有以下三个方面：

(1) 采购规模大、范围广、项目多。非营利组织购买一般用于基础设施和公共事业建设，其采购行为往往受到政府财政的强大支持。因此，所采购的商品和服务无论在数量上，

还是在范围上都是相当大的。

(2) 采购过程受到社会的普遍关注。由于非营利组织主要是使用纳税人的钱，采购本身会产生广泛的社会和经济影响，其决策过程和购买过程，都受到公众及有关机构的严格监督。所以，对采购工作的要求高，承担的责任大，如要公正、透明，符合全社会的共同利益，公共设施能产生最大的社会效益等。正因为如此，采购决策时间也特别长。

(3) 采购程序标准化，手续复杂。非营利组织采购之前往往经过反复论证，而且还要履行一系列相关手续，经过各有关部门的审批，才能执行采购。无论是公开招标，还是议价合约选购都要经过严格的程序，专业化、规范化程度很高，规定也很具体。

3. 非营利组织市场的购买方式

针对非营利组织的上述特点，需要针对不同购买项目，不同的时间、场合，选择适宜的购买方式作出相应的购买决策。非营利组织的购买者通常采用以下几种购买方式来完成购买任务：

(1) 公开招标。即采购部门向社会发布信息，说明要采购的商品的种类、规格、数量、交货日期等具体要求，邀请供应者在规定的期限内进行投标，采购部门在规定的日期开标，选择报价最低且符合要求的供应商成交。这种采购方式，无需与卖方反复磋商，且有利于节省采购费用，但供应商之间的竞争激烈。

(2) 议价合约选购。即采购部门和一个或几个供应商接触，最后只和其中一个符合条件的供应商签订合同，进行交易。

(3) 直接定购。即采购部门不经公开招标和议价合约，而是直接向某一厂商提出购买条件(如所需商品的种类、规格、数量、质量要求、价格条件等)，要求生产者在规定时间内提供商品，而生产者则完全按照购买者的要求生产该项商品。

二、影响非营利组织购买决策的主要因素

与生产者、中间商一样，非营利组织的购买决策也要受到环境因素、组织因素、人际关系因素及个人因素的影响。必须指出的是，较生产者和中间商市场，影响非营利组织购买决策的因素突出表现在以下几个方面。

1. 政治环境、政策变化的影响

首先，是政治经济制度的影响。政治经济制度的差异有集权与民主之分、计划经济与市场经济的不同等。

其次，是政治形势的影响。例如，政治形势趋于紧张，政府就要强化其国防、治安职能，就要增加军费开支和治安开支，购买更多的武器装备等；政治形势趋于缓和，政府则可以用更多资金从事经济建设。

最后，是国家政策的变化。例如，国家政治经济政策保持稳定不变，也就决定了政府等一些非营利组织的采购项目、范围、数量相对稳定。

2. 社会、经济发展状况的影响

一方面，一个国家或地区社会经济发展水平越高，财力越充沛，政府就有更强的实力进行更大规模的基础设施建设，兴办更多的公共事业，其他非营利组织就有更强的实力发展壮大。另一方面，社会经济发展水平越高，人们对公共基础设施，以及文教卫生、体育、社会福利等公共事业的建设和发展越关注，要求也越高，投入也就越大。

3. 非经济标准的影响

一般来讲，政府等一些非营利组织市场的采购者会选择那些符合要求的、出价最低的商品供应者，以求改善支出效率，减少财产赤字。但同时，对非经济目标的追求，在政府采购中的作用也相当大。例如，为保护本国的工商业，而拒绝购买国外生产者提供的物美价廉的同类商品；或为了影响企业的地区分布，支持不景气的工商企业、小型企业，而采购他们的产品，尽管这些产品并非同类产品中价格最低的。

与生产者和中间商市场不同，非营利组织市场的购买决策受促销活动的影响较小。

4. 参考群体和社会风气的影响

各国政府、各级政府的参考群体主要是其他国家和其他同级政府。先进国家、先进地区的政府的购买具有"消费示范"作用。我国许多地方兴建的"楼堂馆所"、展览馆、立交桥等，往往是在相互影响中产生的。社会风气的内涵比较丰富，它可能与国家政策一致，也可能背道而驰，社会风气会影响非营利组织的购买决策标准。

【本章小结】

组织市场是由各种组织机构形成的对企业产品和服务需求的总和。组织市场通常又进一步划分为生产者市场、中间商市场和非营利组织市场三类。与消费者市场相比较，组织市场具有购买者数量少、规模大、系统采购、理性购买、直接采购、价格需求缺乏弹性、供需双方关系密切等特点。组织市场的购买参与者通常包括使用者、影响者、采购者、决策者以及控制者五种成员。

组织购买有三种基本类型，即直接重购、修正重购和新购。以新购为例，一个完整的采购过程大致可分为八个阶段，即认识需要、确定需要、说明需要、物色供应商、征寻供应信息、选择供应商、正式订购、履约评估与使用效果评价。

生产者市场又称产业市场，是由所有购买产品和服务并进一步加工、制造其他产品和服务，以供销售、租赁，从中盈利的机构和个人组成；中间商市场是指那些通过购买商品和劳务以转售或出租给他人以获取利润为目的的个人或组织。影响生产者和中间商购买决策的主要因素包括：环境因素、组织因素、人际因素和个人因素。

非营利组织市场是指为执行政府职能或从事社会公益事业，不以盈利为目的而采购或租用商品的各类机构和各级政府部门。非营利组织市场具有采购规模大、范围广、项目多；采购过程受到社会的普遍关注；采购程序标准化，手续复杂等特点。非营利组织通常采用的购买方式有：公开招标、议价合约选购、直接定购等。非营利组织的购买决策除了受到环境因素、组织因素、人际关系因素及个人因素的影响外，还受政治环境与政策变化、社会经济发展状况、非经济标准、参考群体和社会风气等方面的影响。

【同步测试】

一、概念

组织市场　生产者市场　中间商市场　非营利组织市场　公开招标

二、选择题

1. 与消费者市场相比较，组织市场有一个显著特点是(　　)。

A. 购买者数量大、规模大　　B. 购买者数量少、规模大

C. 购买者数量少、规模小　　D. 购买者数量大、规模小

2. 下列各项中,不是组织市场"采购中心"成员的是(   )。

A. 使用者　　B. 采购者

C. 控制者　　D. 竞争者

3. 生产者在购买时往往向供应商提出条件:"你买我的产品,我就买你的产品。"这种习惯的做法称为(   )。

A. 互购　　B. 交换

C. 交易　　D. 双赢

4. 购买决策受促销活动的影响较小的是(   )。

A. 生产者市场　　B. 中间商市场

C. 非营利组织市场　　D. 产业市场

5. 作为中间商,国美、苏宁的购买行为属于(   )。

A. 独家搭配购买　　B. 深度搭配购买

C. 广度搭配购买　　D. 混合搭配购买

6. 在组织市场中,与消费者市场有较多共同点的是(   )。

A. 产业市场　　B. 非营利组织市场

C. 生产者市场　　D. 中间商市场

三、思考题

1. 组织市场具有哪些特点?

2. 组织市场的购买决策过程分为哪几个阶段?

3. 影响生产者购买决策的主要因素有哪些?

【技能训练】　　北京现代,挺进政府用车市场

2002年10月16日,由北京汽车投资有限公司和韩国现代自动车株式会社共同出资设立的北京现代汽车有限公司正式成立,它是一个国务院批准的"不限投资额度、不限生产车型"的合资汽车生产企业。2004年,中国汽车市场在不断的降价声中前行,上海通用、广州本田等大公司各显神通,抢占市场,但整体销量仍不尽如人意。但是以北京现代为首的市场强者却展现了亮丽的色彩,在轿车销售排名中超过上海通用和广州本田,排在一汽大众和上海大众之后,位列第三名,进入了中国汽车企业的第一梯队。

作为一种流行的汽车消费模式,汽车批量采购多年来被政府机关、出租车采购及大型企业等所采用,以前批量采购的品牌仅局限于红旗、奥迪、桑塔纳等品牌,但2004年北京现代的索纳塔等中高档型轿车不但在家庭购车领域风光无限,在批量采购领域也受到政府部门的热捧,在中国市场中的竞争地位日益提升,市场份额逐步扩大。

1. 精益求精,铸就精良品牌价值

北京现代自其成立之初,就根据中国的市场情况,结合韩国现代"产品技术全球同步"的产品策略,推出了全球畅销的成功车型——索纳塔。这种车型是在韩国现代索纳塔第六代基础上改造而来,是世界流行的车型之一。同时,从消费者实际需求出发,结合中国实际路况等具体情况,对产品进行改进、完善工艺、提高品质及强化服务,努力创造精品和用户满意的品牌价值。

在外观上,其独特超前的边缘设计,巧妙地融合了多种鲜明的设计元素,赋予索纳塔一种稳重、大气的感觉，体现公务用车身份者的尊贵，同时，也代表了充满创新精神、与时俱进的新时代的政府和企业形象；在内饰上，索纳塔精雕细刻每一个细节，满足显赫和华贵的渴望；在空间上，依据唯美主义和人体工程学原理，给驾乘者提供一个舒适的空间，后备箱容积398升的超大容量足以傲视同僚；在要求苛刻的制动技术和安全方面，索纳塔更是非同凡响。如前后部内置防撞区，加固了顶、底、门、内外侧的防撞杠，等等，更侧重对驾乘者全方位的安全保护。这些极具人性化的设计，完全满足了政府公务用车的需求。

2. 公关营销，塑造良好企业形象

北京现代采用关系营销、体育营销等方式，积极参与中国的各项公益事业。例如，投资赞助北京国安足球俱乐部，成立了北京现代足球队；赞助“女足世界杯”、中超联赛、“迷你”足球世界杯及亚洲杯足球锦标赛；与相关部门联合主办了“携手北京现代，共创绿色未来——2004北京现代-大学生绿色环保夏令营”活动等。这些活动的举办，进一步提升了北京现代的品牌知名度与美誉度。早在2002年12月新车投产之际，政府采购就开始看好北京现代索纳塔，当时共接受订单5 000多份，此后，有部分政府机关的采购计划因为索纳塔的缺货而一度搁浅。

此外，在要求严格的公安领域索纳塔也表现出色。2003年，索纳塔中标了北京市公安局等警用车采购项目；2004年5月，在北京-新疆红云杯中国(首都)警察越野追击技术演练赛活动中，5部索纳塔轿车作为新闻采访车，与参赛近80部越野车辆共同经历了13 000多公里的考验，再次印证了该款车型作为首都警用车主力的优秀品质，也因此引起了全国公安系统多家单位的广泛关注。经过近2年时间的考验，索纳塔轿车凭借强劲的动力、良好的加速性能以及舒适的驾乘感受，受到了公务人员和公安干警的广泛赞誉，大大提升了北京现代品牌在政府采购领域的良好形象。

问题：

1. 运用组织市场行为分析理论，谈谈北京现代是如何进入政府采购市场的。
2. 面对政府采购的大好商机，企业应采取何种策略积极应对？

第七章
目标市场战略

【学习目的与要求】 读者通过本章的学习，要求了解市场细分、市场选择、市场定位等含义及联系，掌握市场细分的作用和依据，会应用市场细分原理和市场定位的方法，处理企业目标市场营销中存在的各种问题。

现代企业面临着复杂多变的广大市场，购买者为数众多，分布广泛，需求多样，任何一个企业都无法充分满足整个市场的所有需求。企业为了实现市场营销战略，必须选择它所从事经营活动的市场，即目标市场。而为了选择目标市场，企业就必须依据一定的标准对整体市场进行细分，并在细分的基础上，结合企业自身的实力，选择出对企业最有吸引力，可以为之提供服务的个体市场作为目标市场，然后在这个目标市场中为自己的产品确定适当的竞争地位，这是关系到企业生存和发展的重大战略决策，是实施具体营销策略的基本前提。

第一节 市场细分

【案例导入】 **汇源果汁的果蔬汁饮料市场细分**

在碳酸饮料横行的20世纪90年代初期，汇源公司就开始专注于各种果蔬汁饮料市场的开发。汇源是国内第一家大规模进入果汁饮料行业的企业，其先进的生产设备和工艺是其他小作坊式的果汁饮料厂所无法比拟的。“汇源”果汁充分满足了人们当时对于营养健康的需求，凭借其100%纯果汁专业化的“大品牌”战略和令人眼花缭乱的“新产品”开发速度，在短短几年时间就跃升为中国饮料工业十强企业，其销售收入、市场占有率、利润率等均在同行业中名列前茅，从而成为果汁饮料市场当之无愧的引领者。其产品线也先后从鲜桃汁、鲜橙汁、猕猴桃汁、苹果汁扩展到野酸枣汁、野山楂汁、果肉型鲜桃汁、葡萄汁、木瓜汁、蓝莓汁、酸梅汤等，并推出了多种形式的包装。应该说，这种对果汁饮料行业进行广度市场细分的做法是汇源公司得以在果汁饮料市场竞争初期取得领导地位的关键成功要素。

【引例分析】

果汁饮料市场大战中，“汇源”从企业自身的角度出发，以静态的广度市场细分方法来看待和经营果汁饮料市场，从而取得成功。

市场细分是制定市场营销策略的核心，因为市场营销策略包括选择目标市场与决定相应的市场营销组合两个基本概念。而市场细分则是企业选择目标市场的前提和基础，在选择目标市场的基础上才能采取相应的营销组合，制定出正确的产品策略、价格策略及适用的分销策略、促销策略，满足消费者需求，实现企业利润目标。

一、市场细分的含义

市场细分的概念最早由美国著名市场学者温德尔·斯密于20世纪50年代中期提出。所谓市场细分，就是企业在市场调研的基础上，根据顾客需要和欲望、购买行为和购买习惯等方面的差异，把某种产品的整体市场划分为若干消费者群的过程。有效理解市场细分的概念就必须把握以下几个基本问题。

1. 市场细分的客观基础

企业之所以需要对市场进行细分，是基于两个不可回避的问题：首先，消费者对同一种产品的需求是多种多样的，并且社会越发展，消费者的个性就越突出，需求的多样性就越明显。例如，对于衣服，以前更多的是考虑其实用功能，现在则很关注其代表的个性，以及材质、款式、做工等。当然，并不是所有市场的消费者都表现出非常明显的差异性，如对于普通食盐的需求，消费者之间的差异性就非常小。根据消费需求状况，可以将产品市场分为同质市场和异质市场。在同质市场上，消费者对某种产品的消费需求和欲望、购买行为和购买习惯基本一致或相同，而在异质市场上则具有明显的差异性。同质市场不需细分，异质市场则可以细分。市场细分是异质市场同质化的过程，是在市场中求大同存小异。

其次，任何一个企业的资源都是有限的。按照经济学的观点，资源是稀缺的，企业规模再大，都不可能提供消费者所需的所有产品。并且在有限资源的前提下，企业经营越分散竞争力就越差。为了在激烈的市场竞争中占有一席之地，企业只能根据自身的优势条件，从事某方面的生产、营销活动，选择力所能及的、适合自己经营的目标市场，这就需要市场细分。

2. 市场细分的划分依据

市场细分是根据消费需求划分的，而不是根据产品分类进行的。这是市场细分的精髓所在。依照产品分类进行的市场分类，是从企业既有的产品出发来描述市场中的产品种类，并未考虑消费者的实际需求状况。这种以产品为导向的市场细分容易出现“营销近视症”，即企业过多地把精力放到现有的产品上，而忽视了市场需求的变化，导致企业营销陷入困境；根据消费需求进行的市场细分，是以市场为导向，建立在企业充分调研基础之上的，它表明了市场中消费者的需求状况。例如，生产镰刀的企业如果只是关注镰刀的锋利和尺寸等产品自身特点，而看不到联合收割机的出现对其形成的巨大挑战，其未来市场规模肯定会受到极大的冲击。

3. 市场细分的结果

市场细分的结果就是将市场细分为若干个细分市场。作为市场细分成果的细分市场，在其内部消费者的需要和欲望、购买行为和购买习惯等方面具有同一性，而不同细分市场之间的消费者在上述方面则具有明显的差异性。否则，就表明市场细分的依据存在着问题，企业应重新进行市场细分。例如，对于普通食盐市场，按照人的头发为市场细分依据进行细分，这种细分从理论上讲没有任何问题，从实践上看没有任何意义。

4. 市场细分的标准

企业在进行市场细分时可采用一个标准，进行单一变量因素细分，也可采用多个变量因素组合或系列变量因素进行市场细分。此外,市场细分的各项标准也不是一成不变的,不同的企业或同一企业在市场发展的不同时期,在市场细分时也应采用不同的标准。

市场细分不仅是一个分解的过程,也可以是一个聚集的过程。所谓聚集的过程,就是把对某种产品特点最易作出反应的消费者集合成群。这种聚集过程可以依据多种标准连续进行,直到识别出其规模足以实现企业利润目标的某一个消费者群。

二、市场细分的作用

市场细分作为目标市场营销的一个重要内容,在整个营销管理中具有重要的作用。

1. 有利于企业发现市场机会

不进行市场细分,企业对整体市场的认识只停留在表层的轮廓性阶段。只有进行充分的市场调研和市场细分,企业才可以深入了解整体市场中的每一个细分市场的购买潜力、满足程度、竞争情况等,探索出有利于本企业的市场机会。尤其是对于资金薄弱的小企业,在市场细分的基础上寻求某些尚未满足的市场而进行拾遗补漏,具有更加重要的意义。例如在夏天,衣服需要经常洗涤。但是由于人口少、面料轻,如果每天都用普通洗衣机进行清洗显然又不经济。海尔公司在洞察了这种需要之后,推出具有“灵、快、好、省、即时洗”特点的小小神童系列洗衣机,掀起了洗衣机销售高潮。

2. 有利于选择目标市场,制定和调整市场营销策略

目标市场的确定恰当与否,是关系到企业目标任务能否完成的首要问题。而一个理想的目标市场的选择又必须依据科学的市场细分策略。只有通过市场细分,才能将总体的大市场划分为若干细分市场。市场细分后的子市场比较具体,容易了解消费者的需求,企业可以根据自己经营思想、方针、生产技术和营销力量,确定自己的服务对象和制定特殊的营销策略。由于长期持续地关注某一特定市场,企业对市场上微小的变化都能及时捕捉,就可以根据情况及时调整营销策略。离开了市场细分,企业所制定的市场营销组合策略必然是无的放矢的。

3. 有利于提高竞争能力,提高经济效益

首先,任何一个企业的资源、人力、物力、资金都是有限的。中小企业在整个市场上或较大子市场上不是大企业的对手,只能在市场细分的基础上,见缝插针、拾遗补阙。企业通过市场细分,选择了适合自己的目标市场,可以集中各类资源争取局部市场上的优势。其次,企业在较小的市场上开展营销活动,提高了市场营销的针对性和适应性。企业可以根据目标市场的变化,及时调整产品结构与营销组合,生产出适销对路的产品,有利于提高企业的经济效益。最后,进行市场细分易于了解每个竞争对手的优点和缺陷,有利于企业避实就虚地开展竞争。

4. 有利于提高消费者福利

市场细分越深入,目标市场越明确,企业对消费需求的把握度就越高,针对各类消费需求的新产品就越丰富,消费者在整体收入不变的情况下可选择的余地就越大,需求的满足度就越高。

三、市场细分的标准

对于不同的市场,如消费者市场和生产者市场,分类的依据是不一样的。对消费者市场而言,细分的依据不外乎消费者特征和消费者对产品的反应两种类型,而生产者市场除

了可采用消费者市场的大部分细分变量外，还可以采取其他分类方法。消费者和生产者市场细分变量表，分别如表 7-1 和表 7-2 所示。

表 7-1　消费者市场细分变量表

变　量	变　量　细　分
地理因素	地区、统计区大小、人口密度、气候
人口统计因素	年龄、性别、家庭人数、家庭生命周期、收入、职业、教育、宗教、种族、国籍
心理因素	社会阶层、生活方式、个性
行为因素	使用时机、追求的利益、使用者状况、使用率、品牌忠诚情况、准备程度、对产品的态度

表 7-2　生产者市场细分变量表

变　量	变　量　细　分
用户规模	大、中、小量用户
产品的最终用途	商品的规格、型号、品质等
地理位置	资源条件、自然环境、企业的地理位置、交通运输等

1. 消费者市场细分的标准

(1) 地理细分。所谓地理细分，就是企业根据消费者所在的地理位置以及其他地理变量(如气候、人口密度、地形地貌等)方面的差异，将整体市场分为不同的细分市场。

地理变量之所以作为市场细分的依据，是因为处在不同地理环境下的消费者对于同一类产品往往有不同的需求与偏好，他们对企业采取的营销策略与措施会有不同的反应。比如，“南甜北咸，东辣西酸”说的是我国各地由于气候、饮食习惯、文化等方面的差异，不同地区人们对口味的喜好不同。再如，城市对代步工具的要求和农村有区别，对两者选择代步工具有较大影响的就是地形地貌、路况等地理性因素。

按地理因素进行市场细分有利于企业了解不同区域的市场规模、需求特点，开拓区域市场，扩大市场份额。例如，春兰专门为中东等热带地区设计生产的 KC-45、KC-55 等新品窗式空调，充分满足热带地区气温较高、风沙较多的气候特点，在系统结构的设计上精益求精，选用耐高温压缩机和高强度、耐腐蚀的原材料及配件，即使在室外温度高达 60℃的情况下仍能正常工作。该系列空调在中东地区大受欢迎。

尽管地理细分是市场细分的重要依据，但是同时处于同一地理位置的消费者需求仍会有很大差异。所以，简单地以某一地理特征区分市场，不一定能真实地反映消费者的需求共性与差异，企业在选择目标市场时，还需结合其他细分变量予以综合考虑。

(2) 人口细分。人口细分就是企业按照人口变量来进行市场细分。由于市场是由有购买欲望和能力的现实和潜在的消费者构成的，再加上人口统计变量比较容易衡量，有关数据相对容易获取，因此，人口变量一直是企业市场细分的重要依据。常用的人口统计变量有年龄、性别、家庭规模、家庭生命周期、收入、职业、教育程度、宗教、种族和国籍等。

第一，性别。男性与女性在产品需求与偏好上有很大不同。例如，西门子移动电话推出第一款专为亚洲女性设计的西门子 8008(Minnie)，首次将现代女性的时尚魅力赋予手机，并为手机市场带来了性别细分化理念。再如，摩托车以前只有男式的，当企业考虑男性与女性不同生理特点之后，踏板车面世，女士们纷纷上路。

第二，年龄和年代。不同年龄的消费者有不同的需求特点。例如，西药起效快、服用方便、便于携带，因而较受青年人的喜爱；中老年人更相信中成药的毒副作用小、疗效独特、治标又治本。中老年人倾向药价低于10元的中成药；而青年人则受药品广告的影响较大。美国人口学家依据出生年代不同，把人口划分成三个主要的世代，即生育高峰的一代（Baby Boomer）、X一代（X-Generation）和新新人类（Neo-Generation）。所谓生育高峰的一代，是指在1946年（“二战”后）到1964出生的人；X一代是指在1965—1974年越战期间出生的人；新新人类是指1975年之后出生的人。在我国有些学者认为可以依据美国的细分方法，将时间分为三段：1949—1965年的建国初期；1966—1978年“文革”时期；1978年后的改革开放时期。相应的人口世代划分为：红色的一代、“文革”的一代和独生子女的一代。

第三，收入。高收入消费者与低收入消费者在很多方面有所不同。例如，对于绝大多数平民阶层来说，房子是安身之所，消费者非常看重价格。而对于富人来说，房子不仅在于居住，而且是交往的场所，价格可能成为第二位因素，而地段、声望和环境等则是最重要的。

第四，职业与教育。这是指按消费者职业的不同、所受教育的不同而引起的需求差别。比如，农民购买自行车偏好载重自行车，而学生、教师则是喜欢轻型的、样式美观的自行车。

第五，家庭生命周期。一个家庭，在其生命周期的不同阶段，家庭购买力、家庭人员对商品的兴趣与偏好会有较大差别。因此，可按家庭生命周期阶段的特点进行市场细分。

单身贵族：年轻，单身。几乎没有经济负担，新消费观念的带头人，娱乐导向型购买。

两人世界：年轻夫妻，无子女。经济条件较好，购买力强，对耐用品、大件商品的欲望要求强烈。

满巢阶段Ⅰ：年轻夫妻，有6岁以下子女。家庭用品购买的高峰期，不满足现有的经济状况，注意储蓄，购买较多的儿童用品。

满巢阶段Ⅱ：年轻夫妻，有6岁以上未成年子女。经济状况较好，购买趋向理智型，受广告及其他市场营销刺激的影响相对减少，注重档次较高的商品及子女的教育投资。

满巢阶段Ⅲ：年长的夫妇与尚未独立的成年子女同住。经济状况仍然较好，妻子或子女皆有工作，注重储蓄，购买冷静、理智。

空巢阶段：年长夫妇，子女离家自立。前期收入较高，购买力达到高峰期，较多购买老年人用品，如医疗保健品。娱乐及服务性消费支出增加。后期退休收入减少。

孤独阶段：单身老人独居，收入锐减。特别注重情感、关注等需要及安全保障。

在进行市场细分时，企业要根据情况来确定是选择一个还是多个人口变量来进行细分。此外，影响消费者需求的不仅有人口变量，还有其他变量，特别是心理因素，单独考虑人口变量进行市场细分有的时候是靠不住的。例如，福特公司在推出野马车时，市场研究人员调查得知：第二次世界大战以后，生育率激增，几千万婴儿如今已长大成人，今后十年的人口平均年龄要急剧下降，20～24岁年龄组要增长50%，购买新车的18～34岁年轻人可望占到一半。根据这一信息，企业确定野马车的对象是年轻人。但后来公司发现许多老年人也购买野马车，这时公司认识到生理年龄和心理年龄是两码事。

(3) 心理细分。即按消费者的心理特征来细分市场。消费者心理因素主要包括性格、生活方式、购买动机以及对品牌的偏好、认可度等。

第一，生活方式。通俗地讲，生活方式是指一个人怎样生活。企业可以用三个尺度测量消费者的生活方式：活动、兴趣和意见，这称为AIO尺度。人们追求的生活方式各不相同，如有的追求纸醉金迷，有的追求恬静简朴。再如，登山鞋和野营帐篷，追求户外活动和刺激生活方式的人可能不需多加考虑就购买这些产品，因为这类产品所提供的利益与其活动和兴趣相吻合。

第二，社会阶层。社会阶层是指在某一社会中具有相对同质性和持久性的群体。处于同一阶层的成员具有类似的价值观、兴趣爱好和行为方式，不同阶层的成员则在上述方面存在较大的差异。例如，企业经理与农村农民在消费对象、消费行为方面存在很大差异。

第三，个性。个性是指一个人比较稳定的心理倾向与心理特征，它会导致一个人对其所处环境作出相对一致和持续不断的反应。例如，一个独立个性的人和一个依赖个性的人在消费行为方面存在差别。独立个性的人更看重消费带来的个人感受，而依赖个性的人则更看重消费带给他人的感受。企业可以通过宣传，赋予产品某些与消费者个性相似的品牌个性，提高某些人群对产品的接受度。

(4) 行为细分。市场细分的行为变量包括：购买或使用某种产品的时机、消费者所追求的利益、使用者状况、消费者对某种产品的使用率、品牌忠诚度和待购阶段等。

第一，购买时机。根据消费者购买和使用产品的不同时机，可将他们划分成不同的群体。例如，铁路公司可根据人员流动高峰时期和非高峰时期乘客的需求特点划分不同的细分市场，并制定不同的营销策略。

第二，追求利益。即根据顾客所寻求的利益进行市场细分。一些研究表明，利益细分变量是进行市场细分的最行之有效的方法。例如，美国营销学者哈雷在对购买牙膏的消费者所寻求的利益进行研究之后，成功地对牙膏市场进行了细分。哈雷的调研揭示了四种主要类型的利益细分市场：一种所寻求的利益是防蛀，一种所寻求的利益是洁齿，一种所寻求的利益是牙膏的口味和外观，一种所寻求的利益是经济实惠的价格。每种追求利益的群体都有其特定的人口统计行为和心理特征。

第三，使用者状况。根据顾客进入市场的程度，通常可分为经常购买者、首次购买者、潜在购买者和非购买者。大企业往往注重创造市场、引导市场，将潜在使用者变为实际使用者；较小的企业则注重维护市场、建立关系，保持现有使用者，并设法吸引竞争对手的顾客转而使用本企业产品。

第四，使用数量。根据消费者使用某一产品的数量大小进行市场细分。通常可分为大量使用者、中度使用者和轻度使用者。

第五，购买的准备阶段。消费者对各种产品了解程度虽因人而异，但都处于购买的某个特定阶段。有的消费者可能对某一产品确有需要，但并不知道该产品的存在；还有的消费者虽已知道产品的存在，但对产品的价值、稳定性等还存在疑虑；另外一些消费者则可能正在考虑购买。对于不了解的消费者，重点在树立知名度；对于有疑虑的消费者，重点在证实和释疑；对于欲购或购买的消费者，重点在建立偏好。

第六，态度。企业还可根据市场上顾客对产品的热心程度来细分市场。不同消费者对同一产品的态度可能有很大差异，如有热爱、肯定、不感兴趣、否定和敌对等态度。针对持不同态度的消费群体进行市场细分，在广告、促销等方面应当有所不同。

第七，品牌忠诚度。根据消费者对品牌的偏好程度，可以分为四种情况：单一品牌忠诚者、几种品牌忠诚者、转移品牌忠诚者和非忠诚者。前两种情况，提高了其他企业进入市场的壁垒，增强了企业市场竞争的能力；后两种情况，企业应加强促销力度，吸引和保留顾客注意，不断增加顾客忠诚程度。

2. 生产者市场细分标准

生产者市场是指为了生产或销售其他产品而购买产品的组织或个人。这种市场的购买者主要是生产企业,购买不是为了最终消费而是为了生产或销售。生产者市场同样可以使用消费者市场细分的标准。但是,由于生产者市场与消费者市场存在巨大差别,所以,在进行生产者市场细分时,除了考虑运用前述消费者市场细分标准外,还应更加关注以下几种细分标准:

(1) 用户规模。在生产者市场中,有的产品用户虽少但购买量很大,有的产品用户虽多但购买量却很小。企业应根据用户或客户的规模制定相应的营销组合方案。例如,对于大客户,宜于短渠道、低价格;对于众多的小客户,则宜于通过中间商渠道组织供应。

(2) 产品的最终用途。生产者市场的购买来自生产者生产的需要。不同企业因加工目的的差异,在产品购买的数量、时间、质量和规格等方面有着不同的要求。例如,加工饲料和加工葡萄糖都需要玉米,但这两类企业属于不同的客户类型。

(3) 用户地理位置。生产者市场一般比消费者市场的地理位置相对集中。按用户的地理位置来进行市场细分,有助于企业把目标市场放在用户集中的地区,节约营销费用,提高营销效果。

四、有效市场细分的原则和程序

市场细分的目的是为了帮助企业在有限资源的前提下进行有效经营,然而并不是所有的市场细分都是有效的。为了保证市场细分成为制定营销组合策略的基础,在进行市场细分时必须遵循以下基本原则。

1. 足量性

足量性是指企业进行市场细分后,所得的细分市场的现实规模和发展潜力足以使企业有利可图,有发展空间。企业进行市场细分的目的是为了在细分市场上有效开展活动,获取经济效益。企业只对有适当规模和增长特征的市场感兴趣,为此,企业要结合自身资源的情况,收集并分析各类细分市场的现行销售量、增长率和预期利润量的信息。在现实生活中,要注意防止"过度细分"的现象,不能让大象在脸盆里洗澡。针对过度市场细分,有时还需反市场细分。

2. 可衡量性

可衡量性是指细分市场是可以识别和衡量的,它要求细分市场的范围和规模明确,各有其容易识别的组成人员和共同特征,并且可以获得表明其购买特性的资料。为了保证细分市场的可衡量性,要求细分的依据应具体明确,收集的数据应准确可靠。只有对市场的各个方面了解清楚,才能制定正确策略。有些细分变量,如"乐观的人",在实际中是很难测量的,以此为依据,细分市场就不一定有意义。

3. 反应的差异性

反应的差异性是指细分出来的各个子市场对企业的营销组合要素的变动能作出差异性的反应。如果不同的子市场对企业营销策略的变化作出同样反应的话,说明企业市场细分的标准存在着问题,这些子市场应属于同一个细分市场,企业没有必要为它们各自制定不同的策略。例如,调整价格,某个子市场可能作出强烈反应,另一子市场则没有变化,它可能对质量、款式等更重视,这就符合反应差异性的特点。如果每个细分市场对不同的营销方案没有大的差异性反应,就不必进行市场细分。

4. 可进入性

可进入性是指细分出来的市场应是企业营销活动能够抵达的，或者说是企业通过努力能够使产品进入并对顾客施加影响的市场。首先，有关产品的信息应能够通过一定媒体顺利传递给该市场的大多数消费者；其次，企业在一定时期内有可能将产品通过一定的分销渠道运送到该市场；再次，企业应有进入细分市场的资源和条件。在研究可进入性时，应从地理可进入性、经济可进入性、制度可进入性和社会可进入性等方面综合考察。

5. 相对稳定性

尽管从长期的角度看，市场变化是绝对性的，但企业在选择目标市场时，必须考虑到在一定时间内目标市场的相对稳定性，确保企业制定的营销计划的贯彻和实现。否则，细分市场的变化速度过快，企业产品刚出来就可能已经过时，从而对企业会产生不利影响。例如，英、法两国曾根据航程 6 500 千米和中等载客量 100 人研制生产“协和式”飞机，由于载客量小、经济性差，只卖出一架飞机，市场就不复存在，损失了几十亿美元。

在以上原则的指导下，市场细分要按一定的程序进行。下面介绍美国市场学家麦卡锡提出市场细分的一整套程序，这一程序包括七个步骤：

(1) 选定产品市场范围。企业需要考虑进入什么行业，生产什么产品。产品市场范围应以顾客的需求，而不是产品本身特性来确定。

(2) 列举潜在顾客的基本需求。比如，公司可以通过调查，了解潜在消费者对住宅的基本需求。这些需求可能包括：遮风避雨、坚固、上下班方便、环境优雅宁静、开发商的声誉、户型合理、价格不高、室内装饰到位等。

(3) 将列举的各种需求交由各种不同类型的顾客，了解不同潜在用户的不同要求，然后集中起来挑选出几个作为市场细分的标准。对于列举出来的基本需求，不同顾客强调的侧重点可能会存在差异。比如，安全是所有顾客在购车时共同强调的，但有的用户可能特别重视车型，另外一类用户则对价格很重视。企业通过这种差异比较，不同的顾客群体即可初步被识别出来。

(4) 检验每一市场的需求，抽掉潜在顾客的共同要求，而以特殊需求作为细分标准。

(5) 根据潜在顾客基本需求上的差异，将其划分为不同的群体或子市场，并赋予每一子市场一定的名称，最好能从名称上联想到市场消费者的特征。

(6) 进一步分析每个细分市场的需求与购买行为特点，并分析其原因，以便在此基础上决定是否可以对这些细分出来的市场进行合并，或作进一步细分。

(7) 在调查基础上，估计每个细分市场的顾客数量、购买频率、平均每次的购买数量等，确定细分市场的规模及发展潜力，并对细分市场上产品竞争状况及发展趋势作出分析，从中选择企业可以获利的目标市场。

第二节　目标市场选择

【案例导入】　　**尿 布 大 王**

日本尼西奇起初是一个生产雨衣、尿布、游泳帽、卫生带等多种橡胶制品的小厂，由于订货不足，面临破产。总经理多川博在一个偶然的机会，从一份人口普查表中发现，日本每年约出生250万个婴儿，如果每个婴儿用2条尿布，1年需要500万条。于是，他们决定放弃尿布以外的产品，实行尿布专业化生产。一炮打响后，又不断研制新材料、开发新品种，不仅垄断了日本尿布市场，还远销世界70多个国家和地区，成为闻名于世的“尿布大王”。

【引例分析】

采用集中性市场策略，能集中优势力量，有利于产品适销对路，降低成本，提高企业和产品的知名度。

企业进行市场细分的最终目的是为了有效地选择并进入目标市场。所谓目标市场，就是企业要进入的那个市场部分，即企业拟投其所好，为之服务的那个顾客群（这个顾客群有颇为相似的需要）。任何企业在市场细分的基础上，都要从众多的细分子市场中选择那些有营销价值的、符合企业经营目标的子市场作为企业的目标市场，然后根据目标市场的特点与企业的资源，实施企业的营销战略与策略。

一、细分市场的评估

企业要选择目标市场，首先要确定有哪些细分市场是可供选择的，因为并不是所有的细分市场都是适合本企业的。因此，在确定目标市场之前，要对细分出来的子市场进行分析评估。评估细分市场，主要从以下四方面进行。

1. 市场潜量分析

市场潜量分析是指通过研究细分市场的消费者特性来了解该市场的规模大小。市场规模主要由消费者的数量和购买力所决定，同时也受当地的消费习惯及消费者对企业市场营销策略的反应敏感程度的影响。分析市场规模既要考虑现有的水平，更要考虑其潜在的发展趋势，如果细分市场现有规模虽然较大，但没有发展潜力，企业进入一段时间后就会缺乏发展的后劲，从而影响企业的长期利益。

2. 企业特征分析

企业特征分析是指分析企业的资源条件和经营目标是否能与细分市场的需求相吻合。有时，即使细分市场有相当的规模，但与企业的经营目标不符，企业的资源条件也无法保证，那企业将不得不放弃这个市场。因此，企业应该明确自身的经营目标，明了现有的资源状况及资源潜力，如企业的经营规模、技术水平、管理能力、资金来源、人员素质等，只有这样，才能进入并服务于相应的细分市场，既避免资源不足造成的市场机会损失，也避免资源过剩造成的浪费。

3. 竞争优势分析

竞争优势分析是指分析细分市场上的竞争状况对企业进入市场的影响。如果细分市场上竞争者很少，而且进入障碍不多，则对企业而言这是进入该市场的一个好机会，但要防止其他竞争者也看中了这一市场。如果市场上已有了竞争者，但对手实力较弱，竞争不激烈，企业也可以选择该市场作为目标市场。需要慎重考虑的是竞争非常激烈，且对手实力十分雄厚的细分市场，企业要想进入并获得发展就要付出一定的代价。当然，假如企业有一定的实力，而且该市场的前景及规模十分看好，则企业也不妨放手一搏，毕竟，一旦成功，这种市场是很诱人的，但企业必须要有足够的准备。

4. 获利状况分析

获利状况是细分市场能给企业带来的利润可以说是最后的，但又是最为重要的因素。

企业经营的目的最终要落实在利润上，只有有了利润，企业才能生存和发展。因此，细分的子市场应能使企业获得预期的或合理的利润，企业才会选择其为目标市场。

二、目标市场选择的策略

从企业目标市场的选择来看，企业的目标市场范围宽窄不一、大小有别。针对不同的目标市场，企业应采用不同的营销策略。按照涵盖目标市场的方式，可将企业目标市场策略概括为无差异目标市场策略、差异化目标市场策略、集中化目标市场策略三种。

1. 无差异目标市场策略

无差异目标市场策略（如图 7-1 所示），就是企业把整个市场作为自己的目标市场，认为市场上所有消费者对某种产品的需求不存在差别，或者即使存在差别，也只考虑市场需求的共性，而不考虑其差异，求同存异，推出单一产品，运用单一的市场营销组合，力求吸引尽可能多的消费者。例如，美国可口可乐公司从问世以来，一直采用无差别目标市场策略，生产一种口味、一种配方、一种包装的产品，满足世界许多国家和地区的需要，被称作"世界性的清凉饮料"。由于百事可乐等饮料的竞争，1985 年 4 月，可口可乐公司宣布要改变配方，不料在美国市场掀起轩然大波，每天打到公司的抗议电话多达 1 500 次以上。许多对老牌"可口可乐"怀有深厚感情的商店，拒绝推销新"可口可乐"，可口可乐公司不得不继续大批量生产传统配方的可口可乐。美国《商业周刊》公布了 2002 年全球 100 大品牌排行榜，可口可乐品牌价值 696.4 亿美元，继续高居首位。

图 7-1　无差异目标市场策略

无差异目标市场营销的理论基础是成本的经济性。生产单一产品，可以减少生产与储运成本；无差异的广告宣传和其他促销活动可以节省促销费用；不搞市场细分，可以减少企业在市场调研、产品开发、制定各种营销组合方案等方面的营销投入。这种策略对于需求广泛、市场同质性高且能大量生产、大量销售的产品比较合适。对于大多数产品，无差异市场营销策略并不一定合适。首先，消费者需求千差万别，企业用一种产品满足所有消费者的需要，取得良好销售业绩的可能性并不大。而且，无差异目标市场策略与消费者多样化、个性化的需求变化趋势也不相吻合。其次，很可能会出现"多数谬误"现象。当众多企业都在相对较大的市场中采用这一策略时，会造成市场竞争异常激烈，导致企业盈利减少和经营风险增加。而一些小的细分市场，由于所有企业都不关注，消费者需求得不到满足，这对企业和消费者都是不利的。最后，易于受到竞争企业的攻击。当其他企业针对不同细分市场提供更有特色的产品和服务时，采用无差异策略的企业可能会发现自己的市场会遭到侵蚀。

2. 差异化目标市场策略

差异化目标市场策略（如图 7-2 所示），就是企业针对不同的细分市场，设计不同的产品，制定不同的营销策略，同时，为几个甚至全部细分市场服务，以满足不同的消费需求。例如，同样是生产服装，企业可以选择高档市场，注重服装材料、做工、服务环境、选择专卖店等，同时面向普通大众推出中低档产品，注重成本价格、选择批发市场渠道等。

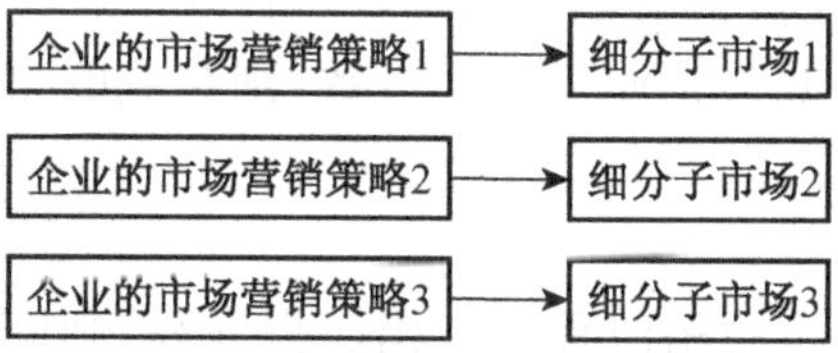

图 7-2　差异化目标市场策略

差异化目标市场策略的理论依据是消费需求的差

异性，通常进行小批量、多品种生产。这种策略的优点突出表现在两方面：首先，差异化营销兼顾了不同市场的不同需求，增加了销售机会，提高销售数量和竞争能力；其次，企业如果在不同的细分市场上都能取得较高的市场占有率，就能树立良好和强大的市场形象，增强消费者对企业的认同感，提高原有产品的购买频率，也有利于新品的顺利推出。例如，海尔公司在冰箱、彩电、空调等方面都取得了骄人的成绩，一提到海尔，消费者就会联想到高质量、值得信赖等属性，有力地促进了产品销售。

但差异化目标市场策略并非完美无缺。首先，由于企业要针对不同市场推出不同的营销策略，往往导致企业运营成本的上升，并给企业营销管理带来难度。差异化目标市场策略实施应遵循的一个基本原则是，差异化带来的销售收入的增加要大于实施差异化的成本费用增加。针对现实营销中有些企业过度强调差异化，实施所谓"超细分战略"（市场细分过度，导致价格不断增加，影响销售数量和利润），企业应在一定程度上实施"反市场细分"（将过于狭小的某些市场组合起来，视为同一个目标市场）。其次，差异化目标市场策略不是任何企业都可以使用的，受到企业资源、条件和能力的限制，相当一部分企业，尤其是中小企业无力采用这种策略。最后，不正确的差异化会分散企业资源，使企业不能集中经营，发挥整体优势，甚至在企业内部出现彼此争夺资源的现象。

3. 集中化目标市场策略

集中化目标市场策略（如图 7-3 所示），就是在市场细分的基础上，集中企业所有资源和能力选择一个细分市场作为目标市场，实行高度专业化生产和销售，提高市场占有率。大部分中小型企业或初次进入市场的大企业多采用此策略。例如，在汽车厂家提供越来越周到的售后服务的同时，汽车的保修行业也出现专业化经营的趋势，如专营玻璃、轮胎、润滑油、美容品、音响和空调等。

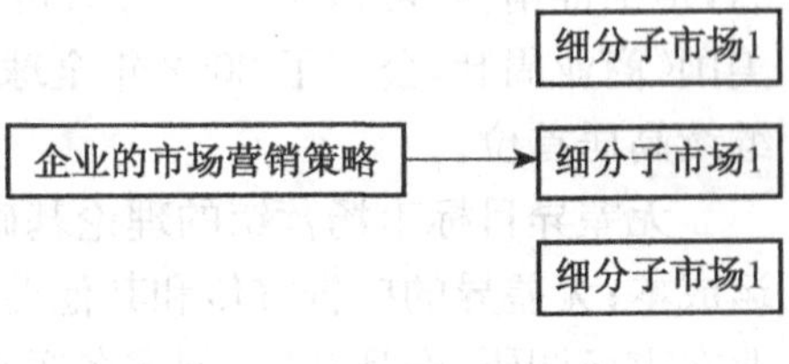

图 7-3 集中化目标市场策略

集中化目标市场策略的好处有二：一是有利于企业深刻把握单一细分市场的市场需求及其变化趋势；二是投资少、见效快。而且，企业在一个市场上的成功可以出现扩散效应，由点到线、由线到面、由面到片，在积蓄力量后扩大和延伸市场。这种策略最大的问题为：一是市场过于狭小，在一定程度上限制了企业的发展；二是市场过于集中，一旦市场出现出乎意料的变化，企业经营将陷入困境。

三、影响目标市场策略选择的因素

前述三种目标市场策略各有利弊，企业到底应采取哪一种策略，应综合考虑企业、产品和市场等多方面因素予以决定。

1. 企业资源或实力

当企业生产、技术、营销和财务等方面实力很强时，可以考虑采用差异性或无差异市场营销策略；资源有限、实力不强时，则应该考虑采用集中性营销策略。当企业所拥有的资源与企业目标一致时，比较容易实现企业目标；如果企业资源与企业目标不一致，则企业的目标难以实现，因而，也就很难使目标市场中的客户满意。

2. 产品同质性

产品同质性是指在消费者眼里，不同企业生产的产品的相似程度。相似程度高，则同质性高；反之，则同质性低。对于大米、食盐、钢铁等产品，尽管每种产品因产地和生产企业的不同会有些品质差别，但消费者可能并不十分看重，此时，竞争将主要集中在价格上，这样的产品适合采用无差异营销策略。对于服装、化妆品、汽车等产品，由于在型号、式样、规格等方面存在较大差别，产品选择性强，同质性较低，因而更适合于采用差异性或集中性营销策略。

3. 市场同质性

市场同质性是指各细分市场顾客需求、购买行为等方面的相似程度。市场同质性高，意味着各细分市场相似程度高，不同顾客对同一营销方案的反应大致相同，此时，企业可考虑采取无差异营销策略。反之，则适宜采用差异性或集中性营销策略。

4. 产品所处生命周期的不同阶段

产品处于投入期，同类竞争品不多，竞争不激烈，企业可采用无差异营销策略。当产品进入成长期或成熟期时，同类产品增多，竞争日益激烈，为确立竞争优势，企业可考虑采用差异性营销策略。当产品步入衰退期时，为保持市场地位，延长产品生命周期，全力对付竞争者，可考虑采用集中性营销策略。

5. 竞争者的市场营销策略

企业选择目标市场策略时，一定要充分考虑竞争者尤其是主要竞争对手的营销策略。如果竞争对手采用差异性营销策略，企业应采用差异性或集中性营销策略与之抗衡；若竞争者采用无差异策略，则企业可采用无差异或差异性策略与之对抗。

6. 竞争者的数目

当市场上同类产品的竞争者较少，竞争不激烈时，可采用无差异性营销策略。当竞争者多，竞争激烈时，可采用差异性营销策略或集中性营销策略。

第三节 市场定位

【案例导入】 **海天酱油**

调味品的广告，似乎是都离不开厨房的，说做出的饭菜如何香。海天从品质出发，走了另一条路子，请看它的电视广告“黄豆篇”：在节奏有力的进行曲中启幕，纯净的天空，灿烂的阳光，颗粒饱满的、金色的黄豆在阳光下高高弹起，跳过标杆，酿造出美味的海天酱油。这则广告中，凸现了健康的品质，看到的是黄豆的精良、海天选料的上乘，让人吃着放心，产生了一种信任的感觉，激发购买欲。再来看同系列的另一则广告“晒池篇”：湛蓝的天空，广阔洁净的晒地，无数卡通小黄豆舒舒服服地晒着太阳，晒了正面，再翻身晒背面，这样天然翻晒出来的酱油，特别美味，特别健康。这则广告同样地表现品质。

【引例分析】

正确的产品市场定位，确定了产品在顾客心目中的位置，使顾客作出购买选择。

市场细分、目标市场选择、市场定位是目标市场营销的三个重要组成部分。企业在选定目标市场之后，就要考虑在目标市场的市场定位，以便获取优势的竞争地位和良好的经济效益。

一、市场定位的含义和作用

所谓市场定位，就是企业根据竞争者现有产品在市场上的位置，针对顾客对该类产品特征或属性的重视程度，强有力地塑造本企业产品的个性形象，并将其形象生动地传递给顾客，在顾客心目中确立适当的位置。市场定位的实质是使本企业与其他企业严格区分开来，使顾客明显感觉和认识到这种差别，从而在顾客心目中占有特殊的位置。在理解市场定位概念时，要特别注意以下几个问题。

1. 目的

定位的目的在于"攻心"，即在消费者心目中确立适当的位置。定位的目的不是很多人望文生义地理解为空间的某个位置。定位本质上是在消费者心智上下工夫，是"攻心之战"，让消费者从内心认同和接受。

2. 前提

任何一个企业如果想做到定位有效，非常重要的前提就是通过调研了解消费者对某类产品各种属性的重视程度。另外，定位作为市场竞争的手段，要考虑竞争对手的现实情况，做到心中有数。如果既不了解消费者对产品属性的重视程度，又不了解竞争对手的市场位置，企业很难找到正确定位市场的思路。

3. 手段

定位的手段是通过制造差异、顺畅沟通实现的。制造区别于竞争对手的差异是有效市场竞争的基本出发点。如果企业在市场上没有区别于竞争对手的鲜明差异，消费者对企业的印象就非常模糊，就不利于企业取得竞争优势。这里要说明两个问题：首先，定位可以通过物理差别实现，但归根结底要通过消费心理差异实现。物理差异主要是指产品的颜色、款式、规格、型号、功能和材质等方面的差别，它是制造差别定位的一种手段，然而物理差别最终能否让消费者感受和认同，这才是关键的问题。物理差别虽然从客观上存在，而消费者认识不到，就不会对消费心理产生影响，对定位也没有实质性的帮助。例如，万宝路以西部牛仔定位于消费者心目中的自由、奔放、野性、帅劲，完全是从消费者出发的，是在消费者心目中占领一个位置，让消费者在吸食万宝路烟时自然而然地产生这种心理感受，至于香烟本身的特性和功能却与这种心理位置关系不大，企业所做的只是将产品的包装、广告和其他手段与其定位相配合就可以了。其次，市场定位中所用的产品差异化与传统的产品差异化概念有着本质区别，它不是从生产者角度出发单纯追求产品差异，而是在对市场分析和细分化的基础上，寻求建立某种产品特色，因而它是现代市场营销观念的体现。产品差异化是实现市场定位的手段，但并不是市场定位的全部内容。

市场定位不仅强调产品差异，而且要通过产品差异建立独特的市场形象，赢得顾客的认同。制造消费心理差异的重要途径就是企业与消费者持续、有效的沟通，因此，沟通也是市场定位必须重视的内容。也就是说，企业在务实的同时还必须务虚。同一种产品进行不同的宣传，其销售效果会有很大差别。例如，某汽车公司在推出某汽车时，由于后车窗不能打开，消费者认为不方便，销售一直不理想。企业请一位广告大师进行咨询。该大师只是将企业宣传的重点转向安全诉求，展示一家几口出游，小孩在车后打开车窗伸出手臂，悬念性地提出下面将发生什么。宣传的结果拨动了消费者蕴藏在心灵深处的安全之弦，销量猛增。当然，企业在进行营销沟通时，必须加强整合营销传播。

市场定位作为目标市场策略的一个重要组成部分，具有非常重要的作用。

1. 市场定位有利于建立企业及产品的市场特色

社会越发展，产品越丰富，企业争夺顾客的竞争就越激烈。市场定位通过差异的塑造与传递，有利于树立形象，提高企业竞争能力。例如，海飞丝定位为去头屑，这在当时独树一帜，因而，海飞丝一推出就立即引起消费者的注意，好多消费者一想到去头屑，首先想到海飞丝。20 世纪 30 年代，M&M 的创始人马尔斯在西班牙士兵那里发现灵感，随后在美国第一个推出糖衣巧克力，使 M&M 的销量大增；1954 年，罗瑟·瑞夫斯在与客户交谈 10 分钟后，创作了 M&M 独特的诉求“只溶在口，不溶在手”，人们提到 M&M 巧克力，就想到“只溶在口，不溶在手”。在化妆品中，小护士冲杀出来是因为其防晒的概念，索芙特占有一定市场份额靠的是产品独有的减肥功能，大宝则靠推出 SOD 蜜、日霜、晚霜概念立足于市场。在冰箱行业，伊莱克斯强调静音，而新飞强调节能。

2. 市场定位决策是企业制定市场营销组合策略的基础

在企业营销活动中，要解决四个基本问题：产品、定价、分销和促销。企业的市场营销组合要受到企业市场定位的制约，不同的市场定位会出现不同的营销组合。在目标市场营销中，市场细分和目标市场的选择是寻找“靶子”，而定位就是将“箭”射向靶子。例如，企业面对高端消费者，就要求优质高价。有些手表的制造商意识到，手表对青年人来说不仅仅只提供计时功能，更多地具有装饰、收藏等意义，于是推出了形式各异、色彩斑斓的各式手表，赢得了消费者的认同。

二、市场定位的程序

企业要实施正确、有效的定位，往往需要遵循一定的定位步骤。

1. 识别影响顾客购买产品的重要属性

例如，航空公司提供的飞行服务一般必须具有安全性、准时性、舒适性等，旅馆服务应当安全、卫生、方便等。

2. 绘制定位图

在识别出了重要属性之后，就要绘制定位图，并在定位图上标示本企业和竞争者所处的位置。一般都使用二维图，选择的属性既可以是客观属性，也可以是主观属性，但无论是哪种属性，都必须是“重要属性”。

3. 确定和选择竞争优势，进行适当定位

在充分分析顾客需要和竞争对手市场定位的基础上，企业要确认和选择竞争优势，考虑适当的市场位置。在进行优势比较时，要综合考虑产、供、销、管理、财务、技术等方面的指标体系，选择最适合本企业的竞争优势来进行定位。企业可以根据具体的产品功能、顾客得到的利益、使用者类型、价格、质量、使用场合及用途定位。例如，随着世界著名跨国公司纷纷登陆中国市场及本土品牌的不断涌现，使得我国的洗发用品市场已呈饱和状态。但是，1995 年才进军中国市场的伊卡璐草本精华洗发用品却依靠宣传自己是洗发护发分开的洗发用品，洗发更干净，护发更彻底，从而取得了不错的业绩。力士香皂的定位不是清洁、杀菌，而是美容。美容是更高层次的需求和心理满足，这一定位巧妙抓住了人们的爱美之心。麦当劳的创办人、美国最具传奇性的企业家罗克认为，麦当劳不是典型的消费事业，也不是一般所谓的餐厅，它独特的快速服务，使得麦当劳兼具娱乐价值。他经常提醒他的加盟者以及经理：“麦当劳不是餐饮业，我们是娱乐业。”

4. 明示竞争优势，执行市场定位

企业的竞争优势最终被消费者认同后才具有竞争的现实意义。因此，在企业确定了要向市场传播的内容之后，需要通过各种沟通手段，如广告、员工的着装、行为举止以及服务的态度、质量等传递出去，并为顾客所认同。在生活中，有时会出现预期效果与实际效果存在差别，企业要重新审视宣传推广策略，及时矫正与市场定位不一致的行为，维持和强化顾客对企业的看法和认识。

三、市场定位的方式

企业进行市场定位的方式常见的有三种。

1. 迎头定位

所谓迎头定位，是指与在市场上居于支配地位的竞争对手实施同样的或相似的定位策略，和竞争对手展开全面的争夺市场的竞争。例如，在世界饮料市场上，作为后起的百事可乐进入市场时，就采用过这种方式，"你是可乐，我也是可乐"，与可口可乐展开面对面的较量。这种市场定位策略可以激发企业的竞争动力，可能极大地促进企业发展。但是，迎头定位毕竟会导致竞争对手强有力的反击，所以在实施这种定位策略时，一定要考虑整体市场的容量、企业自身是否真正具有挑战竞争对手的资源与实力，做到知己知彼。否则，贸然发动进攻，企业遇到的风险可能要比机会多，作出不必要的牺牲。

2. 避强定位

避强定位和迎头定位正好相反，是企业力图避开强有力的竞争对手进行市场定位。企业寻找竞争对手顾及不到的市场位置进行经营，开发产品，拓展市场。这种定位方式的好处是风险小、成功率高，有利于企业在市场上迅速站稳脚跟，树立企业形象。例如，在七喜汽水未成名牌汽水之前，美国饮料市场上，以两大可乐最为畅销，它们之间的竞争非常激烈。可口可乐在消费者心中的地位无法动摇，它几乎成为清凉饮料的同义语，七喜汽水自知不能与可口可乐抗衡。为打破这种局面，七喜汽水公司经过深入的市场调查，制定了非可乐策略。在广告中截然把饮料划分为可乐型和非可乐型两种，开展了大规模的、有名的非可乐型饮料广告。从而使这种划分在消费者心中生根，使七喜汽水成为非可乐饮料市场中首屈一指的名牌饮料。奥妮皂角洗发浸膏在广告中打出了"植物一派，重庆奥妮"的口号。它告诉消费者，洗发水有化学洗发和植物洗发之分，洋品牌走的是化学洗发的路线，而奥妮就是运用传统中医理论、延续国人用中草药洗发传统的"植物一派"。

3. 重新定位

重新定位是指对那些销路少、市场反应差的产品进行二次定位。企业在进行市场定位之初可能非常正确，但是随着市场消费者需求的变化（品牌转移，即消费者偏好变化，本企业的市场定位已经不能满足消费者的需求）及竞争对手的市场定位和本企业定位重合或接近（品牌侵蚀，即竞争对手推出的市场定位和本企业的市场定位极其相似，导致企业市场占有率下降），使得企业必须考虑对以前的市场定位进行重新调整。重新定位的目的是使企业获取更好的经济效益。因此，在进行重新定位前，企业要考虑重新定位所需的费用支出和品牌在新位置上的收入之间的关系。

一般来讲，重新定位往往是企业经营陷入困境时的一种自然选择，但是重新定位也可作为一种战术策略。这可能是由于发现了新的产品市场范围而引起的。例如，万宝路刚进入市场时，是以女性作为目标消费者的，它的口味也是特意为女性消费者而设计的——淡而柔和。为此,它推出的广告口号是:像五月的天气一样温和。从产品的包装设计到广告宣传,万宝路都致力于明确的目标消费群——女性烟民。然而,尽管当时美国吸烟人数年年都在上升,万宝路香烟的销路却始终平平。20 世纪 40 年代初,莫里斯公司被迫停止生产万宝路香烟。后来,广告大师李奥贝纳为其做广告策划时,作出一个重大决定,万宝路的命运也由此发生了转折。李奥贝纳决定沿用万宝路品牌名对其进行重新定位。他将万宝路重新定位为男子汉香烟,并将它与最具男子汉气概的西部牛仔形象联系起来,吸引所有喜爱、欣赏和追求这种气概的消费者。万宝路通过这一重新定位,树立了自由、野性与冒险的形象,在众多的香烟品牌中脱颖而出。从 80 年代中期到现在,万宝路香烟一直居世界各品牌香烟销量首位,成为全球香烟市场的领导品牌。

【本章小结】

目标市场是企业营销活动的基本领域,市场细分是进行目标市场营销的前提。市场细分的客观基础是消费者需求的多样性和企业资源的有限性,市场细分是根据消费需求划分的。按照人口细分、地理细分、行为细分和心理细分等因素进行市场细分,企业得到了若干细分市场。企业依据可进入性、可衡量性、反应的差异性、足量性、相对稳定性对各细分市场进行评估。

目标市场是指企业要进入的市场,企业营销活动要满足的市场。考虑到各种影响因素,企业的目标市场策略有无差异目标市场策略、差异化目标市场策略、集中化目标市场策略。企业在具体策略选择时,要综合考虑企业资源、市场性质、产品性质、产品生命周期和竞争对手策略等。

市场定位是企业要为进入目标市场的产品创立鲜明的个性或形象。企业可以选择迎头定位、避强定位和重新定位等方式。

【同步测试】

一、概念

市场细分　目标市场　无差异营销策略　差异营销策略　集中营销策略　重新定位

二、选择题

1. 有效的市场细分必须具备的条件是(　　)。

A. 市场要有同质性、应变性、市场范围相对较小

B. 市场要有可进入性、可变性、垄断性、同质性

C. 市场具有可测量性、需求大量性、效益性和应变性等

D. 做到分片集合化,子市场要有可衡量性、可接近性、稳定性和足够的购买潜力

2. 市场营销组合、目标市场、市场细分、市场定位四者之间的关系为(　　)。

A. 市场营销组合、市场定位、市场细分、目标市场

B. 市场定位、市场细分、目标市场、市场营销组合

C. 市场细分、目标市场、市场定位、市场营销组合

D. 市场细分、市场定位、目标市场、市场营销组合

3. 一个市场是否有价值,主要取决于该市场的(　　)。

A. 需求状况　　B. 竞争能力

C. 需求状况和竞争能力　　D. 中间商的多少

4. 最适于实力不强的小企业或出口企业在最初进入外国市场时采用的目标市场策略是(　　)。

A. 无差异营销策略　　B. 差异营销策略

C. 集中营销策略　　D. 大量市场营销

5. 企业根据目标市场的特点,提供适当的产品或服务,以适应目标顾客的需要,此时,企业的营销战略发展到了(　　)。

A. 集中营销策略　　B. 目标市场策略

C. 差异营销策略　　D. 市场渗透

6. 在普通食盐市场上,消费者所表现的需求、欲望、购买行为以及对企业营销策略的反应都相似,这类产品的市场被称为(　　)。

A. 同质性市场　　B. 异质性市场

C. 消费者市场　　D. 目标市场

三、思考题

1. 市场细分的作用是什么?

2. 试说明消费者市场细分的依据。按照所提供的各种细分依据,对啤酒市场进行细分。

3. 影响目标市场策略选择的因素有哪些?结合某种产品市场,试拟定进入策略并说明原因。

4. 简要说明市场定位的概念、作用和方式。

【技能训练】　清扬洗发水的市场细分与定位

一、"清扬"品牌介绍

2007 年 4 月 27 日,国际快速消费品业巨头联合利华公司在北京召开新闻发布会,高调宣布——该公司进入中国市场十年以来推出的第一款新产品、全国首款"男女区分"去屑洗发水"清扬"正式上市。期间,联合利华高层指出,从 2007 年开始将凭借"清扬"在全球去屑洗发水领域的专业优势抢占去屑洗发水市场。"如果有人一次又一次对你撒谎,你要做的就是立刻甩了他"——这是"清扬"广告片中的广告语,置身当前竞争复杂的市场环境中,"清扬"离奇、自信的画外之音显得意味深长。一时间,台湾知名艺人小 S(徐熙娣)所代言的"清扬"洗发水广告频频出现在各种高端杂志上,占据了全国各大城市户外广告的核心位置,打开电视机——无论央视、卫视及地方电视台,点击进入国内各大门户网站,"清扬"广告无处不在。

长期以来,在宝洁与联合利华的洗发水大战中,宝洁无论是在品牌影响力、市场规模,还是在市场占有率方面,都处于绝对优势。特别是在去屑洗发水市场领域,联合利华一直都没有一个优势品牌足以同宝洁的海飞丝相抗衡。作为联合利华十年来首次推出的新品牌,清扬旨在弥补、提升其在去屑洗发水市场竞争中的不足和短板。

二、"清扬"洗发水的功能定位:去屑

1. 去屑洗发水市场现状

就洗发水的功能定位而言,去屑洗发水是洗发水目前最大的细分市场,大约占洗发水市场一半的比例。作为一个有着 100 多亿元的市场,巨大的蛋糕吸引几乎所有的洗发护发品牌里都建立了去屑的品种。经过十余年的市场培育和发展演变，海飞丝的“头屑去无踪，秀发更出众”早已深入人心。人们只要一想到去屑，第一个想到的就是海飞丝。另外，随着风影的“去屑不伤发”的承诺，使之在这个细分市场也拥有了一席之地。专业市场调查资料显示，去屑市场80%的市场份额一直以来都被宝洁系列的海飞丝品牌所占据，而众多本土品牌则蚕食着剩余的20%的市场存量，相比之下，呈现的两极分化现象十分严重。

去屑概念一直是洗发水市场一个重要诉求点，市场竞争激烈。但消费者调查表明，人们对现有产品的去屑效果并不满意。2007年4月2日，中华医学会科学普及部公布最近对5 351人进行的网络调查显示，对于“去头屑”这个日常问题，60%的人对去屑效果不满意。由此可见，消费者对去屑品牌认同的程度并不太理想，市场潜力仍然巨大。

尽管进入中国市场早于宝洁并拥有力士、夏士莲等知名品牌，相对于宝洁巨大的洗发水品牌家族所取得的成绩而言，联合利华的表现差强人意。特别是在去屑市场上，联合利华没有一个像“海飞丝”那样专门的去屑品牌，使其洗发水品牌族在市场覆盖面上产生很大的缺失。所以，“清扬”被联合利华寄予厚望，联合利华提出“清扬”的战略目标和未来愿景是要在未来三年内成为中国洗发水去屑市场上的领袖品牌。

2. “清扬”去屑新诉求：“维他矿物群”去屑

“清扬”是联合利华进入中国市场十年以来首次推出的新品牌，品牌定位为“专业去屑”，联合利华(中国)公司认为专业防治型去屑产品是目前的市场空缺，是当前去屑市场所面临的最大问题，而依托于数十年专业去屑研究经验的联合利华企业，对“清扬”在中国市场的未来表现充满信心，“清扬”信心百倍地作出承诺，要带领中国消费者走出20年头皮屑痼疾的困扰。

“清扬”去屑新诉求是“维他矿物群”去屑。联合利华表示，“清扬”是法国清扬技术中心的研究结晶，产品的附加值突破在于“维他矿物群”去屑，联合利华拥有全球专利及临床测试验证，同时，为“维他矿物群”进行了商标知识产权注册。联合利华公司表示其一直在为研究适合中国人的去屑产品而努力，在过去10年中，联合利华研发中心在中国已为超过3 000名消费者进行过临床实验，以更多了解中国消费者的头皮状况和问题，从而为中国消费者提供更精纯的去屑产品配方。“清扬”在进入中国以前，已经在南美、欧洲及东南亚地区去屑市场成为了当仁不让的第一品牌，并被数亿消费者证实了其在去屑方面的功效。因此，“清扬”也将是中国市场的最佳去屑产品。

“清扬”用“科技保健”引导消费者，产品宣传中强调“深入去屑，治标治本”，强调专业性。联合利华宣称“清扬”是“消费者信赖的头皮护理专业品牌”，其去屑功能是针对头皮护理，并通过广告的方式强化头屑由头皮产生这一少有竞争对手关注的消费者固有心理认知，表明“清扬”对去屑的根本作用，有效地与其他去屑品牌形成品牌区隔。

三、“清扬”洗发水市场细分创新：性别细分

作为一个新品牌，想在品牌林立的中国去屑洗发水市场分一杯羹，必然需要“清扬”在品牌推出之前找出去屑市场的定位空白点。传统洗发水市场细分常常以功能为标准进行，如去屑、营养、柔顺、防脱发、黑发等，或以头发颜色来细分，如黑头发专用、染发专用等。“清扬”首次以性别为细分变量，将市场细分为男士用、通用和女士用市场，并选择男士和通用细分市场作为目标市场。虽然只是简单的性别细分，但在洗发水市场上的确存在男性和女性不同市场的不同需求，而这个需求差异一直是厂家所忽略的。“清扬”的性别细分在情理之中又在意料之外，这一细分市场的创新使消费者耳目一新，市场上刮起了一股强劲的

“清扬”风。

“清扬”将旗下产品分男士和通用两大系列共有34个品种，作为首家推出男士去屑洗发水的品牌，“清扬”通过“倍添维他矿物群”这一概念的宣扬，表明其对男士洗发的关注，可谓开创了男士去屑洗发水的“蓝海”领域。并通过男士系列与通用系列两大阵容所形成的品牌组合构成了联合利华“专业去屑”的洗护完整产品线，可以极大限度地满足消费者的要求。同时，在宣传过程中，通过说教式的广告语言展示“清扬”对男士头屑问题的研究，令消费者产生去屑洗发水分“女士洗发水”和“男士洗发水”的心理认知，有效地将“清扬”与其他众多去屑品牌区分开来。

四、“清扬”洗发水定位的立体式传播

联合利华在宣传过程中，处处表明“清扬”的去屑功能，并试图通过传播培养中国消费者对待头屑问题的正确态度来引导消费者，“清扬”在传播中指出，中国消费者在洗发水使用中存在四大误区——洗发水男女混用、重冲洗轻滋养、头皮营养失衡、洗发护发习惯不良，识别这些误区并加以改进是改善头发的根本。

2007年3月25日，随着“清扬”品牌在全国各地开始投放广告，清水出芙蓉、个性似飞扬的“清扬”开始走进了人们的视野，步入了人们的生活。

为了使“清扬”迅速抢占市场，联合利华发起了“清扬”洗发水巨大的宣传攻势，据透露，联合利华为“清扬”品牌的市场推广准备了不低于3亿元的市场费用预算，用以保障广告投入、业务销售和品牌等各项业务工作的有序推进。无论是在线上广告和线下广告，“清扬”相比“海飞丝”都占据了绝对优势。

此外，联合利华还十分重视“清扬”在全中国同步上市，即使在网上也可以看到很多“清扬”招聘促销人员的广告。在上市前半年的产品推广期，“清扬”仅在中国市场的广告费投入就占到联合利华全年全球推广费用的一半。联合利华不惜血本，聘请的临时导购的工资在广州就达每月1 800元，另外再加每月300元的奖励。推广期间电视、广播、网络杂志、终端、街道站牌、公交车广告和试用装发放一个也不能少，“清扬”对消费者的冲击可谓无所不在。

不管消费者是否认同宣传中许诺的种种功能，“清扬”品牌已经在不知不觉中深入人心，不少消费者都乐于尝试“清扬”洗发水，乐于对“清扬”洗发水宣扬的洗发水使用四大误区保持认知和关注。

无论“清扬”在未来的时间里会交出怎样的成绩单，无论“清扬”能否在本土市场的品牌角逐中击败宿敌“海飞丝”，拭目以待之余，站在营销专业角度，我们清楚地看到随着“清扬”高调、自信的上市，在吸引无数眼球的同时，还为其赢得了如潮的掌声，成为2007年一个最具代表性的营销案例和品牌佳话。

讨论：

1. “清扬”是按什么变量进行市场细分的？
2. “清扬”如何进行市场定位？

第八章
产 品 策 略

【学习目的与要求】 读者通过本章学习，要求掌握产品的整体概念、产品组合策略、产品生命周期理论及新产品开发策略，能够通过正确运用以上各种理论与方法，解决企业市场营销实践中关于产品方面的各种实际问题。

产品策略在企业市场营销组合策略中占有十分重要的地位，直接影响和决定着其他营销策略。产品策略是市场营销 4P 组合的核心，是价格策略、分销策略和促销策略的基础。离开了产品，定价、渠道和促销便失去了意义。随着生产力的发展，科技的进步，使得市场上企业间围绕产品展开的竞争更为激烈，且意义更为深刻。具有竞争力、符合市场需求的产品是企业获得持久生命力的源泉。在市场营销实践中，企业必须认真分析所处的市场营销环境，深刻了解不断变化着的需求，通过制定产品策略，适时地开发新产品，延长产品的生命周期，在品牌创立上狠下工夫，掌握包装艺术以加强产品促销，成功地开拓市场。

第一节　产品整体与产品分类

【案例导入】　　**奔驰汽车公司的整体产品**

德国“奔驰”汽车在国际市场上一直享有良好的声誉，是世界汽车工业中的明星。奔驰公司一直注重用产品整体来满足顾客的全面需求：在产品质量上追求精益求精，员工技术熟练，在产品的构想、设计、研制、试验、生产直至维修的整个过程中都执行严格的质量检查制度。公司还有一个占地 8.4 公顷(1 公顷＝10 000 平方米)的试验场，对新车做各种破坏性的试验测试；不断地运用新技术进行产品创新与改进，生产出 3 700 个型号的汽车；在汽车的设计生产中突出安全问题和环保问题，注重顾客利益和社会利益；非常重视售后服务工作，在国内公路上平均不到 25 千米就可以找到一家奔驰车维修站，在国外 171 个国家和地区设有 3 800 个服务站。

【引例分析】

产品整体概念体现了以消费者为中心的现代营销观念。奔驰从每个产品层次满足消费者的需求。核心产品提供着消费者需要的效用与利益，然后由有形产品来实现这些效用和利益，附加产品为消费者提供了销售服务与保障。

一、产品整体概念

传统意义的产品是指人们通过有目的地进行生产劳动新创造出的物质或劳务，来满足社会日益增长的各方面需求。人们经常说的产品，是指产品的实体性，即产品的具体形态和自然属性，其中，包括它的物理性能和化学性能。在现代市场营销学中，产品概念具有极其宽广的外延和深刻而丰富的内涵，是指通过交换而满足人们需要和欲望的因素和手段，包括提供给市场，能够满足消费者或用户某一需求和欲望的任何有形物品和无形产品，如实体产品、服务、场所、组织、思想和创意等。因此，产品不仅包括其实体性，还包括其实质性，即产品能够提供给用户的基本效用和利益程度的大小。例如，企业向用户提供的某一装备的实质性，就是这一装备的使用性能、可靠性、效率以及使用后所能带来的利益。

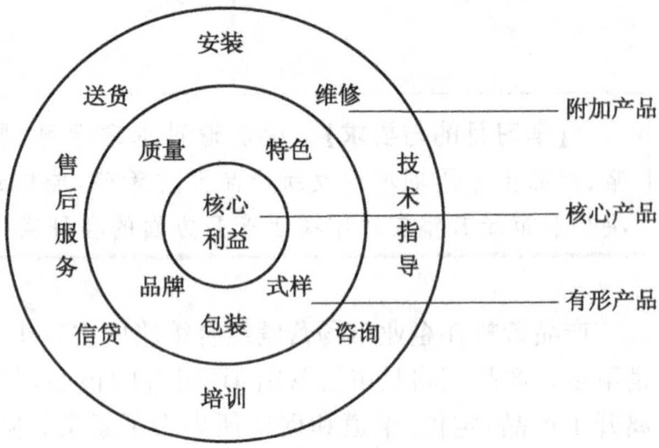

图 8-1 产品整体概念的层次

适应现代市场营销的广义产品概念是产品整体概念。一般来说，产品整体概念包含核心产品、有形产品和附加产品三个层次，如图 8-1 所示。

1. 核心产品

核心产品是指向顾客提供的产品的基本效用或利益。顾客购买某种产品的真正目的并不在于得到某种物品，而是从中得到某种效用或利益，是顾客真正要买的东西。例如，人们购买电脑并不是为了获取装有某些零部件的物体，而是通过电脑获得更好地学习、工作和生活的方式，从而获得所期望的效用和利益。因此，核心产品在整体产品概念中是最基本、最主要的部分。企业在产品构思、设计及营销过程中，必须高度重视、明确反映顾客核心需求的基本效用或利益。

2. 有形产品

有形产品又称形式产品，是指核心产品借以实现的形式或目标市场对某一需求的特定满足形式。有形产品是核心产品的载体，是向市场提供的实体和服务的形象。如果有形产品是实体物品，它的形象通过质量、特色、品牌、式样和包装等特征表现出来。例如，电冰箱、电视机等，都是有形产品。服务产品也具有相类似的标志：如出租车所提供的服务就是一种产品，这种产品的质量就是服务质量；这种产品也具有某些与其他产品不同的特征，如按乘坐的里程收费，按不同的汽车品牌规定不同的收费标准等；此项服务也具有品牌，即某某公司出租车；汽车服务的形态则有日夜服务、事先预约、电话随时要车等；其包装就是所属若干服务站。

3. 附加产品

附加产品又称产品的附加利益。它是顾客购买有形产品时所获得的全部附加服务和利益的总称，主要包括提供信贷、免费送货、保证、安装、维修、技术指导、培训、售后服务等。附加产品直接影响顾客对产品的满意度和美誉度，从而影响产品的销售。附加产品还是竞争的手段。正像美国学者西奥多·李维特所说的那样:“新的竞争不是发生在各个公司的工厂生产什么产品,而是发生在其产品能够提供何种附加利益(如包装、服务、广告、顾客咨询、融资、送货、仓储及具有其他价值的形式)。”比如,IBM公司之所以能够取得成功,重要原因之一就是重视了计算机的附加产品,如计算机咨询指导、软件、编程和快速维修等。

营销学家菲利浦·科特勒在《营销管理》第八版中,进一步提出了产品的五个层次。他认为,任何一个产品都可以分解为核心利益、一般产品、期望产品、附加产品和潜在产品五个层次。核心利益即顾客真正所购买的基本服务或利益;一般产品即产品的基本形式,如一个旅店由出租房间组成;期望产品即购买者购买产品时通常希望和默认的一组属性和条件,如顾客期望干净的床、肥皂、毛巾、电话、衣橱和相对的安静;附加产品包括增加的服务和利益。从本质上说,今天的竞争发生在产品的附加层次(在欠发达国家,竞争主要发生在期望产品层次)。产品的附加层次使得营销人员必须正视购买者的“整体消费系统”;潜在产品即该产品最终可能会实现的全部附加部分和新转换部分。如果附加产品包含着产品的今天,则潜在产品指出了它可能的演变,公司用新的方法在寻找附加产品以满足顾客和区分他们的供应品。最近,国外出现的那种顾客能占用一套客房的全套家庭服务式旅馆代表了对传统旅馆产品的新转换。

不论产品分解为三个或五个层次,市场上的产品及其需求总是处在不断变化之中的。鉴于此,西奥多·李维特把那种将产品视为一种“一成不变的物体”的狭隘观念斥之为“市场营销近视症”(Marketing Myopia),此观点引起了市场营销学界的广泛关注。

二、产品的分类

产品的分类方法很多,从市场营销学的角度看,有意义的分类主要有以下几种。

(一)根据产品的耐用性和实体性分类

1. 非耐用品

它属于有形产品,具有耐久性差、消费快、购买频率高、只能使用一次或数次等特点,应采用分散网点、方便购买、微利定价、大力促销、品种多样化等策略。

2. 耐用品

它也属于有形产品,具有耐用性强、具备多种用途、可反复使用等特点。一般购买频率低,而价格和利润较高,通常需要人员推销和服务,且销售者需提供较多的保证。

3. 劳务

即提供出售的活动和服务。它一般无固定形态,具有不可分、不耐久、时间性和易变性等特点,且需要有更多的质量保证、信用保证等。因此,对经营者来讲,质量管理、形象塑造等具有重要意义。

(二)根据产品的消费特点和产品本身特点分类

1. 消费品

因为消费者的购买习惯对制定市场营销策略富有启发意义,所以根据这些消费特点对消费品进行分类是一个非常可取的办法,可以据此将商品分成便利品、选购品、特殊品和非渴求品。

(1)便利品。它是指顾客购买频繁,而且不愿多花精力进行挑选的物品和服务,包括日用品,经常固定需要的商品,如菜、油、盐之类;冲动品,是消费者未经过计划或寻找而因一时冲动随机购买的报纸、杂志和小食品等;救急品,是在紧急需求时购买的商品,如临时添置的雨具等。这些都属于非耐用品,可参照前述营销策略。大多数便利品是消费者日常生活必需品,消费者购买频繁,在购买前对产品品牌、价格、质量、地点等情况都已了解,故只花很少的精力和时间去购买,并且希望需要时立即就能买到。因此,经营便利品的零售店一般都分散设置在居民住宅区、街头巷尾、车站、码头、工作地点以及公路两旁,以方便消费者随时随地购买。

(2) 选购品。它是指消费者在选购过程中,对产品适用性、质量价格和式样等方面进行慎重选择后才能决定购买的消费品,如服装、家具等。在服务方面,美容美发、电视节目等也都是选购品。选购品挑选性很强,消费者不知道哪家的最合适,且因其耐用程度较高而不需经常购买。因此,消费者有必要和有可能花较多的时间和精力进行选购。经营这类商品,应当注意品种搭配,搞好信息与咨询服务,配备训练有素的销售人员。

(3) 特殊品。它是指具有特殊效益或特定品牌,拥有一批购买者,特别愿意认定其品牌而购买的产品。特殊品的显著特点就是消费者认定品牌购买,从而排除竞争,使经营者获得较大的利益;如特殊品牌和造型的奢侈品、名牌服装等,消费者能识别哪些牌子的商品物美价廉,哪些牌子的商品质次价高。对这类商品的经营者来讲,营销活动应努力集中在可能的买主身上,让他们了解购买地点及新产品等情况。

(4) 非渴求品。它是指消费者未曾听说过或即使知道也无意购买的产品。在许多情况下,如新产品,消费者要通过广告才能了解它们,在未做广告前,很多人并不知道有这种产品,因而不会产生购买欲望。典型的非渴求品为人寿保险和丧葬用品,顾客虽知道这些产品,但并无兴趣购买。推销非渴求品时,经营者需要作出非常艰巨的促销努力,对于消费者无兴趣购买的产品,则通常在更大程度上依靠有能力的推销员来说服可能购买的顾客。

2. 工业品

工业品是部分或全部进入生产消费领域的产品。对工业品进行有效的分类,能为工业市场提出一系列适用的营销战略。按进入生产过程的情况和相对成本来划分,工业品可分成下述三类:

(1) 原料和部件。它是指完全进入生产过程并全部转化为新产品的工业品,具体包括原材料以及半成品和部件。其中,原材料又可分为农产品(如粮、棉、油、菜、茶等)和天然产品(如木材、原油、铁矿等)。农产品具有易腐性和季节性特点,但只需较少的广告宣传和促销活动。天然产品的供应有限,需大规模的运输,才能从生产者手中转移到消费者手中。用户与供应商之间普遍采用长期合同制。其同质性从量上限制了创造需求的活动,而价格因素和交货的可靠性成为选择供应商的主要影响因素。在半成品和部件中,构成材料通常需要进一步的加工,而构成部件在不进一步改变其形态的情况下,也完全可以成为最终产品的一部分。大部分半成品和部件是直接销售给工业用户的,营销方面考虑的主要因素是价格和服务。

(2) 资本品目。它是指部分地进入产成品中的商品,包括装备和附属两个部分。装备包括建筑物和固定设备(如计算机、电梯等)。用户一般直接从制造商那里购买,且往往在售前需长时间的谈判,对制造商的销售队伍和售后服务要求较高,人员推销的重要性就显示出来。附属设备包括轻型制造设备和工具(如起重卡车等)以及办公设备(如复印机、办公桌椅等)。这类用品在生产过程中起辅助作用,使用寿命介于装备和作业用品之间。生产厂家一般通过中间商分销给众多的分散用户。质量特色、价格和服务是用户选择中间商时要考虑的主要因素。

(3) 附属用品和服务。它是指维持企业生产经营活动所必需，但其本身完全不进入生产过程的产品。附属用品可分为作业用品（如燃料、润滑油、打字纸等）、维修易耗品（如扫帚、油漆等），这些用品相当于工业领域的便利品，用户一般从中间商那里购买这些标准品。服务包括维修和商业咨询服务（如法律咨询，管理咨询等）。前者一般以订立合同的形式由小型单位或制造商提供，工业用户在选择后者时应多从供应商的声誉和人员素质角度考虑。

（三）根据产品之间的销售关系分类

1. 独立品

它是指一种产品的销售状况不受其他产品销售变化的影响，如电视机与电话之间不存在任何销售方面的相关关系。

2. 互补品

它是指两种产品的销售互为补充，即一种产品销售的增长必然会引起另一种产品销售的增加；反之，亦然。例如，电脑与电脑用桌在销量上就存在这种关系。

3. 条件品

它是指一种产品的购买以另一种产品的前期购买为条件。例如，一个人想购买计算机软件，他就必须先购买硬件，在这两种产品之间存在单向的因果关系。

4. 替代品

它是指两种产品存在相互竞争的销售关系，即一种产品销售量的增加会减少另一种产品的潜在销售量；反之，亦然。例如，羊绒衫和羊毛衫就存在相互替代关系。

第二节 产品组合策略

【案例导入】 宝洁公司对产品组合的加减法

宝洁公司的产品组合，尽管面临付出裁员 6 000 人，负债比率大幅上升，并被标准普尔列入负面“信用观察”名单的代价，但宝洁仍决心将对吉列 570 亿美元的收购计划进行下去。他们在美容品和保健品等方面大力投资，在这些产品领域，消费者对价格的敏感程度较低。要迅速进入“美丽行业”，宝洁采取了收购的策略，早在对吉列收购前，2001 年，宝洁以 50 亿美元收购了伊卡璐(Clairol)公司，并在 2000 年以 70 亿美元收购了德国威娜公司(Wella)。而吉列的剃须刀、男士美容护肤品和类似于金霸王这类非日用品，能帮助宝洁迅速进入男士高端市场。这并不是宝洁的一贯作风，过去，只有不到 10%的新品是通过并购而得到的，雷富礼掌管宝洁后，就声称要将比重升高到 50%。

在完成对美国第 5 大宠物食品公司爱慕思公司的收购后，针对宠物主人希望宠物长寿的心理，爱慕思推出了一系列旨在延长宠物寿命的新产品，如减肥配方食品、抗氧化剂及防止牙垢的宠物护齿产品等，并计划研发宠物用的核磁共振成像仪。这些新产品的推出使爱慕思的销售收入显著上升。现在，爱慕思已跃居宠物食品行业的老大。自然，这也为宝洁带来了丰厚的利润。

【引例分析】

由于市场需求和竞争形势的变化，产品组合中的每个项目，必然会在变化的市场环境下发生分化，一部分产品获得较快的成长，一部分产品继续取得较高的利润，另有一部分产品则趋于衰落。

一、产品组合的概念

（一）产品组合、产品线和产品项目

产品组合是指一个企业提供给市场的全部产品线和产品项目的组合和结构，即企业的生产经营范围。一个企业的产品组合往往包括若干产品线。产品线是指产品组合中的某一产品大类，是同一产品种类中密切相关的产品，其功能相同或相似，而型号规格不同。一个产品线内往往包括一个系列的产品项目。产品项目是指产品线中不同品种、规格、质量和价格的特定产品。如公司生产经营家电、轿车和房地产。其中，家电、轿车、房地产等产品大类就是产品线，而家电中的冰箱、彩电等具体的品种与品牌则为产品项目。

（二）产品组合的宽度、长度、深度和相关性

产品组合包括四个影响因素，即宽度、长度、深度和相关性。产品组合的宽度（也称广度）是指产品组合中所拥有的产品线的总数，即企业有多少产品大类。产品组合的长度是指一个企业的产品组合中所包含的产品项目的总数。产品组合的深度是指一条产品线中所包括产品项目的数量。产品组合的关联性是指企业各条产品线在最终用途、生产条件、分销渠道等方面的密切相关程度。宝洁公司的产品组合，如表 8-1 所示，反映宝洁公司产品组合的宽度、长度及关联性等。

表 8-1　宝洁公司的产品组合

	产品组合的宽度						
产品线	洗发护发	护肤美容	个人清洁	口腔护理	妇女保健 婴儿护理	织物和家居 护理	食品
产品线长度	飘柔 海飞丝 潘婷 沙宣 伊卡璐	玉兰油 SK-Ⅱ 封面女郎	舒肤佳香皂 玉兰油香皂 激爽	佳洁士牙膏 佳洁士牙刷	护舒宝卫生巾 丹碧丝卫生棉条 帮宝适纸尿布	碧浪 汰渍 熊猫	品客

产品组合的广度，是指该公司具有多少不同的产品线。由表 8-1 可以看出，宝洁公司有 7 个产品线，即洗发护发、护肤美容、个人清洁、口腔护理、妇婴保健、家居护理和食品。

产品组合的长度，是指企业所有产品线中产品项目的总和。宝洁公司的产品项目总数是 20，即产品组合长度是 20。我们还可以从表 8-1 中看出产品线的平均长度。产品线的平均长度是用总长度除以产品线的条数。宝洁公司的产品线平均长度为 2.86。

产品组合的深度，是指产品线中每种产品所提供的花色、口味、规格的多少。例如“佳洁士”牙膏，它有三种不同规格和两种不同配方（普通香型和薄荷香型），那么，“佳洁士”牙膏的产品组合深度就是 6。

产品组合的宽度越大，说明企业的产品线越多；反之，宽度窄，则产品线少。同样，产品

组合的深度越大，企业产品的规格、品种就越多；反之，深度越浅，则产品就越少。产品组合的深度越浅，宽度越窄，则产品组合的关联性越大；反之，则关联性越小。产品组合的宽度、深度和关联度，如图 8-2 所示。

分析产品组合的宽度、长度、深度和关联性在市场营销中具有重要的意义。企业增加产品的宽度（即增加大类，扩大经营范围，甚至跨行业经营，实行多角化经营），能够扩展企业的经营领域，实行多角化经营，分散经营风险，发挥企业潜力，使企业尤其是大企业的资源、技术等得到充分利用，提高经营效益。增加产品的长度和深度，如增加产品项目、品种和式样等，可以适应广大消费者不同的需求，有利于企业占领同类产品的更多市场，增加销售量，获得更多的利润。企业增加产品组合的关联度（即使各个产品大类在最终用途、生产条件、分销渠道等各方面密切相关），可以提高企业在某一区域或行业的声誉，在特定的市场领域树立良好的形象。

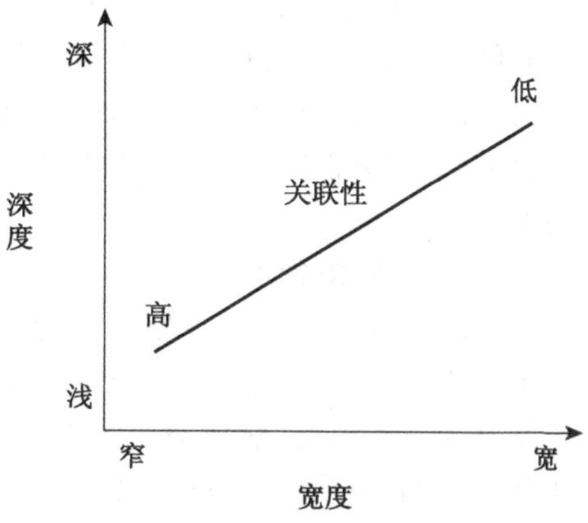

图 8-2　产品组合的宽度、深度和关联性

二、产品组合的评价分析方法

企业所处的市场环境是不断变化的，因此，每一种产品在市场上的地位、获利程度等也在不断变化。为了占有稳定的市场份额，保持预期的利润率，企业应相应地不断分析产品项目与产品线变化的情况，使它们保持合理的组合关系。优化产品组合的过程，通常是分析、评价和调整现行产品组合的过程。优化产品组合可以采取扩展的策略，也可以采取削减的策略。不论采取哪种策略，都要分析其目标市场、市场地位、产品销售额和利润等。常见的分析方法有以下几种。

（一）市场分析法

市场分析法主要是考虑各种产品现在和未来在市场上可能的占有率和销售增长率这两个因素，通过综合分析，选择有利产品进行组合，如表 8-2 所示。

按照各种预选产品项目的估算情况放入矩阵图中适当位置。凡是落入Ⅰ区的产品项目即为选中的产品组合，落入Ⅳ区的产品必须淘汰，而落入Ⅱ区和Ⅲ区的产品则需要作更细致具体的分析，再作出取舍的决策。

表 8-2　　产品市场矩阵

销售增长率 / 市场占有率	高	低
快	I	II
慢	III	IV

（二）三维分析法

三维分析法是指用三维空间坐标上的 X，Y，Z 三个坐标轴，分别表示市场占有率、销售增长率和利润率等。每个坐标轴又分为高、低两端，这样能获八种可能位置，然后将产品按其不同情况，置于不同的位置，以分析各产品的优劣，选择有利产品加以组合，使企业产品组合得到优化，如图 8-3 所示。由图 8-3 可知，若企业的产品大多数处于Ⅰ号位置上为最佳的产品组合，处于Ⅷ号(注Ⅷ号隐在Ⅴ号的下侧)位置上的产品是应该淘汰的，其他位置上的产品应通过具体分析再作出取舍的决策。

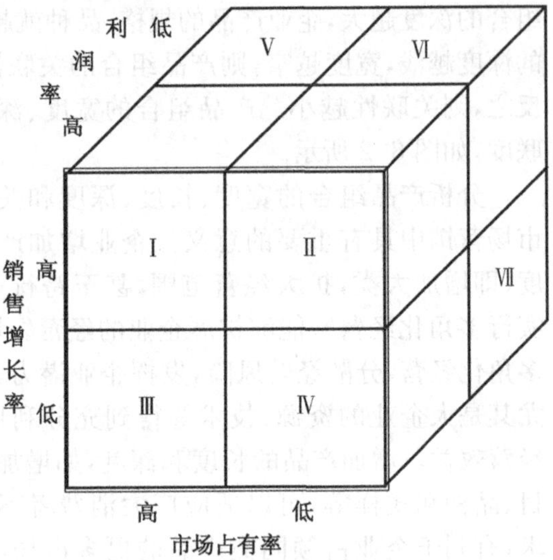

图 8-3 产品组合三维分析图

(三) 产品系列平衡法

产品系列平衡法是根据企业的经营能力和市场引力的好、中、差，将企业需要经营的产品分为九种情况，然后对其采取不同策略，实现产品的不同组合，使之接近于企业的总目标。此法也称为九象限评价法。

企业经营能力又称企业实力，是指企业经营的产品满足社会需要的程度。它主要包括企业的生产能力、技术能力、销售能力、产品更新能力、应变能力、管理能力和企业信誉等。

市场引力是指市场对某一产品(或对企业)的吸引力。它主要由市场容量、需求增长速度、产品生命周期等因素构成。

根据以上两个方面的要素，构成了产品系列评价矩阵图，也称九象限图，如表 8-3 所示。

表 8-3 产品系列评价矩阵

企业实力 \ 市场引力	强	中	弱
大	Ⅰ	Ⅳ	Ⅶ
中	Ⅱ	Ⅴ	Ⅷ
小	Ⅲ	Ⅵ	Ⅸ

在制定产品系列评价矩阵图之前，首先要对每一个产品的企业实力和市场引力采取打分的方法，分别评定其企业实力和市场引力的大、中、小。然后根据各产品的企业实力和市场引力的大小，将其置于产品系列评价矩阵图中的适当位置，从而选择不同的产品组合。

从产品系列评价矩阵图中，我们可得知以下信息，以支持产品决策：

在矩阵Ⅰ中的产品，企业实力大、市场引力大，可作为企业产品组合的重点，如果在Ⅰ内有数个产品，而且超出了企业组合产品的需要量时，那就要选择适量的最有利的产品，投入主要力量，作为支柱产品加以组合。

在矩阵Ⅱ中的产品，企业实力大、市场引力中等，选择它们有一定的风险。企业在选择时，应考虑是否加以改进，增大它们的市场引力。

在矩阵Ⅲ中的产品，企业实力大、市场引力小，发展前途小，是可能被市场淘汰的产品。

在矩阵Ⅳ中的产品，企业实力中等、市场引力大，尽管有一定的风险，但企业只要增加实力、苦练内功，还是很有发展前途的。

在矩阵Ⅴ中的产品，企业实力和市场引力都是中等，企业若对此产品已经组织生产，可维持现状，在适当的时机加以淘汰，再选择其他有前途的产品投产。

在矩阵Ⅵ中的产品，企业实力中等、市场引力小，应逐步淘汰，不应再作为产品组合的组成部分。

在矩阵Ⅶ中的产品，企业实力小、市场引力大，若企业有条件，也可以通过增加实力进行生产；否则，不应选入产品组合中。

在矩阵Ⅷ、Ⅸ中的产品，一般说来，应逐渐淘汰，不应再选入产品组合中。

九象限评价法是企业产品合理组合的一种重要方法，企业可以利用此法调整、优化产品组合，保证企业取得重大的经营成果。

三、产品组合策略

产品组合可以为企业避免单一产品的高风险，但并不是企业经营的产品无条件地越多就越好，一个企业应该生产和经营哪些产品才是有利的？这些产品之间应该有些什么配合关系？这就是产品组合策略。一个企业产品组合决策并不是任意确定的，而应根据企业所拥有的资源条件、市场需求情况、市场竞争等进行灵活选择。可供选择的产品策略有以下几个方面。

（一）全面覆盖策略

全面覆盖策略，即扩大产品策略。采用这一策略的条件就是企业有能力照顾整个市场的需要。整个市场的含义可以是广义的，这是不同行业的产品市场的总体；也可以是狭义的，即某个行业的各个市场面的总体。广义的全面覆盖型产品组合策略就是尽可能地增加产品线的宽度和深度，不受产品线之间关联性的约束。狭义的全面覆盖型产品组合策略注重产品线之间的紧密关联性，这种策略在一个行业范围内向顾客提供全部产品。全面覆盖型策略能较大限度地分散各种产品的经营风险，扩展企业的实力和声势，取得最大的市场覆盖面，最大限度地满足顾客的需要。一般大工业集团或大公司普遍采用这种策略。

（二）专业化经营策略

专业化经营策略，即概括实际情况缩减产品组合，在某一方面或几个方面集中资源满足特定消费者的需要。特别是当企业能力有限，或确在某方面有专长，或市场处在疲软状态时，企业可以放弃某些项目，缩减产品线，集中人力、财力和技术，加强企业的专业化，在优势产品上保持并加强市场上的竞争地位。专业经营可分为几种不同的策略。

1. 市场专业策略

市场专业策略是指以某个专业市场或某类顾客为服务对象，向该目标市场提供其所需的各种产品，不考虑产品组合的关联度。例如，企业要面向建筑产品市场，那么产品组合应专门生产提供推土机、翻斗机、挖沟机、水泥搅拌机、压路机和载重卡车等产品线。

2. 产品线专业策略

产品线专业策略是指企业集中生产经营某一类产品去满足不同消费者的需求。该组合方式具有行业化的特点，产品组合的长度和宽度各异，但关联度较高。例如，电脑公司根据不同的市场需要而设立商用电脑和家用电脑两条产品线以适应企业和家庭用户的需要。

3. 有限产品专业策略

有限产品专业策略是指企业只生产某一类产品中的一部分产品，以满足有限市场的需要。这类组合的宽度有限，但关联度较强，有利于发挥企业优势，尤其是适合生产经营条件有限的中、小型企业，提高在某一特定经营范围内的市场占有率。

4. 特殊产品专业策略

特殊产品专业策略是指企业根据自己所具备的特殊资源条件和技术专长，专门生产某些具有良好销路的产品项目。该策略具有组合宽度极小，浓度不大，关联度极强的特点，但所能开拓的市场是有限的，因其资源、技术特殊，能创造出特色产品，市场竞争威胁小。例如，生产某些特效药品的企业就是采用这种策略。

5. 扩大产品组合策略

该策略主要包括开拓产品组合的宽度和加强产品组合的深度。开拓产品组合的宽度是指增加产品线，扩大产品经营范围；加强产品组合的深度是指在原有的产品线内增加新的产品项目。当企业预测现有产品线的销售额和利润率在未来时期可能下降时，就应考虑在现有的产品组合中增加新的产品线或加强其中有发展潜力的产品线。当企业打算增加产品特色或占领更细的市场时，应选择有实力、前景好的生产线增加新的产品项目。总之，扩大产品组合可以使企业充分利用人、财、物等资源，促使企业抓住有利机会，分散风险，增强企业的竞争能力。

6. 缩减产品组合策略

当市场繁荣时，较长和较宽的产品组合策略为许多企业带来更多的获利机会；但当市场不景气时，则许多企业会缩减产品线，即采取缩减产品组合的策略。缩减产品组合主要是淘汰或缩减利润小或市场前景不好或原材料涨价的产品线或产品项目。企业通过对产品组合的缩减，有利于保持实力，集中力量从事优势产品的生产经营，减少资源的浪费，提高竞争力，促进企业生产经营的专业化等。

(三) 产品线延伸策略

产品线延伸策略是指企业全部或部分地把产品线延长，在顾及原市场需求的同时，开拓新市场，吸引新顾客，或适应顾客新的需求。产品线延伸有三种方式：向上延伸、向下延伸和双向延伸。

1. 向上延伸

它是指企业原来生产低档产品，后来决定增加高档产品。其主要理由是：①高档产品畅销，销售增长较快，利润较高；②企业估计高档产品市场上的竞争者较弱，易于被击败；③企业想使自己成为生产种类全面的企业。采取向上延伸决策，企业必须承受较大的风险，其主要原因为：一是可能引起高档产品的竞争者对低档产品市场进行反攻；二是潜在的顾客可能对企业能生产高档产品表示质疑；三是企业可能缺乏在高档产品市场经销所需的能力。因此，需培训或物色新的销售代理商和经销商。

2. 向下延伸

它是指企业把高档产品定位的产品线向下延伸，开始生产低档产品。向下延伸一般基于下列原因：①企业在高档市场已很难有发展的市场空间，需要向下延伸以充分利用企业的资源；②企业利用高档产品的市场品牌形象优势，向下延伸扩大市场份额；③企业增加低档产品填补市场的空白，不使竞争者有机可乘；或企业高档产品受到冲击，不得不用侵入低档产品市场的方式进行反攻。向下延伸具有相当的风险，其主要原因为：一是推出低档品牌还可能会激怒竞争者，使其向高档产品市场发动反攻；二是企业若在低档市场经营失利，则可能危及高档市场品牌的形象。因此，企业对低档产品最好用新的商标，以免低档产品市场经营失利使高档产品市场品牌形象受损。

3. 双向延伸

它是指企业在原有产品的基础上同时向档次高一级或低一级的市场发展。定位于市场中间范围的企业在占据市场优势之后,往往会决定朝产品大类的上、下两个方向延伸。企业若想获得成功,必须在质量和价格方面优于竞争者,以挽留老顾客,吸引新顾客。例如,电脑芯片市场领导者英特尔公司在产品成功的基础上,不断更新推出高性能的高端PⅢ芯片,同时,又在低端市场推出赛扬系列满足低价位电脑用户的需要,给竞争对手造成很大的压力,其中,定位于低价市场的Cyrix公司被迫退出竞争,并被其他公司收购。

第三节 产品生命周期

【案例导入】 农夫山泉产品生命周期及营销策略

1. 导入期

实施了差异化战略,强调其产品的类别、水源、设备、包装、价格、口感和市场定位与同行其他企业的差别。

2. 成长期

在包装差异上,先是1997年在国内首先推出了4升包装,1998年年初,又推出运动瓶盖,农夫山泉并不是第一个采用了运动瓶盖,1998年3月,上海老牌饮料正广和率先推出运动瓶盖。但值得注意的是,农夫山泉显然比正广和棋高一招:正广和在其宣传中只是生硬地理解了运动瓶盖的运动性、方便性,并在广告中选择了一些运动场景;而农夫山泉则把运动盖解释为一种独特的带有动作特点和声音特点的时尚情趣,选择中小学生这一消费群作为一个切入点,"课堂篇"广告中:"哗扑"一声和那句"上课时不要发出这种声音",让人心领神会、忍俊不禁,使得农夫山泉在时尚性方面远远超出了其他品牌。

在市场定位上,"这水,有我小时候喝过的味道"以一个中年人对幼年回忆的情景交融来衬托产品的文化内涵,以历史的纵深感勾连起人们浓重的情感认同,也符合都市人返朴归真的心理需求;用"农夫山泉有点甜"来说明水的甘甜清洌,采取口感定位就是"一点甜",便占据了消费者巨大的心理空间。有当年七喜推出"非可乐"的感觉,一下子就区别于乐百氏经典的"27层过滤"品质定位,以及娃哈哈"我的眼里只有你"所营造的浪漫气息。

3. 成熟期

一方面,农夫山泉运动瓶盖的独特设计容易让消费者产生与运动相关的联想,值得将之作为一大卖点来推广。农夫山泉便开始贯彻其与体育事业相结合的策略,但它并不单纯靠搭体育之便车来推广产品,也着力传播善待生命、关注健康、重视运动的理念和品牌形象:从1998年赞助世界杯足球赛中央五套的演播室;1999年成为中国乒乓球队唯一指定用水;到2000年被国家体育总局选为第27届奥运会中国体育代表团唯一饮用水赞助商,成为2001—2004年中国奥委会的长期合作伙伴和荣誉赞助商。当时,农夫山泉推出了"奥运军团喝什么水"的竞猜,广告打着"关心金牌从关心运动员开始"的旗帜,建议"为中国体育健儿选择一种天然、健康、安全的好水",在关心运动健儿的同时,也在传达和引导着一种健康的时尚。

4. 衰退期

尚未出现。

【引例分析】

一个企业要想其产品生命周期延长或出现再循环。企业自创品牌很重要,要加强自身的品牌建设注重企业形象,讲诚信维护自己的信誉。根据市场的变化和消费者的需要对产品作出适当的调整和创新,在产品生命周期的不同阶段作出相适应的调整策略,赢得消费者,赢得市场。

在不断变化着的市场上,企业的每一种产品都要经历由盛到衰的演变过程,各种产品都在不断推陈出新,经营者必须深入了解产品生命周期原理,了解产品在各生命周期的特定阶段以便采取相对应的营销策略。

一、产品生命周期的理论

(一)产品生命周期的概念

一种产品在市场上的销售情况和获利能力并不是固定不变的,而是随着时间的推移发生变化的。这种变化和生物的生命历程一样,也经历了诞生、成长、成熟和衰亡的过程,称之为产品生命周期。产品生命周期是指产品从进入市场开始,直到被市场淘汰为止所经历的全部时间。这里的产品生命指的不是使用生命、物质生命,而是产品的市场生命、经济生命。它反映了产品在市场上存在时间的长短。

产品生命周期是以销售额和企业所获得的利润额的变化来衡量的。如果以时间为横坐标,以销售额和利润为纵坐标,则产品生命周期表示为一条近似S形的曲线。产品生命周期一般经过四个阶段,即由投入期开始,销售额缓慢爬升;进入成长期后,销售额迅速增长;到了成熟期,销售虽然仍有增长,但速度极为缓慢;最后进入衰退期,销售额开始急剧下降。产品生命周期曲线,如图8-4所示。

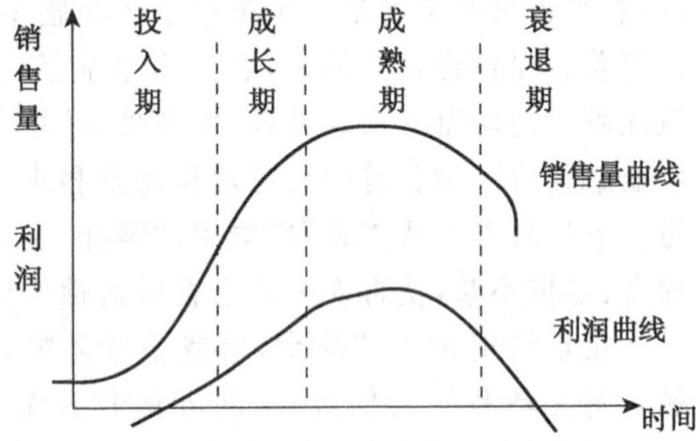

图8-4 产品生命周期曲线

图8-4中,销售额曲线和利润曲线的变化趋向大体相同,但是变化的时间却不尽相同。当销售额曲线还在上升时,利润额曲线已开始下降了,这是由于竞争而压低售价造成的。实际的产品生命周期曲线并不是严格按照图8-4中所示的走势,不同的产品,其生命周期曲线是不一样的,有的很短、很陡,有的很长、很平,但一般来说,其走势大致如此。因此也可以说,图8-4所示产品生命周期曲线是一条经验的、统计的曲线。此外,企图确定产品生命周期的各个划分点是不现实的,它们只是表示产品生命周期可以划分为这些有差别的阶段而已。

(二)影响产品生命周期长短的因素

1. 消费者需求的变化

消费水平的提高导致某些低档产品淡出市场;消费者某些过度的消费行为可能促使某些产品迅速成长和成熟;另外,人们的审美观、价值观、消费时尚的变化也会影响到产品的市场寿命。

2. 技术进步

新技术的出现和对现有产品技术的革新,会使原有产品在功能、性能、质量和经济上显得落后和不再适宜,使该产品不再获得消费者的青睐而衰亡。

3. 市场竞争

市场竞争激烈,会迫使各个企业加强研制新产品,这便使现有产品的市场生命周期缩短;反之,市场竞争不强,产品更新换代缓慢,会延长现有产品的市场生命周期。

4. 政府干预

政府从维护社会整体利益出发,可能采取经济手段鼓励或限制行业政策、颁布环保法令、实行质检标准、加强贸易障碍等延长或缩短产品应有的市场生命周期。

(三)产品生命周期的非典型化形态

S形产品生命周期曲线是一种理想化的曲线,而在实际的经济生活中,并非所有的产品生命周期曲线都呈S形,不同的产品,其市场生命周期曲线也不尽相同。不同的产品生命周期类型,如图8-5所示。

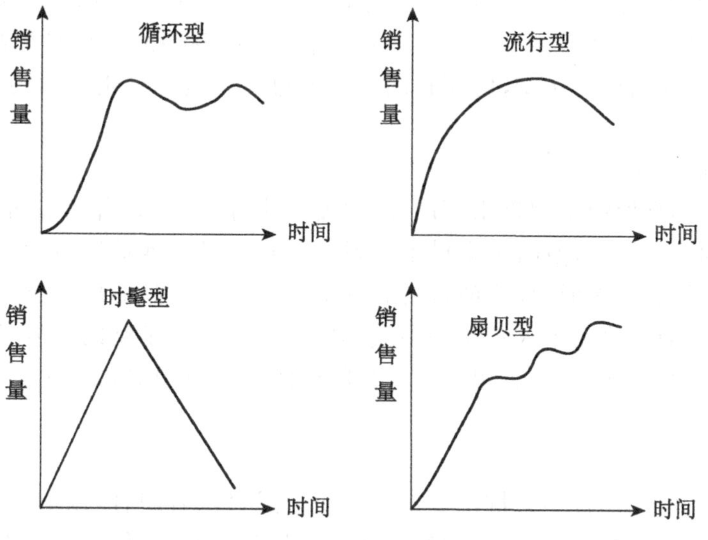

图8-5 不同的产品寿命周期类型

1. 循环型

循环型又称循环——再循环型。这种类型的代表是医药产品。新药品推出时,企业通过大力推销,使产品销售出现第一个高峰,然后销售量下降,于是企业再次发起推销,使产品销售出现第二个高峰。一般地说,第二次高峰的规模和持续时间都小于第一次。

2. 流行型

流行品刚上市时只有少数人接纳,然后随着少数人的使用和消费,其他消费者也发生兴趣,纷纷模仿,进入模仿阶段。终于产品被大众广为接受,进入全面流行阶段。最后,产品缓慢衰退。因此,流行型的特征是成长缓慢,流行后保持一段时间,然后又缓慢下降。

3. 时髦型

时髦型产品的市场生命周期则是快速成长又快速衰退,其时间较短,如电视卡通玩具等。原因在于时髦品只是满足人们一时的好奇心或标新立异,并非人们的必需需求。

4. 扇贝型

扇贝型产品市场生命周期的特点是不断延伸再延伸。其原因是产品不断创新或发现新的用途、新的市场,因此有连续不断的市场生命周期。例如,尼龙的市场生命周期就呈扇贝型,因为尼龙不仅可作降落伞,还可用来做袜子、衬衫、地毯等,从而使其市场生命周期一再延伸。

尽管不同产品的市场生命周期不尽相同,但为了方便起见,这里讨论的仅是有代表性的S形产品市场生命周期曲线。

二、产品生命周期各阶段的特点及营销策略

在产品生命周期的不同阶段,企业、产品和市场状况等都具有不同的特征,企业只有掌握这些特征并相应采取各种市场营销策略,才可望获取较好的营销效果。

(一) 投入期的特征与营销策略

这一阶段的主要特征是:产品技术、性能不够完善;生产批量小,试制费用大,产品成本高;用户对产品不太了解,销售量少,需做大量广告,推销费用较大;企业利润较少或无利润,甚至亏损;市场竞争者较少等。根据这些特征,企业营销的重点是提高新产品的生命力,使产品尽快地为用户所接受,促使其向成长期过渡。这时采用的营销策略通常有以下四种。

1. 迅速撇脂策略

即以高价格和高促销费用推出新产品,以便先声夺人,迅速占领市场。订高价固然会影响产品销路的迅速打开,但由于支付了大量广告宣传及其他促销费用,就可在市场上塑造该产品的高质量和名牌形象,让消费者心理上产生对该产品的信任感,认识到该产品是优质优价的,从而减缓价高令人却步的不利影响。采用这一策略的市场条件是:已经知道这种新产品的顾客求新心切,愿出高价;企业面临潜在竞争者的威胁,急需尽早树立品牌等。

2. 缓慢撇脂策略

即以高价格、低促销费用来推出新产品。企业通过两者组合,以求从市场上获取较大利润和较大程度上节省开支。实施这种策略的市场条件是:市场容量相对有限;产品确属名优特新,需求的价格弹性较小;需要者愿出高价;潜在竞争的威胁不大等。

3. 迅速渗透策略

即以低价格和高促销费用来大力推出新产品。这种策略可使产品以最快的速度进入市场,并使企业获得最大的市场占有率。采用这一策略的市场条件是:市场容量相当大;需求价格弹性较大;消费者对这种产品还不甚熟悉,却对价格十分敏感;潜在竞争比较激烈等。

4. 缓慢渗透策略

即以低价格和低促销费用推出新产品。低价格的目的是使消费者能快速接受新产品,低促销费用能使企业节省开支,相对获得更多利润并增强竞争力。实施这一策略的市场条件是:市场容量较大;消费者对产品比较熟悉且对价格也较敏感;有相当多的潜在竞争者等。

(二) 成长期的特征与营销策略

成长期的主要特征是:产品基本定型且大批量生产,成本大幅度下降;消费者对产品已

相当熟悉，销售量急剧上升，利润也随之增长较快；大批竞争者纷纷介入，竞争显得激烈等。在这一阶段，企业可考虑采用如下策略：

(1) 提高产品质量。

(2) 开拓新市场。

(3) 树立产品形象。

(4) 增强销售渠道功效。

(5) 选择适当时机降低价格，既可吸引更多消费者，又可打击竞争者。

(三) 成熟期的特征与营销策略

这一阶段的主要特征是：销售量虽有增长，但已接近和达到饱和状态，增长率呈下降趋势；利润达到最高点，并开始下降；许多同类产品和替代品进入市场，竞争十分激烈等。成熟期的经营，情况较为复杂，经营者应从企业和产品的实际出发，调整营销策略。对于实力不很雄厚或产品优势不大的企业，可采用防守型策略，即通过实行优惠价格、优质服务等，尽可能长期地保持现有市场。对于无力竞争的产品，也要采用撤退型策略，即提前淘汰这种产品，以集中力量开发新产品，以求东山再起。如企业实力雄厚，产品仍有相当竞争力，则应积极采取进攻型策略。进攻型策略往往从以下三方面展开。

1. 产品改革策略

即通过对产品的性能、品质、花色等方面的明显改良，以保持老用户，吸引新顾客，从而延长成熟期，甚至打破销售的停滞局面，使销售曲线又重新扬起。

2. 市场再开发策略

即寻求产品的新用户，或是寻求新的细分市场，使产品进入尚未使用过本产品的市场，如对婴儿奶粉市场和中老年奶粉市场的再开发。

3. 营销因素重组策略

即综合运用价格、分销、促销等多种营销因素，来刺激消费者购买。例如，降低价格、开辟多种销售渠道、增加销售网点、加强销售服务、采用新的广告宣传方式、开展有奖销售活动，等等。

(四) 衰退期的特征与营销策略

衰退期的特征主要是：替代品大量进入市场，消费者对老产品的忠实度下降；产品销售量大幅度下降，价格下滑，利润剧减；竞争者纷纷退出市场等。对此，企业采取的策略往往有以下几方面。

1. 集中策略

即缩短战线，把企业的资源集中使用在最有利的细分市场，最有效的销售渠道和最易销售的品种、款式上，以求从最有利的因素中获取尽可能多的利润。

2. 维持策略

由于在衰落阶段许多竞争者相继退出市场，而市场上对此产品还有一定需求，因此，生产成本降低的企业可继续保持原有的细分市场，沿用过去的营销组合策略，将销售量维持在一定水平上，待到时机合适，再退出市场。

3. 撤离策略

当产品已无利可图时，应当果断及时地停止生产，致力于新产品的开发。否则，不仅会影响企业的利润收入，占用企业有限的资源，更重要的是会影响企业的声誉，在消费者心中留下不良的企业形象，不利于企业今后的产品进入市场。

第四节 新产品开发策略

【案例导入】 **耐克"放肆跑"诠释跑步新概念**

关于跑步,你有怎样的想法?这种运动其实很简单,它无关身材,无关年龄,也并不只限于矫健的体育明星来展现飒爽英姿。想跑的话,随时都可以。

耐克数月前在全球展开了"放肆跑"活动,在宣传其新产品 Lunar Eclipse 跑步鞋的同时也为大家展现了跑步的新概念。只要高兴,撒欢儿跑吧,快乐就好。上海 W+K 作为耐克中国区的创意代理商,为耐克在中国的"放肆跑"打造了一套作品,期待更多的人参加到活动中来,一起体验跑步的乐趣。

60 秒的"放肆跑"宣传视频目前在优酷已经积累了近 240 万的点击率,向人们传达奔跑的无处不在和无拘无束。除了上述作品外,耐克和 W+K 联手在上海创作了一幅涂鸦壁画,将"放肆跑"的概念栩栩如生地呈现给路人,与路人互动。

据悉,新产品 Lunar Eclipse 跑步鞋提供出色的缓震功能和舒适性,可以满足不同跑步者和不同跑步阶段的需要。热爱跑步的"童鞋",不妨也跑起来吧。

【引例分析】

让消费者亲身经历地参与到新产品的发布中,从中感受跑步的新概念并了解新产品的特性。企业通过活动、视频及涂鸦壁画,吸引消费者对新产品的好奇心并激发他们对产品的兴趣。

一、新产品的概念及新产品开发的意义

(一) 新产品的概念及种类

1. 新产品的概念

科技发展迅猛,市场千变万化,产品生命周期缩短,新产品开发进程加快。开发符合市场规律,满足现实和潜在市场需求的新产品,关系到企业的生死存亡。国外很多久盛不衰的企业成功的主要经验就是不断推出新产品。例如日本的索尼公司,通过每年向市场推出 1 000 多种新产品,不断提高国际竞争实力。索尼公司的发展理念就是"创造前人未涉足的,能够实现人们梦想的产品"。又如,美国明尼达采矿制造公司也非常重视经营领域的拓宽和新产品开发,并由生产砂纸的小企业发展到矿业、电力、航空、通讯、建筑、卫生和文化娱乐等产业。不断开发新产品、抓住机会拓展经营领域就是其成功的经验。

一般来说,新产品是与原有产品相对的概念。在现代市场营销学中,新产品的概念需要从产品整体概念的角度来理解。即产品整体概念中任何层次的更新和变革,所引起产品材料、质量、性能、品种、特色、结构和服务等某一方面或若干方面的变化,与原有产品有一定的差异,并为顾客带来新的利益的产品都称为新产品。也就是说,只要具备以下条件之一的产品都可以称为新产品:①新的原理、构思与设计;②新的原材料;③新的功能;④更高的质量与服务;⑤新的用途;⑥新的市场或带给顾客新的利益。

2. 新产品的类型

从现代市场营销学的角度来看,新产品主要有以下六种类型:

(1) 全新产品,即利用新技术创造出的整体更新的产品。此类产品往往根据新的技术发明,采用新原理、新材料、新技术、新工艺创造的并率先在市场上问世的产品。

(2) 新产品线。能够使一个公司首次进入新市场的产品。

(3) 现有产品线的增补产品。在公司现有产品线上,增补的新产品,包括产品型号、款式、大小等方面的变化。

(4) 现有产品的改进和更新。产品性能的改进或注入新的价值,能够替代现有产品。

(5) 市场重新定位的产品。能够进入新的细分市场的现有产品或改变原有市场定位推出的新产品。

(6) 成本减少的产品。以较低的成本推出同样性能的产品。

(二) 新产品开发的意义与原则

1. 新产品开发的意义

新产品开发不仅是提高企业核心竞争力促进企业持续发展的需要,也是满足市场需求及社会、经济、科技发展的要求。具体地说:

(1) 新产品开发是提高企业核心竞争力,促进企业可持续发展的需要。随着全球经济一体化进程加快,市场竞争日益激烈,尤其是我国加入 WTO 后,国内、国际两大市场趋于接轨,企业面临新的机会与挑战,企业要生存要发展,就必须重视新产品开发,并运用新技术、新材料、新工艺、新方法开发具有国际竞争力的新产品,切实提高企业实力。

(2) 新产品开发是适应消费需求变化的需要。随着经济的发展和人民生活水平的提高,消费需求趋于多元化,消费选择更加多样化、个性化。企业要满足不断变化的消费需求,就必须不断地开发新产品。

(3) 新产品开发也是产品生命周期理论的要求。产品生命周期理论告诉我们,任何产品都有一定的生命周期。随着知识经济时代的来临,知识资源的共享和技术创新的加快,产品生命周期逐渐缩短,产品更新换代速度加快。例如,我国家电市场从彩电、冰箱到智能家电、无人机等有代表性的产品,从形成规模到全行业产品过剩的时间越来越短。因此,企业必须根据产品生命周期规律,不断推陈出新,以适应市场和科学技术的变化。

(4) 新产品开发是科学技术发展的结果。科学技术是第一生产力。科技只有与生产相结合才能转化为现实的生产力。科学技术的进步与发展推动着技术创新的进程,加快了产品更新换代的速度,企业必须通过技术创新促进新产品开发才能在市场上保持竞争优势,立于不败之地。

2. 新产品开发的基本原则

一个企业在开发新产品时必须重视以下几个基本原则:

(1) 市场需求与经济效益原则。一个企业在开发新产品时,必须重视市场需求和社会需要,根据现实和潜在的市场需求对新产品开发进行定位,根据产品生命周期规律确定新产品开发进度,以满足顾客核心利益为出发点,讲求经济效益、生态效益和社会效益的协调发展。

(2) 竞争与技术优势原则。新产品开发不仅要重视发挥企业竞争优势,增强企业实力,而且要重视发挥企业技术优势,加强技术创新,切实提高产品的质量与性能等。

(3) 连续性原则。产品生命周期规律要求新产品开发要有连续性。企业既要重视产品的多样化，又要重视新老产品开发的衔接，促进产品设计、试验、试制、投产、试销和大批量生产、投放市场等环节的连续，保持产品开发与技术创新的优势。

(4) 时效性原则。新产品的研究、设计、试验、试制、生产和销售等，不仅要重视质量，还要重视速度。新产品开发及投放市场都要注意时效性，不能步人后尘。

二、新产品开发的过程

新产品开发是一项既重要而又充满风险的工作，要提高新产品开发的成功率，需要重视新产品开发的各个环节。新产品开发过程一般需经历八个阶段，包括：新产品构思、构思筛选、形成产品概念、制定营销规划和战略、商业分析、新产品研制、市场试销以及批量上市等。

1. *新产品构思*

构思是为满足某种需求而进行产品开发的设想。要开发出满足市场需求的新产品，正确的构思是前提。一种新产品的构思可以来自企业的销售或生产人员、高层管理人员、经销商、竞争者以及对消费者的调查，还可以来源于科学家、学者、营销策划者、广告商及贸易公司等其他相关人员或机构。在新产品构思阶段，营销部门的主要任务是寻找创意、搜集构思，为决策者或高层主要管理人员提供构思决策的素材与依据。寻找和搜集新产品构思的主要方法有：①属性排列法。该方法是通过列举产品的主要属性，并对每一属性进行分析、修改，从而形成新的创意。②强制关联法。该方法先列举若干不同的产品，并分析某一产品与其他产品的关系，从而产生新的构思。③形态分析法。该方法从分析某一产品各个层面的关系着手，再形成新的创意。④问题分析法。该方法是从消费者及社会公众对产品提出的问题着手，分析问题的症结，并寻找改进思路。⑤头脑风暴法。该方法通过召集若干(一般不超过 10 人)发明家或有独到见解的人士对产品开发的关键问题进行慎重思考、热烈讨论，在相互激发中寻找新的创意。

2. *构思筛选*

企业对收集到的新产品构思要进行筛选。筛选的过程实质是对搜集到的新产品创意或构思进行评估，研究其可行性，从中挑选出可行性较强的构思。筛选的目的就是淘汰不可行或可行性较低的创意或构思，以便使企业有限的资源集中于可行性强、成功机会大的构思上来。构思筛选一般分两个阶段进行：第一阶段是初步筛选，即把不符合企业实际或无利可图的构思剔除；第二阶段是缜密筛选，即对初步筛选后的构思进行可行性评价，从中挑选可行性较强的构思。在新产品构思筛选中要考虑以下两个方面的因素：一是该构思是否符合企业实际与市场前景，并分析其利润目标、销售目标、成本目标、形象目标能否实现；二是分析企业有无足够的能力开发此新产品，并从资金能力、技术能力、人力资源和销售能力等方面综合考虑。

3. *形成产品概念*

新产品构思经过筛选后，需要进一步发展更具体、明确的产品概念。产品概念是指已经基本定型的产品构思，是从消费者角度对此构思所作的详尽的描述，并能用文字、图像、模型等予以清晰地描绘。产品概念的形成一般需要经过产品设计与评估两个步骤来实现。产品设计是指用文字、图像、模型等清晰地描述产品概念；产品设计评估则是对各个设计方案进行评价，并选出最佳的或最满意的方案。企业确定最佳的产品概念，进行产品和品牌定位后，还要进行试验。产品概念的试验是指把产品概念用文字、图像、模型描述或用实物表示出来，并在某一群目标顾客面前展示，观察他们的反应，从而分析顾客对新产品的认识或好恶程度。

4. 制定营销规划与战略

形成产品概念后，企业需要制定市场营销战略，并由有关人员拟定新产品投放市场的初步的市场营销战略计划书，该计划书需要在以后的发展中不断完善。它一般包括三部分内容：第一部分主要描述目标市场的规模、结构和行为，以及新产品在目标市场的定位，短期的市场销售量、市场份额和利润目标等；第二部分主要描述产品的计划价格、分销策略和第一年的营销预算；第三部分主要描述预期的长期销售量和利润目标，以及不同时期的市场营销组合策略等。

5. 商业分析

企业确定产品概念及市场营销策略后，还必须对要开发的新产品进行商业分析。商业分析主要是从经济效益的角度分析新产品是否符合企业目标，能否满足市场需求。企业市场营销管理部门要审查新产品将来的销售量、成本和利润的估计。随着市场的变化以及新的情报的收集，商业分析应作进一步的修订。

6. 新产品研制

新产品概念经过商业分析后，进入研制阶段。研制阶段是指新产品研究与开发部门或技术工艺部门将产品概念转变成产品模型或样品，并设计其包装及品牌等。研制是新产品开发的重要阶段，只有通过试制，投入人、财、物，才能使用文字、图像及模型描绘的产品设计变为真实的物质产品。企业通过试制，能进一步发现问题与不足，找出差距，改进设计，促进产品概念成为商业和技术上均可行的产品。

7. 市场试销

如果企业对新产品的研制（包括样品、品牌、包装设计）感到满意，就应把试制的小批量产品拿到市场上试销。试销的主要目的是了解消费者及经销商对于经营、使用和再购买此新产品的实际状况及市场的大小等。新产品试销要重视以下问题：①试销的市场区域与范围；②试销的地点；③试销的费用；④试销需要收集的信息资料；⑤试销的营销策略及进一步改进工作的对策等。

8. 批量上市

新产品经过试销并取得成功后，企业就可以正式批量生产并投放市场。企业批量生产，并投放市场需要考虑以下主要问题：①全面投入生产的规模、厂房、设备、原料、资金、技术和人员；②批量上市的策略及营销费用，主要包括批量上市的时机、上市的区域及地点、目标市场、营销组合及营销费用等。

三、新产品的市场扩散

新产品的市场扩散是指新产品上市后随着时间的推移不断地被越来越多的消费者采用的过程。新产品的市场扩散是企业非常关注的问题，而新产品能否实现市场扩散又与新产品的特点、消费者对新产品的认知、消费者的类型以及新产品扩散的管理都有一定的关系。

1. 新产品的特点直接影响其市场扩散

新产品的开发与市场扩散是创新的结果。任何新的产品、服务或构思都是创新。新产品创新的特点不仅会影响其采用率，还会影响产品的扩散速度与程度。

(1) 创新产品的相对优越性。它是指新产品优于现行产品的程度。新产品与现行产品相比在性能、质量、可靠性、便利性和新颖性等方面能体现更大的优越性,其采用率会高,扩散速度会快。

(2) 创新产品的适应性。它是指新产品与消费者的习惯、经验、价值等方面的吻合程度。符合消费观念、习惯与文化,则容易扩散;否则,难以扩散。

(3) 创新产品的复杂性。它是指消费者了解和使用新产品的难易程度。容易了解,使用简便的新产品容易被采用,有利于市场扩散。

(4) 创新产品的明确性。它是指新产品的性能、特点等被观察、描述、传播的难易程度。新产品的性质、特点容易描述,便于传播,可示范性强,效果明显,其扩散速度一般比较快。

2. 消费者采用新产品的过程影响其市场扩散

从消费者对新产品的认知到对新产品的采用过程有一定的规律。美国市场营销学者罗吉斯将这一过程分为五个重要阶段,即认知→兴趣→评价→试用→采用。

(1) 认知。它是指消费者对新产品有所察觉,但缺乏足够的了解,获得的信息还不够系统。

(2) 兴趣。它是指消费者对新产品有了一定的了解,产生了兴趣,从而激发消费者寻找有关信息。

(3) 评价。它是指消费者对新产品进行价值分析,权衡是否采用该新产品。

(4) 试用。它是指消费者开始小规模地试用该新产品,以便改进对其价值的评价。

(5) 采用。它是指消费者通过试用比较理想,决定全面和经常地使用该新产品。

企业新产品的市场扩散与消费者对新产品的认知采用过程有关。企业要运用市场营销组合策略,促进消费者对该新产品的了解与认识,激发兴趣,鼓励试用,促进重复购买。

3. 新产品的市场扩散要考虑消费者的类型

在新产品的市场扩散中,由于受消费者个人性格、心理、价值观念、文化程度、家庭背景和社会地位等因素的影响,对新产品的反应和采用快慢程度也有较大的差异。罗吉斯根据这种接受快慢的程度将采用者划分为五种类型,即创新采用者、早期采用者、早期大众、晚期大众和落后采用者。

(1) 创新采用者。创新采用者也称消费先驱,是个性强,勇于冒险,追求新颖,经济富有,有较高的社会地位,容易采用新产品的消费群体。

(2) 早期采用者。即富于探索,比较敏感,有一定的经济地位,能够较早接受新产品的消费群体。

(3) 早期大众。即有一定的经济收入,有良好的教育,虽然不会冒险消费,但有较强的模仿心理,在率先消费者的影响下,能够接受并采用新产品的消费群体。

(4) 晚期大众。即经济水平一般,思想相对保守,购买行为慎重,但在大部分先期消费群体的影响下也会加入该新产品消费的人员。

(5) 落后采用者。即思想保守,对新事物、新产品持怀疑态度,固守传统的消费方式,在产品成熟期的晚期或衰退期才接受该产品。

4. 新产品市场扩散的过程管理及其措施

新产品市场扩散的过程管理是指企业通过采取措施,促使新产品按照既定的目标实现市场扩散的过程。按照新产品生命周期和新产品市场扩散的规律,企业可采取的策略主要有:投入期的销售额迅速起飞策略、成长期销售额快速增长策略、成熟期产品渗透最大化策略以及衰退期的维持策略等。

(1) 投入期的销售额迅速起飞策略。在新产品的投入期,企业的市场扩散策略要重视以下问题:①加强营销队伍,重视人员推销;②制定广告策略,加强广告宣传;③开展各种促销活动,鼓励并引导消费。

(2) 成长期销售额快速增长策略。在新产品的成长期,企业的市场扩散策略要重视以下问题:①改善产品性能,提高产品质量;②发展产品品种,创建产品品牌;③加强公关,建立通畅的分销渠道;④重视促销活动等。

(3) 成熟期产品渗透最大化策略。在新产品的成熟期,企业的市场扩散策略要重视以下问题:①更新或改进产品设计,强化广告;②降低价格,实现薄利多销;③重视促销活动的有效组合等。

(4) 衰退期的维持策略。在新产品的衰退期,企业的市场扩散策略要重视以下问题:①想方设法维持现有的销售水平;②改进产品,加强分销,多多让利,留住老顾客,吸引新顾客等。

【本章小结】

产品整体概念包含核心产品、有形产品、附加产品、期望产品和潜在产品五个层次,产品整体概念是产品组合及产品开发的基础,也是影响产品生命周期的内在因素。产品组合考虑的是一个企业提供给市场的全部产品线和产品项目的组合和结构。企业产品组合策略的制定要综合考虑产品组合的宽度、长度、深度和相关性。产品组合优化是分析、评价和调整现行产品组合的过程,常用方法有:市场分析法、三维分析法和产品系列平衡法。随着社会经济技术的发展,企业需要优化产品组合。优化产品组合可以采取扩展的策略、削减的策略和延伸的策略。不同的企业要根据自身实际和市场态势选择产品组合策略。

产品生命周期是企业研究和制定产品策略的重要组成部分,是指产品从进入市场到被市场淘汰退出市场所经历的全部过程。典型的产品生命周期一般分为产品投入、成长、成熟、衰退四个阶段,不同的阶段有不同的特点,并需要相应的市场营销策略。

新产品开发是提高企业核心竞争力,也是企业持续发展的需要,新产品开发在激烈的市场竞争中越来越重要。新产品开发是一项重要而又充满风险的工作,要提高新产品开发的成功率,需要重视新产品开发的各个环节。成功地开发新产品必须重视市场需求,制定新产品开发策略,遵循新产品开发程序,实现新产品的市场扩散。新产品开发过程一般由新产品构思、筛选、形成产品概念、制定营销战略、商业分析、新产品研制、市场试销和批量上市八个阶段构成。

【同步测试】

一、概念

产品整体概念　产品组合　产品线　产品组合广度、长度、深度和相关性　产品生命周期

二、选择题

1. 产品整体概念最基本的层次是指(　　)。

A. 核心产品　　B. 形式产品

C. 附加产品　　D. 实物产品

2. 企业所拥有的不同产品线的数目是该企业产品组合的(   )。

A. 深度　　B. 长度

C. 广度　　D. 关联度

3. 企业原来生产高档产品,后来决定增加低档产品,这种产品组合策略称为(   )。

A. 向上延伸　　B. 向下延伸

C. 反向延伸　　D. 缩减产品组合

4. 产品特色属于产品整体概念中(   )部分。

A. 核心产品　　B. 附加产品

C. 形式产品　　D. 特色产品

5. 处于(   )的产品,销售量少,促销费用高,制造成本高,销售利润很低甚至为负值。

A. 投入期　　B. 成长期

C. 成熟期　　D. 衰退期

6. 消费者购买某种产品时所追求的利益,即顾客真正要买的东西,是产品整体概念中的(   )。

A. 有形产品　　B. 核心产品

C. 期望产品　　D. 延伸产品

三、思考题

1. 什么是产品的整体概念？它包括哪几个层次？

2. 什么是产品组合的宽度、深度和关联性？

3. 以生活中某一产品为例说明产品生命周期各阶段的特点及应采取的营销策略。

4. 什么是新产品？有哪几种新产品？

5. 新产品开发的意义和步骤各是什么？

【技能训练】　有机食品的发展前景

有机食品(Organic Food)是国际通称,这里所说的“有机”并不是化学上的概念,而是指采取一种有机的耕作和加工方式,按照这种方式生产和加工,产品符合国际或国家有机食品要求和标准,并通过了国家认可的认证机构认证的农副产品及其加工品,称为有机食品,其包括粮食、蔬菜、水果、奶制品、禽畜产品、蜂蜜、水产品和调料等。

有机食品的价格较高,通常比常规食品高30%～50%,有些甚至高出1倍以上。人们青睐有机食品除了其无污染、高品质、口味好、对健康有利之外,还有一个重要原因,就是消费有机食品是对环境保护和可持续发展作贡献。这是因为,有机食品在生产过程中有严格的生产条件:一是有机食品在其生产加工过程中禁止使用农药、化肥、激素等人工合成物质,并且不允许使用基因工程技术。二是要有生产转型期,从种植其他产品到生产有机食品需要2～3年的转换期,以保证土壤中农药、化肥、激素等物质衰减至符合标准。三是有机食品的认证要求定地块、定产量,以确保其质量。因此,生产有机食品需要建立全新的生产体系和监控体系,以生态的、无污染的生产方式,来完成病虫害防治、地力保持、种子培育、产品加工和储存等生产过程。这种生产方式,完全符合实行可持续发展农业的要求。

我国对有机食品的开发始于20世纪80年代后期,到目前为止,大多数栽培作物都已有了有机食品,已经过认证机构认证的产品主要有谷物、豆类、蔬菜、饮品、中草药等类别的近

100个品种。我国的有机食品大部分销往日本、美国、加拿大及欧洲市场，也有部分产品在国内市场销售。据了解，目前在北京、上海、广州和南京等国内市场已经有了有机食品销售专柜，而且消费量呈上升趋势。但是，从总体上看，我国有机食品的生产开发还处于起步阶段，还跟不上形势的需要，不仅总产量小，有关方面对其重要性的认识也不够。

为了加快我国有机食品产业的发展步伐，有关专家提出，目前首先应加强对有机食品基地建设工作的指导，选择地方政府重视、群众有积极性的地区，积极推动有机食品基地的建设。同时，加强对有机食品生产基地的认证和环境监测工作，并逐步实现与国际接轨。建设有机食品基地，保护和改善农村生态环境，还可提高我国食品的国际竞争力，达到农民增收致富的目的。其次，要逐步建立和完善技术支持服务体系，让技术咨询服务队伍成为有机食品的“讲解员”，帮助和指导农民认识有机食品，掌握相关技术，确保农民按有机食品的技术规范生产出合格的有机食品。此外，还要加强有机食品的市场规范管理。

讨论：

1. 有机食品的发展前景展望。
2. 如何推动有机食品的发展?

第九章
品牌与包装策略

【学习目的与要求】 本章主要介绍产品品牌与产品包装的基本知识，要求掌握品牌与包装的相关概念，了解两者的设计原则，并懂得在实践中运用品牌策略和包装策略。

第一节 品牌与品牌策略

【案例导入】 中国服装的“困惑”

中国服装业作为中国传统支柱产业和拳头出口产品，加工能力、生产能力、出口量、出口额都名列世界第一。然而一直以来，中国很多服装企业仅仅满足于贴牌加工，赚取低廉的加工费，不重视自主品牌的开发，更加忽略国际品牌的打造，致使中国服装没有一个享誉世界的品牌，在很多外国人眼里仍是低质、低价商品的代名词。这都是中国服装忽视品牌建设的恶果。中国有很多的服装企业，也有不少才华横溢的服装设计师和很好的服装制造技术。中国不是缺少吸引外国人眼球的服装文化，而是缺乏让世界知道的中国服装品牌。

【引例分析】

品牌是产品市场地位和经济效益的保证，是企业生存与发展的重要砝码，忽视品牌建设，企业将很难在强手如林的竞争市场上占得先机，企业的生存与发展也必然受到限制。

一、品牌的含义、作用

(一) 品牌的含义

所谓品牌，又称产品的牌子，它是用以识别某个销售者或某群销售者的产品或服务，以便同竞争者的产品或服务区别开来的商业名称或标志，通常由文字、标记、符号、图案、设计和颜色等要素或它们的组合所构成。品牌是一个集合概念，它包括品牌名称和品牌标志两部分。品牌名称是指品牌中可以用语言称谓的部分，也称“品名”，如香奈儿、奔驰、华为、海尔等。品牌标志是指可以被认出，但不能用文字表述的部分，主要通过特定的符号、图案、颜色等构成，以显示与其他品牌的区别，如“香奈儿”的双C标志，“肯德基”的代言人山德士少校的图案等。品牌实质代表着销售者(卖者)对交付给买者的产品特征、利益和服务的一贯性的承诺。好的品牌往往是质量的保证。要把握品牌的深刻内涵，可以从以下六个层次加以理解。

1. 属性

品牌代表着特定的商品属性，这是品牌最基本的含义。例如，奔驰牌轿车不仅意味着工艺精湛、制造优良、马力强大、速度快、耐用性强、转卖价值高，还是昂贵、高贵、体面的象征。这些属性就是用来宣传的主要内容。多年来，奔驰的广告一直强调“全世界无可比拟的工艺精良的汽车”。

2. 利益

品牌不仅代表着一系列的属性，还体现着某种特定的利益。顾客购买某种商品的实质是购买某种利益。因此，属性需要转化成功能性或情感性的利益。例如，奔驰车“工艺精湛”的属性可以转化为“安全、舒适、有面子”等利益；“价格昂贵”可以转化为“身份高，受到尊重，令人羡慕”等利益；“速度快”可以转化为“办事效率高”等利益；而“耐用性强”可以转化成“多年内我不需要买新车”等。

3. 价值

品牌能够体现生产者的某些价值。品牌作为一种无形资产之所以有价值，不仅在于品牌形成与发展过程中蕴涵的沉淀成本，而且在于它是否能为相关主体带来价值，即是否能为其创造主体带来更高的溢价以及未来稳定的收益，是否能满足使用主体一系列情感和功能效用。2016 年，福布斯(Forbes)公布了该度全球最具价值品牌排行榜，其中苹果、谷歌和微软分别以 1 541 亿美元、825 亿美元和 752 亿美元的品牌价值位居品牌榜前三甲。这是福布斯自 2010 年举办“最具价值品牌”中，苹果连续 6 年蝉联冠军宝座，这也是“苹果”近些年被热烈追捧，“果粉”不计其数的重要原因。“苹果”超高的品牌价值不仅体现了生产者的超强实力，也满足了使用者一系列的情感和功能效用。

4. 文化

品牌附着特定的文化，反映文化的特质或蕴藏着的内涵。品牌文化代表着一种价值观、一种品位、一种格调、一种时尚、一种生活方式，它的魅力就在于能帮助顾客去寻找心灵的归属，实现他们的情感追求。例如，国际著名品牌“星巴克”的成功很大程度上得益于它独特的“咖啡文化”。

5. 个性

品牌也反映一定的个性，不同的品牌往往具有不同的个性。例如，世界知名服装品牌“香奈儿”，其品牌个性高贵、典雅；而同为世界顶级服装品牌的“范思哲”，其品牌个性却是夸张、性感，“范思哲”的品牌标志是神话中的蛇妖美杜莎，代表着致命的吸引力。

6. 用户

品牌还暗示着购买或使用产品的消费者类型。例如，“香奈儿”的购买者往往是城市白领，而“范思哲”的消费者却常常是娱乐明星。

企业在品牌建设与经营中，需要从系统的角度，重视品牌的深刻内涵和深度层次。人们常犯的错误是只重视品牌属性而忽视其他，但购买者看重的是品牌利益而不是属性，而且竞争者容易模仿这些属性。如果仅仅强调品牌的某些利益也是有风险的，因为竞争者也可能在强调利益方面后来者居上。品牌最持久、最深层的内涵是其价值、文化和个性。它们构成了品牌的基础，揭示了品牌间差异的实质，而这些深层次的东西往往又是其他竞争者不易模仿的。品牌建设需要制定完整的品牌含义，挖掘品牌深层的内涵与底蕴。当购买者或消费者能够识别品牌的六个方面的含义时，我们称之为深度品牌。

(二) 品牌的作用

品牌是企业宝贵的无形资产，优质的品牌形象反映商品的质量和内涵，有助于吸引消费者，扩大市场占有率，在竞争中发挥重要的作用。品牌的具体作用可以从企业和消费者两个角度进行总结。

从企业角度来看，品牌的作用主要有：

(1) 品牌有助于促进产品销售，树立良好的企业形象。

(2) 品牌有利于保护品牌所有者的合法权益，防止其他个人或企业的仿冒侵权。

(3) 品牌还能够约束企业的行为，促使企业重视长远利益、消费者利益和社会利益。

(4) 品牌有利于扩大产品组合，开发品牌系列产品。

(5) 品牌还是企业竞争的手段，有利于企业占领目标市场，提高市场占有率。

(6) 品牌是企业重要的无形资产和宝贵的财富，对企业的生存与发展具有重要的推动作用。

品牌的作用不仅表现在企业方面，还表现在消费者方面，具体地说：

(1) 品牌便于消费者辨认、识别、选购所需的商品。

(2) 品牌有利于维护消费者的利益。

(3) 品牌有利于产品的改进，满足消费者新的期望和需求。

(4) 品牌有助于建立顾客的偏好，从而吸引更多的品牌忠诚者等。

(三) 品牌注册与商标

商标是一个具有法律意义的名词，通常被称之为注册商标，是产品品牌在政府有关部门登记注册以后，获得专用权而受到法律保护的品牌或品牌的一部分。

品牌与商标既有联系又有区别，其联系主要表现为：它们都是无形资产，其目的都是为了区别于竞争者，有助于消费者识别，所以商标与品牌经常被混用。有些人误以为两者无本质区别，其实不然，两者区别主要表现在：首先，是两者的概念不同。品牌是市场概念，通常是指产品和服务的牌子，其实质代表品牌使用者对顾客在产品特征、服务和利益方面的承诺；而商标是法律概念，是获得专利权并受法律保护的品牌。其次，是两者的内涵不同。品牌包括产品的名称、属性、品质和标志等，代表一定文化，有一定个性，而商标则是一个标记，品牌比商标有更广更深刻的内涵。最后，不是所有的品牌都需注册。因此，品牌不一定受法律的保护。而经过注册的商标拥有法律赋予的该商标的专用、转让、继承和使用许可等权利。尤其是商标专用权，它强调注册商标只能由商标注册人专用，他人不得仿制、伪造或在同种商品、类似商标上使用与商标相同、近似的商标。否则就侵犯了商标权，要受到法律制裁。

同一个企业，品牌和商标可以是相同的，也可以不相同。

二、品牌定位

(一) 品牌定位的含义

品牌定位是指建立一个与目标市场有关的品牌形象的过程与结果。我们知道，一个企业不论它的规模有多大，它所拥有的资源相对于消费需求的多样性和可变性总是有限的，因此，它不可能去满足市场上的所有需求，它必须针对某些自己拥有竞争优势的目标市场进行营销。品牌定位就是要在选定的目标市场上找到自己的位置，并在消费者的心里占据一个特定地位。所以，有人说“定位不在产品本身，而在消费者心底”。

品牌定位和产品定位同样基于鲜明的竞争导向，但两者之间也有不同之处。产品定位基于产品实体的差异性，而品牌包含产品，又不等同于产品，品牌在产品之上附加了联想、价值。因此，品牌定位更多地偏向传播的角度。

（二）品牌定位的策略

品牌定位是建立在调查和分析的基础上的。企业根据调查分析的结果确定品牌在消费者心中特殊的位置。品牌定位的常见策略有：

（1）属性定位策略。根据产品的某项特色来定位，如雷达表宣传它“永不磨损”的品质特色。

（2）利益定位策略。根据产品带给消费者的某项特殊利益定位，如高露洁突出“没有蛀牙”的功效。

（3）使用者定位策略。这是把产品和特定用户群联系起来的定位策略。它试图让消费者对产品产生一种量身定制的感觉，如“太太口服液”定位于太太群体。

（4）竞争者定位策略。以某知名度较高的竞争品牌为参考点来定位，在消费者心目中占据明确的位置。例如，美国汽车租赁公司阿维斯公司（Avis）强调“我们是老二，我们要进一步努力”，七喜饮料的广告语“七喜非可乐”，我国亚都公司恒温换气机的诉求点“我不是空调”等，在不同程度上强化了自己在消费者心目中的形象。

（5）质量价格组合定位。例如，“海尔”家电产品定位于高价格、高品质。“纳爱斯”定位于“只买对的，不选贵的”。

（6）生活方式定位。这是将品牌人格化，把品牌当作一个人，赋予其与目标消费群十分相似的个性。例如，百事可乐以“年轻、活泼、刺激”的个性形象在一代又一代年轻人中引起共鸣。

三、品牌设计及其原则

品牌设计是指根据企业发展和消费者需要，通过市场调研，并运用市场学、心理学、语言学和工艺美术学等方面的知识对某一产品的名称、标志及商标进行设计，以便更好地凸显产品的特质，帮助消费者识别并最终满足消费者需求的过程。随着市场竞争的激烈化和消费的多样化，设计一个醒目、易记、个性鲜明并富蕴内涵的品牌至关重要，它直接关系产品的销售量和利润额，关系企业的长期生存与持续发展。品牌设计充满了艺术性与创造性，在品牌设计中应重视以下几个基本原则：

（1）简洁醒目，易读易记。越是简洁醒目的东西越容易引人注目，也容易让人记住。品牌设计要尽量简洁醒目，名称读起来要朗朗上口。例如，当年“娃哈哈”果奶与“乐百氏”果奶竞争激烈，“娃哈哈”胜出一筹的一个重要原因就是：前者读起来朗朗上口，而后者让孩子们（果奶的主要消费群体）读起来拗口。

（2）构思新颖，造型优美。品牌作为产品的名称与标志，是一种无声的诉求和宣传。品牌设计要独具匠心，避免千篇一律。文字、符号、图案和颜色要造型优美，新颖大方，并能反映产品的特质。例如，奔驰车的标志就是一个圆形的方向盘。这个构思既朴实，又大方明了，还反映产品的功能，是绝妙的设计。

（3）富蕴内涵，个性鲜明。品牌要有独特的内涵和相应的文化底蕴。独特的内涵是品牌的灵魂，而丰富深刻的文化底蕴以及鲜明的个性是品牌的魅力。例如，“雅戈尔”的品牌设计就突出了青春服装厂(“雅戈尔”公司的原名)年轻的、充满朝气的、个性鲜明的企业形象。

同时,品牌设计还要注意几个事项:

(1) 注意合法性。产品品牌名称及标志应符合政府的法律、法规,并向商标管理部门申请注册,取得合法销售地位,使企业的权益得到保护。

(2) 注意产品品牌要符合目标市场的社会文化环境,否则容易在意义上引起误解而造成营销的困难,如著名品牌“Goldlion”原中文品名为“金狮”,与“金失”同音,消费者觉得很不吉利,销量一度不畅,后更名为“金利来”,成功男士趋之若鹜。

(3) 注意避免雷同。品牌的名称与标志要反映企业、产品或企业文化等方面的特色,形成符合自己实际与发展要求的品牌,避免与别的品牌雷同或相似,否则不仅不利于消费者对品牌的识别,还可能给假冒伪劣产品以可乘之机,损害消费者利益和品牌形象。

四、品牌策略

品牌策略是企业品牌运营的谋略。它是企业面向市场的重要决策。品牌策略主要包括以下内容。

1. 品牌“有无”策略

在现代市场条件下,一般说来,绝大部分企业都需要有自己的品牌和商标。实行品牌策略有利于企业目标市场的选择,促进销售,树立形象,维护消费者和企业的利益。尽管如此,这并不意味着企业一定要实行品牌策略。由于采用品牌要发生一定的费用,增加了产品的成本,如果属于下列情况之一的产品,使用品牌对促进销售的作用很小,就可不使用品牌。

(1) 未经加工直接供应给生产厂家的原料型产品,如棉花、大豆、沙、木材等。

(2) 顾客习惯上不是认品牌购买的产品,如普通打火机、纸张等。

(3) 生产简单,没有一定的技术标准,选择性不大的产品,如小家具以及品种繁多的小商品等。

(4) 临时性或一次性生产的产品,如来料加工、装配业务等。

2. 品牌使用策略

品牌使用策略,又称品牌归属策略,是指企业使用的品牌是归属自己,还是归属他人。就此,企业有三种策略可供选择:

(1) 企业品牌策略。企业品牌策略又称生产者品牌,是指企业或生产者使用自己的品牌。

(2) 中间商品牌策略。中间商品牌策略又称私人品牌,是指企业生产出产品后直接卖给中间商,再以中间商的品牌将这些产品卖给消费者。

(3) 企业品牌和中间商品牌混合策略。即企业生产的一部分产品使用自己的品牌,另一部分产品根据中间商的要求使用中间商的品牌。

一般来说,企业或制造商都实行的是企业品牌策略,品牌的专有权归属企业所有。但随着市场供求的非均衡、竞争的加剧及物流管理的发展,不少有实力的中间商也开始重视品牌策略。这些中间商在现代市场竞争中,由于实力强、名气大、信誉好,对自己经销但非自己生产的产品需要冠以自己的品牌,而一些中小企业,甚至部分大企业为了自身利益也愿意将产品品牌的选择权转让给中间商。企业是选择生产者品牌,还是选择中间商品牌,要全面考虑市场供求、竞争态势和实力、经济利益得失等多种因素。其关键是分析生产者和中间商在这一市场链上谁更有实力和优势，谁的信誉更好，谁的市场竞争能力更强等。我国的一些企业要进军国际市场，也可以考虑采取中间商品牌，以促进出口。但真正有实力的大企业或企业集团从面向国际市场的长期利益来看，还应该重视保护自己的品牌专有权。

3. 品牌统分策略

如果企业决定大部分或全部产品都使用自己的品牌，还要对以下问题进行决策：是统一使用一个品牌，还是分别使用几个品牌。这种策略称为品牌统分策略，又称品牌数量策略。它主要有四种选择：

（1）个别品牌。即企业各种不同的产品分别使用不同的品牌。该策略适宜企业产品品种较多，各种产品差异大等情况。例如，美国杜邦公司在全世界销售 30 000 种产品，共使用约 2 000 个品牌。

实行个别品牌策略的优点是：分散风险，企业声誉不因个别品牌的失败而遭受重大影响；有利于开拓各细分市场；对同类产品比较容易区分产品的档次；能够满足消费需求的多元化，建立不同层次顾客偏好。其缺点是：成本高、分散企业的实力等。

（2）统一品牌。即企业所有的产品都统一使用一个品牌名称。例如，美国通用电器公司的所有产品都使用"GE"这个品牌名称。

企业采取统一品牌的优点是：便于消费者的识别和购买；便于广告宣传，建立顾客偏好；成本低；有利于集中显示企业实力，树立企业形象；有利于新产品借助原有品牌声誉迅速占领市场等。其缺点是：不利于生产的多元化；不利于开拓不同的细分市场；风险较大，容易造成"一损俱损"的恶果。

（3）分类品牌。即企业按产品的类别分别命名，每一类产品使用一个品牌名称。例如，西尔斯公司就针对其经营的产品类别分别命名，它所经营的器具类产品冠以"肯摩尔"的品牌名称，经营的妇女服装类产品冠以"瑞溪"的品牌名称，经营的主要家用设备冠以"家艺"的品牌名称。

分类品牌策略是一种较为折中的品牌策略，它既比个别品牌策略成本低，又比统一品牌策略风险低。

（4）统一品牌加个别品牌。采用这种策略的出发点是希望兼收两者的优点，具体做法是企业针对不同的产品在分别命名的基础上，在每一个产品品牌的名称前都冠以一个统一的总品牌。例如，美国通用汽车公司生产的所有产品都采用 GM 两个字母组成的总品牌，而对各类产品又分别使用"卡迪拉克""雪佛兰"等个别品牌。每个个别品牌都表示一种产品的特点，如"卡迪拉克"表示豪华型高级轿车，"雪佛兰"表示普及型大众轿车。

这种策略既能使各种产品（包括以后开发出的产品）共同享受企业的声誉，节省广告费用，又可使各种品牌保持自己相对的独立性，体现个性和特色，并且分散风险，避免"一损俱损"的不良后果。

4. 品牌延伸策略

品牌延伸策略是指企业利用其成功品牌名称的声誉和形象向市场推出新产品。例如，美国桂格麦片公司继成功地推出桂格超脆麦片后，又利用该品牌及其标志，推出雪糕、运动衫等新产品。又如，中国海尔集团在成功地推出海尔（Haier）冰箱后，又利用该品牌及其标志推出了海尔洗衣机、海尔空调等。

1）品牌延伸策略的优点

（1）可以借助原先成功品牌的声誉与形象推出新产品，并在顾客中迅速建立熟悉感，提高新产品的知名度和美誉度。

（2）节约品牌设计费用和促销费用。

（3）有利于产品赢得老顾客，顺利打入市场。

2）品牌延伸策略也存在一定的风险

（1）原有品牌可能不适合新产品。例如，“活力”洗衣粉成功后曾经推出“活力”矿泉水，这种品牌延伸很容易让消费者产生心理冲突，消费者戏称“感觉水里能喝出肥皂泡来”。

（2）消费者对新产品不满意，可能会影响该品牌声誉以及该品牌下其他产品的信任度。

（3）过度的品牌延伸会导致“品牌稀释”现象，即消费者不再把品牌与某一特定的产品相联系。

5. 多品牌策略

多品牌策略是指企业在同一类产品上建立两种或两种以上相互竞争的品牌。例如，宝洁公司的洗发水产品就有“飘柔”“潘婷”“海飞丝”“沙宣”等多个品牌，这些品牌定位不同，并各具特色。

多品牌策略的好处是：

（1）多种不同的品牌只要被零售商接受，就会占用更多的货架面积，形成强大的视觉冲击力，吸引消费者的注意。

（2）大多数消费者都是品牌转换者，多种品牌可满足品牌转换者求新好奇的心理，吸引更多顾客，提高市场占有率。

（3）发展多种不同品牌有助于在企业内部各个产品部门、产品经理之间开展竞争，提高效率。

（4）多品牌可使企业深入到几个不同的细分市场，通过优势的互补，满足多层次、多样化的市场需求，使其拥有更大的市场份额，提高总的市场占有率。

（5）通过多品牌，造成对竞争对手的包围之势，有利于提高产品的竞争力。

（6）有利于在消费者心目中树立企业的形象，造成公司实力雄厚的感觉。

不过，实行多品牌策略的成本高，企业需要有较强的经济实力。

6. 品牌重新定位策略

品牌重新定位策略又称再定位策略，是指对企业全部或部分产品的品牌市场定位进行调整或改变的策略。随着市场的变化及企业竞争的加剧，企业需要认真考虑品牌重新定位问题。当出现下列情况时，就可能促使企业品牌重新定位：

（1）竞争者的品牌定位已接近本企业的品牌，侵占了本企业品牌的一部分市场，致使本企业品牌的市场占有率连续下降。

（2）企业发现顾客购买行为或消费偏好发生转移，原品牌产品已不能完全符合目标市场消费者的偏好。

（3）企业发现具有某种新型偏好的消费者群正在形成或已经形成，面临有巨大潜力的市场机会。

七喜公司是品牌重新定位成功的范例。七喜牌饮料是众多饮料的一种，主要消费群是老年人。但在众多的饮料市场中，可乐类饮料是七喜饮料的主要对手。七喜公司通过调查，发现许多消费者并不喝可乐饮料，七喜公司就将自己的饮料重新定位为“非可乐”饮料，从而取得了非可乐饮料市场的领导地位。

企业在对品牌进行重新定位时，要考虑两大方面的因素：一是企业的品牌从一个市场转移到另一个市场的定位成本，主要包括改变产品品质费用、包装费用、广告费用和销售促进费用等。二是考虑再定位的收入，即把品牌定在新位置上所增加的收入。企业必须权衡多种重新定位的收入和费用，通过成本收益分析，按收益大于费用的原则，为品牌重新定位决策提供依据。

7. 品牌防御策略

著名品牌与商标具有很高的市场知名度和美誉度，是企业的无形资产，具有很强的市场吸引力，也因此常常成为被假冒、仿制和抢先注册的对象。名牌企业要保护自己的品牌，防御不法企业的侵害，维护消费者和自身的权益，往往采用品牌防御策略。该策略常规的做法是：

(1) 及时进行商标注册。江西著名企业乔家栅就是因为没有及时进行商标注册而被人抢注商标，最后只得被迫将品牌名更名为“滕王阁”，致使自己遭受巨大损失。

(2) 注册联合商标和防御商标。联合商标是指某一商标所有者，在相同的商品上注册几个近似的商标，或在同一类别的不同商品上注册几个相同或近似的商标，这些相互近似的商标称为联合商标。其中，首先注册的或主要使用的为主商标，其余的则为联合商标。例如，娃哈哈集团把“娃哈哈”“娃娃哈”“哈娃娃”等商标注册在相同商品或服务上，“娃哈哈”是主商标，其他是联合商标。联合商标注册不是为了使用，而是形成主商标的防护墙。防御商标是指较为知名的商标所有人在该注册商标核定使用的商品(服务)或类似商品(服务)以外的其他不同类别的商品或服务上注册的若干相同商标，为防止他人在这些类别的商品或服务上注册使用相同的商标，原商标为主商标，其余为防御商标。防御商标可以为企业综合性、多元化发展奠定基础。例如，娃哈哈集团在成立之初就很有远见，并具有强烈的商标保护意识，在医用保健品、瓜子、童装等产品上都注册了“娃哈哈防御商标”，收到了较好的市场效果。

(3) 运用专业防伪技术。

(4) 拿起法律的武器与一切侵权行为作斗争。

(5) 加大宣传力度，帮助消费者品牌识别，不让不法企业浑水摸鱼、阴谋得逞。现在有些企业居心叵测，钻法律的空子，热衷“傍名牌”。例如，“心心相印”傍“心相印”，“雪士莲”傍“夏士莲”，其名称不仅接近，标识也极其相似，一般消费者难辨真伪，目前法律尚无相关细则出台制约，因此，企业应加大宣传力度，帮助消费者认识识别，防止品牌和消费者权益受到侵害，保证品牌的健康发展。

第二节　包装策略

【案例导入】　**日本乌龙茶赢在包装**

乌龙茶为中国特有的茶类，主要产于福建的闽北、闽南及广东、中国台湾地区。近年来，四川、湖南等省也有少量生产。它除了与一般茶叶一样具有提神益思、消除疲劳、生津利尿、解热防暑、杀菌消炎、祛寒解酒、解毒防病、消食去腻、减肥健美等保健功能外，还突出表现在防癌症、降血脂、抗衰老和减肥等特殊功效。也正是这个原因,使它在注重美容养生的日本市场备受青睐,日本成为我国乌龙茶最大的出口国。但是,我国向日本出口的主要是原材料,赚取廉价的费用,真正获得高额利润的是日本各大型饮料公司,早在20世纪80年代,他们就认真分析消费者心理,了解消费者需求,为乌龙茶设计出瓶装、罐装等便利性包装,辅以精美的图案和煽情的文字,通过一系列营销手段将其成功地推向市场,掀起了一个个销售热潮。现在,乌龙茶在日本声名鹊起,而市场热销的乌龙茶几乎都是日本品牌,日本不产乌龙茶,然而日本企业懂得借助一系列营销手段和成功的包装设计及包装策略,从而获得了中国企业无法企及的高利润。

【引例分析】

当今市场,消费者在购买商品时越来越注重产品的包装。产品包装已成为产品整体概念中的重要内容,其品质的高低,是否能满足消费者的需要直接影响到产品在市场上的表现。因此,企业要重视产品的包装设计,并懂得成功地运用包装策略赢得消费者的青睐。

一、产品包装的概念及其作用

包装是指对某一产品按照产品属性、运输及消费者的需求,设计并制作容器或包扎物的一系列活动,一般包括三个部分:

(1) 首要包装。首要包装或称内包装,是指直接接触产品的包装容器,如牙膏软管、酒瓶子。

(2) 次要包装。次要包装或称中层包装,是指保护内包装的包装物,同时也具有促销功能,如牙膏纸盒,酒瓶子外部的包装盒。

(3) 装运包装。装运包装或称外包装,是指以储存、运输和识别为目的的外层包装。

同时,商品包装还包括商标或品牌、形状、颜色、图案和材料等要素。在包装设计与制作中,首先,要高度重视包装设计,并在明显位置突出产品品牌或商标,使品牌、图案、颜色、形状、材料、标签与产品相统一。其次,要重视产品包装的制作,并根据产品的特定属性,选用适当的材料设计制作成容器或包扎物以保护产品性能,便于产品的搬运、储藏、销售和使用,以保证产品质量,满足消费者的特定需求,从而促进销售,增加销售额。

在现代市场营销中,包装是产品整体概念的重要组成部分,具有以下重要作用:

(1) 保护商品。这是包装最基本的作用。良好的包装可以保护产品在搬运、运输、仓储及销售过程中不受到损害、变质、散落,以确保产品的使用价值,从而保证企业和顾客双方的利益。据统计,我国商品因包装不善的损失每年都上百亿元。

(2) 便利顾客。根据消费者的习惯、要求进行适当的包装,既能满足消费者的特定心理与习惯,又能方便消费者的使用、携带和储存。例如,用真空速冻技术制成的纸封产品,易于开启和使用,同时,利于保鲜,可以延长商品在货架上的陈列时间。

(3) 促进销售。在消费者购买过程中,包装是产生购买兴趣的重要因素。经过精心设计与印制的包装,不仅区别不同的产品,便于顾客识别,而且不易仿造,有利于保护企业的信誉。同时,构思巧妙、新颖、奇特的包装还能吸引顾客注意力,诱发购买兴趣,促进产品销售。尤其是在超级市场,超市实行的是顾客自助服务的方式,众多的产品排列在货架上,没有销售人员的特别推销。此时,产品的包装就成了"无声的推销员",人们第一眼看到的往往就是产品的包装,包装材料的色彩和包装图案、文字等不仅介绍了产品,还能诱发顾客的购买动机。一般来说，设计新颖的包装能够吸引消费者的注意，从而提高产品的销售几率。从这个角度讲，包装就是货架上的广告，所以被称为“无声的推销员”；法国香水业的名言“设计精美的香水瓶是香水的最佳推销员”也道出了包装的广告促销作用。

(4) 增加价值。包装不仅可以降低产品在流通中的损耗率，其本身可提高产品的身价。随着社会平均收入水平及生活水平的不断提高，消费者不再仅仅注重产品的使用价值，他们越来越注重产品带给他们的精神上的满足感，往往愿意多付出一定费用购买包装新颖、美观、可靠的产品，甚至这些费用远远超过了包装本身的成本。良好的包装不仅为产品增加附加价值，也满足了消费者的精神需求。例如，万宝路公司曾经做过一个试验，邀请一些常年抽万宝路香烟的消费者参加公司的酬宾活动，公司向这些消费者半价提供简装万宝路香烟，并郑重声明，这些烟除了包装简单，其他跟他们平时抽的万宝路香烟没什么两样。结果出人意料，仅有20%的消费者表示愿意接受这种简装烟，还有80%的消费者表示即使半价他们也不买这种烟，因为，他们抽万宝路不仅要享受它纯正的烟味，同时还要享受其精美的包装和品牌标志带给他们的自豪感和精神上的满足感。

(5) 宣传形象。包装是企业理念与文化的表现，是树立和传播企业良好形象的重要手段。形象工程中的VIS(企业视觉形象识别系统)就强调通过精心设计的包装来表达、传播和识别良好的企业形象。

二、产品包装的设计

产品包装设计是工艺美学、结构力学、经济学、生理学和心理学等学科的有机结合，是体现包装功能、实现包装策略的关键。包装设计水平的高低意味着一个企业乃至整个国家的生产技术和商品经济的发达程度，没有高水平的包装设计，也就无包装可言。现代营销学主要侧重内包装和中层包装的研究。这是因为内包装和中层包装是随同产品出售给顾客的，能起到美化产品、便于使用和促进销售的作用，因此，又称销售包装。包装设计对以上效用的充分发挥有着深刻的影响。一个好的产品包装设计首先应考虑以下几个因素：

(1) 包装材料的选择。考虑成本和功能，根据不同的产品特点合理选择包装材料，尤其是特殊商品的包装，一定要选择最适合的材料。例如，硫酸用瓷瓶包装，氧气用高压钢瓶包装，机器用木箱包装等。

(2) 包装结构、大小的选择。要适宜于产品储存、运输、陈列和消费者的购买习惯以及要有利于发挥使用便利的功能。例如，在生活消费品中，为考虑顾客生活方便的需要，注重便携式包装、喷式包装、易开式包装、定量包装的设计，尽可能方便消费者的携带、使用。

(3) 包装风格的选择。例如，是选择古典风格还是现代风格，简约风格还是奢华风格等，这些都要结合产品本身的特点以及目标市场的需求来考虑。

其次，企业要取得好的包装效果，促进产品销售，包装设计还要遵循以下几个基本原则：

(1) 安全。包装的基本作用是保护产品的安全，因此，包装设计必须确保产品在运输、销售及使用中的安全，并针对不同的产品选择相应的包装材料和包装形状等。近几年已经发生多起危险商品由于包装不到位发生泄漏，危害消费者健康的事情，值得重视。

(2) 突出品牌与标志。包装设计要在引人注目的位置突出产品的品牌或商标，并在适当的位置简单地描述功能和使用方法。

(3) 包装应方便消费者购买、携带和使用。这就要求包装有不同的规格和分量，以适应不同地区、市场、消费者的购买水平和需求。

(4) 包装要与产品属性、价值、档次相匹配。产品的属性不同,对包装要求也不同,如固体物、液体物、气体物等产品。另外,产品的物理、化学性质对产品包装也有特定要求。包装还要与产品的价值、质量、档次相匹配。高档产品采用低劣包装或一般产品采用过于讲究的包装都不利于企业的销售,尤其要避免过度包装,否则,就会浪费包装资源,无谓地增加产品的成本,抬高产品的价格,给消费者增添不必要的负担。

(5) 包装要美观新颖、形象生动、不落俗套,尽可能要显示产品的特点或独特风格。经调查证明,很多消费者会因为喜欢美观的包装而购买产品,历史上"买椟还珠"的典故也说明了这一点。

(6) 包装要符合生态环境的要求,应节约包装材料,避免资源浪费,减少污染,保护生态环境。在商品日益丰富、追求包装上档次、一次性使用的现实情况下,大量的废弃包装物已成为生态环境恶化的重要因素之一。因此,企业在设计包装中,必须以可持续消费为出发点,切实保护生态环境,不触犯生态环境法规。例如,麦当劳就本着"再循环,再回收"的理念长期坚持使用纸质包装,获得了消费者的一致好评。

(7) 包装要遵守有关法规,符合宗教、文化及法律的要求。包装首先不能弄虚作假,仿冒其他产品,进行不正当竞争;包装上的文字说明应实事求是,起到指导消费的作用。例如,产品成分、性能、使用方法、数量、有效期限等要符合实际,绝不夸大其词;包装还应按规定标上必要的说明文字。同时,要尊重不同国家和地区、不同民族的宗教信仰、法律法规、风俗习惯等,在文字、图案、颜色等方面要充分考虑这些问题。

三、产品包装策略

包装的效果不仅取决于包装设计,还依赖于对于包装策略的决策和运用。在包装策略的选择和实施过程中,首先,要考虑产品包装的主要功能;其次,要根据实现这些功能的特定要求,来决定实施哪一种包装策略。包装策略的选择应与营销目标利润、产品类别、档次高低、市场购买者承受能力等因素相适应。目前常用的包装策略有:

(1) 类似包装策略。类似包装策略是指企业生产经营的所有产品,在包装外形上都采用相同或近似的图案、色彩和共同的标志或特征。该策略便于产品的识别,节约包装设计费用,有利于树立统一的企业形象,有利于促进新老产品的销售,充分利用企业已经建立起来的声誉,减少消费者对新产品的不信任感。例如,"舒肤佳"香皂,在其生产的四种不同香型的香皂包装设计上采取了名称、标志、图案一致的方案,而用白、绿、黄、粉红四种不同颜色区分产品的差异,不仅强化了产品形象,满足了消费者的不同需求,也促进了产品的销售。但类似包装原则只适用于质量水平相当的产品,若质量差距悬殊,采用该策略就会对优质产品产生不良影响。

(2) 等级包装策略。它是将产品分成若干等级,对高档优质产品采用优质包装,一般产品采用普通包装装潢,使包装产品的价值和质量相称,"表里如一",便于消费者选购。这种包装策略不仅有利于产品市场定位,便于消费者对产品的识别,而且利于满足不同消费水平的顾客的特定需求,从而扩大市场面,提高销售量。

(3) 配套包装策略。配套包装策略又称组合包装策略,即企业将几种有关联性的产品放在同一包装物内的做法。例如,把茶壶、茶杯、茶碟等组合装在同一包装物中。产品的关联性可表现在使用方面、观赏方面或自身系列配套方面等。这种策略的优点是:可以方便消费者使用;可刺激消费者的求新心理,扩大产品销售;若将新、旧产品放置在一起,可使新产品顺利进入市场,让消费者乐于接受;以一物带多物,可增加一次销售量,节约交易时间,方便购买。但在实践中,须防止不顾市场需求的具体特点、消费者的购买力水平和产品本身的关联程度大小,任意配套搭配的错误做法,以免消费者产生抵触情绪。

(4) 差异包装策略。即企业的各种产品都有自己独特的包装,在设计上采用不同的风格、色调和材料。这种策略能够避免由于某一产品营销失败而影响其他产品的市场声誉,但也会相应增加包装设计费用和新产品的促销费用。

(5) 再使用包装策略。再使用包装策略又称复用包装策略、多用途包装策略,即包装内产品用完之后,包装物本身可以回收再用或做其他用途。例如,各种形状的香水瓶可作装饰物,精美的食品盒也可被再利用等。事实上,很多玻璃器皿、铝盒、铅桶、塑料桶和手提袋等包装材料都具有双重用途。这种策略符合节省材料的要求,利于环保,还可使消费者感到一物能多用而引起其购买欲望,并且印有品牌标识的包装物的重复使用也起到了对产品的广告宣传作用。这虽增加了产品成本与售价,但顾客感到值得。不过一些低价产品要谨慎使用该策略,避免因成本加大导致商品价格过高而影响产品的销售,要注意材料适当、成本合理。

(6) 附赠品包装策略。这是目前市场上比较流行的包装策略,即商品包装物中附赠奖券或实物,或包装本身可以换取礼品,吸引顾客的惠顾,导致重复购买。例如,我国出口的"芭蕾珍珠膏",每个包装盒附赠珍珠一枚,顾客购至 50 盒,就可以串起一条美丽的珍珠项链,这使珍珠膏在国际市场十分畅销。再如,玩具、糖果等产品附赠连环画、认字图;儿童食品中附有微型玩具;化妆品包装中附有赠券,积满若干可得赠品;许多产品包装内常附有奖券,中奖后可得不同的奖品等,这种策略尤其适合儿童、青少年以及有特定嗜好或偏好的消费者。

(7) 更新包装策略。更新包装策略又称改变包装策略,是指某种产品销售不畅或长期使用一种包装时,为适应顾客求新、求变需要,企业可以改变包装设计、包装材料,使用新的包装。这样可以引起顾客注意,使顾客产生新鲜感,从而扩大产品销售。当前,包装技术、包装材料不断更新,企业应与时俱进,重视包装的革新设计,注意使用新材料、新技术、新工艺,改进包装结构,提高包装质量,达到新包装、新形象。只有这样才能在强手如林的竞争市场上立于不败之地。不过,企业在改变包装的同时必须配合好宣传工作,以消除消费者可能产生的一些误解。目前,在酒类、食品、化妆品中常使用该策略。

【本章小结】

品牌是用以识别某个销售者或某群销售者的产品或服务,以便同竞争者的产品或服务区别开来的商业名称或标志,主要包括品牌名称、品牌标志。品牌一般包括属性、利益、价值、文化、个性和用户六个层次。品牌是企业重要的无形资产和宝贵的财富,创建自己的品牌,并成为名牌,是企业的重要战略。企业品牌战略首先要进行品牌定位,同时,要重视品牌的设计,制定适宜的品牌策略。常用的品牌策略主要有:品牌有无策略、品牌使用策略、品牌统分策略、品牌延伸策略、多品牌策略、品牌重新定位策略和品牌防御策略。包装是指对某一产品按照产品属性、运输及消费者的需求,设计并制作容器或包扎物的一系列活动,包装不仅能够保护产品,促进销售,便利顾客,增加价值,而且有利于企业树立和传播良好的形象。包装要考虑产品的属性和消费者的需求,并重视包装的设计、材料的选择和制作工艺，还要选择适合企业的包装策略。产品的包装策略主要有：类似包装策略、等级包装策略、配套包装策略、差异包装策略、再使用包装策略、附赠品包装策略和更新包装策略。

【同步测试】

一、概念

品牌　商标　品牌定位　包装

二、选择题

1. 品牌最基本的含义是品牌代表着特定的(　　)。

A. 利益　　B. 文化　　C. 个性　　D. 商品属性

2. 品牌有利于保护(　　)的合法权益。

A. 商品所有者　　B. 品牌所有者　　C. 生产商　　D. 经销商

3. 企业利用其成功品牌名称的声誉和形象向市场推出新产品，称之为(　　)。

A. 品牌延伸　　B. 品牌转移

C. 品牌更新　　D. 品牌再定位

4. 统一品牌策略是指企业所有的产品都统一使用一个品牌名称，使用该策略的是(　　)。

A. 杜邦公司　　B. 宝洁公司

C. 美国通用电器公司　　D. 联合利华公司

5. 某一商标所有者，在相同的商品上注册几个近似的商标，或在同一类别的不同商品上注册几个相同或近似的商标，这些相互近似的商标称为(　　)。

A. 防御商标　　B. 联合商标

C. 近似商标　　D. 多商标

6. 直接接触产品的包装容器称为(　　)。

A. 内包装　　B. 外包装

C. 中层包装　　D. 装运包装

7. 包装最基本的作用是(　　)。

A. 保护商品　　B. 便利顾客

C. 促进销售　　D. 增加价值

8. 为避免由于某一产品营销失败而影响其他产品的市场声誉，企业往往采用(　　)。

A. 差异包装策略　　B. 再使用包装策略

C. 附赠品包装策略　　D. 更新包装策略

三、思考题

1. 品牌设计的基本原则是什么？

2. 常用的包装策略有哪些？

【技能训练】　中国十大品牌陶瓷"瓷都"榜上无名

众所周知，江西景德镇有"瓷都"之美名，其陶瓷历史悠久，享誉世界。然而，令人遗憾的是，当代中国十大品牌陶瓷几乎都是广东品牌，景德镇陶瓷居然榜上无名！景德镇不同厂家出品的瓷器，质量良莠不齐，差别很大，景德镇缺乏叫得响的品牌瓷器，这使得一些优质瓷器难以在市场上形成品牌号召力，在销售、价格和渠道等方面受到限制。

讨论：

景德镇陶瓷是否需要打造名牌？如果答案是肯定的，那么品牌将如何运营？如果答案是否定的，优质瓷器厂家又将如何凸现自己的产品，赢得销售优势？

第十章 定价策略

【学习目的与要求】 本章要求了解定价的主要影响因素，掌握成本导向定价、需求导向定价和竞争导向定价等一般定价方法和基本策略，能够应用价格变动反应及价格调整原理，分析中国特定行业的价格竞争及其得失。

所有企业都面临给其产品和服务制定价格的任务，价格的制定不仅直接涉及生产者、经营者和消费者三方面利益，关系到企业和产品的市场形象，还会影响竞争者行为。企业营销活动能否成功，在一定程度上取决于定价的合理性。产品定价是企业4P's营销策略组合的一个重要组成部分，定价策略成功与否直接关系到企业的市场竞争能力和产品盈利能力。掌握企业定价的基本理论、方法，学会灵活运用各种定价策略、技巧，对于企业营销管理人员是十分重要的。企业的定价策略是把商品定价与企业市场营销组合的其他因素巧妙地结合起来，定出最有利的商品价格，以实现企业目标。

第一节 影响定价的主要因素

【案例导入】 **气愤的画家**

在比利时的一间画廊里，一位美国画商正和一位印度画家在讨价还价，争辩得很激烈。其实，印度画家的每幅画底价仅在10～100美元之间。但当印度画家看出美国画商购画心切时，对其所看中的3幅画单价非要250美元不可。美国画商对印度画家敲竹杠的宰客行为很不满意。吹胡子瞪眼睛地要求降价成交。印度画家也毫不示弱，竟将其中的一幅画点燃，烧掉了。美国画商亲眼看着自己喜爱的画被焚烧，很是惋惜，随即又问剩下的两幅画卖多少钱。印度画家仍然坚持每幅画要卖250美元。从对方的表情中，印度画家看出美国画商还不愿意接受这个价格。这时，印度画家气愤地点燃了火柴，竟然又烧了另一幅画。至此，酷爱收藏字画的美国画商再也沉不住气了，态度和蔼多了，乞求说："请不要再烧最后这幅画了，我愿意出高价买下。"最后，竟以800美元的价格成交。

【引例分析】

消费者行为，尤其是心理行为，是影响企业定价的一个重要因素。因此，企业制定商品价格时，不仅应迎合不同消费者的心理，还应促使或改变消费者行为，使其向有利于自己营销的方向转化。

一、定价的理论依据

（一）价值与价格

价格是商品价值的货币表现形式，是商品交换过程中的货币媒介。流通中的商品应坚持"等价交换"原则，即各种商品均应按与其价值量相等的价格进行销售或购买。由于商品价值量是由凝结在商品中的社会必要劳动时间决定的，其形式抽象，因此，现实中我们更多的是采用价值各构成部分的货币转化形式，即生产成本、流通费用、利润和税金四项要素来决定价格的高低。一般情况下，上述四项费用之和就是产品的理论销售价格，或者说是企业在单纯考虑内部的生产经营管理因素，而暂时舍弃掉外部因素的情况下制定的非市场可销价格。由于真正的市场价格是一个多变量的函数，除受价值量的影响外，还要受到诸如经济发展水平、消费者可支配收入、消费偏好、市场竞争状况、国家政策法规等多种因素制约，这些因素的变化集中反映在产品的供求态势上，一旦供求失衡，则产品价格会脱离价值发生波动。因此，一般认为价格与价值的绝对吻合只是偶然的，而两者的背离则是必然的。值得一提的是，由于价格的波动总会引起供求发生反向运动，如供过于求时，价格下跌；引起供给减少，需求回升，从而产生拉动价格上涨的力量；供不应求时，产品价格上涨，进而引起供给增加，需求回落，产生令价格下降的力量。这一运动特征，使一般情况下的市场价格总是以价值为轴心有限度地波动，因此，虽然现实中价格和价值并不总是一致的，但我们仍然认为价格具有向价值不断靠拢的趋势，我们把这种趋势称之为价格的表价职能。

（二）供求与价格

1. 供求与均衡价格决定

根据需求规律，需求量与价格呈反向运动，即价格越高，需求量越少；价格越低，需求量越大。而供给则是指在不同的价格水平上，生产者愿意提供的产品数量。在其他条件不变时，生产者对一种商品的供给数量与该商品的价格呈正向变化，即价格上升，供给增加；价格下降，供给减少。商品的实际买卖过程是卖方和买方反复较量、讨价还价的过程。买方市场上买主的竞价能力更强，价格会下跌；卖方市场上卖方的竞价能力更强，价格会上涨，直至达到一个买卖双方均可以完全接受的价格时，市场才可以达到供求平衡。这时价格停止运动，处于稳定状态，称为均衡价格，均衡价格与产品价值吻合。

产品价格处于均衡状态只是暂时的，一旦价格以外影响供求的力量发生变化，如消费者收入偏好变化，生产成本变化，政策法规变动，则供给和需求会发生膨胀或收缩，即在相同的价格水平上较原供给量或原需求量上涨和下降。此时新一轮的价格运动又会重新开始，直至经过买卖双方的激烈竞争，再次出现新的均衡价格，周而复始，价格运动不止。

2. 需求价格弹性与供给价格弹性

由供求因素影响决定的价格又反过来影响供给需求发生变化。价格升高，供给增加，需求减少；价格降低，供给减少，需求增加。但不同的产品，价格对供给和需求的反作用程度又是不同的，具体表现为产品需求价格弹性和供给价格弹性的差异。

（1）需求价格弹性，是指商品需求量对价格变化的反应程度，用公式表示为：

$$|Ed| = \left| \frac{\frac{\Delta Q}{(Q_1 + Q_2)}}{\frac{\Delta P}{(P_1 + P_2)}} \right|$$

式中：Ed 表示需求弹性系数；

ΔQ 表示价格变化所引起的需求量变动的绝对量；

Q_1 表示价格变动之前的需求数量；

Q_2 表示价格变动之后的需求数量；

ΔP 表示价格变动的绝对值；

P_1 表示变动之前的价格；

P_2 表示变动之后的价格。

根据需求弹性系数的计算结果，商品的需求弹性分为五种情况：第一，$|Ed|>1$，产品富有弹性；第二，$0<|Ed|<1$，产品缺乏弹性；第三，$|Ed|=1$，产品单一弹性；第四，$|Ed|=0$，产品完全无弹性；第五，$|Ed|=\infty$，产品完全富有弹性。研究需求价格弹性对于企业定价有着非常强的指导意义，是保证企业盈利目标实现所必须考虑的因素。当企业产品属于缺乏弹性类的产品，涨价会引起总收益的增加（但要注意随着产品价格提高，产品弹性会逐渐增大，超过一定范围时，产品会由缺乏弹性变成富有弹性）；降价会引起总收益减少，这时采用竞价策略必须慎重。如果企业产品属于富有弹性类的产品，则涨价会带动销售量以大于价格上涨幅度的幅度下降，从而引起总收益减少，而降价促销的策略则比较奏效，会带动企业总体收益上升。

产品需求价格弹性的大小往往与产品性质有关，如生活必需品一般弹性较小，而非生活必需品的弹性较大；专用性产品弹性小，通用性产品弹性大；不可替代性产品弹性小，可替代性产品弹性大。

(2) 供给价格弹性，是指商品供给量对价格变动的反应程度，用公式表示即：

$$|E_s| = \left|\frac{\dfrac{\Delta Q}{(Q_1+Q_2)}}{\dfrac{\Delta P}{(P_1+P_2)}}\right|$$

式中：E_s 表示供给弹性系数；

ΔQ 表示价格变化所引起的供给量变动的绝对值；

Q_1 表示价格变动前的供给量；

Q_2 表示价格变动后的供给量；

ΔP 表示价格变动的绝对值；

P_1 表示变动之前的价格；

P_2 表示变动之后的价格。

供给弹性也可以分成五种情况：第一，$|E_s|>1$，富有弹性；第二，$0<|E_s|<1$，缺乏弹性；第三，$|E_s|=0$，完全无弹性；第四，$|E_s|=1$，单一弹性；第五，$|E_s|=\infty$，完全富有弹性。通常情况下，我们可以利用经验性的供给弹性系数，以其倒数来求供给对价格的反弹性系数，借以预测供给变化可能给市场价格带来的影响，以此为依据制定相应的定价策略。

供给弹性系数的大小一般取决于产品生产规模变更的难易程度，如生产周期长的产品供给弹性小，生产周期短的产品弹性大；技术复杂的产品弹性小，技术简单，仿制容易的产品弹性大。

(三) 市场价格体系

在市场经济条件下，价格是实现商品交换的经济杠杆，而社会再生产中生产、交换、分配、交换、消费的统一性，以及国民经济各部门之间的投入产出关系又将纵横交错的交换关系和多种多样的价格形式有机地联结在一起，形成各种商品价格、劳务价格和生产要素价格相互联系、相互制约的有机整体，即价格体系。

从性质上看，价格体系表现为横向和纵向两种基本关系类型。横向关系为比价体系，它是国民经济中各类商品价值比例关系的具体反映，包括替代品比价（如肥皂和洗衣粉比价，粮种比价），制成品与投入品比价（如猪粮比价，钢材和生铁比价），连带品比价（如胶卷和照相机比价）。纵向关系为差价体系，它是同种商品由于流转环节不同、地区不同、季节不同、质量不同等原因所形成的不同价格形式，具体包括购销差价、地区差价、批零差价、季节差价、质量差价等种类。

价格体系正确与否，合理与否，直接关系到各种不同的所有制之间，国家、企业和个人之间，各产业、各部门之间，各行业之间的经济利益，关系到生产者生产的商品，经营者经营的商品所耗费的劳动能否得到补偿，能否盈利；消费者购买到的商品能否与其所支出的货币相当，尤其是个人消费者购买到的商品能否与他从劳动报酬中获得的收入相当。因此，价格体系实质上是一定社会经济关系与生产力水平的体现，结构上反映着经济生活各方面的经济利益。正确合理的价格体系能使各方面的经济利益相互协调、相互促进，从而使各类商品生产得以顺利发展，消费者有支付能力的需求得到满意的实现。不正确、不合理的价格体系，将使各方面的经济利益发生矛盾和冲突，影响生产、经营和消费等经济活动的正常运行和相互关系协调。

由于每一个企业都是交错的价格网络上的一个联结环节，不同程度地影响着整个价格体系的质量。因此，企业定价策略不仅要考虑补偿成本，获取利润，还必须考虑与前向后向产业、部门、行业和消费者个人之间的利益协调，任何危害他人的经营行为都可能通过价格网络的传播、扩散作用直接或间接地影响到企业自身的发展。

二、影响定价的主要因素

（一）成本因素

产品成本是企业生产或经营一定数量的某种商品所支出的物质资料耗费和劳动报酬的总和，这部分费用支出需要借助产品出售的销售价格或销售价格中的一部分来进行补偿。如果产品售价低于产品成本，则表明单位产品平均收益低于平均耗费，再生产只能在萎缩的状态下进行，甚至难以维系。因此，通常认为，成本是定价的最低经济界限。由于企业性质不同，以及定价的具体情况不同，所使用的成本概念也并不完全一样。

需要说明的是，在充分竞争的市场上价格具有同一性，即相同质量的同一种产品在市场上只有一种价格。这个价格是在能够弥补大多数厂商成本的基础上通过竞争实现的，因而，不排除某些厂商因生产发生亏损或因生产成本较低获取大量盈利的情况，这种情况的存在可以起到鼓励先进、鞭策落后的作用，有利于经济发展。因此，企业定价时不能只是着眼于本企业的个别成本，而应当以社会平均成本作为定价的基本依据，否则低成本的企业可能会因定价过低而错失获得更多盈利的机会，而高成本的企业则因定价较高而影响销售，结果都不利于企业经营。

（二）竞争因素

竞争机制是市场中产品价格的形成机制，分为买方之间的竞争、卖方之间的竞争和买卖双方之间的竞争等多种类型。通常，买方之间竞争越激烈，产品价格越具有升高的趋势；

卖方之间竞争越激烈，产品价格越具有下降的趋势。买卖双方之间的竞争对价格的影响取决于双方的竞争实力，产品需求越旺，供给越少，价格越高；需求越少，供给越多，价格越低。经营性企业在产品定价中应着重考虑买卖双方之间的竞争和卖方之间的竞争两种类型。

1. 买卖双方之间的竞争

对这种竞争因素的分析应着眼于市场供求的全局，在认真搜集、整理、分析与产品有关的各种信息资料（包括本企业和其他竞争性企业的生产成本，生产能力，技术水平，产品特点，消费者的收入、偏好，潜在需求数量等因素）的基础上进行准确的预测，确定未来一段时期内可能的市场供求状况，进而制定合理的可销价格。

2. 卖方之间的竞争

根据卖方之间的竞争强度和竞争的充分程度，通常可以将市场分成完全竞争、完全垄断和不完全竞争三种基本的结构类型。

(1) 完全竞争的市场。完全竞争的市场是指市场上厂商数目众多，且生产的产品完全同质，在生产要素可以自由流动的情况下，竞争得到充分开展，竞争的结果是使价格最终等于产品的平均成本。由于任何一个厂商的生产数量只占市场产品总量的一个很小比例，根本无力左右产品价格，只能充当价格的被动接受者，所以完全竞争市场上的价格策略以随行就市为主。农产品市场结构近似于完全竞争的类型。

(2) 完全垄断的市场。完全垄断的市场是指市场上只存在一定或极少数几家企业，产品生产完全为其所垄断的市场结构，如企业利用尖端科技研制生产的新产品，最初上市时处于垄断地位，某些带有自然垄断性质的行业，如航空客运、邮电通讯等一般由政府授权的几家企业垄断经营或国家直接经营，都类似于完全垄断的市场结构。由于排除了竞争，这种类型市场上的经营者定价的自由度较大，往往以利润最大化作为定价目标，根据边际收益等于边际成本的原则确定价格和产量，并因此能够获得超额垄断利润。

(3) 不完全竞争的市场。大多数产品的市场特征既不同于完全竞争也不同于完全垄断，市场上厂商数目或多或少，彼此在不同程度上开展竞争，各厂商生产的产品虽然基本功用相同，但又都具有不同特征，因此，各自具有一定的价格影响力。不完全竞争市场的经营者必须考虑如何对付竞争对手，往往以扩大市场占有率或获取稳定的盈利作为定价的基本目标。

（三）币值因素

从宏观范围来看，币值是指单位货币的购买能力，其计算公式为：

$$币值 = \frac{社会各种商品可供量之和}{流通中实际发挥作用的货币量}$$

由于

$$流通中实际发挥作用的货币量 = 社会商品价格总额$$

所以

$$币值 = \frac{社会商品可供量之和}{社会商品价格总额} = \frac{社会商品可供量之和}{商品平均单价 \times 社会商品可供量之和}$$

$$= \frac{1}{商品平均单价}$$

或者说

$$商品平均单价 = \frac{1}{币值}$$

由此可知，币值与商品价格成反比，币值越高，价格越低；币值越低，价格越高。一般情况下，货币贬值时，企业定价应适当调高，否则实际盈利水平难以达到预期目标，但如果定价过高，消费者在收入不变的情况下，也会影响销售数量的扩大；货币升值时，企业定价应适当调低，但如果定价过低，不仅会使企业丧失获取更大盈利的机会，而且可能诱发消费者“买涨不买跌”的心理，从而推迟购买。因此，企业必须在盈利和市场占有率之间找到一个平衡点，以实现企业的既定目标。

（四）国家经济法律政策

一般认为，国家政策是市场纠偏的调节手段，通过国家政策对市场价格进行干预的主要目的有三个：①实现平等竞争、公平交易，保证价格形成的合理性；②控制价格过度上涨，防止出现严重的通货膨胀；③保持重要商品价格基本稳定，防止出现价格剧烈波动。具体的措施手段包括：①直接定价。市场经济并不排斥对于关系国计民生的重要商品实行直接的国家定价，当然这部分产品也必须按价值规律和供求规律办事。②制定指导价格。通过制定中准价格和价格在中准价基础上的涨跌幅度，保持价格的基本稳定。③限价，包括最高限价和最低限价。④价格补贴，包括直接补贴和间接补贴。⑤制定差价率或盈利率。⑥实行价格监审制和提价申报制。⑦实行行业指导价以及利用财政、税收、工资、信贷等政策工具干预价格形成。⑧制定有关价格的法律和法规，如《价格法》《反不正当竞争法》和《反暴利条例》等。

（五）消费心理因素

消费者购买产品讲究“物有所值”，能否满足这一条件取决于消费者对产品的主观感受，由于消费者的购买动机、购买能力、所属阶层及个性等方面的差异，同一种产品对于不同的消费者代表着不同的价值，从而各个消费者愿意支付的价格也各不相同。产品实际定价如低于或等于消费者愿意支付的价格，则能促成购买行为，否则消费者会因不合算而放弃购买。因此，研究目标消费群的心理是企业定价之前必须做细的一项工作。

根据消费者消费心理的不同，一般将消费者分为以下三种类型。

1. 冲动和情感型

这类消费者的购买由其情绪波动所支配，购买具冲动性、即景性和不稳定性。这类顾客对商品价格不是十分重视，主要注重商品的花色、式样等。因此，企业对于适销对路的商品，定价可略高，且可视市场即时状况调高价格。

2. 理智和经济型

这类消费者购买商品时往往分析评价，并喜欢货比几家再购，对价格比较慎重。因此，企业应依质论价。

3. 习惯型

这类消费者对零售商或品牌等产生了信任或偏爱。因此，企业定价可略高。但应注意，价格过高会导致消费者购买的转移性。

（六）定价目标

任何经济活动都是经济组织有目的的行为，企业定价也不例外。定价目标是企业对定价前景有了正确认识的基础上选取的价格决策的基本目的和取向。针对不同的生产经营企业，不同经济环境下的企业以及不同的产品和劳务，价格决策的目标是千差万别的，归纳起来可以有以下几类。

1. 利润目标

利润目标是指企业定价中主要考虑如何通过适当的产品价格达到既定的或尽可能大

的利润水平。具体又分为：

(1) 利润最大化目标。利润最大化是指企业生产或经销的某种产品的利润总额最大化。根据经济学的基本原理，产品利润最大化的实现条件是产品的边际收益等于边际成本，但以追求长期利润最大化为目标的企业，对于短期内的微利或亏损也是可以接受的。

(2) 投资收益目标。这是企业为在既定年限内收回投资所确定的年回报率，即：

$$R=\frac{I/N}{I}\times 100\%$$

式中：R 表示投资收益率；

I 表示总投资额(由产品收益弥补)；

N 表示投资回收年限。

投资收益率的下限是同期的银行利率；具体值则取决于市场竞争状况和产品销售业绩。采用这一定价目标的企业一般竞争实力较强，或拥有某种垄断、排他型产品。

(3) 稳定利润目标。稳定利润目标是指企业将价格确定在一个适中的水平以谋求长期均衡稳定的利润，既不力图提高价格以扩大盈利，也不希冀降低价格，以损失利润为代价扩大市场份额。这种定价目标由于不会对竞争者构成威胁，因此，不易诱发竞争，有利于中小企业在激烈的竞争中保全自己。

2. 市场占有率目标

市场占有率是企业产品销量占本行业同类产品销售量的百分比。从长期来看，企业盈利多寡是随着市场份额的增减而变化的，企业较高的市场占有率会形成一定的控制市场和价格的能力，保证长期总收益水平的提高。企业为获得长期稳定的收入，一般以低价形式扩大销量：不着眼于短期收入的增长，而注重短期内迅速提高产品的市场占有率。实行低价促销的企业应具备以下条件：①企业有充足的资金和原料，具有大批量生产能力；②产品需求弹性大，市场前景广阔；③企业劳动生产率高，单位产品成本低于社会平均成本，总成本增长速度低于总产量增长速度。

3. 应付竞争的目标

各个企业的市场地位和竞争实力不同，对待竞争的态度也就各不相同，由此也决定了定价目标有差异。市场领导者排斥竞争，往往以高价为目标来保持企业威望，或以低价为目标打击竞争对手，其目的都是阻止竞争者进入；市场挑战者追逐竞争，一般以有利于挑战领袖企业的低价格作为定价目标；实力弱小的其他企业则回避竞争，随行就市是这类企业的经常做法。

4. 社会责任目标

有些企业的产品关系国计民生和经济发展，政府往往对这类企业定价实施较强程度的经济干预或法律约束(如政府代理机构或公交、水、电、气等公用事业型企业)，使这类企业自愿地或被迫地以谋求社会利益最大化作为定价目标。当然，政府通常也会采取补偿手段来弥补企业由此造成的利益损失，如财政补贴、税收优惠等。以社会市场营销作为经营战略选择的企业也采取这一定价目标。

企业价格决策的目标通常情况下并不是单一的，而是表现为多方面、多层次的目标综合体。从企业一定时期内各种价格决策目标的相互关系看，分为主要目标和次要目标、长期目标和短期目标、必达目标与希望目标等种类。例如，企业价格决策中以利润目标为主要目标，扩大市场占有率就成为从属目标或次要目标；或者以尽可能增加市场占有率作为一种长期目标，而降低单位产品利润要求，甚至保本销售作为一种短期目标；又如，在保证单位产品利润率提高10%的前提下，以销售量最多下降5%为必达目标，而将销售量争取不下降作为希望目标等。

第二节　企业的一般定价方法

【案例导入】　　**鞋子的定价**

“安静的小狗”是一种松软猪皮便鞋的牌子，由美国沃尔弗林环球股份公司生产。当“安静的小狗”问世时，该公司为了了解消费者的心理，采取了一种独特的试销方法：先把100双鞋无偿送给100位顾客试穿8周，8周后，公司派人登门通知顾客收回鞋子，若想留下，每双鞋子5美元。其实公司老板并非真想收回鞋子，而是想知道5美元一双的猪皮便鞋是否有人愿意购买。结果绝大多数试穿者把鞋留下了。得到这个消息，沃尔弗林公司便大张旗鼓地开始生产、推销。结果以每双7.5美元的价格，销售了几万双“安静的小狗”。

【引例分析】

这是一种根据消费者对商品价格的认识和需求程度来制定合理价格的方法。除了使消费者获得公平交易的满足，还应刺激消费者产生再次购买的潜在心理。

企业的定价过程是将定价目标和定价策略付诸实施的过程。影响企业定价的因素虽多，但在制定价格时，主要考虑的是产品的成本、市场需求和竞争情况，由此产生了三种导向的定价方法，即成本导向定价法、需求导向定价法和竞争导向定价法。

一、成本导向定价方法

成本导向定价方法是以产品成本为定价基本依据的一类定价方法。其主要包括以下几种具体方法。

1. 成本加成定价法

采用这种定价方法首先确定单位变动成本，再加上平均分摊的固定成本构成单位完全成本，以此为基础加上一定比率的预期利润，即为产品价格。具体计算公式为：

$$\text{产品价格} = \text{单位产品总成本} \times (1 + \text{成本加成率})$$

这种定价方法的优点是简便易行。在一定条件下，按此方法定价可使企业获得预期利润，对产、需双方也都比较公平。消费者不会因为产品紧俏或短缺而付出较高代价，生产者也能获得稳定利润。然而，这种方法的突出缺点是从生产者导向观念出发进行定价，完全忽视市场竞争和供求状况的影响，缺乏灵活性，难以适应市场竞争的变化形势。尤其是加成率的确定，仅仅从生产者的角度考虑，据此计算出来的价格，也就很难是具有竞争能力、顾客乐于接受的最优价格。因此，这种定价方法一般限于卖方市场条件下使用。

2. 目标收益率定价法

此法亦称投资报酬率定价法。首先，根据企业的投资总额确定一个目标收益率；然后，按目标收益率计算出投资收益额；最后，根据总成本和计划销售量（产量）以及投资收益额算出产品价格。其计算公式为：

$$产品价格 = \frac{总成本 + 投资收益额}{计划销售量}$$

式中

$$投资收益额 = 总投资额 \times 目标收益率$$

此种定价方法也是一种从生产者导向观念出发的定价方法。其主要适用于有专利权保护或在竞争中处于主导地位的产品的定价，对于大型公用事业单位尤为适用。由于其投资额大、业务具有垄断性、产品需求弹性小，政府为保证其具有稳定的收益率，常允许采用目标收益率定价法。

3. 收支平衡定价法

此法是运用盈亏平衡分析原理来定价的一种方法。其计算公式为：

$$保本价格 = \frac{应摊固定成本}{预期销售量} + 单位产品变动成本$$

由公式可见，这是侧重于保本经营的一种定价方法。在市场不景气、企业订货不足的情况下，保本销售总比停业的损失要小得多。所以，这是在特定情况下采用的一种定价方法。这种定价方法也可以为企业提供一个定价水准。根据盈亏平衡定价原理，如果把价格定在保本价格以上或者订货量超过保本点产量，企业就可以取得盈利；反之，则可能亏损。企业可以据此灵活掌握价格水平。

二、需求导向定价法

这是一类根据消费者对商品价格的认识和需求程度来制定价格的方法，也是伴随着营销观念更新所产生的新型定价方法。现代营销观念认为，价格是企业为消费者提供的一种选择。只有当这些选择与消费者的价格心理、价格意识及承受能力相一致时，价格才能成为商品价值顺利实现的有效手段。合理的定价，除了使消费者获得公平交易的满足，还应刺激消费者产生再次购买的潜在心理。需求导向定价法正是这种指导思想的集中体现。这种方法的具体定价法有两种。

1. 理解价值定价法

这是一种依据消费者对商品价值的理解水平定价的方法。在市场上，任何一种商品的价格和它的性能、质量、服务水平等，在消费者心目中都有一定的认识和评价。因而，企业的定价若要顾客乐于接受，必须首先确定顾客对商品的理解价值，由此定出产品的初始价格，然后再预测这个初始价格下的可能销售量，估算投资额和产品成本，最后测算盈利水平，作出可行性价格决策。为了提高消费者对商品的理解价值，从而提高其愿意支付的价格限度，企业定价时首先要搞好产品的市场定位，拉开本企业产品与市场上同类产品的差异，突出产品的特征，并综合运用各种营销手段，加深消费者对产品的印象，从而提高他们接受价格的限度。理解价值定价法的关键在于，企业要对消费者理解的商品价值有一个正确的估计。通常可选择有代表性的地区或消费对象，进行试销评估。

2. 区分需求定价法

此法亦称差别定价法。主要有以下四种形式：

(1) 区别顾客制定不同价格。例如，工业电用户和民用电用户的需求弹性不同，故按两种电价收费。又如，对中间商和消费者、老主顾和新客户，企业在定价时可以定出不同价格，或给予优惠价或提高价格。

(2) 区别产品制定不同价格。即对一种产品的不同型号、外观、式样和花色等分别制定不同价格。但价格的差异并不与成本的差别成比例，主要是反映顾客的心理需求，如标有某种纪念符号的产品，有时会产生比其他具有同样使用价值的产品强烈得多的需求，此时价格则可调高。例如，奥运会期间，标有会徽或吉祥物的产品价格，比未作标记的同种产品价格高得多。

(3) 区别地理位置制定不同价格。同一种商品处于不同地理位置上，需求强度有时不同，因而可以制定不同价格。而且定价的差别不和运费成比例。例如，电影院的甲、乙、丙座，票价不同。同种产品卖给不同的国家或地区的人，可以制定不同价格。旅游区的旅馆、饭店的定价通常要比一般地区高。

(4) 区别时间制定不同价格。当需求随时间的变化而变化时，可以针对不同时间制定不同价格。例如，电报、电话等公用事业在不同时间(白天、夜晚、节假日)收费标准不同。旅游宾馆在旺季和淡季收费标准不同。节令商品在上市初期和落市时可制定不同价格。采用区分需求定价法，应具备以下条件：市场能够根据需求强度不同进行细分；能防止低价细分市场向高价市场转手倒卖；竞争者没有可能在本企业的高价市场以较低价格竞销；价格差异适度，不会引起消费者的反感而放弃购买，影响销售。

三、竞争导向定价法

该法是以同行业竞争对手的价格作为企业定价的依据，随着竞争形势的变化，相应制定和调整价格的一类定价方法，主要有以下三种。

1. 随行就市定价法

此法就是按照本行业的市场价格水平来定价。这种方法适用于需求弹性较小、供求基本平衡的产品。在这种情况下，企业如果把价格定得高于时价，就卖不出去；反之，把价格定得低于时价，其他竞争者亦会削价竞销，导致价格竞争，因此，企业为了获得稳定、合理的收益，宁愿少担风险与同行和平共处。

2. 投标定价法

此法亦称密封递价法。即事先不定价格，而以各种方式宣传产品的特点、特殊价值和特殊功能，然后采取拍卖的方式，由顾客投标出价竞购，最后以最有利的价格拍板成交。在处理土地、承包工程、出售艺术珍品和文物时，多采用此法定价。企业若处于递价一方，对准备承包的产品或工程项目密封投标递价，则定价水平应主要根据对竞争对手的可能递价水平的估计、分析确定。由于企业递价目的是中标，所以递价只期望略低于参与投标的竞争者，而不能过高或过低。递价过高，难以中标；递标过低，无利可图。为此，参加投标的企业往往根据估计的中标率和利润来计算期望利润，然后根据最高的期望利润递价。但是，当企业出于某种原因(如面临停产、倒闭)对于投标势在必中时，此时递价必须力争低于竞争者的递价，而不宜以期望利润为递价标准。

3. 竞争价格定价法

此法与随行就市定价法相反，这是一种主动竞争的定价方法。它是研究竞争者的产品质量、性能、价格、生产条件及服务等情况，作为本企业定价的依据。本企业产品优于竞争者产品，则取稍高价以示"非同一般"，本企业实力雄厚，则可以稍低价推出，战胜竞争对手；处于劣势者大多也采用低于竞争者的价格。

第三节 定价策略与调价策略

【案例导入】 **"柯达"如何走进日本**

柯达公司生产的彩色胶片在20世纪70年代初突然宣布降价,立刻吸引了众多的消费者,挤垮了其他国家的同行企业,柯达公司甚至垄断了彩色胶片市场的90%。到了80年代中期,日本胶片市场被"富士"所垄断,"富士"胶片压倒了"柯达"胶片。对此,柯达公司进行了细心的研究,发现日本人对商品普遍存在重质而不重价的倾向,于是制定高价政策打响牌子,保护名誉,进而实施与"富士"竞争的策略。他们在日本发展了贸易合资企业,专门以高出"富士"1/2的价格推销"柯达"胶片。经过5年的努力和竞争,"柯达"终于被日本人接受,走进了日本市场,并成为与"富士"平起平坐的企业,销售额也直线上升。

【引例分析】

新产品采取高价策略获得的利润足以补偿因高价造成需求减少所带来的损失。

一、定价的基本策略

(一) 新产品定价策略

新产品定价是市场营销策略中十分棘手的问题,产品上市之初,定价没有借鉴。定价高了,难以被消费者接受;定价低了,则将影响企业的效益。依据有专利保护和仿制的新产品,有不同的定价策略。

1. 有专利保护的新产品定价策略

有专利保护的新产品的定价,可选择的有撇脂定价策略、渗透定价策略或满意定价策略。

(1) 撇脂定价(Skimming Pricing)又称高价策略。新产品上市之初,将新产品的价格定得较高,在短期内获取高额利润,尽快收回投资。这一定价法,就像从牛奶中撇取其中所含的奶油一样,取其精华,所以称为"撇脂定价"策略。高收入阶层对价格的敏感度低,新产品一般从高收入阶层导入市场。只要高价不会引起消费者的反感和抵制,又可维持一段时间,便能获得较丰厚的利润。

采用撇脂定价的优点是:①新产品的独特性和优越性,即使高价也能为部分消费者接受。在"理解价值"的范围内,利用求新心理、炫耀性心理,高价刺激需求,辅之以高质量,有利于树立名牌产品的形象。②价格在上市初期定高一点,留有调整价格策略的余地,使企业在市场竞争中居主动地位。③高价格高利润,有利于企业筹集资金,扩大生产规模。

撇脂定价的缺陷是:定价较高,对消费者不利,也不利于企业的长期发展;新产品的市场形象未树立之前,定价过高,可能影响市场开拓;如果高价投放而销路旺盛,厚利引来激烈的竞争,仿制品大量出现,会使价格惨跌。

(2) 渗透定价(Penetration Pricing)又称低价策略。新产品上市之初将价格定得较低,吸引大量的消费者,利用价廉物美迅速占领市场,取得较高的市场占有率,薄利多销,既能获得较大的利润,又能防止潜在竞争者入市。采用这一定价方法的前提条件是:①新产品的需求价格弹性较大;②新产品存在着规模经济效益。渗透定价的缺点是:入市初期,定价较低,投资回收期长,企业在市场竞争中价格回旋余地不大。满意定价又称温和定价策略或君子定价策略。在新产品上市之初,采用买卖双方都有利的温和策略。由于撇脂定价策略定价较高对顾客不利,既容易引起消费者的不满和抵制,又容易引起市场竞争,具有一定的风险,渗透定价策略定价过低,虽然对消费者有利,但企业在新产品上市初期收入甚微,投资回收期长。满意定价策略居于两者之间,既可避免撇脂定价策略因价高而具有的市场风险,又可以避免渗透定价策略因价低带来的困难,因而既有利于企业自身的利益,又有利于消费者。

2. 仿制品定价策略

新产品中有一类是仿制品,是企业合法模仿国内外市场上某种畅销产品而制造的新产品。仿制品的上市也面临着定价的问题。在仿制品定价过程中,较多的企业采用降档定价策略,即优质中价、中档低价、低档廉价的定价策略。中外合资企业生产的仿制品较普遍采用此定价策略,其产品定价与同类同型号进口商品始终保持一定的价格差,产品在市场上广泛受到欢迎。

(二) 产品组合定价策略

当某种产品只是产品组合中的一个部分时,企业需制定一系列的价格,从而使整个产品组合取得整体的最大利润。分别采用以下产品组合定价策略。

1. 产品线定价

当企业生产的系列产品存在需求和成本的内在关联性时,为了充分发挥这种内在关联性的积极效应,采用产品线定价策略。在定价时,首先确定某种产品的最低价格,它在产品线中充当领袖价格,吸引消费者购买产品线中的其他产品;其次,确定产品线中某种商品的最高价格,它在产品线中充当品牌质量和收回投资的角色;再次,产品线中的其他产品也分别依据其在产品线中的角色不同而制定不同的价格。

2. 单一价格定价

企业销售品种较多而成本悬殊不大的商品时,为了方便顾客挑选和内部管理的需要,企业所销售的全部产品实行单一的价格。美国有一种连锁经营的小杂货店,人们称它为 99 美分商店。商店内所销售的几千种商品一律定价为 99 美分。国内的自助餐饭店也引进了这种定价策略,每位顾客进店用餐,不管你吃多少,只有一个价格。

3. 选择品和补充产品定价

企业在销售主要产品时也经常销售补充产品。例如,顾客在购买汽车时,常会购买电动雨刷、车用立体声收录机和空调器等。将补充产品包括在主要产品的价格中,容易使价格过高,使许多顾客望而生畏。必需的补充产品是指那些与主要产品密不可分的产品,如刀片、胶卷、计算机软件等。对这类产品通常采用的定价策略是,将主要产品的价格定得较低,而补充产品的价格定得较高,以弥补主要产品低价所损失的利润。例如,拍立得公司采用这种策略将相机的价格定得较低,而这种相机的专用胶片价格却十分昂贵。

4. 产品群的定价

为了促进销售,有时营销者不是卖单一产品,而是将有连带关系的产品组成一个群体,一并以低价销售。例如,有时影剧院不单卖一场影剧票,而是将几部影片合在一起售票,或出售季票、月票;饭店不单独出租客房,而是将客房、膳食和娱乐一并收费。采用这种策略时,必须使价格达到足够的低廉,否则顾客不会购买。

5. 分部定价

服务性企业经常收取一笔固定费用,再加上可变的使用费。例如,电话用户每月都要支付一笔最少的使用费,如果使用次数超过规定,还要再交费。例如,游乐园一般先收门票费,如果游玩的地方超过规定,就再交费。在新加坡,新车的价格包括两个部分:第一部分是包括进口税在内的汽车成本;第二部分是获取驾驶执照的价格——拥有新车的权利。后者在拍卖行可以购得,那儿每月都提供一定数量的用于不同车辆的驾驶执照。成功的驾车执照投标人要为享有买车的权利支付费用。服务性公司面临着和补充产品定价同样的问题,即应收多少基本服务费和可变使用费。固定成本应较低,以推动人们购买服务,利润可以从使用费中获取。

6. 副产品定价

在生产加工肉类、石油产品和其他化工产品的过程中,经常有副产品。如果副产品价值很低,处理费用昂贵,就会影响到主产品的定价。制造商确定的价格必须能够弥补副产品的处理费用。如果副产品对某一顾客群有价值,就应该按其价值定价。副产品如果能带来收入,将有助于公司在迫于竞争压力时制定较低的价格。

(三) 折扣与让价策略

【案例】　沃尔玛的"折价销售"

沃尔玛能够迅速发展,除了正确的战略定位以外,也得益于其首创的"折价销售"策略。每家沃尔玛商店都贴有"天天廉价"的大标语。同一种商品在沃尔玛比其他商店要便宜。沃尔玛提倡的是低成本、低费用结构、低价格的经营思想,主张把更多的利益让给消费者,"为顾客节省每一美元"是他们的目标。沃尔玛的利润通常在30%左右,而其他零售商,如凯马特的利润率都在45%左右。公司每星期六早上举行经理人员会议,如果有分店报告某商品在其他商店比沃尔玛低,可立即决定降。低廉的价格、可靠的质量是沃尔玛的一大竞争优势,吸引了一批又一批的顾客。

折扣(Discount)和让价(Allowance)都是以减少一部分价格来争取顾客的定价策略。在市场营销中,常用的折扣与让价策略有以下几种。

1. 现金折扣

现金折扣是指对当时或按约定日期付款的顾客给予一定比例的折扣,鼓励提前偿还欠款,加速资金周转。利息是其来源。

2. 数量折扣

数量折扣是指按购买数量的多少,分别给予不同的折扣,购买数量愈多,折扣愈大。鼓励大量购买,或集中向本企业购买。数量折扣实质上是将大量购买时所节约费用的一部分返回给购买者。

3. 功能折扣

功能折扣又称交易折扣,根据各类中间商在市场营销中的作用和功能差异,分别给予不同的折扣。折扣的大小,主要依据中间商所承担的工作量和风险而定。如果中间商承担运输、促销、资金等功能,给予的折扣较大;反之,则相反。一般给予批发商的折扣较大,零售商的折扣较小。

4. 季节性折扣

经营季节性商品的企业,对销售淡季来采购的买主,给予折扣优惠,鼓励中间商及用户提早购买，减轻企业的仓储压力，加速资金流转，调节淡旺季之间的销售不均衡。

5. 复合折扣

企业在市场销售过程中，由于竞争加剧而采用多种折扣同时给予某种商品或某一时期的销售。例如，在销售淡季可以同时使用功能折扣、现金折扣和数量折扣的组合，以较低的实际价格鼓励客户进货。每当碰到市场萧条的情况，不少企业采用复合折扣度过危机。

6. 让价策略

让价也是市场营销中常用的定价策略。有人称为销售津贴。实质上它也是一种折扣形式。让价策略主要有以下几种：①促销让价(Promotional Allowance)。当中间商为产品提供各种促销活动时，如刊登地方性广告、设置样品陈列窗等，生产者乐意给予津贴，或降低价格作为补偿。②以旧换新让价(Trade in Allowance)。进入成熟期的耐用品，部分企业采用以旧换新的让价策略，刺激消费需求，促进产品的更新换代，扩大新一代产品的销售。国内市场采用以旧换新让价策略的产品主要有彩色电视机、洗衣机、冰箱和自行车等。国外市场主要用于汽车的市场销售中。

(四) 心理定价策略

心理定价(Psychological Pricing)策略是指企业在定价时，利用消费者心理因素或心理障碍，有意识地将产品价格定得高些或低些，以扩大市场销售。其主要的策略有以下几种。

1. 声望定价(Prestige Pricing)

声望定价是指企业利用消费者仰慕名牌商品或名店的声望所产生的某种心理来制定商品的价格。故意把价格定成整数或高价。质量不易鉴别的商品最适宜采用此法，因为，消费者有崇尚名牌的心理，往往以价格判断质量，认为高价代表高质量。有的名牌商品和时装，降价或低价反而无人购买。此外，艺术品、礼品或某些“炫耀性”商品的定价也必须保持一定的高价，定价太低反而卖不出去。但也不能高得离谱，使这一消费群不能接受。

2. 参照定价(Reference Pricing)

当顾客选购商品时，头脑中常有一个参照价格。参照价格可能是顾客已了解到的目前市场上这种产品的一般价格，也可能是把以前的价格当作参照价格。企业在定价时可以利用和影响顾客心目中的参照价格。例如，在陈列时，有意识地将某件产品放在价格较高的产品附近，表示这种产品也属于高档之列。时装店常把妇女服装按价格的不同放在不同柜台出售，这意味着高档柜台买的服装是高质量的。营销者还可用其他方式影响顾客的参照价格，如告诉顾客这种产品的原价比现价要高得多，或启发顾客把本企业的价格同竞争者的价格进行比较等。

3. 奇数定价(Odd-number Pricing)

奇数定价又称尾数定价，即尾数用奇数 5，7，9 定价，特别是用 9，如本应定价 100 元的商品，定价 99.99 元，虽然只低 0.01 元，却可给买者以价廉的感觉。这是根据消费者心理，尽可能在价格上不进位，从而产生价格较廉的感觉。近年来，国内市场上常采用 8 作为尾数定价。由于 8 与南方方言中的“发财”的“发”同音，定价时多用 8.88 元、1.68 元、0.88 元等，在定价心理上，讨个发财吉利，希望共同富裕。尾数定价还能使消费者产生定价认真、价格是经过认真成本核算产生的等印象，使消费者对定价产生信任感。

4. 整数定价

对于价格较高的商品，如高档商品、耐用品或礼品等可以采取整数定价策略。企业为了迎合消费者“价高质优”的心理，给商品制定一种整数价格。当消费者得不到关于商品质量的其他资料时，为了购买高质量的商品，常常有“高级店，高级货”“高价钱，是好货”的心理，以价格高低来辨认商品质量的优劣。整数价格策略利用的正是这一心理。而且，采用整数定价，在种类繁多的商品选购中，给顾客以方便，有利于商品的选择。

5. 促销定价(Promotional Pricing)

促销定价又称招徕定价，零售商利用部分顾客求廉的心理，特意将某几种商品的价格定得较低以吸引顾客。某些商店随机推出降价商品，每天、每时都有一至两种商品降价出售，吸引顾客经常来采购廉价商品，同时也选购了其他正常价格的商品。有的零售商则利用节假日或换季时机举行“换季大减价”“节日大酬宾”等活动，把部分商品降价出售吸引顾客。但必须注意：该策略对日用消费品和生活必需品比较奏效，商场的规模必须较大；削价必须真正能吸引顾客，降价的产品品种和数量要适当。

【案例】 **“一元拍卖活动”**

北京地铁有家每日商场，每逢节假日都要举办“一元拍卖活动”，所有拍卖商品均以1元起价，报价每次增加5元，直至最后定夺。但这种由每日商场举办的拍卖活动由于基价定得过低，最后的成交价就比市场价低得多，因此，会给人们产生一种“卖得越多，赔得越多”的感觉。岂不知，该商场用的是招徕定价术，它以低廉的拍卖品活跃商场气氛，增大客流量，带动了整个商场的销售额上升，这里需要说明的是，应用此术所选的降价商品，必须是顾客都需要，而且市场价为人们所熟知的才行。

6. 习惯价格策略

在定价时，参考已经存在的习惯价格进行定价。习惯价格是指那些顾客已家喻户晓、习以为常，个别生产者难以改变的价格。即使生产成本提高很大，再按原价出售变得无利可图时，企业也不能提价，否则会引起顾客的不满，只能采取降低质量、减少分量的办法进行调整；还可以推出新的花色品种，改进装潢以求改变价格。

(五) 地区定价策略

企业在制定价格策略时，针对不同地区的顾客，采用不同的价格策略。特别是运费在变动成本中占较大比例时，更不可忽视。主要的地区定价策略有以下几种。

1. 原产地定价(Free On Board, FOB)

意为在某一运输工具上交货的贸易条件。FOB定价又称为离岸价，即卖主负责将产品送达某一运输工具上交货，并承担此前的风险和费用。交货后的一切风险和运费由买方承担。此定价方法，适用于所有地区，并且简便，但有失去远途顾客的危险，特别是易损品的远方客户。

2. 到岸价定价(Cost Insurance and Freight Pricing, CIF)

到岸价定价策略，即由卖方承担商品的出厂价、运费和运输保险费的定价策略。卖方承担交货前的运输风险和费用，易损商品多采用此法。这个定价策略对远途顾客有一定的吸引力。

3. 统一交货价格定价

统一交货价格定价是指不论买主所在地路程远近，都由卖主将商品运送到买主所在地，并收取同样价格的价格策略。在运费低廉或运费仅占变动成本的一小部分以及商品重量轻的情况下，卖主倾向于采取这种价格策略，如运费所占比重太大，就不宜采用这种方法定价。这种方法的好处在于，使买方误认为运送是二次免费服务，有利于巩固卖方的市场地位。

4. 运费补贴定价

运费补贴定价是指以产品的产地价格或出厂价格为标准，为了照顾距离较远的买方的负担，对运费实行部分或全部补贴或优惠，实际上是一种运费折让。该价格策略有利于保持一定的市场占有率，抢占距离较远的市场区域。

5. 基点定价(Basing-point Pricing)

基点定价是指卖方选定一些中心城市为定价基点，按基点到客户所在地的距离收取运费。采用这一定价策略对中小客户具有很大的吸引力，能够迅速提高市场占有率，扩大销售。这种方法制定的价格对较远地区的买方有利，而对邻近地区的买方不利。

6. 区域定价(Zone Pricing)

区域定价是指卖方把销售市场划分为多个区域，不同的区域实行不同的价格，同区域内实行同一价格。一般较远的区域，定价低一些。

二、价格变动反应及价格调整

产品价格制定以后，由于情况变化，经常需要进行调整。企业产品的价格，主要有两种情况，一种是由于客观条件发生变化，企业感到需要调高或调低自产品的价格，这是主动调整；另一种情况是由于竞争者调整价格，自己不得不跟着调整，这是被动调整。不管主动调整还是被动调整，企业首先要考虑调价后顾客的反应、竞争者的反应，然后针对两种不同的调整类型，选择适当的策略。

（一）顾客对企业变价的反应

产品的价格变动，会直接影响消费者的购买行为。一般来说，产品价格下调，会受到消费者欢迎，刺激需求，有助于企业扩大市场份额，但是，顾客对企业产品降价的理解也是较复杂的，并不是所有的降价处理都能使消费者更加积极购买。

消费者对企业产品变价可能会有如下理解：

(1) 这种品牌已经过时，将被更新型号的产品所代替。

(2) 这种产品可能在质量、服务等方面，比平常产品优异。

(3) 产品的价格已普遍提高，而且还将上升，应尽早购买。

所以，企业准备调整价格，一定要事先认真研究一旦变价消费者将作何反应，按照客观实际而非主观臆断作出决策，否则可能难以达成预期效果甚至会走向反面。另外，企业还将结合产品的需求弹性来考虑，弹性小的产品，消费者对价格的变动不会给予多大关注，需求的敏感程度较差，企业要仔细考察降价或提价究竟会给企业带来怎样的影响。

【案例】 **销售一空的绿宝石**

美国亚利桑那州一家珠宝店采购到一批漂亮的绿宝石。因为采购数量很大，老板很怕短期内销不出去，影响资金周转，便决定按通常惯例，减价销售，以达到薄利多销的目的。但事与愿违，原以为会一抢而光的商品，好几天过去了，购买者却寥寥无几。老板疑团重重，以为一定是价格定得太高，应再降低价格。正在这时，外地有一笔生意急需老板前去洽谈，已来不及仔细研究那批价格应降多少，老板临行前只好匆匆地写了一张纸条留给店员："我走后绿宝石如仍销售不畅，可按1/2的价格卖掉。"由于着急，关键的字1/2没有写清楚，店员将其读成"1～2倍的价格卖掉。"店员们先将绿宝石的价格提高1倍，看到购买者越来越多，又将价格提高1倍，绿宝石在几天之内被一抢而空。老板从外地回来深感意外，一问价格，不由得大吃一惊，当知道原委后，店员、老板同时开怀大笑，这可真是歪打正着啊！

（二）竞争者对企业变价的反应

企业的价格变动，必然会使竞争者有所反应。假设竞争者对价格变动是以一个既定的方式作出反应，则这种反应能够被预计。但另一种情况是，如果竞争者把每一次价格变更都作为一种新的挑战，并根据当时的自身利益作出反应，则情况就较为复杂。作为变更价格的企业，必须能够断定竞争者当时的自身利益在哪里。这需要调查竞争者的财务状况、销售量与生产能力、顾客忠诚度及企业目标。例如，假设竞争以市场份额为目标，则它很可能要跟进降价，却不理睬其他企业的提价。但如果以获取当期最大利润为目标，对于其他企业的提价可能跟进；对于降价，就有可能作出另外的反应，比如增加广告投入，或改进产品质量等。另外，竞争者对企业价格变更原因所作出的判断理解会影响竞争者所作出的反应。比如对企业产品价格下调，竞争者可能有不同理解：企业试图夺取市场；企业希望整个行业减价刺激总需求；企业由于经营不善，而希望能增加销售量等。对于第一种情况，结合自身目标，竞争者可能会跟进；而对于第二、第三种情况，反应就会多样化些，有可能跟进，也有可能保持价格不变，有时甚至会向相反方向调整价格。

另外，公司的竞争者并不是只有一个，一般都会有若干个，公司应全面估计每一个竞争者可能有的反应。假设所有的竞争者行为很相似，则只要对一个典型竞争者作深入分析就可以了，但如果因为竞争者在规模、市场份额政策、目标等方面差异很大，所作反应估计会有不同，则分别作进一步的分析是必要的。

（三）企业主动调整价格

在认真研究了顾客及竞争者对企业价格变动的反应之后，如果有必要，企业会依据自身的目标与利润进行价格调整，价格调整有自动调整和被动调整两种情况。企业对价格主动进行调整，采取的策略有两种：一是调低价格；二是调高价格。

1. 调低价格

调低价格是指企业在市场经营过程中，为了适应市场环境和企业内部条件的变化把原有产品的价格调低。调低价格的原因主要有三个方面：一是由于该产品供过于求，产品大量积压，占用大量仓库和流动资金，从而影响生产的正常进行。为了摆脱困境，在采用其他营销策略无效的情况下，就要采用降价策略。二是因为在激烈的竞争中企业的市场占有率逐渐降低，为了夺回失去的市场，企业采取降价策略。三是由于企业的成本费用比竞争者低，想通过降低价格来控制高地，或希望通过降低价格提高市场占有率，从而扩大生产和销售量。

企业在调低产品价格时，不仅要注意选择降价的时机，还要掌握适当的降价幅度。降价的幅度可以事先确定，但必须计算要增加多少销量才可以获得与原来相同的利润。其计算公式为：

$$\text{增加销售额百分比} = \frac{\text{边际毛利率} \times (1 - \text{降价非分比})}{\text{边际毛效率} - \text{降价百分比}} - 1$$

企业主动调低价格的优点是，容易摆脱困境，提高市场占有率。但也存在缺点，如低价会打乱企业原有市场营销策略的协调，要花大力气去调整整个市场营销策略时，可能导致同行业内竞争加剧，有时降价不当还会适得其反，给企业造成损失。

2. 调高价格

调高价格是在市场营销活动中，为了适应市场环境和企业内部条件的变化，把原有产品的价格提高。调高价格的原因主要有三个：一是产品的成本提高。由于原材料涨价等原因使成本费用不断增加，这是产品价格调高的主要原因。由于企业技术进步和生产效率的提高跟不上原材料价格上涨的幅度，原材料价格上涨的因素不能在企业内部消化时，就要考虑提价。二是产品供不应求。企业的生产不能满足市场需要，提高价格有利于实现供求平衡。三是通货膨胀的因素。企业为了应付通货膨胀，有时也不得不提高产品价格。

企业调高产品价格有明调和暗调两种形式。明调就是其他条件不变，把销售价格提高。暗调则是看起来商品标价不变，但实际上价格已经提高。常用的方法有减少使用让价与折扣、减少销售服务或对原来提供的服务计价、降低产品质量和减少特色等。在通货膨胀的情况下，企业还可以通过“推迟报价”与“调整条款”的方式来调整价格。“推迟报价”就是企业暂时不规定最后价格，等产品制成或交货时才规定最后价格。一般在工业建筑和重型设备制造等行业中采用这种方法。“调整条款”，即企业在合同上规定在一定时期内（一般到交货时为止）可以按照某种价格指数来调整价格。

调高价格策略若运用得当，对于增加企业利润有明显的效果，但也容易引起顾客和经销商的反感，甚至本企业的推销人员也不满意；若运用不当，常会受到消费者抵制，反而使利润额降低。因此，调高价格必须做好以下几项工作：第一，要限制提价幅度，不能提得太高，即不能超过消费者愿意接受的范围；第二，要及时向消费者说明提价原因，对于大宗购买的顾客，还要帮助解决提价带来的各种问题。

（四）企业被动调整价格

在竞争对手率先调价的情况下，本企业该怎么办？在通常情况下，除了跟着竞争者变动价格，别无选择余地，这就是对价格进行被动调整。

在同质产品市场上，如果竞争者降价，企业也要随之降价；否则，顾客就会购买竞争者的产品而不购买本企业的产品。如果竞争者提价，其他企业也可能会随之提价（如果提价对整个行业有利）。但是，如果某些企业认为提价没有好处，不随之提价，那么，最先发动提价的企业也不得不退回原来的价格水平。

在异质产品市场上，企业对竞争者价格改变的反应，则有较大伸缩余地，因为购买者采购时所考虑的不仅是价格，还要考虑产品质量、服务等因素。在这种情况下，企业可以有多种选择。例如，根本不理睬，任凭顾客对本企业产品的忠诚程度决定去留；修正营销组合中的其他因素加以对抗，保持原价格甚至采取相反的价格调整策略；采取完全的或部分的价格变动以应付之。

为了保证企业对竞争者调价作出正确的反应，必须对竞争者和本企业的情况进行深入的研究和分析比较。

1. 研究竞争者的情况

对竞争者情况的研究主要考虑以下问题：

(1) 竞争者为什么要改变价格？是为了扩大市场占有率，还是因为成本太高？或是为了整个行业的共同利益带头涨价？

(2) 竞争者改变价格是临时性的，还是长期性的？

(3) 本企业对竞争者的调价作出反应后，竞争者和其他企业又会采取什么样的措施？

(4) 提出调价的竞争者的经济实力如何？

2. 研究本企业的情况

对本企业的情况的研究主要考虑以下问题：

(1) 本企业的经济实力如何？

(2) 本企业产品的市场生命周期。

(3) 顾客对这类产品价格的敏感程度。

(4) 本企业如果跟随调价后，会对企业的营销产生什么影响？

对竞争者和本企业情况认真分析后，应迅速作出反应。当竞争者变化价格时，企业花很多时间作详尽分析是不可能的，因为竞争者可能花费大量时间来准备变价，而企业必须在几天内甚至数小时内就作出反应。一般来说，对竞争者调高价格的反应比较容易，而对竞争者调低价格的反应则应慎重。当竞争者降低价格时，企业要首先考虑除跟随降价外是否还有其他可行应变方案，有时非价格竞争手段更具有吸引力。某些时候，竞争者降价愈多，愈可以用强烈的非价格竞争手段与之对抗，对抗成功，条件也比较成熟，甚至还可以提价。但是，如果非价格手段无效，就要考虑跟随竞争者降价，是降到与竞争者相同水平，还是降到企业的损益平衡水平，要视市场形势而定。

【本章小结】

产品的定价策略是营销的一个重要组成部分。本章主要介绍定价的理论依据，影响定价的主要因素，定价的方法及定价策略，同时对价格的变动和调整也从主动和被动方面作了介绍。

产品的价格是价值的表现形式。定价的理论依据之一则为价值。由于供给和需求的存在使产品得以流通。产品的定价也应以均衡价格为基础。所以，供给成为定价理论之二。定价理论之三则为市场价格体系。它从整体上制约着产品的定价。

影响产品定价的主要因素多种多样，其中成本因素是最重要的。企业必须以成本为前提定价，竞争因素使得买卖双方和卖方之间通过在价格上的竞争来保护自己的市场。币值因素则通过单位货币的购买力来体现。国家经济法律政策因素则从市场整体来调节价格，保证产品定价的公平、公正、合理。

产品定价策略是依据基本理论和定价方法而制定的。①新产品定价策略是其中比较难的一个，包括有专利保护的新产品的定价和仿制品的定价。②产品组合定价策略是一种为获得整体最大利润的定价策略，包括六种组合策略。③折扣与让价策略用来吸引消费者。④心理定价策略是企业根据消费者的消费需求心理采取的定价策略。⑤地区定价策略针对不同地区、不同的消费群体而采取。

产品定价经常根据需要进行调整。企业在进行价格调整之前要注意买卖双方的反应，包括顾客对企业变价的反应和竞争者对企业变价的反应。企业调价包括主动调价和被动调价。主动调价在调低价格时要注意原因、时机和幅度。调高价格时要向消费者说明原因。同时，也要注意调整的幅度。在企业进行被动调价时，要研究竞争者的情况和本企业的情况及各个企业对调价的反应。

【同步测试】

一、概念

价格　成本导向定价方法　需求导向定价法　竞争导向定价法　渗透定价

产品组合定价策略 折扣与让价策略 心理定价策略 地区定价策略

二、选择题

1. 在成本加成定价法中"加成"的是指(　　)。

A. 一定比率的利润　　B. 一定比率的价格

C. 固定比率的利润　　D. 固定比的成本

2. 影响定价因素的三个主要因素是(　　)。

A. 定价目标　　B. 市场需求

C. 成本　　D. 国家政策

E. 市场竞争

3. 影响市场需求的变动因素,主要有(　　)。

A. 价格　　B. 心理

C. 供给　　D. 收入

E. 观念

4. 折扣在经销方式中应用时,为了避免价格在同一市场内形成冲抵,应注意消除折扣的(　　)。

A. 差异性　　B. 平均性

C. 同一性　　D. 动态性

5. 下列折扣中,属于贸易折扣的是(　　)。

1. 功能折扣　　B. 促销折让

C. 数量折扣　　D. 给批发商或零售商的折扣

6. 产品的最高价格取决于(　　)。

1. 市场需求　　B. 供给水平

C. 质量标准　　D. 规格型号

7. 利用顾客求廉的心理,特意将某几种商品的价格定得较低以吸引顾客,是采用的(　　)。

1. 招徕定价　　B. 撇脂定价

C. 价格歧视　　D. 折扣定价

8. 某汽车制造商给全国各地的汽车经销商一种额外的折扣,以促进他们执行配件提供、免费咨询、售后服务等更多的功能。这种折扣属于(　　)。

1. 现金折扣　　B. 数量折扣

C. 功能折扣　　D. 季节折扣

9. 产品价格的决定性因素是(　　)。

A. 生产成本　　B. 价值

C. 供求关系　　D. 竞争状态

三、思考题

1. 简述影响定价的因素。
2. 可供企业选择的定价目标有哪些?它对于正确定价有什么作用?
3. 企业定价的主要方法有哪些?怎样应用?
4. 举例说明"尾数定价""整数定价"和"声望定价"的应用。
5. 企业如何进行价格变动?

【技能训练】 **宝洁公司的定价策略**

宝洁公司是世界上最大的日化品生产厂家，经营的产品以花色品种繁多而闻名。在中国市场，包括美容时尚类、健康类和家居类等不同产品大类，其中每个大类中又包含不同的种类。比如在家居类的洗涤剂产品中，就推出了定价不同的汰渍和碧浪洗衣粉，汰渍属于经济型定价，而碧浪则属于高端价位，而其中每种不同的汰渍洗衣粉的定价也是有所差别。而在宝洁健康类的剃须产品中，其收购的吉列剃须刀虽然是知名品牌，但市场定价其实很低，主要靠销售替换用的刀片赚钱，而刀片价值不菲。

思考题：

1. 宝洁公司的定价属于定价策略中的哪一类？其主要内容是什么？包含哪些情况？
2. 具体阐述洗涤剂和剃须刀各属于该定价策略中的哪种情况。

第十一章
分 销 策 略

【学习目的与要求】 读者通过本章学习，要求了解分销渠道和物流的含义及作用，掌握分销渠道选择的主要影响因素，分销策略和物流管理，以及各类批发商与零售商的差别等，要求能够应用分销渠道理论分析营销中的现实问题。

分销渠道策略是市场营销组合策略的重要组成部分之一。企业的产品从生产过程向消费过程转移，必然要经过必要的销售渠道。企业选择制定的分销渠道策略正确与否，不仅直接影响其他营销组合因素，如价格、促销等因素，而且关系到企业市场营销的成败。企业生产出来的产品，只有通过一定的市场营销渠道，经过物流过程，才能在适当的时间、地点，以适当的价格供应给广大消费者或用户，从而克服生产者与消费者之间的差异和矛盾，满足市场需要，实现企业的市场营销目标。

第一节　分销渠道策略

【案例导入】　　传统企业分销渠道网络化转型

如今互联网已经成为人们生活不可分割的一部分，哪怕传统得像农业生产这样古老的行业，都在开始思考如何进行网络营销和开展电子商务了。但传统企业在营销模式尤其是渠道模式网络化转型的过程中却遇到了很多麻烦。

2010年岁末，国美、苏宁等家电销售连锁巨头以窜货为由，要求其供应商各大家电厂家，减少向网络销售商京东商城供货，企图“封杀围剿”京东商城，从而使得传统渠道对网络渠道的对抗公开化了。有着60∶100的销售规模份额的京东商城也毫不示弱，指责苏宁和国美等渠道运作效率不高，企图价格垄断，要求供应商出面协调，给个说法。一边是新兴渠道的快速增长、年轻消费族群的巨大潜力，一边是传统渠道巨大的现实销量和广阔的覆盖面，各供应商只能在火药味越来越浓的两者冲突中不断救火，小心平衡。

【引例分析】

由互联网的特性带来的价格冲击，这是线下渠道反应激烈的本质，网络渠道销售的商品由于不存在物流和仓储成本，也无需负担昂贵的营销成本，最终导致同样产品在线上售卖的价格比线下零售店的要便宜。

一、分销渠道的含义及功能

(一) 分销渠道的含义

市场营销学的渠道又称分销渠道,是指商品的分销渠道。美国市场学对于这一概念的认识经历了一个由异到同的渐进过程。美国市场营销协会所属的定义委员会,曾在1960年将分销渠道定义为:"公司内部单位以及公司外部代理商和经销商(批发商和零售商)的组织结构,通过这些组织,商品(产品或劳务)才得以上市营销。"美国市场学者爱德华·肯迪夫和理查德·斯蒂尔则认为,分销渠道是指"当产品从生产者向最后消费者和产业用户移动时,直接或间接转移所有权经过的途径"。

上述两个定义,前者着重反映分销渠道的组织结构,后者着重反映产品从生产者转移到消费者或用户的流通过程。

美国著名的市场学权威菲利普·科特勒认为,分销渠道是指某种货物或劳务从生产者向消费者移动时,取得这种货物或劳务的所有权或帮助转移其所有权的所有企业或个人。因此,分销渠道主要包括商业中间商(因为他们取得所有权)和代理中间商(因为他们帮助转移所有权)。此外,它还包括处于分销渠道的起点和终点的生产者和消费者。菲利普·科特勒的观点比较清楚地表述了分销渠道的概念。

综上所述,我们认为,分销渠道是指产品从生产领域向消费领域转移时所经过的路线。在通常情况下,这种转移活动是需要中间商介入的,因此,分销渠道可定义为产品从生产领域经由中间商转移至消费领域的市场营销活动。

(二) 分销渠道的职能

从经济理论的观点来看,分销渠道的基本职能在于把自然界提供的不同原料根据人类的需要转换成有意义的产品组合。分销渠道对产品从生产者转移到消费者所必须完成的工作加以组织,其目的在于消除产品(或服务)与使用者之间的分离。

分销渠道的主要职能有如下几种:①研究。即收集制订计划和进行交换所必需的信息。②促销。即进行关于所供应的物品的说服性沟通。③接洽。即寻找可能的购买者并与之进行沟通。④配合。即使所供应的物品符合购买者需要,包括分类、分等、装配、包装等活动。⑤谈判。即为了转移所供物品的所有权,而就其价格及有关条件达成最后协议。⑥物流。即从事产品的运输、储存。⑦融资。即为补偿渠道工作的成本费用而对资金的取得与支出。⑧风险承担。即承担与渠道工作有关的全部风险。

二、分销渠道的模式

在庞大的社会产品流通网里,分销渠道十分复杂繁多,这一方面是由分销渠道本身的特点所决定,同时也是由参与市场营销活动的主体及生产与消费矛盾的复杂性所导致的。因此,企业的市场营销人员应该掌握分销渠道的模式,以便为本企业的产品选择最佳的分销渠道。消费品市场和工业品市场不同,消费品市场分销渠道模式与工业品市场产品分销渠道模式也各异。

(一) 消费品分销渠道模式

消费品市场上产品分销渠道,概括起来有以下五种模式,如图11-1所示。

1. 生产者→消费者

这种模式即生产企业自己派员推销,或者开展邮购、电话购货等以销售本企业生产的

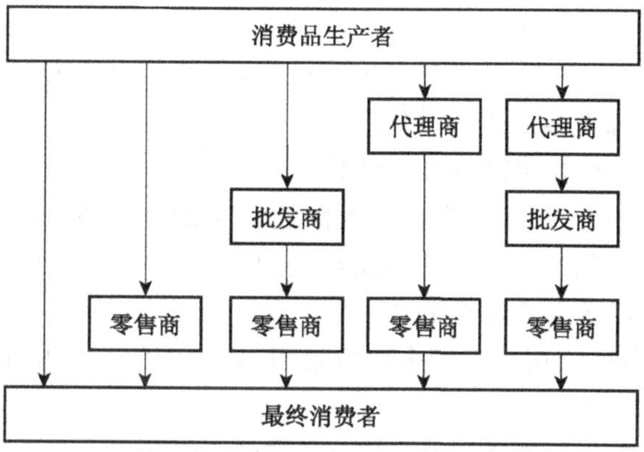

图 11-1 消费品分销渠道模式图

产品。这种类型的渠道，由生产者把产品直接销售给最终消费者，没有任何中间商的介入，是最直接、最简单和最短的分销渠道。

2. 生产者→零售商→消费者

这种模式被许多耐用消费品和选购品的生产企业所采用。即由生产企业直接向大型零售商店供货，零售商再把商品转卖给消费者。

3. 生产者→批发商→零售商→消费者

这种模式是消费品分销渠道中的传统模式，为大多数中、小型企业和零售商所采用。过去，我国大部分消费品，一般是由一级批发商（称为一级采购供应站）再分配至二级批产商（称为二级采购供应站），然后至三级批发商（称为批发商店或批发部），最后至零售商售给消费者。

4. 生产者→代理商→零售商→消费者

许多工业企业为了大批量销售产品，通常通过代理商、经纪人或其他代理商，把产品转卖给零售商，再由零售商出售给消费者。

5. 生产者→代理商→批发商→零售商→消费者

这种模式是一些大企业为了大量推销产品，常经代理商，然后通过批发商卖给零售商，最后销售至消费者手中。

（二）生产资料（工业品）分销渠道模式

在我国传统体制下，商品流通领域里没有将生产资料作为商品来经营，而是完全实行统一分配、统购包销的管理体制。因而，传统体制下本质上没有生产资料市场，所以也就谈不上自主选择的生产资料分销渠道。随着我国市场经济的发展，不仅是生产消费品的企业，而且生产生产资料的企业都有了生产、销售产品的自主权，企业逐渐采用了直接分销渠道模式或由企业自行委托中间商进行产品销售活动，由此形成了多种渠道并存的格局。归纳起来，生产资料分销渠道模式可以有以下四种，如图 11-2 所示。

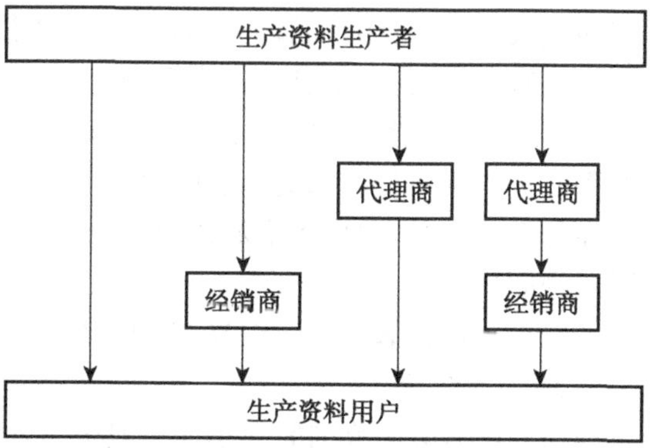

图 11-2 工业品分销渠道模式图

1. 生产者→生产资料用户

这种渠道模式在生产资料销售中占主要地位，尤其是生产大型机器设备的企业，如发电设备厂、电梯厂等大都直接向用户销售产品。

2. 生产者→生产资料经销商→生产资料用户

这种渠道模式常为生产普通机器设备及附属设备的企业所采用，如我国机电、石油、化工等部门，常常利用工业品经销商把产品卖给用户。

3. 生产者→代理商→生产资料用户

这种渠道模式通常被销售部门的企业所采用，如我国的一些机电产品厂家通过国外的代理商将产品卖给国外的用户。

4. 生产者→代理商→生产资料经销商→生产资料用户

这种渠道模式与第三种模式基本相同，只是由于某种原因，不宜由代理商直接卖给用户而需经经销商这一环节。尤其是产品的单位销量太小，或需要分散存货，经销商的功用就十分必要。

三、影响分销渠道选择的因素

生产者要把自己的产品顺利地销售出去，就要正确地选择产品的最佳分销渠道。这就要求生产者必须了解和分析影响选择分销渠道的因素，同时，还要考虑与企业其他营销策略的配合。

1. 产品因素

(1) 产品的单位价格。一般来说，产品单价越低，分销渠道应越长；反之，产品单价越高，分销渠道应越短。

(2) 产品的体积与重量。体积过大或过重的产品，应选择较短的分销路线，最好是采用直接分销渠道；体积小而轻的产品，一般数量较多，有必要设置中介环节。

(3) 产品的式样或款式。式样多变、时尚程度较高的产品，应尽可能缩短分销路线，减少环节，以免产品过时而积压。

(4) 产品的易腐性和易毁性。如果产品的有效期短或容易腐坏，应采取较短的分销路线，以求尽快地把产品送到消费者手中。

(5) 产品的技术与服务要求。对于技术性较强而又需提供售前售后服务的产品，应尽量采取直接方式渠道模式，即使需要中间商介入，也要尽量减少环节。

(6) 产品的标准性与专用性。通用的、标准的产品，因具有明确统一的规格和质量，可用间接式销售；专用产品，一般需生产者和用户直接面议质量、规格等要求，签订供货合同，宜采取直接式销售，不宜经过中间商。

(7) 产品的生命周期。处于介绍期的新产品，企业为了尽快打开销路，通常采取强有力的手段去占领市场。为此，企业不惜花费大量资金，组成推销队伍直接向消费者出售产品，若在情况许可时，也应考虑利用原有的分销渠道。成熟期的产品，大批量投入市场，则需要通过中间环节。

(8) 产品的季节性。季节性强的产品，应充分发挥中间商的作用，以便更好地推销。

2. 市场因素

(1) 目标市场范围的大小。一般来说，产品市场范围大，就需要中间商提供服务；反之，产品市场范围小，则可由厂家直接供应用户。

(2) 市场的地区性。购买力高的大城市、大百货商店、超级市场和连锁商店，可直接从生产企业进货，宜采取最短的分销渠道；反之，购买力低的地区和中小零售商则必须通过批发环节。

(3) 经济形势。经济景气，市场需求上升，生产商可增加销售点、扩大销售网；在经济萧条时，需求下降，生产商可减少流通环节，以降低成本进而降低产品价格。

(4) 消费者的购买习惯。

(5) 市场竞争的情况。在选择渠道模式时，应参考和研究同类竞争产品的分销方式。有时可避开竞争者常用的渠道，开辟新的分销渠道。

3. 企业自身因素

(1) 企业规模与信誉。企业财力资源雄厚，声誉良好，就可以自己组织推销队伍，也可采取间接式销售；反之，就要更多依赖中间商提供服务。

(2) 企业的管理能力。有的企业虽然生产方面表现了较强的能力，但缺乏市场营销的知识和技巧，因而有必要选择有能力的中间商。

(3) 控制渠道的愿望。如企业采取间接渠道模式，则要与中间商协调配合。如果企业有较强的控制渠道的欲望，又有较强的销售能力，可把产品直接出售给消费者或用户，或选择较短的分销渠道。

(4) 企业可能提供的服务。中间商一般希望企业能承担更多的广告、展览、培训或经常派服务维修人员驻店，为产品销售创造条件。如企业能提供这些服务，亦能增强中间商经销或代销产品的兴趣；反之，企业只好自行销售。

4. 国家政策因素

国家政策因素包括政府和法律因素的影响等方面。例如，税收法、商品检验规定、出口法均会影响生产者对分销渠道的选择。生产者在选择分销渠道时，必须遵守国家的有关法律和规定，使用合法的中间机构，采用合法的分销手段。

5. 企业营销策略因素

(1) 企业的产品组合会影响分销渠道的选择。如果生产企业的产品组合的宽度和深度大，就可能把产品直接销售给零售企业，或可实行直接式销售策略；反之，如果生产企业的产品组合的宽度和深度小，就只能通过批发商将产品转卖给零售商，最后售与消费者，即实行间接式分销渠道策略。

(2) 企业的促销策略因素。比如，生产者对新产品的销售，是采取推的策略还是拉的策略，对分销渠道的选择有很大的影响。消费者对新产品缺乏了解和认识，生产者要取得消费者信任，开拓新的市场，要考虑是否组成强有力的推销队伍进行推销。这种推的策略的实施，实际上就是直销式的分销渠道策略。如产品进入成熟期或衰退期，生产者就要考虑利用广告宣传突出自己产品的特点，激发消费者对产品的兴趣，或开辟新的市场。拉的策略实施的结果，大多数情况是间接式销售和长渠道分销。在实际工作中，除新产品外，推的策略也适用于选购品和特殊品，拉的策略也适用于日用品。这些都与分销渠道的选择密切相关。

(3) 本企业的价格策略因素。在一般情况下，分销渠道结构适当，则成本低，费用省，价格上下波动的幅度不大，这就有利于商品销售；反之，若分销渠道选择不当，渠道模式选择不好，就可能增加成本或费用，导致产品价格提高或产品亏损，不利于商品的生产和经营。同时，企业控制价格的愿望与分销渠道选择也很有关系，如生产企业希望能根据市场的需求、竞争等诸方面情况灵活地掌握价格，就要分析采取哪些渠道最能实现企业的愿望。

四、分销渠道的设计

生产者在设计其分销渠道时，需要在理想渠道与可用渠道之间进行抉择。一般来讲，新企业在刚刚开始经营时，总是先采取在有限市场上进行销售的策略，以当地市场或某一地区的市场为销售对象。因其资本有限，只得选用现有中间商。而在一地区市场内，中间商的数目通常是很有限的。所以，到达市场的最佳方式也是可以预知的。问题是如何说服现有可用的中间商来销售其产品。

新企业一旦经营成功，它可能会扩展到其他新市场。这家企业可能仍利用现有的中间商销售其产品，虽然它可能在不同地区使用各种不同的分销渠道。在较小市场，它可能直接销售给零售商；而在较大的市场，它需通过经销商来销售产品。总之，生产者的渠道系统，必须因时因地灵活变通。

渠道设计问题可从决策理论的角度加以探讨。一般来讲，要想设计一个有效的渠道系统，必须经过确定渠道目标与限制、明确各主要渠道交替方案、评估各种可能的渠道交替方案等步骤。

1. 确定渠道目标与限制

有效的渠道设计，应以确定企业所要达到的市场为起点。从原则上讲，目标市场的选择并不是渠道设计的问题。然而，事实上，市场选择与渠道选择是相互依存的。有利的市场加上有利的渠道，才可能使企业获得利润。渠道设计问题的中心环节，是确定到达目标市场的最佳途径。每一个生产者都必须在顾客、产品、中间商、竞争者、企业政策和环境等所形成的限制条件下，确定其渠道目标。

2. 明确各种渠道交替方案

在确定了渠道的目标与限制之后，渠道设计的下一步工作就是明确和主要渠道的交替方案。渠道的交替方案主要涉及两个基本问题：一是中间商类型与数目；二是渠道成员的特定任务。

3. 评估各种可能的渠道交替方案

每一渠道交替方案都是企业产品送达最后顾客的可能路线。生产者所要解决的问题，就是从那些看起来似乎很合理但又相互排斥的交替方案中选择最能满足企业长期目标的方案。因此，企业必须对各种可能的渠道交替方案进行评估。评估标准有三个，即经济性、控制性和适应性。

在这三项标准中，经济标准最为重要。因为企业是追求利润而不是追求渠道的控制性与适应性。经济分析可用许多企业经常遇到的一个决策问题来说明，即企业应使用自己的推销力量还是应使用制造商的销售代理商。假设某企业希望其产品在某一地区取得大批零售商的支持，现有两种方案可供选择：一是向该地区的营业处派出10名销售人员，除了付给他们基本工资外，还采取根据推销成绩付给佣金的鼓励措施；二是利用该地区制造商的销售代理商，该代理商已和零售店建立起密切的联系，并可派出30名推销员，推销员的报酬按佣金制支付。这两种方案可导致不同的销售收入和成本。判别一个方案好坏的标准，不应是其能否导致较高的销售额和较低的成本费用，而是能否取得最大利润。

这种经济分析，应从估计每个方案的销售额开始，因为有些成本会随着销售水平的变化而变化。究竟使用企业推销人员取得的销售额大，还是使用制造商的销售代理商取得的销售额大？大多数市场营销管理人员都认为使用企业推销员所收到成效较高。因为他们只专心于推销本企业产品，在销售本企业产品方面有过较专门的训练，比较积极肯干，他们的前途与企业发展紧密相连，也由于顾客比较喜欢与企业直接打交道，故使用本企业推销人员更容易取得交易成功。其实，这种认识是片面的。事实上，制造商的代理商也可以达到与使用本企业推销员相同的销售水平。这主要是由于：

(1) 生产者应考虑派出10名推销员和利用30名代理商的推销员，单是人数上的差异就很有可能使代理商取得较高的销售额。

(2) 代理商的推销员也可能与企业推销员一样积极卖力，这要取决于本企业产品推销和推销其他企业的产品在报酬上的差异。

(3) 顾客较喜欢与企业推销员打交道而不愿与代理商的推销员打交道的确是事实，但这并不是绝对的、无条件的普遍现象，当产品及交易条件标准化时，顾客会觉得与谁打交道都无所谓，他们甚至更喜欢与经销多种产品的代理商打交道，而不愿与只卖一家企业产品的推销员打交道。

(4) 多年建立起来的八面玲珑的、广泛的交际关系，是代理商的一项重要资本，也正是优于企业推销员的地方，因为企业推销员需从头开始一步步地建立这种关系。从上述几个方面来看，代理商通常也能为制造商创造较高的销售，至少在开始的前几年是这样。

因此，要估计企业推销力量与代理商两者的销售潜量，还必须具体情况具体分析，并注意征求该行业中经验丰富的管理人员及专家的意见。经济分析的第二步是估计各种方案实现某一销售额所需花费的成本。利用代理商所花费的固定成本，比企业经营一个营业处所需固定成本低。但是，利用代理商实现某一销售水平所需增加的成本比率要比利用企业推销员高，其原因是代理商的佣金率比企业推销员高。

一般来讲，小企业以及在较小地区从事经营活动的大企业，最好利用代理商推销产品。如果不能假设两种渠道方案会达到相同的销售水平，则最好直接对投资收益率作简单估计。代理商与企业推销员的经济分析，只能大致表明某一渠道在经济上是否优于另一渠道。这种评估范围必须加以扩大，同时考虑到各渠道方案的激励性、控制性与冲突性。

使用代理商无疑会增加控制上的问题。一个不容忽视的事实是，代理商是一个独立的企业，他所关心的是自己如何取得最大利润。他可能不愿与相邻地区同一委托人的代理商合作。他可能只注重访问那些与其推销产品有关的顾客，而忽略对委托人很重要的顾客。代理商的推销员可能无心去了解与委托人产品相关的技术细节，也很难正确、认真地对待委托人的促销资料。

在评估各渠道交替方案时，还有一项需要考虑的标准，那就是生产者是否具有适应环境变化的能力，即应变力如何。每个渠道方案都会因某些固定期间的承诺而失去弹性。当某一制造商决定利用销售代理商推销产品时，可能要签订5年的合同。这段时间内，即使采用其他销售方式会更有效，但制造商也不得任意取消销售代理商。所以，一个涉及长期承诺的渠道方案，只有在经济性和控制性方面都很优越的条件下，才可予以考虑。

五、分销渠道策略

1. 普遍性分销渠道策略

普遍性分销渠道策略，即生产者尽可能通过许多适当的批发商(或代理商)、零售商推销其产品。在通常情况下，日用消费品(如肥皂、牙膏等)、工业生产中经常耗用的产品(如标准件、小件工具等)适于施行此种策略。因此，这些商品适用范围广，消费者需要时，希望能迅速而方便地买到，而不计较是否是名牌货，也不需要到大商店去购买。

普遍性销售策略的特点是：生产者同时选择较多的批发商和零售商推销，但这些批发商与零售商一般均不愿分担任何广告费用，所以生产者必须单独负担全部的广告与宣传费用。如果在零售环节上采取普遍性分销渠道策略，必须同时在批发环节上也采取普遍性分销渠道策略与之相配合。

2. 选择性分销渠道策略

选择性分销渠道策略，即生产者在某一地区仅通过少数几个经过精心挑选的、比较合适的中间商来推销其产品。例如，消费品中的选购品、工业生产用的零配件，由于消费者或用户对某种品牌的产品偏好，尤其适用选择性分销渠道策略。

选择性分销渠道策略的特点是：生产者与中间商之间的配合较为密切协调，企业在采用这种策略时要淘汰掉一些没有效率、不得力的中间商。从生产者来说，产品可以占有一定的市场，提高控制度，且能降低成本；从中间商来说，可以维持一定的产销关系，增加销售额，且能获得一定的利润。有些生产者在新产品上市时要用普遍性分销渠道策略，以期产品能迅速进入市场，一段时间以后，则会改用选择性分销渠道策略，逐步淘汰不理想的中间商，以减少费用，保持产品声誉。

3. 专营性分销渠道策略

专营性分销渠道策略，即生产者在一定地区、一定时间内，只选择一家中间商推销其产品。企业和中间商双方通过协商签订独家经营合同，规定中间商不得再销售其他竞争者的产品。消费品中的特殊品或需要进行售后服务的电器产品，以及需要进行现场操作表演并需介绍使用方法的产品，工业品中的部分产品，如机械产品多使用这种策略。

对于生产企业来说，专营性分销渠道策略的好处是：易于控制其产品的销售价格，在广告与其他促销活动方面，易于与中间商取得合作，由于发货、运送、结算等手续简便，有利于降低成本，节约费用，同时，可以提高中间商的推销效率与经营积极性，加强对消费者的服务。在竞争中，可以防止竞争延续渠道。其不足是：理想的中间商不易物色，独家销售可能失去更多的市场，对于距离较远的消费者，购买不方便，广告宣传就会形成浪费。

4. 复式分销渠道策略

生产者通过两个或两个以上不同的渠道将同一产品送到不同的市场(消费品市场和工业品市场)；有些生产者还将同一产品通过不同的渠道送到同一消费者手中。这种多渠道销售即复式分销渠道策略。

复式渠道是一种创造性的复杂渠道系统。企业通过复式渠道推销某种产品，比通过某单一渠道推销更能实现市场渗透。但由于复式渠道构成复杂，需要高效率的协调管理，因此，一个企业在准备创造性地运用某种复式渠道时，一定要考虑产品的特性、顾客的偏好和购物心理，以及本企业的管理水平。一般而言，规模大、实力强、管理水平高的企业，特别是在市场商品供过于求以及竞争较为激烈时，采用复式渠道策略效果会更好。而规模小、实力弱的小企业则不应过多地运用复式分销渠道策略。

第二节 批发商与零售商

【案例导入】 **制造商对零售商的选择**

日本大阪的谷寿糖果公司是制造西点、蛋糕、饼干的，它在关西是最大的糖果公司，在日本也是属于第一流的。很多食品糖果店曾经对该公司表示有意购买他们的产品，然而董事长细谷清向来是不随便应允的。他不随便订约，这是尽量避免和业绩欠佳的商店扯上关系的缘故。他的经营理念是：产品绝对不给业绩不佳的商店销售。他只给各条街上生意最鼎盛、信誉最佳、名气最大的商店销售他的糖果，因此他成功了。最好的产品给最好的商店销售，它的反应当然是极佳的了。

美国连锁百货店大王贝尼伊在国内拥有 1 600 多家连锁商店，曾经有人问他："你成功的秘诀是什么？"贝尼伊回答说："商品价廉物美，店员服务精神良好等，固然都是重要的因素，但最重要的是，必须与信誉最好、销量最多的店铺合作。"

【引例分析】

产品的形象与中间商的形象息息相关。如果中间商的形象不佳、服务不佳，那么企业的产品也会受到殃及。中间商的业绩不佳，信誉不高，也会使企业受到拖累。所以，企业在选择中间商时应慎重。

一、批发商

(一) 批发商和零售商的差异

批发包括一切将货物或服务销售给为了转卖或商业用途而进行购买的人的活动。批发商和零售商有如下差异：①批发业务量比零售业务量大，批发商的市场覆盖面也比零售商广；②批发商不与最终消费者进行直接交易；③政府通常给予批发商和零售商不同的法律限制和税收政策。

(二) 批发商受到的冲击和渠道优势

批发商在渠道中所扮演的是承上启下的角色，早期的批发商在商品流通中占有重要地位，制造商的产品需要经由他们分销，小零售商的货源和周转资金也主要来自批发商。20世纪下半叶以来，批发商的这种地位受到了巨大的冲击，这种冲击主要来自三方面：①大制造商越过批发商自设分销机构或直接面对最终消费者；②零售业连锁店的发展催生了大批量、多品种、高周转的进货方式，使大零售商与供应商的直接交易经济易行；③新兴的各种直销方式的出现，用户和消费者的选择更加多样化。尽管如此，与零售商相比较，批发商仍有其存在的优势和必要性：①小制造商开发市场能力弱，一般无力建立自己的分销机构，而批发商的存在则可以弥补这一点；②即使是制造商实力雄厚，也要考虑管理、资金投入效果问题；③批发商在分销上可以享有规模经济(大批量购买带来费用成本的节约)；④与零售网点接触面广，有自己的零售商关系网；⑤有仓储、融资、运输、信息纽带、整买整卖、风险承担职能。由此可知，批发商仍有其存在的必要性，主要是由于它能为制造商、零售商以及其他机构提供多种职能服务。

(三) 批发商的主要类型

批发商主要有三种类型，即商人批发商、经纪人和代理商、厂家的分销机构和销售办事处。

1. 商人批发商

商人批发商又称独立批发商，是指自己进货，取得商品所有权，再批发售出的商业企业。商人批发商也是批发商的最主要类型。按其职能和提供的服务是否完全可分为：①完全批发商。这类批发商执行批发商的全部职能并提供全面的服务(保持存货、雇用固定的销售人员、提供信贷、送货、协助管理等)；②有限服务批发商。这类批发商为了减少成本费用，降低批发价格，只提供一部分服务，如现购自运批发商、承销商、邮购批发商等。

2. 代理商和经纪人

经纪人和代理商是从事购买或销售或两者兼备的洽商工作，但不取得商品所有权的商业单位。经纪人纯粹起牵线搭桥作用，不存货、无财务、不担风险；代理人相对于经纪人委托关系较为持久，主要包括制造商、代理商、销售代理商、采购代理商和佣金商。

3. 厂家的分销机构和销售办事处

这种形式是厂家在目标市场的批发机构，作用是加强存货控制和管理市场。这种批发业务主要有两种类型：①销售办事处(销售分店)；②采购办事处。

二、零售商

零售包括所有向最终消费者直接销售商品和服务以供其作个人及非商业性用途的活动。零售商是指销售量主要来自零售的商业企业。零售商是最古老的一类渠道成员，不论厂家采取何种渠道战略，都是不可缺少的合作伙伴，因为零售商与消费者的距离最近。

(一) 选择零售商的条件

(1) 消费者去哪儿买，产品就在哪儿卖，即要接近目标市场、建渠道要先找顾客，再找零售商。

(2) 零售业态和产品特性。不同的零售业态有不同的产品分销优势，如日杂店对于各种便利品或中低档选购品来说，是比较好的零售渠道，中高档化妆品或大件家电用品应选择在客流量较高的闹市区的经销店或专卖店。

(3) 零售商的主力产品。主力产品是商店中经营数量和金额均占主要部分的商品。主力产品确定后方能考虑辅助产品和关联产品。

(4) 预期合作关系。合作关系有紧密和松散之分。所谓紧密型合作关系，可能意味着双方以产权为联结纽带而实现产销一体化，或即使不以产权为纽带而由于厂家强大的管理能力可以控制商家所形成的命运共同体。松散型合作关系交易行为大多是一次性的、短暂的，缺乏战略考虑。不同的合作关系，会产生不同的结果。

(5) 销售力量。网点、人员的素质及促销能力是否与销售本企业产品销售目标相适应。

(6) 财力与储运服务能力。其进货能力、按地支付货款能力、维持必要存货量及自提商品应有的运输能力是否符合要求。

(7) 售后服务能力。包括提供退换商品、提供必要的产品维修服务和反馈顾客意见的信息传递能力。

(二) 零售商的类型

零售商种类复杂，变化也很快，存在着不同的分类方法和标准。例如，按所出售的产品线、相对价格的重要性、营业场所的性质、对批发商店的控制以及商品组合的类型等，如表11-1所示。

表11-1　零售批发商店分类的不同方法

所出售的产品线	相对价格的重要性	营业场所的性质	对商店的控制	商店组合类型
专卖店 百货商店 超级市场 便利商店 购物中心 服务性商店	折扣商店 仓库商店 目录商店	电子邮件、电话、电视、网络购物 自动售货 上门推销零售 采购服务	公司连锁 自愿连锁和零售商合作店 消费者合作社 特约代营组织	中心商业区 区域购物中心 街区购物中心 邻里购物中心

下面，按店铺零售商、无店铺零售商、零售组织三大类作概括介绍。

1. *店铺零售商*

这类零销商的特点是有固定的供顾客选购商品的营业场所。主要有：

(1) 百货商店。规模大；商品丰富，能提供多条产品线；商品附加值高；服务项目多；以经营选择性、时尚性商品为主。

(2) 便利商店。数量多、规模小、品种少；接近居民、流量密集区和流量密集区；营业时间长；见缝插针，灵活；与老百姓日常生活联系最为密切，主要经营日杂用品。

(3) 超级市场。营业面积大；客流量大；品种丰富，可满足家庭主妇"一揽子"购物需求；自助服务；明码标价，集中付款；交易手段现代化；大量销售；低费用，高运转；敞开陈列；以经营仪器和日用品为主；与供应商议价能力强。

(4) 专卖店。经营某一产品线或某一品牌；产品线单一，但花色品种较为齐全，个性化服务；位于商业中心区；以专和精为定位目标；品牌经营。

(5) 平价商店。主要经营大众化和反季销售商品；经常性折价销售，价格低廉；店堂布置简单；销售费用低；大货架陈列；以中低档商品为主。

(6) 仓储商店。库存销售合一；不经过中间环节，从厂家直接进货；大批量；讲究品牌；店堂布置简洁；实行会员制；自助服务；低成本运营；以经营消耗性、通用性商品为主。

(7) 购物中心。购物中心并非零售店的一种形式，而是将分散的商店和餐馆、银行、娱乐城等服务机构聚集在一起的一个场所；具有调整各种零售业态度的布局、疏通买卖渠道、让消费者"一次性购足"的功能；集购物与休闲于一体。

(8) 步行街。只允许步行者通过的商业街区，由步行通道和林立两旁的商店组成；松散经营；商品丰富；追求文化氛围，集购物与休闲、旅游于一体。

2. *无店铺零售商*

一种不设店堂的零售商类型。与店铺营销商相对应，由于零售商不经店铺直接向消费者销售产品和提供服务，是一种零渠道动作方式。常见的无店铺运作方式主要有以下七种形式：

(1) 邮寄目录。邮购公司向选好的顾客邮寄商品目录或备索，采取类似邮购商店的方法销售产品，待顾客寄回订单，汇出款项，再组织邮购商品。

(2) 直邮。将信件或者随信附上相关的宣传材料，如商品目录、价格清单、订货表、样品、抽奖信息等，直接邮递给所要联系的客户，这是一种高度个性化、人情味很浓的营销方式。

(3) 电话营销。注意:电话营销不是销售电话,而是以电话为媒介进行的销售。这种销售方式在发达国家比较盛行。例如,日本本田公司在1986年已推出免费电话订购业务,公司配备熟悉汽车销售的人员,负责接听、解答顾客提出的相关问题,进行推销。除了这种"守株待兔"的方式外,更聪明的销售方式是多多收集电话号码,"按号索骥",主动打电话上门,进行推销。

(4) 电视营销。电视不仅创造了一种全新的生活方式,还给商家带来了新的赚钱机会。随着电视的日益普及,"电视购物"得到了迅猛的发展。直销公司借助电视这一视听媒体,通过高强度的广告轰炸和精心选择的节目组合,向观众展示精美的画面,加之直销小姐或先生充满诱惑的旁白和演示,强烈地刺激着观众的感官。这正是电视直销如火如荼的原因之所在。

(5) 访问销售。销售人员登门向顾客推销商品,可以说是最古老的一种销售方式。直销人员要与顾客进行面对面的交流,沟通技巧至关重要。

(6) 多层次传销。在无店铺营销中,最引人注目的是多层次传销。说它引人注目,是因为它有如下与众不同之处:第一,组织形式独特,是一种"金字塔"形组织,每个直销商都有一定的等级,其发展下线人数越多,奖励就越多。第二,借助庞大的营销网络,销量呈几何数增长,所以在美国有的学者称其为"倍增市场学"。第三,传入我国后,一度火爆过大半个中国,但在运作过程中走了样,被称为"老鼠会",国家明文禁止其存在。

(7) 互联网营销。20世纪的结束宣告了工业文明之后信息时代和网络社会的到来。如果说20世纪末互联网营销在人们心目中还是一个颇为神秘的事物的话,那么21世纪传统的营销方式将发生革命性的变化,数字化渠道将使厂家与消费者轻松会面,真正回归营销的本质——为消费者提供完全个性化的服务。

3. 零售组织

这是合作式零售类型,约80%的零售商是独立的,其销售额占整个销售额的2/3以上。下面我们看其所有权的其他形式——合作连锁、自愿连锁、特许代营组织和商业联合体。

(1) 合作连锁。合作连锁是指两个或两个以上商店同属一个所有者所有和控制,集中采购,销售相似产品线产品的零售组织。合作连锁的优势是:能以低价大量购买,能够聘请专家进行定价、促销、库存控制的销售预测,能够降低广告成本,使广告活动更加经济有效。

(2) 自愿连锁和零售商合作组织(Voluntary chain and Retailer cooperative)。合作连锁的巨大成功导致许多独立的商店结合起来,形成两种联合形式:一是自愿连锁,由批发商发起,独立零售商参加而形成的"买采中心";二是零售商合作组织,由独立零售商组成一个统一的采购组织,并联合进行促销活动。独立零售商试图通过这两种形式,节约采购和促销费用,以和合作连锁相抗衡。

(3) 特许代营组织。特许代营组织是指制造商、批发商或服务组织(特许人)和独立生意人(特许代营人)的一种契约性联合。特许代营人购买并使用特许人的某些产品或服务的专卖权、商标或专利等。

(4) 商业联合体。商业联合体是指几种不同零售形式联合组成的所有权集中的组织,组织内各零售商的分销和管理实行若干程度的一体化。

第三节 物流策略

【案例导入】 **送鲜花一样送啤酒**

“送鲜花一样送啤酒，把最新鲜的啤酒以最快的速度、最低的成本让消费者品尝。”青啤人如是说。为了这一目标，青岛啤酒股份有限公司与香港招商局共同出资组建了青岛啤酒招商物流有限公司，双方开始了物流领域的全面合作。自从合作以来，青岛啤酒运往外地的速度比以往提高30%以上，山东省内300千米以内区域的消费者都能喝到当天的啤酒，300千米以外区域的消费者也能喝到出厂一天的啤酒。而原来喝到青岛啤酒需要3天左右。朝日啤酒的“总鲜度管理”，要实现生产8天内送到顾客手里的目标，必须考虑批发商的库存，如果工厂控制在5天以内，批发商必须在3天内出手，否则将无法达到目的。因此，公司在考虑批发商的库存等因素后决定控制出货量。为了实施鲜度管理方案，朝日公司整体调整了管理体制。

【引例分析】

市场营销以消费者的需求为导向、以产品或服务为媒介而进行。物流管理作为市场营销中的一个环节，需要了解消费者的需求，进而参与市场营销的活动。市场营销与物流管理相互配合，共同挖掘消费者的需求，站在消费者的角度设计完善的物流服务方案。

市场营销不仅意味着发掘并刺激消费者或用户的需求和欲望，而且还意味着适时、适地、适量地提供商品给消费者或用户，从而满足其需求和欲望，为此，要进行商品的仓储和转移，即进行物流管理。企业制定正确的物流决策，对于降低成本费用，增强竞争实力，提供优质服务，促进和便利顾客购买，提高企业效益具有重要的意义。

一、物流与物流职能

物流译自英文Physical Distribution(实体分配)，源于美国，20世纪60年代中期为日本所引用，在我国曾一度被称为“商品储运”。在美国、日本和我国，对物流曾有过不同的定义。

(一) 物流的定义

所谓物流，是指通过有效地安排商品的仓储、管理和转移，使商品在需要的时间到达需要的地点的经营活动。物流的任务，包括原料及最终产品从起点到最终使用点或消费点的实体移动的规划与执行；并在取得一定利润的前提下，满足顾客的需求。

(二) 物流的职能

物流的职能，就是将产品由其生产地转移到消费地，从而创造地点效用。物流作为市场营销的一部分，不仅包括产品的运输、保管、装卸和包装，而且还包括在开展这些活动的过程中所伴随的信息的传播。它以企业销售预测为开端，并以此为基础来规划生产水平和存货水平。生产规划指出采购部门必须预先订购的原料，并经过进厂运输，送达接收区域而存于原料存货的仓库，原料再转换为制成品。而成品存货乃是顾客的订单与企业制造活动的连接点。顾客订单使存货水平降低，而制造活动使之上升。产品经过装配线、包装、厂内仓储、装运处理、出厂运输、厂外仓储，最终送到顾客手中。

传统的物流以工厂为出发点，并采取有效措施，将产品送达消费者手中。而从市场营销观点来看，物流规划应先从市场开始考虑，并将所获得的信息反馈到原料的需求来源。企业首先应考虑到，它的目标消费者的位置以及他们对产品运送便利性的要求。企业还必须知道其竞争者所提供的服务水平，然后设法赶上并超过竞争者。最后，企业要制定一个综合决策，其中包括仓库及工厂位置的选择、存货水平、运送方式，进而向目标顾客提供服务。

二、物流的目标

我们以系统论中的投入、产出概念，阐述企业物流的目标问题。

（一）顾客服务产出与投入

物流的一项基本产出就是对顾客服务的水平。顾客服务水平是用来吸引潜在顾客的有力武器。其基本内容包括：①产品的可得性；②订货及送货速度，包括普通订货速度和紧急订货速度；③存货或缺货的比率；④送货频率；⑤送货可靠性，包括小心照护、轻拿轻放以及损坏补偿等；⑥安装、试车及修理服务；⑦运输工具及运输方式的选择；⑧免费修理或分别计价。

企业一般根据竞争者的现行顾客服务水平来确定自己的顾客服务水平，因为如果它所提供的服务水平低于目前普遍水平，往往有失去顾客的风险；而如果它所提供的服务水平较高，则其他竞争者也会提高服务水平，这样每一企业都面临着成本提高的威胁。

企业为了提供顾客服务，必须承担某些费用，如运送、存货费用。由于许多企业通常对物流不实行集权式管理，同时也缺乏账目的记载，以致很难了解真实的全部成本。因此，为了评估物流的效率，企业应重视成本数据，并注意采取必要的审计手段。

在维持现有服务水平下，如果没有任何投入因素的重新组合能进一步降低物流成本，则现有物流系统就可以称为有效的物流系统。不少企业往往认为自已的物流系统已达到高效率水平，因为存货、仓储和运输单位的决策中心的经营状况良好，并且都能降低各自的成本。然而，如果仅能降低个别单位的成本，而各部门间却不能互相协调，那么，总系统的物流成本还不一定能降到最低限度。

（二）各职能部门之间的冲突情况

各种物流成本，常常以相反的方向互相影响。譬如，运输部经理比较喜欢用铁路运送方式来代替空运方式。这样虽然能降低运输费用，却使运送速度缓慢，资金周转迟缓，延缓顾客的付款，并可能引起顾客购买其他竞争者的物品。装运部也常趋向于使用便宜的容器包装用品，以降低装运成本，但又会提高运送过程中的物品损坏率，从而影响企业的信誉。存货部比较喜欢减少存货，以降低总的存货成本，而这样做又往往会引起缺货、订单延缓履行或装运成本提高等后果。由此可见，企业的各种物流活动具有高度的相关性，企业应从整个物流系统来考虑制定物流策略，而不应只着眼于各个职能部门。

（三）物流目标

一般来讲，企业往往将其物流目标确定为：对产品进行适时适地的传送，兼顾最佳顾客服务与最低配送成本。实际上，这个目标隐含着内在的矛盾。因为，最佳顾客服务要求最大的存货、足够的运力、充分的仓容，而所有这些都势必增加销售成本。最低的配送成本要求低廉的运费、少量的存货和仓容，而这又势必会降低服务水平。

合理的物流目标，应是通过有效的选择、适当兼顾最佳顾客服务与最低配送成本。具体要求是：

(1) 将各项物流费用视为一个整体。在致力于改善顾客服务的过程中，重要的是努力降低物流总成本，而不只是个别项目成本费用的增减。

(2) 将全部市场营销活动视为一个整体。在各项市场营销活动中，都必须考虑到物流目标，联系其他活动的得失加以权衡，避免因孤立地处理某一具体营销业务而导致物流费用不适当的增加。

(3) 善于权衡各项物流费用及其效果。为维持或提高顾客服务水平而增加的某些成本项目被视为必需，而不能使消费者受益的成本费用则坚决压缩。

三、物流的规划与管理

每一个特定的物流系统都包括仓库数目、区位、规模、运输政策以及存货政策等构成的一组决策，因此，每一个可能的物流系统都隐含着一套总成本，可用数学公式表示如下：

$$D = T + FW + VW + S$$

式中：D 表示物流系统总成本；

T 表示该系统的总运输成本；

FW 表示该系统的总固定仓储费用；

VW 表示该系统的总变动仓储费用；

S 表示因延迟分销所造成的销售损失的总机会成本。

在选择和设计物流系统时，要对各种系统的总成本加以检验，最后选择成本最小的物流系统。一般来讲，企业有以下几种选择。

(一) 单一工厂，单一市场

大多数的制造商是单一工厂的企业，并且仅在一个市场上进行经营活动。这个市场可能是一个小城市，如小面包店、小印刷厂等，也可能仅限于一个地区，如地方性的酿酒厂。

这些单一工厂通常是设在所服务的市场的中央，这样可以节约运费。但是在某种情况下，工厂需设在离市场较远的地方，由此导致的高额运费可通过低廉的工地、劳动力、能源和原料成本抵销。将工厂设在靠近市场的地方还是设在易于取得资源的地方，必须根据相对的运输及加工成本来决定。当某些成本发生重大变化时，就会破坏工厂地址利益的平衡。因此，企业在两个设厂地点进行选择时，不仅应审慎地估计目前各战略的成本，更需考虑到未来各战略的成本。

(二) 单一工厂，多个市场

当两个工厂在几个市场内进行销售时，企业有几种物流战略可供选择。例如，在中国东南沿海地区有一家制造厂，起初，在广州、深圳开展经营活动，现拟开拓西北市场，可从以下四种战略中进行选择：从东南沿海工厂将产品直接运送至西北地区市场；运用整车货运方式将产品运送至西北地区仓库；将制成的零件运送至西北地区装配厂；在西北地区另建一个制造厂。下面，分别权衡上述战略。

1. 直接运送产品至顾客的战略

任何一个物流系统都必须考虑服务水平与成本这两项重要因素。直接运送战略似乎在服务及成本上都处于不利地位，因为直接运送比由当地的仓库送货至顾客要慢；再者，通常顾客的订购量很小，运送成本也较高。

不过，直接运送是否真有这些缺点，还取决于其他因素。在某些情况下，自远地的工厂运送可能比自附近的仓储再运送更经济合算。再者，零担订货的直接运送成本虽高，但不一定多于当地存货的费用。因此，企业在决定是否采取直接运送战略时，必须考虑下述因素：该产品的特性（如单价、易腐性和季节性），所需运送的程度与成本，顾客订货多少与重量，地理位置与方向。

2. 大批整车运送到靠近市场的仓库的战略

（1）仓库与直运比较。企业发现，将成品大批运送到西北地区的仓库，再从那里根据每一订单运送给顾客的方式，要比直接从东南沿海运送给顾客所用的费用少。这是因为，整车运送与零担运送的费用率不同，前者要小于后者。除了节省运费，在市场地点设立仓库还可以比较及时地向顾客提供送货服务，因此，可以提高顾客的惠顾率。但是，建立地区仓库，企业必须承担从仓库运送达顾客的费用及仓储本身的费用。一般来说，增加地区仓储的最佳准则很简单，即增加新地区仓储所节约的运费与所能增加的顾客惠顾利益如大于建立仓储所增加的成本，那么就应在这一地区增设仓储。

（2）租赁仓库与自建仓库比较。这家企业面临的另一个决策问题是，该仓库应租赁还是自建。租赁的弹性较大，风险较小，因此，在多数情况下比较有利。只有在市场规模很大而且市场需求稳定时，自建仓库才有意义。

（3）广泛仓库系统问题。广泛的仓库系统（即范围广大的仓库系统）也引出不少问题：一是企业如何确定最佳数目的仓储点；二是仓储点的最佳位置如何确定；三是不同地点应保持多少存货。这些问题可以通过计算机模拟技术或运筹学中的线性规划及非线性规划技术来解决。

3. 将零件运到靠近市场的装配厂的战略

企业可以在西北地区成立一个装配分厂。因为整车运送单个零件，可以降低运费，并且运送中物品的价值还不是很高（因为还没有加上装配的人工成本及其他相关费用）。

一般来讲，成立装配厂要比直接运送或建立地区性仓储更有利。不过，最后的决策仍有赖于对目前及未来成本的详细分析。建立装配分厂的好处是运费较低。此外，建立地区性工厂可提高该地区的推销员、经销商及社会公众对产品的信任，从而增加销售额。建立装配分厂的不利之处是，要增加资金成本和固定的维持费用。所以，企业在分析建立装配分厂方案时，必须考虑该地区未来销售量是否稳定以及数量是否会多到足以保证投入这些固定成本后仍有利可图。装配厂的投资不仅比仓库投资所需要的费用更大，而且所冒的风险也较大，这是由于装配厂比较专业化，难以开展有效的营销活动。

4. 建立地区性制造厂的战略

企业可以在西北地区建立一个地区性工厂。这也是一般企业用来开拓距离较远的市场，并取得较大竞争利益的最后途径。然而，建立一个制造厂需要有详细的当地资料以供分析，这时应加以考虑的因素很多，如人力、能源、土地和运输等有关项目的成本，有关的法律与政治环境。其中最重要的因素之一，是该行业是否具有大规模生产的可能性。在需要大量投资的行业中，工厂规模必须足够大才能实现经济的生产成本。如果行业的单位生产成本能随着工厂规模的扩大而降低，则应设立一个足以供应整个地区销售所需要的工厂，其单位生产成本应最低。但是，企业不能只顾生产成本，还必须考虑分销成本，因为在产品产量提高的情况下，其分销成本也可能提高。

(三) 多个工厂，多个市场

企业还可通过由多个工厂及仓库组成的分销系统(而不依靠大规模的工厂)来节省生产成本费用。这些企业面临两个最佳化的任务：一是短期最佳化，即在既定工厂和仓库位置上，制定一系列由工厂到仓库的运输方案，使运输成本最低；二是长期最佳化，即从长远着眼决定新建工厂的数量与区位，使总分销成本最低。根据不少现代企业的管理经验，线性规划技术在短期最佳化方案的制订过程中，具有重要的应用价值。

四、物流现代化

物流现代化涵盖物流管理的多个环节，需要多种技术支撑，其中包括条形码技术、电子货币、电子收款机与销售点管理系统、管理信息系统、战略信息系统、电子数据交换和电子订货系统等。

1. 条形码技术

条形码(Bar Code)技术是一项自动识别技术，是商品国际化的标志，也是实现物流自动化与商品管理自动化的基础。商品条形码可分为原印码和店内码两种。

(1) 原印码。原印码又称国际商品条码，是指产品在出厂前就已印制的国际通用的条形码，是用于标示商品的唯一性。有了这种区分商品的共同语言，商品就可以不受国界限制自由流通。目前，我国商品使用的前缀码号为690、691，是由国际物品编码协会(EAN)分配的。在发达国家，98%以上的商品都带有原印码，我国大型商场中商品的原印码率只有10%左右。弥补这一不足的办法是印制店内码。

(2) 店内码。店内码是由商店自己编制并印制的条码标签，只限于店内使用，是一个封闭的条码系统。自制店内码，必须把握三个基本要点：选择正确的码制；保证条码印制质量；严格按照有关标准，将条码标签贴在正确的部位。

用条码扫描输入收款机比手工操作快捷、准确，而且，条码作为商品的唯一记号，大大减少了商品间的串号，便于把物流管理纳入规范化、有序化和标准化轨道。

条码在物流管理上的作用很大，利用条码订货，可把订货点延伸到货架，提高订货效率和货架利用率；利用条码掌上盘点器，1小时能盘完约500种商品，并将盘点完的数据连接到后台电脑，数分钟内即可完成一份准确完整的盘点报告供决策；在商品外包装箱上印上条码，可将其存放位置(行、排、号)用条码进行定义，从而提高仓容利用率，加快进出仓速度等；便于查阅库存情况；便于抽检验货，并对验货结果进行核对校正，提高验货准确率。

2. 电子货币

电子货币，包括信用卡(Credit Card)、储蓄存款卡(Deposit Card)、扣账卡(Debit Card)和现金卡(Cash Card)等多种金融交易卡，它不仅可以减少流动资金积压及大量资金的清点搬运，增加资金周转率，促进销售，而且通过计算机和信息通讯网络可以建立"家庭银行"(Home Banking)，实现"家庭购物"(Home Shopping)。

3. 电子收款机与销售点管理系统

电子收款机(Electronic Cash Register, ECR)和销售点管理系统(Point of Sales, POS)是企业物流自动化的重要组成部分。POS有两种，一种是商业用POS，一种是银行用POS。由于银行设置在商业网点或特约顾客的信用卡授权给端机，故它是银行计算机联机通过公用数据交换网构成的电子转账服务系统。

电子收款机要求极高的技术性能，首先必须稳定可靠，具备抗一般电器波动、抗干扰信号、抗恶劣环境的能力；运行中基本不出现故障或出现故障后能在不破坏数据的情况下及时排除；在网络或主机出现故障时，能独立运行；必须可接条码阅读器、磁卡刷卡器和电子秤等多种外设设备；必须具有现金、支票、信用卡等多种付款方式和零售、批发等多种交易方式，以及快速响应和处理能力等。

在功能上，要求POS能够高速实时地进行销售信息事务管理，包括收款作业、交易信息事务管理、销售分析、盘点作业和结账作业等；准确地进行商品管理和库存管理；良好的顾客管理与服务；规范化的员工管理；良好的商业外界合作与服务，如与银行的电子转账、与生产厂家和供应商的信息交换等；各种基本资料和常用参数管理，如税率表、外币汇率兑换表等。

使用POS，可明显提高物流管理水平，在收款作业上，它减少了登入错误，缩短了结账时间，减少了场地传票，规范了现金管理等；在信息采集上，具有实时性，数据库大为提高，信息汇总比手工简便，情报及时准确等；在经营管理上，账目具有相对的公开性，价格及其变动迅速、准确；现金持有量可随时掌握，统计分析科学化，商品畅滞一目了然，易于开展有奖及打折销售，易于备货、采购，便于掌握购买趋势，提高商品、资金流转率等。

4. 管理信息系统

管理信息系统(Management Information System，MIS)犹如人的大脑，是整个物流自动化工程的中枢。MIS是利用现代电子技术、计算机技术、通讯技术实现信息管理自动化从而以现代化手段管理商场的一种先进科学方法。它的动作可以使商场的物流、资金流、信息流的管理从传统的人工操作转入到计算机信息的自动传送、记录、统计的现代模式。

MIS一般由三大系统构成：①商品购、销、存系统，应分别具有购进，销售、库存管理职能；②财会系统，应有商品账、总账和财务分析职能；③综合管理系统，包括人事劳资管理、总务管理、综合数据查询分析、系统维护职能。开发MIS，首先必须制定一个总体规划，确定MIS的任务，制定MIS的目标，采集、分析企业的需求状况，研究软件、硬件平台状况，评价项目和项目开发计划。具体实施时，可以根据各自的规模及发展趋势等选择不同的模式。

5. 战略信息系统

战略信息系统(Strategic Information System，SIS)与MIS不同的是，SIS是运用信息支持决策，创造价值；MIS是运用信息进行物流管理控制，高效率。节约资源与无库存流通是企业在竞争中取胜所追求的最佳境界。SIS通过从销售端点的信息掌握倒推到制造系统的安排办法，可以更有效地“以销定产”，实现商品的多样少量，并以较低的成本配送。

6. 电子数据交换

电子数据交换(Electronic Data Interchange，EDI)，按国际标准组织的定义，是“将商业或行政事务处理按照一个公认的标准，形成结构化的事务处理或文档数据格式，从计算机到计算机的电子传输方法”。简言之，就是按照商定的协议，将商业文件标准化和格式化，并通过计算机网络，在贸易伙伴的计算机的网络系统之间进行数据交换和自动处理。因而，被称为“无纸贸易”或“电子契约社会”。在EDI发展中，标准化是至关重要的前提条件。EDI给企业带来多方面的效益，主要体现为：

(1) 大大节省纸张处理费用和人力资源。

(2) 缩短信息传递时间，使交易活动能在最短时间内完成。

(3) 减少人为错误以及延误时间造成的经济损失。

(4) 提高企业的作业及生产效率，密切企业与其上下相关企业的产、供、销关系，有效地降低库存量，使库存保持在合理的最佳状态。

7. 电子订货系统

电子订货系统(Electronic Ordering System，EOS)是零售商、批发商、制造商运用电脑对订购商品进行全面管理的技术。它可以迅速、准确地传递订货信息，掌握商品情报，构筑出一个不缺货、不出错、不延迟的进货、检货、补货系统。

【本章小结】

本章重点介绍了分销渠道的含义、功能和模式，批发商与零售商的分类及管理，同时对于如何制定正确的物流决策、降低成本费用，也作了详细的介绍。

分销渠道的选择是生产者进行市场营销活动的重要环节，分销渠道的职能有研究、促销、接洽、配合、谈判、物流、融资和风险承担。分销渠道选择的原则是使企业根据不同的产品以最小的成本，销售给消费者和用户，以满足消费者和用户的需求。

批发商与零售商是生产者向消费者或用户出售产品时的中介环节。生产者要把自己的产品顺利地销售出去就要正确地选择产品的最佳分销渠道。这就要求生产者必须了解和分析影响选择分销渠道的因素。影响选择分销渠道的因素有产品因素、市场因素、企业自身因素、国家政策因素和企业营销策略因素。生产者在设计其分销渠道时，需要在理想渠道与可用渠道之间进行抉择，具体的分销渠道策略有普通性分销渠道策略、选择性分销渠道策略、专营性分销渠道策略和复式分销渠道策略四种。

物流是指通过有效地安排商品的仓储、管理和转移，使商品在需要的时间到达需要的地点的经营活动。物流的目标是对产品进行适时地传送，兼顾最佳顾客服务与最低配送成本。在选择和设计物流系统时，企业的选择有单一工厂、单一市场；单一工厂、多个市场；多个工厂、多个市场三种。物流现代化涵盖物流管理的多个环节，需要多种技术支撑，其中包括：条形码技术、电子货币、电子收款机与销售点管理系统、管理信息系统、战略信息系统、电子数据交换和电子订货系统等。

在同一分销渠道中或各种分销渠道之间，经常存在着许多不同程度的合作、冲突和竞争，对这些情况不能听之任之，应加强对分销渠道的管理和调整。

【同步测试】

一、概念

分销渠道　普遍性分销渠道策略　选择性分销渠道策略　专营性分销渠道策略　复式分销渠道策略　批发商　零售商　物流

二、选择题

1. 影响分销渠道设计的因素有(　　)。

A. 顾客特性　B. 产品特性　C. 竞争特性　D. 企业特性

E. 环境特性

2. 向最终消费者直接销售产品和服务，用于个人及非商业性用途的活动属于(　　)。

A. 零售　B. 批发　C. 代理　D. 直销

3. 工业分销商向(　　)销售产品。

A. 零售商　B. 制造商　C. 供应商　D. 消费者

4. 批发商的主要类型有(   )。

A. 商人批发商　　B. 经销商

C. 经纪人或代理商　　D. 制造商销售办事处

E. 仓储商店

5. 物流系统中总成本的数学公式为 $D = T + FW + VW + S$,其中 T 代表(   )。

A. 总运输成本　　B. 总固定仓储费

C. 总变动仓储费　　D. 总成本

6. 物流的主要职能是将产品由其生产地转移到消费地,从而创造(   )。

A. 时间效用　　B. 形式效用

C. 地点效用　　D. 占有效用

7. 物流现代化需要多种技术支撑,包括(   )。

A. 条形码　　B. 电子货币

C. 电子收款机　　D. 电子数据交换

E. 电子防盗设备

三、思考题

1. 试述分销渠道的含义及类型。
2. 简述影响分销渠道选择的因素。
3. 批发商和零售商各有哪些类型?两者的主要区别是什么?
4. 分销渠道策略有哪些?应如何选择应用?
5. 什么是实体分配?它包括哪些要素?主要的策略是什么?

【技能训练】　迪斯尼的分销渠道策略

1992 年,美国圣诞节市场爆出一个大冷门:沃特·迪斯尼公司发行的卡通录像带《美女与野兽》成了最畅销和最赚钱的商品,从 10 月底到年末的 2 个多月时间里,卖出 2 000 万盘,盈利 2 亿美元。

秘诀何在?原来,迪斯尼公司的成功之道在于率先推出了"行铺通路革新"。就习惯而言,录像带应出现在文化商店和电器商店之中,这是人们通常想到也是通常使用的销售渠道。然而,文化市场总是为流行风云左右,今天还十分红火的东西,明天说不定就会遭冷落。更重要的是,由于现代人的生活高度紧张,有兴趣也有时间专门逛录像带市场的人毕竟有限。问题的症结找出来了:录像带的滞销在于销售渠道不畅。

为此,迪斯尼公司大胆选择在超级市场和儿童玩具店出售录像带,把录像带与色拉油、蔬菜、瓜果及游戏机、洋娃娃列在一起。果然,那里川流不息的人潮给迪斯尼公司带来滚滚财源。

思考题:

1. 可供企业选择的分销渠道策略有哪几种?
2. 就习惯而言,录像带经营者通常采取的是哪种分销渠道策略?
3. 迪斯尼公司采取的是哪种分销渠道策略?与习惯做法相比,其成功之处在哪?

第十二章 促销策略

【学习目的与要求】 读者通过本章学习，要求了解促销的含义与作用，各种促销方式的主要特点以及促销组合的基本内容，掌握人员推销的基本策略和广告的设计原则，公共关系和营业推广的主要活动方式，应用促销组合理论，分析企业促销实践中存在的问题。

促销是市场营销组合中的一个重要因素，其实质是卖方与买方之间的信息沟通。在现代市场经济条件下，企业的促销有着极其丰富的内容和极为重要的作用。明确各种促销形式的意义和特点，掌握各种促销手段和技巧，正确制定和运用促销策略，对于优化营销组合具有重要意义。

第一节 促销概述

【案例导入】 **小米手机的促销分析**

2011 年 8 月 16 日，一场酷似苹果手机发布会的小米手机发布会在北京召开。至此，中国手机市场营销模式开启了新的篇章。如此发布国产手机的企业，小米是第一家！不可否认，小米手机这招高调宣传发布会取得了众媒体与手机发烧友的关注。前期预热够足够长够吊人胃口，这也是基于苹果的习惯套路，也是基于在业内的光环效应。至此，小米手机可谓是在互联网中"如雷贯耳"！关于小米手机的新闻、评测、拆机等报道一篇接一篇。

除了充分利用新媒体的广告促销，小米手机率先采用秒杀的形式出售工程纪念版。此消息一出，在网上搜索如何购买小米手机的新闻瞬间传遍网络。而且需在 8 月 16 日之前在小米论坛达到 100 积分以上的消费者才有资格参与秒杀活动，销售给之前就已经关注小米手机的发烧友们，客户精准率非常高。小米手机这一规则的限制，让更多的人对小米手机充满了好奇，越来越多的人想买一台，以致拥有一台小米手机就是身份的象征似的！

【引例分析】

现今的中国手机市场，发展到现在也可以用百花争艳、百家争鸣来形容了，当国外大牌手机厂商，几大系统，国内已经成规模的手机企业进入不断厮杀、纷争割据的白热化时期，手机业界也在寻求一种新的营销模式。小米手机打破传统的营销模式，通过新媒体互联网及社交论坛进行饥饿营销是一大成功之举，这也使小米没有在这个手机江湖的混沌当中沉沦。

一、促销的概念

所谓促销，是指企业将商品或劳务的有关信息向消费者进行宣传，帮助消费者认识商品或劳务所能带来的利益，从而促进和影响消费者的购买行为和消费方式，扩大产品销售的一种活动。促销是市场营销组合的一个重要组成部分。任何一个企业为保持自己生产和销售的稳定性，为获得盈利，都需要进行促销活动。

（一）促销的作用

促销主要有以下几个方面的作用。

1. 提供信息、沟通产需

任何商品的购买都要以获得商品的信息为前提。所以，在商品进入市场前后，企业要运用各种促销方式及时向消费者提供商品信息，使他们了解商品并诱发他们的购买动机，迅速打开商品销路。

2. 发挥优势，突出特点

在同类商品竞争激烈的情况下，企业通过促销活动，可以将自己产品的特点介绍给消费者，使之与同类产品具有明显区别，突出优势、宣传长处，增进消费者对本企业产品的了解及购买欲望，从而扩大销售。

3. 诱导需求，增加需求

消费者的需求动机具有复杂性和多样性。正确开展促销活动，能够在一定程度上诱导和激发消费者某一方面的潜在需求，从而扩大市场、增加销售。

4. 建立声誉，稳定销售

在激烈的市场竞争中，由于各种原因，企业某些商品的销量可能起伏很大、市场地位不稳定。企业通过促销活动树立自己商品的威信和企业形象，可以培养消费者对本企业商品的偏好，从而使自己的商品在市场上处于相对稳定的销售地位。

（二）促销的方式

促销的方式可分为直接促销和间接促销两大类。

1. 直接促销

凡是通过推销员或售货员口头直接向顾客宣传介绍商品，以达到销售目的的活动称为直接促销，又称人员推销。

2. 间接促销

凡是通过一定的媒体传播商品的有关信息，以实现商品销售的活动称为间接促销，又称非人员推销。非人员推销又可分为广告、营业推广和公共关系等。

二、促销的基本程序

促销作为一种促进商品交易的经济活动，必须包括以下三项要素。

（1）促销主体。即商品出售者，他是促销活动的主体，其任务是根据企业销售目标，对促销活动进行规划、实施和管理。

（2）载体。即开展促销活动所借助的物质载体。例如，声音、图像、文字等。

（3）促销对象。即消费者是促销活动的接受者。

促销活动的基本程序是：首先，由促销主体发出促销信息；接着，由促销对象接收促销主体所发出的信息；最后，由促销对象将其对促销信息的反应再反馈给促销主体。促销信息传递图如图 12-1 所示。

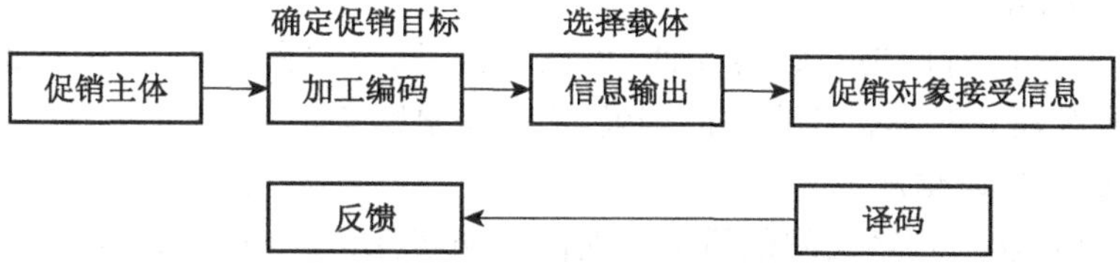

图 12-1 促销信息传递图

第二节 人员推销策略

【案例导入】 **二手车推销员的人员推销技巧**

史密斯先生在美国亚特兰大经营一家汽车修理厂，同时还是一位十分有名的二手车推销员，在亚特兰大奥运会期间，他总是亲自驾车去拜访想临时买部廉价二手车开一开的顾客。他总是这样说："这部车我已经全面维修好了，您试试性能如何？如果还有不满意的地方，我会为您修好。"

然后请顾客开几千米，再问道；"怎么样？有什么地方不对劲吗？"

"我想方向盘可能有些松动。"

"您真高明。我也注意到这个问题，还有没有其他意见？"

"引擎很不错，离合器没有问题。"

"真了不起，看来你的确是行家。"

这时，顾客便会问他："史密斯先生，这部车子要卖多少钱？"他总是微笑着回答："您已经试过了，一定清楚它值多少钱。"若这时生意还没有谈妥，他会怂恿顾客继续一边开车一边商量。如此的做法，使他的笔笔生意几乎都顺利成交。

【引例分析】

这种经营术最有力之处就是把顾客变成主人，使顾客产生一种参与感，引起他购买的欲望。一个成功的经营者，能运用技巧让顾客产生参与感，形成一种强大的影响力，让顾客最后接受你的建议。

一、人员推销的基本概念

（一）人员推销的含义

人员推销是指企业派出推销人员或设立专职推销机构，直接向顾客宣传、介绍商品或劳务，使其采取购买行为的促销方式。

人员推销是人类最古老的促销手段。古代小商贩的沿街叫卖、上门送货等就属于人员推销的性质。现代商品经济的高度发展，使人员推销这种古老的形式焕发了新的青春，成为现代市场营销中最重要的一种促销形式，尤其在生产资料的销售中占有极为重要的地位。

(二) 人员推销的作用

1. 招徕顾客、开拓市场

推销人员通过面对面地与顾客交谈,可以发掘、诱导潜在顾客,开拓新市场;也可以说服、帮助原有顾客建立对本企业产品的偏爱,愿意重复购买。

2. 保持联系、传递信息

推销人员是企业与顾客之间的桥梁。他们与顾客保持经济联系,因而能根据顾客的需要,及时向他们提供有关商品和服务的信息,配合广告媒体促销,与广告起到互补作用。

3. 提供服务、扩大销售

推销人员要向顾客提供各种服务。例如,提供资料、样品、技术指导、融资安排、准时交货、使用咨询等。企业通过良好的服务可以扩大销售。

4. 调查研究、反馈信息

推销人员能够利用职业特点从事市场研究,收集市场信息和顾客的意见,并将其及时反馈给企业,为企业进行经营决策和改进营销策略提供客观依据。

(三) 人员推销的基本形式

人员推销的基本形式有三种。

1. 派推销人员登门推销产品

即由推销人员携带产品或说明书等,到顾客单位或家庭推销产品。成套设备、大型产品以及技术性较强的产品多采用此种推销方式。由于此种方式使顾客购买方便、为顾客提供服务方便,所以颇受顾客欢迎。好的推销人员可以通过此种方式为企业建立稳定的产品销售基地。

2. 设立推销门市推销产品

即由生产企业在适当的地点设立固定的门市,以守门待客的方式向顾客推销产品。它可以为顾客提供固定的产品购买地点和售后服务地点,从而为顾客提供了很大的方便。

3. 会议推销

即推销人员利用各种会议,如展销会、洽谈会、交易会、订货会、供货会等,宣传介绍商品,开展推销活动。目前,这种推销形式为越来越多的企业所采用。在各种推销会议上,由于到会的企业多、接触广泛、影响面大,其推销效果往往比前两种形式更为显著。

(四) 人员推销的推销程序

推销人员的推销程序科学与否,对推销的成败起重要作用。通常可将推销程序分为六个步骤。

1. 顾客的发掘及认定

推销员首先要善于寻找产品的购买者,包括现实购买者和潜在购买者,可以通过报纸杂志、工商统计资料和调查询问等方式进行。

2. 计划准备

找到推销对象后,推销员要搜集分析顾客的有关情报,针对其需求准备有关产品资料,并编制符合其背景、购买兴趣的推销计划。

3. 正式访问

这是推销过程的中心环节。推销员在介绍产品性质和特点时,必须充分吸引顾客的注意力,突出产品本身及对顾客的特殊有效性和能给顾客带来的利益,以引起顾客的兴趣和需求。

4. 消除障碍

针对顾客的疑虑、犹豫或误解，运用各种推销技巧进行说服和诱导工作，使其产生购买意愿。

5. 成交

推销员应能准确地掌握时机、灵敏地抓住时机，及时展示订单、提出优惠条件等，促进成交。

6. 告别与追踪

告别时推销员应提出按时交货和提供有关服务的保证，其后要监督各项销售条件按期完成，并与顾客保持经常联系，了解产品的使用、服务情况，收集顾客的意见及时反馈给企业。

二、人员推销策略与方法

人员推销作为一门科学，有其特定的策略与方法。推销人员掌握正确的推销策略与推销方法，是取得好的推销业绩的根本保证。然而，兵无常势、水无常形，推销人员的成功与失败，关键在于能否结合自身条件和具体推销对象以及市场环境等各种因素，对推销策略与方法加以灵活运用。下面就基本推销策略与方法作简要介绍。

（一）推销策略

按照推销人员对顾客情况了解的程度，推销策略可分为三种。

1. "试探性"策略

这种策略是在推销人员尚未了解顾客的职业、文化和性格等特征的情况下所采取的一种策略。推销人员通过渗透性交谈，投石问路来观察顾客的反应。待到摸清其需要后，即刻调整推销方式，刺激和诱发购买动机，引导其产生购买行为。这种策略也称"刺激—反应"策略。

2. "针对性"策略

这种策略是在推销人员已经基本了解顾客要求的前提下，针对顾客的现实需求和潜在需求，采用事先设计好的方式展示、介绍、宣传商品，积极主动地把握、引导洽谈，使顾客产生兴趣和购买欲望，最终达到成交的目的。此种策略也称"配方—成交"策略。

3. "诱导性"策略

这种策略是通过交谈，看对方对哪些商品感兴趣、哪些需求最迫切，然后抓住时机运用鼓励、诱惑性强的语言介绍本企业营销的同类商品或相关商品，使其产生兴趣，实现购买行为的策略。这种策略也称"诱发—满足"策略。

（二）推销方法

人员推销的方法按照推销对象的不同，可以分为以下几种。

1. 向消费者推销商品的方法

消费者购买属于非专家购买，需求弹性较大，且对推销人员具有排斥的天性。所以，对其进行推销的方法包含以下几个步骤：

（1）了解顾客。首先，要了解顾客的姓名、年龄、性别、职业、爱好、家庭情况、购买动机、购买习惯、购买能力以及准备访问的理想时间和场所；其次，要了解顾客的要求以及何种商品能帮助其实现需求。

（2）密切注意顾客的反应。推销人员要善于观察和发现顾客的心意反应（对商品的感情的强弱和好恶的倾向)、信任反应(对厂牌、商标、商品及企业的信任强度)、价格反应(对商品价格贵贱的印象)和行为反应(由顾客显露的个性特点辨别其购买行为属于哪一种类型)。

(3) 说服和服务。根据对顾客的全面了解和对其反应的正确判断,迅速调整自己的言行和推销方式,站在买方立场,从买方利益出发开展诱导和说服工作。说服诱导时,应热情诚恳、谦恭有礼、态度从容、语言体贴、耐心细致,最终使顾客信服,你的商品能帮助其解决某种问题、带来某种利益,唯有购买你的商品最为合算。

2. 向中间商推销商品的方法

中间商与消费者不同,他们的购买多属专家购买,具有丰富的商品知识和营销经验。所以,向中间商推销商品时,第一,要了解中间商的类型,包括业务特点、财务能力、在整个销售渠道中的地位。第二,在推销时应注意,不要只把注意力集中在推销商品上,而要把推销商品知识、向中间商提供商品信息、提供营销建议、帮助其改善营销管理等放在首位。这样,更容易赢得中间商信任和好感,从而达到推销商品和建立稳固联系的目的。

3. 向生产企业推销商品的方法

生产企业用户同中间商一样,其购买也属专家型理智购买。推销人员在向此类用户推销商品时,首先,应具备丰富的知识:①用户企业的知识,包括厂方性质、规模、工艺过程、营销水平、发展趋势、厂方采购决策人员构成、决策程序、具体购买手续和购买习惯等;②关于要推销产品的专业知识,如产品性能、用途、设计制造方法、使用和修理方法、管理程序等。其次,在推销商品时要牢固树立为用户服务的观念,突出说明本企业产品和同类产品相比较的特点、优点,它能帮助用户解决的问题和能给用户带来的利益。并且,一位好的工业品推销员应经常注意用户生产、经营方面的变化,不断向用户提供新技术、新产品以及生产经营方面的有价值的意见,成为生产用户喜爱和信赖的顾问。

三、推销人员结构和推销人员规模的确定

(一) 推销人员结构

推销人员结构是指推销人员在市场的分布和内部构成。推销人员结构设计的合理与否,对于有效发挥推销人员的作用、提高营销工作效率有着密切的关系。推销人员结构一般包括四种类型。

1. 地区结构型

每个推销员负责一两个地区内本企业各种产品的推销业务。这种结构较常用,也较简单。由于推销地区划定,推销人员目标明确、责任清楚,易于考核推销人员的工作成绩,发挥其能力、才干,也有利于企业节约推销费用。但是,当产品或市场差异性较大时,推销人员不易了解众多的产品和顾客,会直接影响推销效果。

2. 产品结构型

每个推销员专门推销一种或几种产品,而不受地区的限制。如果企业产品种类多、差异性大、技术性能或结构复杂、推销人员不具备专门知识,很难有效推销,则采用此种形式效果较好。但这种结构也有缺点:不同产品的推销员可能同时到一个地区,甚至一个单位推销,从而造成推销费用加大,推销效益下降。

3. 顾客结构型

按不同的顾客类型来组织推销人员的结构。当企业生产某一种类产品供不同类型用

户使用时，则应按此种方式分派推销人员。例如，美国 IBM 公司生产的电子计算机，分别供民航系统、银行系统、商业系统、科研系统和教学系统使用。这些系统各有特点，一位推销员无法精通各个系统的业务，因此，应按顾客类型分派推销人员。顾客类型的划分可按行业类(冶金业、建筑业、纺织业等)、规模类(大型企业、中型企业、小型企业)、销售渠道类(批发商、零售商、代理商)等进行。采用此种结构能尽快反馈顾客对产品的意见和要求，企业与顾客之间的联系密切、牢固，但若顾客分布地区较分散时，往往使推销费用过大。

4. 复式结构型

即混合采用上述三种结构形式来组织推销人员。当企业规模大、产品多、市场范围广、顾客分散的情况下，上述三种单一形式都无法有效地提高推销效率，则可以采取复式结构型，即按地区—产品、地区—顾客，产品—顾客，甚至地区—产品—顾客来分派推销人员。

推销人员的结构不是一成不变的，企业应根据市场和企业的产品组合及营销策略的变化，对其作出相应调整以保持推销结构的高效能。

(二) 推销人员规模确定

推销人员规模确定，即确定企业需要配备多少推销人员。推销人员规模的大小，对企业销售额有直接的影响。确定企业推销人员规模的方法很多，常用的有以下两种。

1. 工作量法

这种方法是根据销售工作量的大小来决定配备推销人员数量的方法。其计算公式是：

$$S=\frac{(C_1+C_2)\cdot V\cdot L}{T}$$

式中：S 表示需配备的推销人员数量；

C_1 表示现有顾客的数量；

C_2 表示潜在顾客的数量；

V 表示推销人员对每个现有顾客和潜在顾客每年平均走访次数；

L 表示每次访问的平均时间(按小时计算)；

T 表示一个推销员每年用于推销活动的有效时间(按小时计算)。

如果对现有顾客与潜在顾客每年的访问次数不同、对现有顾客与潜在顾客每一次访问的平均时间也不同，则上述公式可以改为：

$$S=\frac{C_1\cdot V_1\cdot L_1+C_2\cdot V_2\cdot L_2}{T}$$

式中：V_1表示每年对每个现有顾客的平均访问次数；

V_2表示每年对每个潜在顾客的平均访问次数；

L_1表示对现有顾客每次访问的平均时间；

L_2表示对潜在顾客每次访问的平均时间。

2. 增量法

这种方法是指在现有销量的基础上根据销售任务逐步增加推销人员的方法。但是，销售量和销售人员的增加不一定成正比例关系，应根据企业的具体情况决定。对于有丰富营销经验的企业，采用此种方法能够很好地适应企业营销规模的变化，保证推销人员规模的科学性。

四、推销人员的招聘与培训

选拔和培养优秀的推销人员，对于企业开拓市场和搞好市场营销极为重要。

(一) 推销人员应具备的条件

推销人员不仅是企业的代表也是用户的顾客。因此，推销人员要有较高的思想水平和业务素质。具体包括以下几个方面：

(1) 服务精神好、富有进取心。好的推销员善于赢得他人的信任和好感，精力充沛、勤于工作，富有自信心和进取心；勇于克服困难，全心全意为用户服务，具有肩负企业兴衰的使命感和责任感。

(2) 具有丰富的业务知识。业务知识主要包括企业知识、产品知识、消费者心理学知识、市场知识。

(3) 具有良好的推销技巧。即善于准确了解顾客的需要、发现和选定适当的推销对象和推销时间、灵活运用各种推销方式和语言表达方式说服顾客达到推销目的。

(二) 推销人员的招聘

企业推销人员主要来自以下几个方面：从企业内部技术人员和管理人员中选拔，他们熟悉情况，可以节省培训时间和费用；从社会上公开招聘、选贤任能；从有关院校的毕业生中招聘、择优录取。招聘的一般程序为：首先，请应征人员填写申请书，包括姓名、年龄、教育程度、健康状况、工作经历等个人资料，据以判别是否符合招聘条件。然后，进行面试，由主管人员与应征者面谈，考查其语言表达能力、仪表风度、反应灵敏程度以及知识面等。除面试外，还可以辅以心理方面、智能方面和性格方面的功能测定，最后正确选定应征申请人。

(三) 推销人员的培训

企业对于新录用的和原有的推销员，都要根据不同的培训目标进行培训，以使他们能够适应新形势和新任务的需要，不断提高业务能力。培训的内容主要包括以下几方面：

(1) 企业资料。介绍本企业的历史、经营现状、发展目标、经营方针、经营策略、组织机构和人事制度等。

(2) 产品资料。产品知识是培训的基本内容，包括产品的性能、用途、使用方法、制造方法，必须使推销人员对企业生产的各种产品有全面、深刻的了解，同时也应了解竞争企业产品的有关情况。

(3) 市场资料。包括本企业各类目标消费者的心理、动机和习惯，他们的地区分布和经济状况，所喜爱的产品形态、性能、规格以及市场上同类产品的竞争情况。

(4) 推销技术。即帮助推销人员掌握推销准则和推销技巧，明确推销人员的责任和工作程序，培养良好的素质，提高处理人际关系的能力。

具体培训方法有集体培训和个别培训两种。集体培训的方法有专题讲课或示范教学、案例分析及讨论、实习与职位技巧演练等。个别培训的方法有在职函授、请有经验的推销人员“传、帮、带”，采用工作手册或其他资料教育。

五、对推销人员的激励与考核

企业为了不断开拓市场，应科学运用各种激励手段充分调动推销人员的积极性，使之发挥最大的潜能。

1. 对推销人员的激励

激励的主要方式有两种:物质激励和精神激励。物质激励是指根据推销人员完成和超额完成计划情况,给予奖金、奖品、各种福利待遇等;精神激励是指各种精神鼓励,如表扬、晋升、授予荣誉称号等。两者相辅相成、缺一不可。既要增强推销员的荣誉感、责任感,使之感到工作和个人的价值,又要切切实实地使之得到勤奋工作的“实惠”,才能长久调动员工的积极性。

2. 对推销人员的监督

推销人员的积极性往往还需要有效的监督、考核去调动。为此,需建立有效的考评标准。其主要的考评标准有:完成的销售额、毛利、销售访问次数、访问成功率、每次访问成本、新客户数、丧失客户数、销售总费用等。还可以通过严格的规章制度、推销计划、推销员的工作报告等配合监督考评。

3. 推销人员的报酬

推销人员的工作具有很大的流动性、独立性和创造性,因此,有必要根据他们的工作特点,建立相应的劳动报酬制度。建立科学的劳动报酬制度,对于调动推销人员积极性、增加销售额、扩大市场占有率,具有重要作用。

推销人员的报酬支付形式主要可考虑以下三种。

(1) 工资制。即计时工资制。这是工业企业过去长期采用的一种形式。其优点是,可以有效控制推销人员,使他们能够按照企业需要来从事各种推销活动。但是,采用这种工资制,由于推销人员的业绩与报酬互无联系,所以很不利于调动推销人员的积极性,从而导致销售效率低。

(2) 提成制。提成制也称计件工资制,即从销售额中提取一定的比例,作为推销人员的报酬。其优点是,可以最大限度地调动推销人员的积极性,使他们争取一切可能的机会推销产品,从而达到扩大市场占有率和增加销售额的目的。其缺点是,企业不能有效地控制推销员。推销人员往往只顾产品销售额而忽视市场调查、信息反馈、销售服务等对企业必要的业务工作。此外,这种工资形式,易于造成推销工作的不安全感。

(3) 混合制。混合制是兼顾上述两种报酬形式的优点,综合而成的一种报酬形式,它为大多数企业所采用。它可以克服前两种报酬形式的缺点。至于工资和提成的报酬各占多大比例,可以根据企业的不同特点和需要而定。

第三节 广告策略

【案例导入】 **虚拟社群中的广告营销**

随着互联网的快速发展,虚拟社群已经逐步成为时下互联网最热门的词语之一,人们的许多互联网活动都以之为媒介进行。然而,当下国内的虚拟社群营销状况并不乐观,多数商家对其挖掘也大多局限于广告宣传。许多虚拟社群收入的50%以上都是依靠广告,其模式单一、渠道过窄,使得虚拟社群的营销功能并没有得到充分的利用。因此,只有根据时下虚拟社群消费者的特点,制定相应的广告营销策略,才能够真正发挥虚拟社群的营销功能。

建立虚拟社群营销时,针对性的内容和主题是必不可少的,这样不仅能够让用户发现更多有价值的资源,同时也能够为产品的发展提供一个良好的环境。比如小米社区的建立,不仅为小米手机用户提供了有效的交流平台,同时也通过有组织、团队化的方式,在论坛的九大板块生产有价值的内容。另外,客户的体验也应当得到重视,通过图像、影像、文字、声音的综合运用,增强用户体验一体化,如在吴晓波频道和"罗辑思维"中,都曾与小米社群进行合作,为小米的营销提供了一定的帮助。

【引例分析】

广告传播途径已不再局限于传统四大媒体,应充分利用互联网的思维顺应消费者的行为习惯,开拓产品的营销网络。

一、广告的概念和功能

(一) 广告的概念

广告作为一种大众传播手段,有广义与狭义之分。广义的广告包括经济广告与非经济广告。经济广告又称商业广告,所登载的是有关促销商品或劳务的经济信息,是跟经济利益相关的。非经济广告是指经济广告以外的各种广告,它虽然也传达信息,但是跟经济利益没有关联,如各种公告、启事、声明等。狭义的广告专指经济广告。在所有广告中,经济广告要占绝大部分。市场营销学所要研究的也是经济广告。

在营销活动中,广告是指由特定的广告主,有偿使用一定的媒体,传播商品和劳务信息给目标顾客的促销行为。广告具有悠久的历史。自从人类社会出现商品交换和市场以来,就产生了广告。从古代的口头叫卖、旗帜、招牌、彩楼广告,到现代电视、报纸、广播、杂志广告,说明随着商品经济的发展和科学技术的进步,广告已逐步发展成为一门具有高度科学性和艺术性的学问。近些年来,全世界的广告费用每年高达数千亿美元。我国在改革开放以后,广告业也得到了迅猛的发展,企业越来越多地运用广告宣传商品和劳务,将其作为最重要的促销手段,这就促使广告业突飞猛进地向前发展,现在广告业已成为我国第三产业的重要组成部分。

(二) 广告的功能

我国经济改革的市场取向,决定了广告在国民经济中具有重要功能。广告是社会生产总过程的润滑剂,它有利于开展竞争、促进生产、指导消费、活跃经济、方便人民生活、加速商品流通和扩大对外交流。在市场营销活动中,广告的功能主要包括以下几个方面:

(1) 传递信息、沟通产需。广告利用多种宣传媒介把商品或劳务的信息传递给可能的顾客,沟通商品所有者与顾客之间的联系。

(2) 激发需求、增加销售。企业通过广告宣传介绍产品,能刺激、诱导顾客的需求,从而起到扩大流通、增加销售的作用。

(3) 介绍知识、指导消费。随着科技的发展,新产品层出不穷,顾客很难及时了解各种新产品。企业通过广告对新产品的宣传和产品知识的介绍,可以指导消费者做好选购、使用、保养和维修等工作,从而延长产品的使用寿命并给人民生活带来方便和利益。

(4) 招徕顾客、促进竞争。广告是企业间开展竞争、争夺顾客、占领市场的重要工具。因此,好的广告具有鼓励先进、鞭策落后、促进企业间的社会主义竞争的功能。

(5) 丰富人民文化生活。好的广告同时也是一部精湛的艺术作品。它不仅可以真实生动地向人们介绍商品，还能给人以美的享受，丰富人民的文化生活。

（三）广告的种类

广告的种类很多，可以采用不同标志予以分类。

（1）按广告性质划分，可分为经济广告、文化广告和社会广告。

（2）按广告内容划分，可分为商品广告、劳务广告和观念广告。

（3）按广告范围划分，可分为全国性广告、区域性广告和地方性广告。

（4）按广告的形式划分，可分为声音广告、文字广告、图画广告和实体广告。

（5）按广告的媒体划分，可分为报纸广告、杂志广告、广播广告、电视广告、网络广告、户外广告、包装广告、邮寄广告、交通广告、销售现场广告和人体广告等，其中，报纸、杂志、广播、电视是使用最为广泛的广告媒体，统称为传统四大媒体。还包括数字电视和电影、数字杂志和报纸、数字广播、触摸媒体、移动电视、手机短信、网络等新媒体形式。

二、确定广告目标

广告的最终目标无疑是增加产品销量和企业利润，但它们不能笼统地被确定为企业每一具体广告计划的目标。广告目标取决于企业整体的营销组合战略，取决于企业面对的客观市场情况。企业在实现其整体营销目标时，需分阶段实施，在每一阶段，广告起着不同的作用，有着不同的特定目标。具体来说，企业的广告目标有以下几类：

（1）以提高产品知名度为目标。这种广告的目的，主要是把企业的名称或产品商标传达给社会，使顾客了解该企业或该商品的存在，唤起初步需求。

（2）以顾客认识、理解产品为目标。这种广告的目的，在于让社会公众和顾客认识、了解本企业产品的性能和特点以及能为顾客带来的利益，从而提高顾客对购买本企业产品的兴趣。

（3）以建立需求偏好为目标。这种广告的目的，旨在改变潜在顾客对本企业产品的态度，说服顾客相信本企业产品比其他产品更好，促使他们对本企业产品建立起特定的需求偏好，或者通过广告改变顾客对企业或产品不良印象，由不愿购买到乐于购买。

（4）以促进购买，增加销售为目标。这种广告的目的，是通过广告直接促进销售。其重点在于说服顾客“现在就买”。因此，以此为目标的广告，除了详细介绍本企业产品外，一般还附有广告附表。顾客阅读广告后，即可决定购买与否。如决定购买，只需填写广告附表，即可成交。

三、确定广告预算

广告预算是指广告主体经过周密策划，规定出在未来一定时期从事广告活动所需的总费用与分类费用。合理的广告预算，是有计划地开展广告活动的前提，也是企业取得预期广告效果的重要保证。确定广告预算的核心，是衡量支出与收入的关系。即企业投入多少广告费用才能使销售量最大限度地增加，这也是企业面临的最难制定的营销决策之一。下面是几种常见的广告预算制定方法。

1. 量入为出法

量入为出法即根据企业财力决定广告预算的大小。其优点是简便易行，缺点是预算额可能随销售的变化而忽高忽低，难以制定长期的广告计划。同时，完全忽视了促销支出作为一种投资对销售量的直接影响。

2. 销售额百分比法

销售额百分比法即按销售额的一定百分比确定预算。其优点是比较简便易行，并且广告费与销售额挂钩，使企业的每一笔广告费支出都与企业盈亏息息相关。其缺点是将广告费与销售额的因果关系颠倒了，而且百分比亦很难确定。

3. 竞争对等法

竞争对等法即以竞争对手的广告支出作为参照来决定本企业的广告预算。其基本假定是竞争对手的支出行为在本行业中有一定代表性，同时本企业有能力赶上竞争对手的广告努力。此法的优点是有利于企业竞争，缺点是竞争对手的广告费用不易确定，并且容易引起竞相增加广告费用的广告战。

4. 目标任务法

目标任务法即要求经营人员首先尽可能明确广告的目标；其次确定实现这些目标所必须完成的工作；最后估算每项工作所需的成本，各项成本相加即广告预算。现举例说明一家企业对其生产的新型牙膏制定广告预算的过程。

(1) 确定目标市场份额。欲使某城市 1 000 万人口中 80 万人使用该种牙膏，即目标市场占有率为 8%。

(2) 确定广告触及率。要使 1 000 万人口中有 800 万人对该产品广告留有印象，即广告触及率达到 80%。

(3) 确定产品试用率。在知晓产品的 800 万人口中有 200 万人试用该种牙膏，即产品试用率为 25%。

(4) 确定试用者中能被说服使用该产品的比例。200 万试用者中，估计有 80 万人将会成为忠诚的使用者，而这正是企业的目标市场份额。

(5) 决定每 1%广告触及率需重复的广告显露数。要使 1%的受众对产品广告留有印象，估计需要重复 40 次。重复 40 次才可能带来 25%的试用率。

(6) 确定毛评点的数量。一个毛评点即指向每 1%的受众作一次广告显示。因为广告触及率要达到 80%，而每 1%广告触及率要有 40 次显示，故毛评点数量为 3 200 个。

(7) 确定每个毛评点的平均成本并决定所需的广告预算。据测算向 1%的受众展示一次广告的平均成本为 4 000 元，在产品上市的第一年总共需 3 200 个毛评点，共需花费 1 280 万元，即广告预算为 1 280 万元。

这种方法的优点是逻辑上合理，使企业的特定广告目标与广告费用联系起来，进行成本—效益分析。其缺点是合理、可靠的广告目标不易确定，预算也就不易控制。

四、广告的设计

广告设计是通过特定的艺术构思，将特定的广告主题准确、凝练、与众不同、引人入胜地表现出来的创造性思维活动。广告设计是整个广告活动的核心和关键，它决定着整部广告的成败。对企业而言，一个优秀的广告设计可以给企业带来丰厚的利润，甚至能够使濒临破产的企业起死回生；一个拙劣的广告设计无疑会使企业的广告费用付之东流。因而，企业必须重视广告的设计工作。

(一) 广告设计的原则

广告是一门科学，也是一门艺术。进行广告设计，始终都应遵循一定的原则。

1. 真实性原则

广告的生命在于真实。真实性要求广告里所讲的一切必须与产品、劳务的本来面貌完全一致，这样才能维护顾客的利益、赢得顾客的信任。欺骗性广告不仅损害顾客的利益，也会使企业声名扫地、断送销路，情况严重的还会受到广告管理机构或司法机构的惩处。

2. 思想性原则

广告不仅是一种促销活动，也是传播意识形态的工具。广告借助文学、美术、音乐等艺术形式，通过大众媒体天天与群众见面，这就必然会对人们的思想意识、生活方式和社会风气产生影响。因此，广告在强调经济效益的同时，要注意内容的健康性和思想性，要有利于精神文明建设。

3. 针对性原则

设计广告要针对目标顾客的心理活动和特点、所考虑的问题、购买商品时可能产生的各种疑虑，作合乎科学的、有说服力的介绍、说明和证实，有的放矢地进行宣传，为打开产品销路扫清障碍。

4. 创造性原则

广告的活力在于独创，新颖、独特是广告的生命力之所在。只有在广告设计中赋予商品以鲜明、突出、不同凡响的品牌形象，才能在众多的同类商品中吸引消费者的注意力、引发消费者的兴趣和购买欲望，最终导致购买行为。反之，广告设计因循守旧、步人后尘、机械模仿其他广告设计，则只能留给消费者以平庸感、陈腐感、雷同感，最终被消费者所抛弃。

5. 艺术性原则

广告设计要讲求艺术效果。要把促销目的寓于耐人寻味的艺术设计之中，做到主题鲜明、简洁易懂、美观新奇、富于趣味、给人以启迪，使人们在美的享受中获得收益。

6. 效益性原则

广告的设计要讲求经济效益。要以尽可能少的费用支出取得尽可能大的广告效果。

（二）广告设计的内容与形式

广告设计的内容因广告种类的不同而有所不同。一般来说，商品广告以介绍商品的厂牌、商标、性能、特点、能带来的效益、购货地点和方式、售价及服务为主，旨在促进商品销售；劳务广告以介绍劳务或服务的形式、质量、特点、价格等为主，旨在使顾客了解、接受并使用；观念广告以设计宣传某种观念为主，旨在向顾客灌输或改变一种消费观念，建立或改变消费者对一个企业、一种产品的印象。

广告形式的设计主要有以下几种：

（1）生活片断。摄取人们日常生活片断，显示消费者正在使用广告中的产品，给人以一种贴近生活的亲切感，使人产生共鸣。

（2）生活方式。强调某种产品如何顺应或倡导了新的生活潮流，从而使受众不由自主为这种潮流所吸引并加以追随。

（3）情趣和想象。借助产品唤起人们某种美好的情趣和想象等。例如一些香水广告，刻意制造一种朦胧幻境，使人产生某种浪漫遐想。

（4）音乐化。把企业和产品形象融于歌词和旋律之中。

（5）人格化。以幽默的方式赋予产品以人的特性。例如，用图像和文字把产品人格化，使之生动、有趣、惹人喜爱。

（6）名人推荐。选择一些社会地位高或有相当知名度的明星等向消费者推荐产品，充分利用名人效应。

(7) 示范和证明。充分展示产品在制作过程中企业的专长和经验，以及产品的特殊优点，出示相当的证据或证明，使顾客产生依赖感。

(8) 警示。以适当的警示方式，提醒人们对某些问题的注意，以达到推销产品的目的。例如，牙膏广告中说明牙病对人的危害，提出该种牙膏能治病、防病，从而引起人们的共鸣。

(三) 广告设计的管理

基于广告设计的重要性，为确保广告的质量，企业必须做好广告设计的管理工作。

(1) 要有组织保证，即要在企业内部设立专职的广告部门负责组织广告活动，进行广告设计的管理工作。

(2) 要正确选择广告设计单位。目前，多数企业的广告是委托广告代理公司或媒体广告部门代为设计制作。对设计单位的选择，一要看其经营信誉；二要看其设计能力、人员配备，如设计人员的创意能力如何，对该行业产品、市场是否熟悉，是否有设计该类广告的经验，该公司能投入多大人力物力用于本代理业务；三要看其是否具备制作条件。

(3) 一旦选定广告代理单位，就要全力配合其工作，详尽、全面地向其介绍本企业的情况，提供一切必要资料，因为，设计人员对企业和产品了解越多、广告主题抓得越准，设计的广告也就越好。企业必须和设计单位保持密切联系，随时监督、了解委托的广告业务的设计进程，分析各种设计方案的效果，参与方案的审定与选择。

五、广告媒体策略

所谓广告媒体策略，就是关于如何选择适当的广告媒体，使广告信息及时、有效、经济地传送给消费者的策略。

(一) 广告媒体的种类

广告媒体是指广告者用来进行广告活动的物质和技术手段。广告媒体种类繁多，大致可作如下划分。

1. 报刊广告

报刊广告是指通过报纸、期刊等刊登出来的广告。报纸的发行量大、读者广泛、迅速及时、广告费用低，但宣传时间短、印象不够深刻、对商品表现力差。期刊有综合性和专业性两种。综合性期刊面向各个阶层的读者，广告容易引起消费者的广泛注意。专业性期刊面向特定的读者对象，因而，是做各种专业产品广告的良好媒体。但期刊广告信息传播较慢。除此以外，其他出版物，如商业指南、贸易年鉴、市场手册等也可用作广告媒体。

2. 视听广告

即通过电视、广播、电影播放的广告。电视广告能集图像、色彩、声音和动作于同一个广告画面，生动、真实地传播信息，具有较强的感染力，但播放时间短、消逝速度快、费用昂贵。广播以声音传递信息，能充分利用语言和音响艺术，传播快、范围广、广告费用低，但对商品表现力差、印象不易深刻。电影广告一般在博览会、展销会、商品交易会，甚至售货厅放映，其宣传作用大，生动、灵活、多形式，但制作成本昂贵。

3. 邮寄广告

广告主将印制的广告物如样本、商品目录、商品说明书、商品通告函等，直接寄送给买主、潜在买主或销售代理人。邮寄广告对象明确、传递较快，提供信息全面、准确、说服力较强。但只对用户范围较小的商品比较适宜，且难于估计广告效果。

4. 户外广告

通常有招贴广告、广告牌、建筑物外墙广告、霓虹灯广告、交通广告等。户外广告的特点是，形式多样、主题鲜明、引人注目、保留时间长、印象深刻，但传播范围有限、制作周期长、时效性差。

5. 其他广告

除上述广告外，还有包装广告、橱窗广告、活广告（利用模特、社会名流、文艺体育明星做的广告）。这些广告一般只起辅助广告作用。

（二）选择广告媒体应考虑的因素

选择广告媒体应考虑的主要因素有以下几个：

（1）产品特点。工业品和消费品、技术性强的产品和一般生活用品，应分别选用不同媒体。例如，高技术性能的机械产品宜用样本广告，便于详细说明性能；一般消费品可用视听广告媒体。

（2）消费者的媒体习惯。不同媒体可将广告传播到不同市场。能传达到目标市场者才是最佳媒体。例如，妇女用品广告，刊登在妇女杂志上较好；儿童用品广告，最好的媒体是电视。

（3）销售范围。广告宣传范围应与商品推销范围一致。在全国推销的产品，可选择全国性报刊或电台电视。属地区销售的产品，宜选择地方性报刊或广播、电视作为广告媒体。

（4）媒体的影响力。即某种媒体已建立起来的影响和声誉，以及该种媒体在表现上的特长。传播质量高、影响力大的媒体宣传效果就好。所以，选择媒体要注意把商品的目标市场与媒体影响力所达到的程度和时机结合起来，使之既能达到宣传的最大效应，又不至于造成浪费。

（5）媒体的成本。广告媒体的选择，受到企业广告预算和支付能力的限制。应力求在一定的预算条件下，取得最佳宣传效果。

（三）广告媒体策略

前述广告媒体各有其特点和影响范围。企业应根据所做广告的目的，综合考虑各种影响因素，选择适宜的广告媒体策略。广告媒体策略主要有以下两种：

（1）单个媒体策略。即广告者为取得较好的广告效果而有选择地运用一种媒体做广告，这种策略适用于财力有限的小型企业。

（2）媒体组合策略。即广告者为取得较好的广告效果，同时选用几种媒体做同一产品的广告。它不仅使广告对象接触广告的机会增多，还由于各种媒体各具特点、相辅相成能取得更好的广告效果。这种策略适用于财力较雄厚的大、中型企业。

六、广告效果评估方法

所谓广告效果评估方法，是指通过对用户心理和销售成效的分析，了解广告目的的实现程度的一类方法。广告是一种费用很高的促销方式。企业在登载广告前后都应该对广告效果进行估价和检查。研究广告效果的方法通常有以下两类。

1. 预审法

这是在广告公之于众之前，对其效果进行评估、审核的一类方法。具体方法有以下两种：

（1）顾客直接评价法。即邀请目标市场上的顾客对准备好的几种广告样稿进行评价。

具体可把广告内容分解为吸引力、有用性、清晰度、感染力和敦促等项，让顾客分别打分，累计其总分以辨优劣。

(2) 机械检验法。即在一组被调查人群中，展示广告样品并利用印象测量器、视力记录仪和心理测量器等仪器，测量记录他们的呼吸、心跳、血压等生理和心理方面的反应变化，加以研究鉴别。这种方法一般在实验室中进行。

2. 复审法

这是在广告发表以后，审核其效果的评估方法。具体方法有以下两种。

(1) 销售效果测定法。即在广告发表一段时间后，调查销售量的变化。由于广告效果具有一定的滞后性，为提高测定的准确程度，可把企业的销售区域分为若干块。有的区域使用广告、有的不使用广告；有的多用、有的少用。然后按广告费的变化而引起的平均销售额的增减变化，测定广告的销售效果。具体可用下面两个公式进行测定：

$$E=\frac{\Delta S/S}{\Delta A/A}$$

式中：S 表示原销售量；

ΔS 表示销售量的增减量；

A 表示原来支出的广告费；

ΔA 表示广告费的增减量；

E 表示弹性系数。

$$E_0=\frac{S_1-S_0}{A}$$

式中：S_1表示作广告后的平均销售量；

S_0表示作广告前的平均销售量；

A 表示广告费用；

E_0表示广告效果。

应用以上公式应注意，虽然广告费用增加，能促使销售量增加，但并不是成比例增加，因为销售量的变化，还受市场环境、产品质量、价格等多种因素影响。因此，在测定广告效果时，应同时分析有关因素，予以修正。

(2) 广告接收效应测定法。这种方法是为了检查广告的直接效果，对广告的接收效应进行测定。具体可分为以下两种方法。

其一，认知测验法。即抽取一组视听了某一广告的读者样本，询问他们对广告内容的印象，按其回答的深浅来确定他们对广告的认知程度，然后统计各类百分比，以测定广告的效果。一般分为三类：①略读者，即记忆中有这一广告印象的视听者；②深读者，即能回忆这一广告中的某些内容的视听者；③联想者，即对广告有较深印象，并产生了一定看法的视听者。

其二，视听率测定法。即选出一定数量的调查对象，用随机抽样方法统计一下视听广告的人数所占收看某广告媒体的总人数的百分比，作为广告的视听率。其计算公式如下：

$$\text{视听率}=\frac{\text{视听某广告的人数}}{\text{视听某广告媒体的人数}}\times 100\%$$

影响销售因素的复杂性，决定了准确测定广告效果是十分困难的，因此，上述方法不可能十分准确，但是它们可以在一定程度上帮助企业发现问题，改进广告。

第四节 公共关系策略

【案例导入】 **可口可乐在灭顶之灾中的危机公关**

1999 年 6 月初，比利时和法国的一些中小学生饮用美国饮料可口可乐，发生了中毒。一周后，比利时政府颁布禁令，禁止本国销售可口可乐公司生产的各种品牌的饮料。已经拥有 113 年历史的可口可乐公司，遭受了历史上鲜见的重大危机。

在现代传媒十分发达的今天，企业发生的危机可以在很短的时间内迅速而广泛地传播，其负面的作用是可想而知的。短时间内，在全国甚至全球范围的影响，必将引起社会和公众的极大关注。稍有不慎，即对企业形象和品牌信誉造成毁灭性的打击，其无形资产在顷刻之间贬值。这对企业的生存和发展，都是致命的伤害。

1999 年 6 月 17 日，可口可乐公司首席执行官依维斯特专程从美国赶到比利时首都布鲁塞尔，在那里举行记者招待会。当日，会场上的每个座位上都摆放着一瓶可口可乐。在回答记者的提问时，依维斯特这位两年前上任的首席执行官反复强调，可口可乐公司尽管出现了眼下的事件，但仍然是世界上一流的公司，它还要继续为消费者生产一流的饮料。有趣的是，绝大多数记者没有饮用那瓶赠送与会人员的可乐。后来的可口可乐公司的宣传攻势说明，记者招待会只是他们危机公关工作的一个序幕。

记者招待会的第二天，也就是 6 月 18 日，在比利时的各家报纸上出现了由依维斯特签名的致消费者的公开信，信中仔细解释了事故的原因，还作出种种保证，并提出要向比利时每户家庭赠送一瓶可乐，以表示可口可乐公司的歉意。

与此同时，可口可乐公司宣布，将比利时国内同期上市的可乐全部收回，尽快宣布调查化验结果，说明事故的影响范围，并向消费者退赔。可口可乐公司还表示要为所有中毒的顾客报销医疗费用。可口可乐其他地区的主管，如中国公司也宣布其产品与比利时事件无关，市场销售正常，从而稳定了事故地区外的人心，控制了危机的蔓延。

此外，可口可乐公司还设立了专线电话，并在因特网上为比利时的消费者开设了专门网页，回答消费者提出的各种问题。比如，事故影响的范围有多大，如何鉴别新出厂的可乐和受污染的可乐，如何获得退赔等。整个事件的过程中，可口可乐公司都牢牢地把握住信息的发布源，防止危机信息的错误扩散，将企业品牌的损失降低到最小的限度。

随着这一公关宣传的深入和扩展，可口可乐的形象开始逐步地恢复。不久，比利时的一些居民陆续收到了可口可乐公司的赠券，上面写着："我们非常高兴地通知您，可口可乐又回到了市场。"孩子们拿着可口可乐公司发给每个家庭的赠券，高兴地从商场里领回免费的可乐："我又可以喝可乐了。"商场里，也可以见到人们在一箱箱地购买可乐。

中毒事件平息下来，可口可乐重新出现在比利时和法国商店的货架上。

从第一例事故发生到禁令的发布，仅 10 天时间，可口可乐公司的股票价格下跌了 6%。据初步估计，可口可乐公司共收回了 14 亿瓶可乐，中毒事件造成的直接经济损失高达 6 000 多万美元。比利时的一家报纸评价说，可口可乐虽然为此付出了代价，却赢得了消费者的信任。

可口可乐公司渡过了艰难的危机时刻，但是这次事件却远未从可口可乐这样的欧美大公司中消除影响。

【引例分析】

经营管理不善、市场信息不足、同行竞争，甚至遭遇恶意破坏等，加之其他自然灾害、事故，都使得现在大大小小的企业危机四伏。所有这些危机、事故和灾难作为一种公共事件，任何组织在危机中采取的行动，都会受到公众的审视。一个组织如果在危机处理方面采取的措施失当，将使企业的品牌形象和企业信誉受到致命打击，甚至危及生存。

可口可乐公司在中毒事件中表现出来的处理危机的方法，仍有不少可以借鉴的成功之处。比如它并没有因为自己是全球最大的饮料公司就凌驾于消费者之上，置之不理，而是一直以一种富有人情味的态度来对待消费者，以积极主动的道歉而不是推脱责任的辩解和说明，体现了企业勇于承担责任，对消费者负责的企业文化精神，获得了消费者的同情。

一、公共关系的含义

公共关系是指某一组织为改善与社会公众的关系，促进公众对组织的认识、理解及支持，达到树立良好组织形象、促进商品销售的目的的一系列促销活动。它的本意是工商企业必须与其周围的各种内部、外部公众建立良好的关系。它是一种状态，任何一个企业或个人都处于某种公共关系状态之中。它又是一种活动，当一个工商企业或个人有意识地、自觉地采取措施去改善自己的公共关系状态时，就是在从事公共关系活动。作为促销组合的一部分，公共关系是指一种管理职能，即评估社会公众的态度，确认与公众利益相符合的个人或组织的政策与程序，拟定并执行各种行动方案，以争取社会公众的理解与接受。

二、公共关系的职能与特点

（一）公共关系的职能

公共关系的对象很广，包括消费者、新闻媒体、政府和业务伙伴等，公共关系被用来促进品牌、产品人员、地点、构思、活动、各种组织机构甚至国家关系。组织机构利用公共关系去吸引公众的注意力或者去抵消留在公众头脑里的坏印象。国家使用公共宣传去吸引更多的观光者、外国投资者和取得国际支持。公共关系作为一门经营管理的艺术，其功用、职能主要表现在信息收集、咨询建议、信息沟通、社会交往、培训和平衡六个方面。

1. 信息收集

公共关系所需收集的信息主要有两大类，即产品形象信息与企业形象信息。产品形象信息包括公众特别是用户对于产品价格、质量、性能、用途等方面的反映，对于该产品优点、缺点的评价以及如何改进等方面的建议；企业形象信息则包括公众对本企业组织机构的评价，如机构是否健全、设置是否合理、人员是否精简、运转是否灵活、办事效率如何等；公众对企业管理水平的评价，如经营决策评价、生产管理的评价、市场营销管理的评价、人事管理的评价等；公众对于企业人员素质的评价，如对决策者的战略眼光、决策能力、创新精神等方面的评价；公众对于企业服务质量的评价，包括服务态度、对顾客的责任感等。

2. 咨询建议

其内容涉及本企业知名度和可信度的评估和咨询；公众心理的分析预测和咨询；本企业的方针、政策、计划的评议等。

3. 信息沟通

在企业创建时期，信息沟通的主要任务是争取建立公众对于本企业的良好印象，能够招揽人才，争取投资来源；建立自己的独特风格，如企业产品的命名，商标、广告的制作，代表色的选择，门面的装修等。在企业遇到风险时，要弄清事情的原因，区别对待：对公众的误解或他人的陷害，要进行必要的解释，将本企业采取的预防措施向公众宣布；对企业自身过失危害公众利益，公共关系人员应实事求是，使负面影响减小到最低限度，将本企业的改进措施公之于众，帮助企业重振声誉。

4. 社会交往

与政府、媒体、公众、其他社会组织建立良好的关系，使其认可企业以及企业的产品，从而为企业的各方面发展提供了一个宽松的外部环境。

5. 培训

企业利用自身的技术、管理等资源优势，借助培训这一形式和手段，向消费者、其他组织等提供企业相关产品或行业的技术与管理培训，从而教育用户并使其认识企业及产品。

6. 平衡

企业利用各种手段来协调、平衡与其他企业、消费者、政府、公众组织和媒体等的关系。例如，与其他企业的合作、对消费者的各种优惠、对社会的捐助等平衡手段。

（二）公共关系的特点

公共关系作为促销组合的一个重要组成部分，具有自己鲜明的特点。

1. 注重长期效应

公共关系要达到的目标是树立良好的企业形象。企业形象不可能在一朝一夕、一物一事中树立，它需要持续、连贯、全方位和有计划的长期努力。因此，公共关系强调、注重长期效应而非即时效应。良好的企业形象是企业无形的财富，建立了良好的企业形象，企业才能长久占领市场，获得长足发展。

2. 注重双向沟通

公共关系工作的对象是各种社会关系。企业通过与社会各方面进行信息沟通活动，对社会福利事业、文艺、体育等资助活动，对顾客的访问和接待活动，以及消除企业与公众之间误会、建立理解和信任等活动来营造有利于企业发展的社会关系环境。这个过程是一种双向沟通，是企业与公众之间的真情交流。换言之，公共关系是以企业与公众之间的相互适应、相互了解、相互满意的双向沟通为基础的。

3. 注重间接促销

公共关系的手段是有效的信息传播，而这种信息传播并非直接宣传和推销商品，它是通过积极参与各种社会活动，向公众宣传企业精神、经营宗旨、扩大影响、提高信誉，联络感情，加深社会各界对企业的了解和信任，以达到促进销售的目的。

三、公共关系的对象

公共关系的主体是企业，客体是公众。所以，公共关系的对象就是社会各方面公众的组合，具体包括以下几个方面：

（1）内部公众，即企业内部的全体员工和股东。

（2）媒介公众，即各种大众传播媒介组织，如新闻出版机构等。

（3）顾客公众，即企业当前的顾客和潜在的顾客。

(4) 政府公众,即国家各级权力机关。

(5) 社区公众,即企业所在区域的各种行政、事业、企业组织和民间机构或团体。

(6) 业务往来公众,即企业经营活动中的供应商、经销商、银行和其他金融机构、运输、外贸、信息部门等业务往来单位。企业公共关系活动中的各种公众不是孤立存在的,它们之间存在着相互影响的关系,它们共同构成企业的公众网络系统。这个系统不但影响着企业的营销活动,而且影响着企业的生存和发展。

四、公共关系的内容和任务

一个企业公共关系活动的内容和任务与企业的规模、经营范围、目标市场等情况密切相关。通常情况下,企业开展公共关系活动主要有以下内容和任务:

(1) 积极收集社会公众对本企业的经营方针、政策、产品、服务等方面的意见和态度,了解本企业在市场的形象和知名度。

(2) 编写宣传资料,包括新闻稿件、企业简介、企业刊物、广告、海报和标语等,向社会公众散发,赢得他们的好感。

(3) 与消费者、政府有关机构、社会有关团体、新闻界、批发商、零售商、供应商等建立固定、密切的关系。经常向他们介绍和提供企业情况,说明本企业对顾客、公众和社会可能作出和已经作出的贡献,使他们对企业产生良好的印象。为了达此目的,企业可以结合市场营销目标,有计划地进行一些赞助、捐赠、竞赛等活动。例如,赞助体育运动会、向社会团体赠送礼品、向社会有突出贡献的组织和个人颁发奖金、为公益事业捐款、扶持残疾人事业等。

(4) 与本企业的人员推销、广告和营业推广相配合,向社会公众提供统一的、诚实的和有说服力的信息、协助企业经理和各职能部门处理有关对外联络、对外宣传、信息沟通等事务。

(5) 建立对社会公众的接待制度。培训专职人员,对任何来访、来电、来信进行迅速、准确、友好的接待和处理。

(6) 监测市场环境变化,捕捉顾客需求变化动向,及时协助企业领导调整企业的经营方针和策略,以适应社会公众的要求和市场的变化,理顺企业与社会公众之间的关系,为企业营销的成功扫清障碍。

(7) 提高应变能力,对意外事件,诸如消费者的投诉、大众传媒的曝光、批评作出迅速的、具有策略性的应变反应,迅速调查、紧急处置,化不利因素为有利因素,尽力弥补企业形象遭受的损害。

(8) 建立企业内部的公共关系制度,正确处理企业内部公众关系。加强企业内部各方面纵向和横向的信息交流,增进相互了解、协调各方面利益关系,合理满足员工的物质文化生活需要,不断改善员工的生活条件,有计划地开展对员工家属的公关活动,培养员工的归属感,增强企业的凝聚力。

五、公共关系的活动方式

一个企业的公共关系活动方式和企业的规模、范围、产品差别和市场性质等密切相关,不可能有一个统一的模式。但是,从国内外的实践经验来看,企业的公共关系活动大致有如下几种方式。

1. 企业庆典

企业的庆典活动主要有企业成立庆典、周年纪念庆典、推出新产品庆典和新建筑落成庆典等。庆典活动中，可以大量邀请社会名流、新闻单位等参加，这样既巩固了关系，又扩大了企业在社会上的影响，引起公众的关注。

2. 新闻媒介

新闻媒介一般是指以报纸、杂志、广播和电视为主的新闻传播工具。新闻媒介涉及范围广、影响大，能够支配社会舆论，具有很强的说服力。从一般心理状态来说，社会公众总是更加相信有独立来源的客观报道。因此，企业应当争取一切机会同新闻界建立联系，如撰写新闻稿件、举行记者招待会和新闻发布会等，及时将具有新闻价值的信息提供给新闻媒介，提高企业及其产品的知名度。

3. 社会公益活动

企业作为社会一员，有义务在正常的活动范围内赞助、支持各种福利事业和公益事业，包括大型运动会、节日庆祝和基金捐献等。由于这些活动为万众所瞩目，各种新闻媒介会进行广泛报道，因此，企业能从中得到特殊的利益。但是，在实践中，企业应当注意自己的能力限度，对各项公益活动进行必要的选择。

4. 听取和处理公众意见

企业应当积极收集公众对企业经营、生产、技术、产品质量、销售和服务等方面的意见和建议，及时将改进后的情况告知公众，并予感谢。这样，既能满足公众需求，又可以密切企业与公众之间的关系。

5. 公关广告

公关广告是企业为倡导某种具有积极意义的社会风尚或宣传某种新的社会观念而做的广告。公关广告在客观效果上，能够有效地扩大企业的知名度和美誉度，树立企业追求积极向上的价值观和企业文化、关心社会公益事业的良好公众形象。公共关系活动方式还有许多，如印制宣传品、提供特种服务、建立健全企业内部公共关系制度等。

【案例】 **美国航空公司的AYP计划**

美国航空公司为给未来的顾客——青年人留下一个良好的形象，每年都举办音乐大赛，提供优胜者奖金，并辅助高中学校的音乐教育。每年5月，该公司在纽约市卡内基纪念馆举办音乐大赛的颁奖典礼，并邀请世界著名的首席指挥为受奖人指挥。此外，还将音乐大赛的门票收入作为高中学校基金。这项活动在全美影响很大，由此更加深了美国航空公司在青年人心目中的“光辉形象”。

第五节 营业推广策略

【案例导入】 **屈臣氏的促销策略**

能让都市时尚白领一族以逛屈臣氏商店为乐趣，并在购物后仍然津津乐道，有种“淘宝”后莫名喜悦的感觉，这可谓达到了商家经营的最高境界。屈臣氏的促销活动每次都能让顾客获得惊喜，在白领丽人的一片“好优惠哟”“好得意哟”“好可爱啊”声中，商品被“洗劫"一空。屈臣氏促销活动之所以获得消费者青睐,在以下几方面的突出表现值得借鉴。

1. 持之以恒

屈臣氏的常规促销活动每年都会定期举行,特别是自有品牌商品的促销,如"全线八折""免费加量""买一送一"和"任意搭配"等会在每年中定期举办,并且在活动中经常都会包含"剪角抵用券""满 50 元超值 10 元换购"和"本期震撼低价"。

2. 丰富多彩

屈臣氏一年 24 期常规促销活动,形式非常独有,与其他零售店的方式完全不一样,"自有品牌商品免费加量 33%不加价""60 秒疯狂抢购""买就送"更是丰富多彩,促销商品品种繁多,如滋润精选、如丝秀发、沐浴新体验、皓齿梦工场、维有新健康、营养街、清亮新视界、知足便利店、关爱自己、完美纸世界、小工具课堂、优质生活、开心美味园、健康情报站、潮流点缀、旅游自助魔法、美丽港等非常多的趣味主题,介绍众多的个人护理用品,引导着消费。

3. 权威专业

屈臣氏的促销活动往往都会贯穿一个权威专业的主导线,每时每刻都在向消费者传递着自己在专业领域里权威专业的信息,让消费者有更大的信任感。屈臣氏的"健康知己",为顾客提供日常健康知识咨询,《屈臣氏护肤易》《屈臣氏优质生活手册》《健与美大赏》《屈臣氏自有品牌特刊》和《畅游必备品》向顾客推荐好的产品的同时,邀请行业界知名人物,与读者共同分享美容心得、健康知识。屈臣氏的《促销商品快讯》也是一本健康美容百科全书,除了众多的特价商品、新商品推介,还有介绍非常多的日常护理小知识。

4. 优惠实效

根据国人消费习惯,实惠才是硬道理,屈臣氏促销讲究的就是"为消费者提供物超所值"的购物体验,从"我敢发誓"到"冬日减价""10 元促销""SALE 周年庆""加 1 元多一件""全线八折""买一送一""自有品牌商品免费加量 33%不加价""买就送"等,每一次都会引起白领丽人的惊呼,降价幅度非常大。每期都有的三个"10 元超值换购"商品、9 个"震撼低价"商品每次都会给抢购一空。

5. 全员重视

屈臣氏的促销能达到一个好的结果,不仅仅是有好的策划思路,最重要的是有好的执行力,其全员重视为促销获得成功铺垫了基础。每次更换促销活动主题,在屈臣氏称为"转销",每逢此时,员工需要在停止营业后一直工作到凌晨,才可以把卖场布置好。为了每次促销活动让各个分店都能按总部思路执行,各分店的经理都要去参观样板店,促销开始的第二天,区域经理就马不停蹄地到各个分店巡视促销活动执行情况,随时监督各分店的工作部署。

6. 氛围浓郁

"创造一个友善、充满活力及令人兴奋的购物环境"是屈臣氏卖场布置的精髓,为了创造一个好的促销氛围,屈臣氏从不吝惜布置场地方面的成本,每次促销会更换卖场所有的宣传挂画、价格牌、商品快讯、色条(嵌在货架层板前面的彩色纸条)、POP,虽然有浪费之嫌,同时舍得投入也是获得回报根本。

【引例分析】

作为城市高收入代表的白领丽人,她们并不吝惜花钱,物质需求向精神享受的过渡,使她们往往陶醉于某种获得小利后成功的喜悦,祈望精神上获得满足。屈臣氏正是捕捉了这个微妙的心理细节,成功地策划了一次又一次的促销活动。

一、营业推广的概念

营业推广又称特种推销，是企业在某一段时间内采用特殊的手段或方法，刺激推销对象对特定产品或服务的较快或较大量购买的活动。营业推广包括针对消费者和中间商的两大类多种促销工具。作为一种不经常的、无规则的促销活动，营业推广是对广告、人员推销、公共关系活动的一种补充，但它不能取代这三种主要的促销方式。

一方面，营业推广向消费者和中间商提供了一个特殊的购买机会，能够引起他们的广泛注意，并产生强大的吸引力，从而很快地见到成效，在局部市场上能够获得较大的收益。另一方面，营业推广的许多做法也显示出卖者急于出售商品的意图，这种方法若使用不当，会使用户对产品的功能、价格、品牌或品质产生怀疑，甚至有时会降低商品的身价，企业在具体运用营业推广时需慎重考虑。营业推广多用于短时期的特别促销。

营业推广要支付一定的费用，但与人员推销、广告、公共关系相比要小得多，因此，这是一种被广泛采用，特别适合小型企业采用的促销方式。

二、影响营业推广策略选择的因素

1. 活动主体的差异性

只要不是产品或服务的最终消费者、使用者，那么生产者和经销商(包括批发商、代理商、零售商)都可以成为营业推广的主体。但由于不同主体所面对问题和条件的差异性，其营业推广的策略选择也会存在着差异。

首先，由于不同的主体的对象差异，营业推广的目标和要求也是不同的。对于生产者来说，其营业推广的对象可以是生产者、经销商或消费者，如果生产者要面对广泛的营业推广对象，就必须迎合多方面的要求，确定多个目标，以兼顾经销商和消费者的利益。对于零售商来说，其营业推广对象只有消费者，只需要考虑消费者的利益。

其次，不同主体在所需资金、人力、场地和物力等营业推广条件上也存在着较大的差异，影响着营业推广的策略选择。比如，生产者的营业推广活动往往比零售商要动用较多的资金、人力和物力；开设服务一般只有零售商才有可能，而生产者、批发商一般没有直接面对消费者的营业场所。

2. 活动对象的特点

经销商、用户与消费者以及推销人员，都可以成为推广的对象。不同客体在消费心理和购买行为等方面存在着不同的特点，正确认识其特点，对于营业推广策略的正确选择是十分有益的。

首先，不同对象所关心的利益重点是不同的。尽管产品质量、服务态度、价格是大家都要考虑的利益，但生产者着重考虑的是购买后的投入产出关系，经销商着重考虑的是进销差价和最终是否能顺利转销出去，推销人员最关心的是佣金比例，消费者关心的是产品使用效果和价格等。在营业推广时必须充分考虑到上述不同对象的利益差异。

其次，不同对象购买数量的不同。生产者出于生产投入的需要，一般购买量很大，价格较高；经销商为卖而买，一次购买的数量也较大；消费者为自己消费而买，因而多属小型购买，购买频率高。

再次，不同对象的决策能力与决策方式不同。生产者或经销商具有广泛的信息来源，其购买过程一般是由各类专业人员参与决策或施加影响，属于专业性和理性采购，因而有很强的选择能力、决策能力；一般消费者的购买决策往往是由一两个家庭成员作出，具有较大的随意性，因而容易受到各种推销方法的影响。

最后，不同对象的购买方式(指分销渠道)不同。生产者往往可以越过一切中间环节直接向生产者采购，集团购买者通常可以享受到批发优惠，而消费者一般只到零售商那里购买。不过，许多消费者联合起来去购买批发商品也成为一种购买方式，邮购则往往把生产者与消费者直接连接起来了。

三、营业推广的主要方式

营业推广是广告、公共关系和人员推销以外的所有活动，因此内容非常广泛，可根据市场特点、促销对象、销售目标和刺激方式的不同进行多种划分。以下按刺激方式的不同，把营业推广的方式大致划分为四种类型。

1. 商品展销、陈列与演示

(1) 商品展销。即企业或中间商独自举办或联合举办，由众多客户(用户或经销商)参加，通过交易会、展销会、订货会等方式，直接展示商品，商定交易条件，以达成交易的一种营业推广方式。展销的产品既可以是某一生产厂家的系列产品，也可以是多种品牌、多种系列的同类产品。展销期一般选择在该种产品需求旺季，或在节日期间。其优点是：能在短期内汇集大量顾客，有利于消费者全面了解企业及其产品，提高知名度；还有利于节省推销费用；有利于增加产品的选择性和消费者的挑选，扩大销售。

(2) 陈列与演示。即企业通过占据经销或代销点的有利位置，进行橱窗陈列、柜台陈列、流动陈列或进行现场服务表演和示范，展示产品性能，激发消费者对该类商品的兴趣或增加对该品牌商品功能的信任感，从而促进销售。这些方式既能使顾客更方便地接近商品、了解商品，达到增加客流量和直接销售的目的，又能密切生产企业同经销商的关系，为经销商继续购买企业的产品打下基础。

2. 优惠与有奖销售

(1) 优惠。常见的优惠方式主要有以下类型：

第一，购买折扣。即在原有产品价格的基础上，根据顾客购买情况予以一定的数量和价格优惠的促销方式。具体有批量折扣、现金折扣、季节折扣、展销期折扣等。其目的是鼓励顾客多购买，购买越多折扣越多。严格地说，价格折扣促销属于价格策略范畴。

第二，优惠券。企业向特定顾客发放优惠的凭证，顾客可以凭券到指定地点减价或优先购买产品。发放优惠券的一般是正在搞促销的企业，发放对象可以是有贡献的顾客或老顾客，也可以是一般潜在顾客。

第三，会员制。一般是以会员卡为促销工具的促销方式。主要有两种方式：一种是当顾客交纳一定数量的会费给组织者后，便可享受到多种价格服务优惠。另一种是顾客从首次消费开始即可获得累计积分，当积分达到一定数量时，便可享受不同等级的价格折扣。

第四，定期优惠。即在某一特定时间内，凡在本企业购买商品的顾客可以凭发票到企业领取优惠返款的促销方式。

第五，互惠促销。它是指用互买对方产品来促销的推广方式。这种方式的应用范围不很广泛，因为并非任何企业之间都能互买对方产品。

(2) 有奖销售。有奖销售就是对购买和经销本企业产品的顾客和人员给予一定物质和资金奖励的促销方式，主要有以下具体形式：

第一，买物赠物。它是在顾客购买某种产品时，附带赠送一些物品以吸引顾客更多地购买本企业产品的促销方式。赠送的物品既可与所购产品相同，也可不一致，但赠送的物品一般很廉价。

第二，买物赠券。顾客购买商品达到一定数量后，发给奖券，顾客可以凭券免费领取或低价购买另外的商品。它可以进一步吸引和刺激顾客。

第三，抽奖。即企业以特定奖品为诱因，吸引消费者积极参与购买以期中奖的一种促销活动。奖品的价值以及中奖几率的大小，可根据实际情况进行选择。因为抽奖促销能给消费者提供一些获得惊喜奖品和收入的机会，往往能够吸引更多的顾客，扩大销售量。

第四，经销奖励。即企业给中间商或营业员一定的红利提成或佣金，以提高他们经销本企业产品积极性的促销方式。对尚未被顾客认识的产品，这种方法的应用更为普遍。

3. 样品赠送与试用、租赁和代销

(1) 赠送样品。即企业向目标市场的重点顾客(也可以是随机选择的)免费提供产品的一种营业推广方式。这种营业推广方式主要有两个作用：一是受赠者可能成为下一次的真正购买者，提高惠顾率；二是受赠者可以成为企业的义务宣传者或他人的参考群体，促进他人去购买。

(2) 试用。即企业有选择地给一些顾客免费试用产品，再依靠他们了解效果、传播信息、争取订货。试用期满后，样品可送给顾客，也可以收回或折价处理。

(3) 租赁。即企业把产品租赁给需方使用，收取一定租赁费的促销方式。租赁对于减少需方的资金风险、技术风险或解决需方资金不足问题有很大帮助，对供方来说，可以让顾客尽早了解商品或加速商品周转，因而常受双方欢迎。

(4) 代销。即生产企业委托代理商、经销商销售产品，按规定进行利益分配的一种营业推广方式。它对于迅速扩大分销渠道、销售网络是十分有效的。

4. 服务促销

顾客在购买产品的同时，也在“购买”服务。良好的服务必然有助于促销。服务既是生产的延伸，又是营销的重要手段，其中，与销售过程紧密联系的服务内容也是营业推广的重要内容。服务促销的内容主要有：

(1) 售前服务。即提供良好的购物环境，包括停车场、购物指示牌或服务台、导购小姐、休息娱乐场所，良好的照明、通道、色彩、音响、温度等系列软、硬条件。

(2) 售中服务。即具有丰富内容的服务项目、理想的购物方式，以及各种便利的结账方式等，如多样包装、订购、邮购、事后结账、银行卡、赊销和分期付款等。

(3) 售后服务。即主要交易结束后至产品使用寿命结束前所要发生的各项服务，主要有送货、安装、培训、维修、包退包换、代办托运、提供保险等服务。售后服务一方面要给人以方便，另一方面要给人以实惠(免费或少收费)。

实际上，营业推广的具体形式很多，既有生产企业之间的营业推广方式，又有企业对中间商或营业员的推广方式，也有企业对消费者的推广方式。企业可以根据市场条件，根据促销对象的特点和本企业商品的特点来制定自己的促销推广方式。

四、营业推广时应考虑的因素

营业推广的具体方法形式多样、种类繁多，给企业的选择带来了一定的困难。不同的营业推广方式可能适合于不同的情况，也可能同时并用，这需要企业综合考虑各种条件和影响因素，认真分析和选择。

1. 市场

(1) 目标市场类型。在不同类型的目标市场上，营业推广的目的各不相同。例如，对消费者来说，营业推广的目的是鼓励经常和重复购买，吸引潜在用户，树立品牌形象等，经常采用的推广方式是陈列与演示、买物赠送、抽奖和优惠等；对中间商来说，营业推广的目的则是为促使中间商扩大新产品购买项目，提高购买水平，刺激非季节性销售等，经常采用的推广方式则是折扣、经销奖励、代销等。

(2) 市场竞争状况。当市场竞争相当激烈时，采用经济刺激的推广方式很有效，但若企业竞争也采用这类方式，竞争企业都会受损害。因而在竞争激烈时，企业采用灵活的、与众不同的推广方式往往能够收到更好的效果。

(3) 市场范围。企业产品市场范围的大小也会影响营业推广方式的选择。例如，市场范围较集中的企业可以定期举办展销会以及进行陈列与演示，而市场范围较广泛的企业进行有奖销售可能更为有效。

2. 产品

(1) 产品性质。产品的性质涉及产品的体积、重量、耐用性、可靠性和经济性等多个方面的特性，有些营业推广方式的选择需要考虑到这方面的因素。例如，租赁和试用方式只适合耐用品而不适合非耐用品；复杂产品需要进行现场演示，或提供培训服务和安装服务；送货服务主要是为笨重产品提供的。

(2) 产品价值。营业推广的方式选择还要考虑到产品的价值大小。例如，赠送的样品一般是低价产品；保险服务主要针对有较高价值的产品(特别是易盗、易发生人身伤害的产品)；租赁、现金折扣的对象也是高价产品。

(3) 产品所处生命周期阶段。新产品可更多地采用代销、试用和赠送样品的推广方式，以实现顾客对产品的认可，降低顾客使用新产品的风险；处于衰退期的产品可更多地采用利益刺激的推广方式。

3. 营业推广的主体

(1) 主体性质。互惠销售、折扣、代销、经销奖励等方式一般是生产者采用的推广方式，而商品陈列、改善购物环境、优惠等则主要是中间商采用的推广方式。

(2) 主体实力。大型企业有实力举办订货会和有奖销售等活动，而小型企业或零售商则更多采用代销、试用、提成和佣金等方式进行促销。

4. 营业推广的客体

(1) 客体性质。对于中间商及其人员，营业推广经常采用数量和价格折扣、经销奖励、代销等推广方式；对于消费者，营业推广经常采用样品赠送、展销演示、买物赠送等推广方式；互惠销售则主要是针对生产者。

(2) 客体实力。客体的实力越强，为了争夺市场，在营业推广时企业一般越愿意付出较多的代价，如给予更多的折扣和经销奖励，以稳定双方的供销关系。若经销商缺乏资金，生产企业也可能会选用代销方式。

5. 时间

营业推广的时间安排必须符合整体策略，选择最佳市场时机、适当的推广方式和恰当的持续时间。有些营业推广方式适合长期使用，如会员制、服务促销、折扣等。另一些营业推广方式则适合短期使用或必须有较长的间隔期，如展销订货会和对顾客的各种经济刺激推广方式。

6. 营业推广费用

营业推广在促进销售的同时也增加了费用支出。企业必须要权衡费用与经营效益的得失，确定营业推广的费用预算。费用预算可以参照上期费用来确定，也可以根据占总促销费用的比例来确定，还可以按营业推广的项目分别计算再加总后求得。

第六节　促销组合策略应用

【案例导入】　物流企业的常用促销策略

广告是大多数企业都会使用的一种常规促销方式，但是，在我国很少看到物流企业的广告，而在国外，譬如 UPS 和 FEDEX 等物流企业通过广告宣传，提升企业的知名度与美誉度。

人员推销是目前大部分物流企业常见的促销方式，特别是有些物流企业的客户比较特殊，譬如医药物流公司的客户主要是医药公司、医院、药厂和药店，对待这些特殊的客户在我国通常的做法就是直接进行人员推销。

在营业推广方面，一般采用打折、回扣、赠品、优惠券和有奖销售等方法，目前物流企业的打折促销上，主要是货主发货量大的时候，给予货主一定的优惠折扣，在其他方面的实践还比较少。部分物流企业与电商平台合作，在电商平台上展示企业和产品，物流企业不仅通过电商平台展示企业的物流服务产品，还可以进行物流活动的实时查询，如货物的在途状态等。

公共关系促销对于物流企业来说也相当重要，但我国物流企业很少参与社会公益事业活动，而其他一些发达国家和地区，当发生自然灾害时，很多物流企业利用自己的车辆帮助运输救灾。

【引例分析】

物流企业可以适当地通过媒体广告展示企业的品牌和产品，提升企业的知名度，有利于促进销售。充分利用业务人员的个人能力，积极开展人员推销。如每次送货时，可以向货主推销企业物流服务产品；每次收货时，也可以向发货人推销企业其他的物流服务项目。物流企业应该多参与社会公益事业，提升品牌知名度和美誉度，还可以通过全方位的公共关系营销活动，树立良好的公众形象。

一、促销组合策略概述

（一）促销组合策略的含义

促销组合策略是指企业在市场营销活动中有计划、有目的地把人员推销和非人员推销中的广告、营业推广和公共关系等具体的促销方式结合起来，加以综合运用。它是各种促销方式的科学选择、组合和运用的结果，是一个完整促销策略的体现。促销组合的结构模式，如图 12-2 所示。

- 促销组合策略
  - 推式策略——人员促销
  - 拉式策略——非人员促销
    - 广告
    - 公共关系
    - 营业推广

图 12-2　促销组合策略结构图

（二）各种促销方式的特点

1. 人员推销

人员推销是面对面的直接信息传递，说服的效果最好。与广告相比，它有三个明显特征：一是灵活，由于是面对面接触，每一方都能在咫尺之间观察对方的反应和需要，从而可以随时调整自己；二是有利于建立长期关系，由于是直接接触，可以通过建立个人间的深厚友谊来寻求建立购销双方的长期关系；三是推销人员能及时得到购买与否的信息反馈。因此，对某些产品来说，人员推销是最有效的促销方式，特别是在赢得顾客信任、建立顾客偏好和促成购买行为方面，效果更为突出。不过，人员推销也是四种促销方式中成本最高的一种。

2. 广告

广告具有多种形式，是一种高度大众化的信息传递方式，可多次重复，并因充分利用文字、声音和色彩而极富表现力，特别适合向分散于各地的众多目标顾客传递销售信息。就向单个目标顾客传递信息而言，其成本较低。

3. 公共关系

公共关系是指企业为谋求社会各方面的信任和支持，树立企业信誉，创造良好的社会环境而采取的一系列措施和行动的总称。公共关系是一种间接的促销方式，并不要求达到直接销售的目的，但它对企业仍具有特殊意义。企业通过公共关系活动，可以有效地将营销信息传递给那些避开推销员和广告的顾客。

4. 营业推广

营业推广是指企业在特定的目标市场中，为迅速刺激需求和鼓励消费而采取的促销措施。例如，赠送样品、有奖销售、举办展销等。与广告、人员推销、公共关系等促销手段相比，营业推广更能引起目标顾客注意和刺激目标顾客迅速采取购买行动，在短期内收到立竿见影的促销效果。但它的影响常常也是短期的，且不宜单独运用或长期运用。

二、制定促销组合策略应考虑的因素

促销组合策略的制定，应综合考虑以下几方面的因素。

1. 促销目标

促销目标不同，促销策略也有所差异。例如，促销目标侧重于近期效益，旨在迅速扩大市场份额、增加销量，制定促销策略时，较多地使用广告和营业推广；促销目标侧重于长期效益，旨在树立企业形象为其产品今后占领市场奠定基础，制定促销策略时，建立广泛的公共关系、宣传报道等则非常重要。

一般情况下，企业在特定的时间和特定市场环境下进行的促销活动，都有其特定的营销目标。可以大致归纳为三类：一是以告知为目标。当一种新产品上市时，将信息告诉目标顾客，引起对产品的初始需求。这种目标的促销组合一般以广告和营业推广为主。二是以说服和提示为目标。着眼于说服和提醒顾客购买本企业的产品。这种目标的促销组合以广告和人员推销为主。三是以树立品牌和企业形象为目标。即大力宣传产品品牌和企业本身，努力树立品牌形象和企业信誉，从而扩大企业市场占有率。这种目标的促销组合应以公共关系和广告为主，适当配合人员推销。

2. 市场的特点

目标市场的特点对企业的促销组合有很大的影响。企业应根据目标市场地理范围的大小、市场的类型、消费者的数量及集中程度而采用不同的促销策略。例如，消费品市场购买者多而分散，主要用广告、产品包装说明以及营业推广吸引顾客。生产资料市场的用户少，而销售量大，应以人员推销为主。在规模大、人口多而分散的目标市场上，可以考虑以广告为主进行促销组合。在规模小、人口比较集中的目标市场上，则应以人员推销为主，配合以广告进行促销组合。

3. 产品种类

对不同性质的产品而言，由于消费者的购买要求、购买动机和购买行为存在着差异，各种促销方式的效果也是不同的。例如，生活消费品的价格较低，顾客多而分布广，购买量小频率高，选择性强，需要大量提供信息，因此，应较多地使用广告。生产资料商品价格高、技术性能强、购买批量大且程序复杂，所以应较多地使用人员推销的方式。产品市场类型—促销组合，如图 12-3 所示。

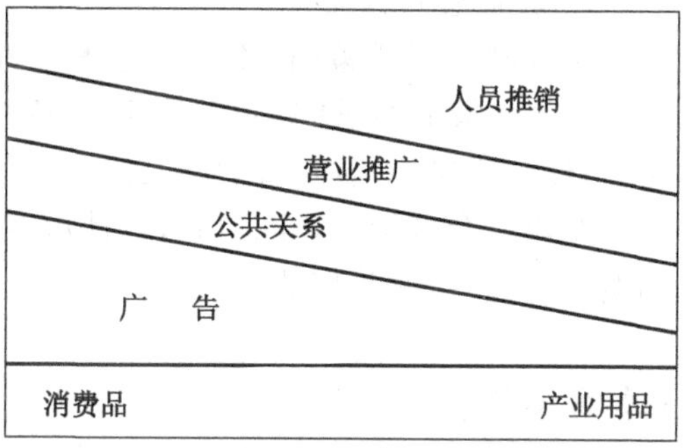

图 12-3　产品市场类型—促销组合图

在各种营销方式相互之间往往具有补充作用。例如在生产资料的市场营销中，尤其对较复杂的产品，人员推销通常比广告对促成实际销售效果更佳，但广告传播信息的范围广，在扩大产品知名度和树立企业形象方面作用也很大，因此，也是一种不容忽视的促销方式。同样，在消费品的营销过程中，有效的人员推销也能够增强说服力，劝说消费者最终作出购买行动。

4. 产品市场生命周期

在产品市场生命周期的不同阶段，应采取不同的促销策略。产品的投入期，促销目标是引起人们的注意和增进对商品的了解，所以多采用广告形式进行促销。在产品的成长阶段，人们对产品逐渐了解，促销重点应从一般介绍转而着重宣传企业产品特色，使顾客逐渐形成对本企业商品的偏好。在产品的成熟阶段，产品已全面打入市场，销售从鼎盛转呈下降趋势。因此，应加大广告量、提高产品声誉，同时配合应用适当的营业推广手段。当产品进入衰退阶段，应削减原有产品的促销费用，仅对某些老用户保持一定份额的营业推广开支，配合少量提示性广告。

5. “拉引”策略与“推动”策略

即从“拉引”和“推动”两类策略思想出发去规划促销策略。“拉引”，主要依靠广告宣传等力量，使顾客产生兴趣，吸引他们购买；“推动”，主要运用人员推销等手段把商品推向目标市场。

适于采取“拉引”策略的产品有以下几种：

(1) 产品专用性差、挑选性强、单价较低、目标市场分散、销售面广的生活消费品。

(2) 商品具有特色或内在的优良品质，通过宣传可引起顾客购买动机、激发购买行为的产品。

(3) 企业拥有大量商品货源且有力量推行广告宣传计划。

适于采取“推动”策略的产品有以下几种：①产品专用性强、单价较高、目标市场集中、销售渠道短、销售面窄。②企业规模较小或无足够资金从而不能推行完善的广告计划。③产品性能复杂需做示范操作及附加较多的服务保证。

6. 促销预算

企业在制定促销组合策略时，必然受到财力的限制，因此，企业还必须从自身的能力出发，量力而行。一方面，企业要结合促销目标、产品特性、企业财力及市场竞争状况等因素，预测企业需要而且能够提供的促销费用。另一方面，要综合分析比较各种促销手段的费用与效益，以尽可能低的促销费用取得尽可能高的效益。企业进行费用预算，一般是按促销费用占营业额的比例来确定，也有的企业是以主要竞争对手的促销费用为依据。

7. 其他营销因素

企业制定促销策略，不仅要考虑各种促销方式的最佳配合，还要考虑与企业市场营销组合的其他策略相适应，如产品开发策略、定价策略、分销渠道策略等。当其他营销策略既定时，促销策略的选择，必须同其协调一致。

企业综合分析上述因素后，应针对本企业情况，制定切实可行的促销策略，以期达到促销费用省、促销效益高的目的。

【本章小结】

促销是指企业以满足消费者需求为前提，向目标顾客宣传介绍其产品的优点、性能、特征，说服和吸引顾客购买其产品，以实现扩大销售的活动，包括广告、人员推销、公共关系和营业推广等方式。

促销具有提供信息、疏通渠道；引导消费、扩大销售；突出特点、强化优势；提高声誉、稳定销售的作用。

人员推销是指企业的销售人员通过与顾客直接接触来推销商品的促销方法。与广告等非人员推销相比，人员推销具有灵活性、针对性和完整性的特点。常见的人员推销组织结构主要有产品结构式、区域结构式、顾客结构式和综合式四种。在人员推销工作中，常用的推销策略主要有：“试探性”策略（“刺激—反应”策略）、“针对性”策略（“配方—成交”策略）、“诱导性”策略（“诱发—满足”）。

一个合格的推销员除了应该具有较高的政治思想素质和职业道德素质、良好的身体素质以外，在业务素质方面还应具备相应的专业知识素质和专业工作能力素质。企业对推销人员的管理包括：推销人员的挑选与训练、销售人员的考核评价、推销人员的报酬与激励。

广告是企业通过各种付费传播媒体向目标市场和社会公众进行非人员式信息传播，以期达到一定目的的一种信息传播活动。现代促销广告具有普及性、艺术性、真实性、针对性、效益性和非人格性的特点。

广告在企业的营销活动中的作用是：传递信息、沟通供求；激发需求、促进销售；指导消费、促进生产；树立形象、提高声誉。

公共关系是指企业通过一系列的社会活动及双向沟通，积极地与社会公众保持良好的关系，以此树立和提高企业声誉，达到宣传和推销产品或服务的目的。对于企业来说，公共关系具有采集信息、咨询建议、传播交往、教育引导和协调控制的职能，以及提高企业的知名度、树立和维护企业的良好信誉、了解市场供求信息、增强企业的凝聚力的促销功能。

企业的公共关系活动的主要方式有：企业庆典、新闻媒介、社会公益活动、听取和处理公众意见、公关广告。

营业推广策略的选择受活动主体的差异性和活动对象特点的影响。营业推广的主要方式有：商品展销、陈列与演示；优惠与有奖销售；样品赠送与试用、租赁和代销；服务促销等。

营业推广时应考虑的因素有：目标市场类型、竞争状况、市场范围；产品性质、价值及其所处生命周期阶段；营业推广的主体与客体的性质和实力；时间；营业推广费用。

促销组合策略是指企业在市场营销活动中有计划、有目的地把人员推销和非人员推销中的广告、营业推广和公共关系等具体的促销方式结合起来，加以综合运用。

企业制定促销组合策略时应考虑的因素有：促销目标；市场的特点；产品种类；产品市场生命周期；"拉引"策略与"推动"策略；促销预算等其他营销因素。

【同步测试】

一、概念

促销　人员推销　广告　公共关系　营业推广　促销组合

二、选择题

1. 现代市场营销学认为，促销方式包括(　　)和(　　)两大类。

A. 人员促销　　B. 广告宣传
C. 营业推广　　D. 公共关系
E. 非人员促销

2. 人员推销的策略有(　　)。

A. "推"式策略　　B. "拉"式策略
C. "刺激—反应"策略　　D. "启发—配方"策略
E. "需要—满足"策略

3. 公共关系促销具有(　　)等特点。

A. 促销过程的灵活性　　B. 传递信息的全面性
C. 对公众影响的多元性　　D. 经济效益的显著性
E. 促销成效的多面性

4. 公共关系的对象是(　　)。

A. 群众　　B. 社会组织
C. 顾客　　D. 中间商
E. 公众

三、思考题

1. 广告的主要功能是什么？如何确定广告目标？怎样测定广告效果？
2. 人员推销的程序和方法是什么？
3. 推销人员的结构有哪几种类型？
4. 什么是公共关系？其内容和任务是什么？
5. 什么是营业推广？其主要形式有哪些？

6. 制定促销组合策略应考虑的因素有哪些?

【技能训练】 **同舟共济的伙伴**

美国通用食品公司,每逢圣诞节都准备一套本公司的罐头样品,分送给每一位股东,股东们对此感到十分骄傲,产生了强烈的认同感。他们不仅全力向外人夸耀和推荐本公司的产品,而且在每年圣诞节前准备好一份详细的名单寄给公司,由公司按名单将罐头作为圣诞节礼物寄给他们的亲友。因此,每到圣诞节前,通用食品公司都要额外地销售一大批商品。股东们固然受到折扣优待,公司方面也赚了一大笔钱。

思考题:

1. 通用食品公司在股东关系上采取了哪些措施?
2. 通用食品公司为什么要重视股东关系?

第十三章
市场营销管理

【学习目的与要求】 本章要求了解市场营销计划的作用与内容，以及市场营销组织的主要类型，掌握处理营销部门与其他职能部门关系的技能，以及市场营销控制的主要方法，能够应用市场营销控制理论，分析和处理企业营销管理的绩效问题。

市场营销计划、组织与控制是市场营销管理的重要内容，它们之间的关系是：计划系统根据企业总的战略规划的要求，制定市场营销计划，这一环节主要解决的是“应该做什么”和“为什么这样做”的问题；之后通过一定的组织系统实施计划，这一环节主要解决的是“由谁去做”“怎么做”“在何处做”的问题；控制系统负责考察计划实施结果，诊断产生问题的症结，并反馈回来采取适当的纠正措施，包括改善实施过程、优化组织系统，或调整计划本身使之更切合实际。

第一节　市场营销计划

【案例导入】　　**“王麻子”剪刀：老字号申请破产**

在得知“王麻子”剪刀向法院提出破产申请时，人民日报的记者在报道中写道：迄今已有 352 年历史的著名老字号王麻子剪刀厂，难道会就此终结？

“北有王麻子，南有张小泉。”在中国刀剪行业中，王麻子剪刀厂声名远播。历史悠久的“王麻子”剪刀，早在(清)顺治八年(1651 年)就在京城菜市口成立，是著名的中华老字号。数百年来，“王麻子”刀剪产品以刃口锋利、经久耐用而享誉民间。即使新中国成立后，“王麻子”刀剪仍很“火”，在生意最好的 20 世纪 80 年代末，“王麻子”1 个月内曾创造过卖 7 把菜刀、40 万把剪子的最高纪录。但从 1995 年开始，“王麻子”好日子一去不返，陷入连年亏损地步，甚至落魄到借钱发工资的境地。审计资料显示，截至 2002 年 5 月 31 日，北京“王麻子”剪刀厂资产总额 1 283 万元，负债总额 2 779 万元，资产负债率高达 216.6%，“王麻子”只有向法院申请破产。

曾经是领导品牌的“王麻子”为什么会走到破产的境地呢？作为国有企业“王麻子”沿袭计划经济体制下的管理模式，缺乏市场竞争思想和创新意识，是其破产的根本原因。

长期以来，“王麻子”剪刀厂的主要产品一直延续传统的铁夹钢工艺，尽管它比不锈钢刀要耐磨好用，但因为工艺复杂，容易生锈，外观档次低，产品渐渐失去了竞争优势。而“王麻子”剪刀却没能采取措施，及时引进新设备、新工艺；数十年来“王麻子”剪刀的外形，设计也没有任何变化。固步自封、安于现状，"王麻子"剪刀终于被消费者抛弃。

【引例分析】

只有不断变革、创新，才能保证企业永葆青春。适者生存、物竞天择，让固步自封、不思变革的企业被淘汰出局，正是人间正道——不管固步自封者拥有多少年的历史，拥有多么辉煌的过去！

市场营销计划是企业营销战略的重要职能之一，也是企业营销战略的最终体现。因为，市场营销管理的中心内容是企业对市场营销活动进行全面的、有效的规划和控制，即从满足消费者的需求出发，建立一整套系统的管理秩序和方法，把市场需求变成企业的战略目标，然后通过编制计划、执行计划来保证市场营销战略目标的实现，保证企业人、财、物等资源得到最合理的运用。

市场营销计划包括以下问题：市场营销计划的制订分为哪几个发展阶段？市场营销计划的内容构成是什么？有效的市场营销计划制定的方法是什么？下面一一进行阐述。

一、企业市场营销计划的发展阶段

营销计划工作是企业营销工作的重要内容，但并不是每一个企业在初创时就能建立科学、先进的计划体系，而是随着企业规模和管理水平的发展不断提高、完善。任何企业，都经历过或正在经历以下的四个基本阶段中的一个阶段。

1. 无计划阶段

企业在营销管理中没有正式的计划。有的企业因为是新创办，管理者忙于资金的筹集、客户的开发、设备和原材料的购置、人员的配置，所以难以有完整的时间考虑计划的制订，管理者全神贯注于日常的经营业务，以维持企业的生存与发展。有的企业的管理者没有认识到计划的重要作用，认为市场变化太快，计划往往落后于实际，没有用，因此，一直没有建立正式的计划系统。还有的企业虽然建立了预算制度，对企业下个年度的销售情况进行预测，以加强对销售成本和现金流量的控制，但这些计划仅属于财务预算计划，不是真正的、全面的销售计划。

2. 年度计划阶段

管理者认识到制订计划的重要性之后，开始制定年度计划，方法主要有三种：

(1) 自上而下的计划。由企业最高管理层为较低的管理部门建立目标和计划，由下属各部门、各单位贯彻执行。这种计划常用于类军事化管理的组织中。

(2) 自下而上的计划。由企业各基层单位先制定可实现的最佳目标和计划，交给高层管理者审批，然后由各部门贯彻执行。这种计划让基层单位参与企业计划的制订，提高了他们的积极性和创造意识。

(3) 上下结合的计划。高层管理者根据企业的整体发展要求确定企业年度目标，下达给下属各单位，各单位据此进行可行性论证和修正，或制定具体的计划，上交高层管理者批准后，就成为正式的年度计划。大多数企业都采取这种计划方法。

制定年度计划的好处在于使企业各业务部门能较好地协调，使企业职员能获得系统化的思考方法，并成为业绩考核的依据，使各级部门充满活力。但年度计划制度往往需数年的时间才能建立起来，原因是作为部门管理者不愿在多变的市场环境中对业务目标和战略作出承诺，从而改善工作业绩。因此，高层管理者必须考虑如何将计划的意识引入企业中，并使计划更加有效。

3. 长期计划阶段

从年度计划的制定和实施中，企业最高管理者又进一步认识到，企业不仅要制定年度计划，更要高瞻远瞩，制订长期计划(如5年计划、10年计划)。年度计划是长期计划在每一年的具体化，实现各个年度计划就能保证长期计划的逐步实现。由于企业的环境是不断变化的，所以，企业每年都要对长期计划进行适当修正。

4. 战略计划阶段

由于企业外部营销环境变幻莫测，企业需要发展能够抵抗各种环境冲击的业务组合，使各部门的计划工作相互配合，共同迎接冲击。战略计划就是研究处在不断变化的环境面前，怎样努力提高企业的适应能力，把握营销的良机。

近几年来，由于经营风险的增加，战略计划越来越成为产品和市场初创时乃至创立前的纲领性文件。投资者要求企业经营者在一个项目进行之前提供的商业计划书，也是战略计划的一种形式。

战略计划阶段是企业组织管理规模化、复杂化的一种必然的发展结果，战略计划是创新和理智行为的综合表现。也就是说，制定战略计划要求企业重视市场环境和目标顾客的变化，将企业资源集中于目标市场，寻求企业特有的竞争优势以满足目标市场的需求；同时，要求企业正确制定营销组合策略，将战略目标细化为一系列子目标和行动指南，从这个意义上讲，战略计划是否能够成功取决于能否将战略和战术成功地结合。

二、市场营销计划的内容

(一) 公司计划中涉及市场营销的内容

作为公司计划工作过程的一部分，人们常常听到“营销计划”“企业计划”“财务计划”等。不同的公司经常不加区别地使用这些术语。有时，营销计划意味着企业计划(如战略规划)；有时，它仅仅是企业计划的一个部分。事实是公司需要制定大量的计划，它们中间的每一个计划又都包含着分量很重的营销内容。这里至少有八种需要有营销内容的不同计划：

(1) 公司计划。公司计划是企业业务的整体计划。它可以是年度的，或是中、长期计划。公司计划内容包括公司任务、成长战略、业务组合决策、投资决策和现行目标。它不包括各个业务单位的活动细节。

(2) 事业部计划。事业部计划类似于公司计划，它描述事业部计划的成长和盈利率。其内容包括营销、财务、制造和人事战略，时间的范围有短期、中期或长期计划。在某些场合，事业部计划是事业部制定的所有个别计划的总和。

(3) 产品线计划。产品线计划描述一条特定产品线的目标、战略和战术。每一条产品线的经理准备这个计划。

(4) 产品计划。产品计划描述一个特定产品或产品种类的目标、战略和战术。每一位产品经理负责拟定这个计划。

(5) 品牌计划。品牌计划描述在一个产品种类中某特定品牌的目标、战略和战术。每一位品牌经理负责这项计划的制订工作。

(6) 市场计划。市场计划是发展一个特定的行业市场或地区市场并为它服务的计划。每一位市场经理都应拟定这个计划。与此密切相关的是为重要客户准备的顾客计划。

(7) 产品(市场)计划。产品(市场)计划是在一个特定行业或地区市场，公司营销一种特定产品或产品线的计划。例如，一个对美国东部房地产业推销贷款服务的银行计划。

(8) 功能计划。功能计划是关于一项主要功能的计划，如营销、制造、人力资源、财务或研究开发计划。它还描述在一个主要功能下的子功能计划，如在营销计划下的广告计划、销售促进计划、销售人员计划和营销调研计划。

如上所述，这些计划都需要营销内容。事实上，营销内容不仅是必要的，而且在计划的制订过程中经常处于优先的位置。计划工作常常从"我们希望有多大的销售量才能获得利润"这个问题开始。这个问题只有通过营销分析和制定一个营销计划才能解决。当营销计划被批准后，非营销经理们才能开始制定他们的制造、财务和人事计划，以支持营销计划的顺利开展。因此，营销计划是公司其他行动计划工作的起点。

(二) 营销计划包含的内容

营销计划包含的内容将随着高层管理当局想从它的经理处得到多少详细细节的不同而不同。大多数的营销计划，特别是产品和品牌计划，将包含下列各项：经营摘要、当前营销状况、机会和问题分析、目标、营销战略、行动方案、预计的利润表和控制手段。营销计划的内容，如表 13-1 所示。

表 13-1　营销计划的内容

内　　容	目　　的
(1) 经营摘要	它为使管理当局迅速了解而提供所建议计划的简略概要
(2) 当前营销状况	它提供与市场、产品、竞争、分配和宏观环境有关的背景数据
(3) 机会和问题分析	它概述主要的机会和威胁、优势和劣势，以及在计划中必须要处理的产品所面临的问题
(4) 目标	它确定计划中想要达到的关于销售量、市场份额和利润等领域的目标
(5) 营销战略	它描述为实现计划目标而采用的主要营销方法
(6) 行动方案	它回答应该做什么？谁来做它？什么时候做？它需要多少成本？
(7) 预计的利润表	它概述计划所预期的财务收益情况
(8) 控制手段	它说明将如何监控该计划

1. 经营摘要

经营摘要是一份计划书的开端。它是对主要的市场营销目标和有关建议，作极为简短的概述。实际上，这是整个市场营销计划精华所在。市场营销计划通常要提交给上级主管人员审核，而这些管理人员又不一定有充分的时间详细阅读全文内容，因此，经营摘要应将整个计划的中心描述出来，使他们能够迅速掌握计划的要点。如果上级主管人员仍需要仔细推敲计划，则可查阅计划书中的有关部分。所以，最好在经营摘要后面附列整个计划的目录，或在提要里的有关内容中注出其在计划书中的页码。

2. 市场营销现状

计划书中的这一部分提供与市场、产品、竞争、分销及宏观环境有关的背景资料。

(1) 市场形势。描述市场的基本情况，包括市场规模与成长(以单位或金额计算)，分析过去几年的总额，不同地区或分市场的销售情况；并提供顾客需求、观念和购买行为方面的动态和趋势资料。

(2) 产品情况。列出过去几年中有关产品的销售、价格、利润及差额方面的资料。

(3) 竞争形势。指出主要的竞争者,并分析他们的规模、目标、市场占有率、产品质量、市场营销策略以及任何有助于了解其意图、行为的其他资料。

(4) 分销情况。介绍在各条销售渠道上的销售情况,以及各条渠道的相对重要性的变化。不仅要说明各个经销商以及他们的经销能力的变化,还要包括激励他们时所需的投入、费用和交易条件。

(5) 宏观环境。阐述影响该产品市场营销的宏观环境因素,它们的现状及未来的变化趋势。

3. 机会与问题分析

市场营销部门要在市场营销现状的基础上,围绕产品找出主要的机会和威胁、优势与劣势,以及面临的问题。

(1) 通过机会与威胁分析,阐述外部可以左右企业未来的因素,以便考虑采取的行动。对所有机会和威胁,要有时间顺序,并分出轻重缓急,使更重要、更紧迫的问题能受到应有的关注。

(2) 通过优势与劣势的分析,说明企业内部条件。优势是企业成功利用机会和对付威胁所具备的内部因素,劣势则是必须改进、提高的某些方面。

(3) 通过问题分析,企业将机会与威胁、优势与劣势分析的结果,用来确定计划中必须强调、突出的主要方面。对这些问题的决策产生出市场营销的目标、战略和战术。

4. 目标

明确问题之后,市场营销部门要作出与目标有关的基本决策,以指导战略和行动方案的制订。目标包括两大方面:一是财务目标,二是市场营销目标。

(1) 财务目标。每一个公司都在寻求一定的财务目标。业主们将会寻找一个既定的、长期的投资报酬率,并且希望知道他们在本年度所能获得的利润。例如,某公司可以制定如下的财务目标:①在下一个 5 年内获得平均 20%的税后投资报酬率。②在 2017 年净利润达到 180 万美元。③在 2017 年现金流量达到 200 万美元。

(2) 营销目标。财务目标必须转化为营销目标。例如,如果公司想赚到 180 万美元的利润,并且它的目标利润率是销售的 10%,那么,它在销售收入上的目标必须是 1 800 万美元。如果公司产品的平均单价是 300 美元,那么,它必须销售出 6 万单位的产品;如果它对整个行业的销售预计是达到 300 万单位,那么,它就占有 2%的市场份额。为了保持这个市场份额,公司必须建立一定的目标。因此,营销目标可以是:①在 2017 年获得总销售收入 1 800万美元,比上年提高 9%。②销售量为 60 000 单位,它占预期的市场份额 2%。③经过该计划工作后,该品牌的消费者知名度从 15%上升到 20%。

5. 市场营销战略

每个目标都可以通过多种途径去实现。比如说完成一定的利润目标,可以薄利多销,也可以厚利限销。企业通过深入分析,权衡利弊,要为有关产品找出主要的市场营销战略,并作出基本选择。市场营销部门还要对战略详细加以说明。

市场营销战略主要由三部分组成:

(1) 目标市场战略。阐明企业及其产品准备投入的分市场。由于不同分市场在顾客偏好、对企业市场营销的反应、盈利潜力及企业能够或愿意满足需求的程度等方面各有特点,市场营销部门要在精心选择的目标市场上慎重地分配力量。

(2) 市场营销组合战略。对选定的各个分市场,分别制订包括产品、价格、分销和促销因素在内的组合战略。通常,在针对目标市场发展市场营销组合时,市场营销部门会有多种不同的方案可供选择。对此,要辨明主次,选出最优方案。

(3) 市场营销费用预算。提出执行各种市场营销战略所需的最适量的费用预算。

上述内容,可以文字说明,也可列表说明。例如,国外某家公司曾为其产品立体声组合音响系统,制定了这样的一套市场营销战略:

目标市场:高层次的家庭,着重女性的购买者。

定位:有最好音响和最大可靠性的模块化立体声系统。

产品线:增添一个低价式样和两个高价式样。

价格:价格与竞争品牌相近。

分销网点:重点在无线电(电视机)商店和器具商店;努力加强对百货商店的渗透。

销售队伍:扩大10%和导入全国记账管理系统。

服务:可广泛得到和迅速服务。

广告:开展一个新广告活动,直接指向支撑着定位战略的目标市场;在广告中注重高价产品;增加20%的广告预算。

促销:增加15%的促销预算,以发展购(售)点陈列和在更大的程度上参与经销商的商品展销。

研究开发:增加25%的费用,以发展该产品线上更好的式样。

市场调研:增加10%的费用,以改进对消费者选择过程的了解和掌握部分对手的动向。

市场营销部门在制定战略的过程中,要与有关部门、有关人员协商,争取他们的合作与支持。比如向采购部门、生产部门了解情况,确认他们能否买到足够的原材料,制造足够的产品,以满足计划所需;向财务部门了解情况,确认有无足够的资金保证。

6. 战术行动方案

有了战略,市场营销部门必须将其具体化为一整套的战术行动。要进一步从要做什么、何时做、何人做、花费多少代价去做及达到什么要求等方面,仔细考虑市场营销战略的各项内容。常有一些企业把各种具体的战术行动,用图表形式表达,标明日期、活动费用和负责人员。这样,使企业的整个战术行动方案做到一目了然,便于计划的实施和控制。

7. 预算

市场营销部门在决定目标、战略、战术行动方案之后,便可编制一个类似损益报告的辅助预算,并在预算书的收入栏中列出预计的单位销售数量,以及平均净价;在支出栏中列出划分成细目的生产成本、储运成本及市场营销费用。收入与支出的差额,就是预计的盈利。它经上级主管部门审查同意之后,成为有关部门、有关环节安排采购、生产、人力及市场营销工作的依据。

8. 控制

这是市场营销计划的最后部分。说明企业如何对计划的执行过程、进度进行管理。典型的做法是把目标、预算按月或季度分开,帮助上级主管部门及时了解各个时期的销售实绩,找出未完成任务的部门、环节,并限期作出解释和提出改进措施。

有些计划的控制部分,还包括意外事件的应急计划。它扼要地列举可能发生的某些不利情况,管理部门因此应采取的措施,应急计划的目的是事先考虑到可能出现的各种困难。

三、营销计划方法

市场营销计划方法可以帮助营销管理者认清营销形势,并方便地得到各种不同的营销方案,并从中挑选最佳计划,以改进计划工作,这些方法有以下几种。

1. 目标利润计划法

目标利润计划法分为三步:第一步,首先预测产品下一年度市场规模总量,根据本企业当年的市场份额及市场增长计划,计算出企业下一年度的总销售量;按当年的单位产品价格以及劳动力和原材料可能上涨幅度,计算出下一年度的总销售收入。第二步,估计下一年度的单位产品变动成本,计算出包括固定成本、利润和营销费用在内的贡献毛收益,用贡献毛收益减去固定成本及目标利润,余下的是营销活动费用,即营销费用。第三步,将营销预算分配在各项营销活动中。方法是:在当年分配比例的基础上,根据实际情况的变化进行调整,制定出下一年的分配方案。

2. 最大利润计划法

最大利润计划法要求管理人员确定销售量与营销组合各因素之间的关系,可利用销售—反应函数(Sales-Response Function)来表示这种关系。所谓销售—反应函数,是指在一定时间内营销组合中一种或多种因素的变化与销售量变化之间的关系。企业管理者可用统计法、实验法或判断法来预测销售—反应函数,然后将营销支出以外所有的费用从销售—反应函数中扣除,得出毛利函数曲线。再计算出营销支出函数曲线,将营销支出函数曲线从毛利曲线中扣除,可得到净利函数曲线,净利函数曲线最大值即利润最大点,函数值为正值时,其营销支出为合理值。

四、市场营销计划的实施

营销实施过程如图 13-1 所示,图中的五项内容是紧密相连、密不可分的。

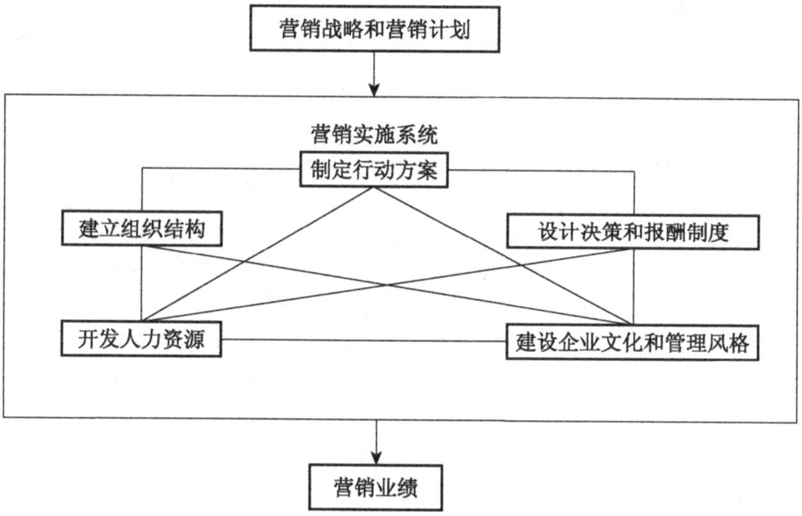

图 13-1　营销实施过程

1. 制定行动方案

为有效实施营销战略,企业必须制定详细的行动方案。这个方案应当明确营销战略和营销计划实施的关键决策和任务，并将执行这些决策和任务的责任落实到个人和小组。另外，还应包括具体的时间表，制定行动的确切时间。

2. 建立组织结构

建立组织结构是指企业将战略实施的任务分配给具体的部门和人员，规定明确的职权界限和信息沟通渠道，协调企业内部的各项决策和行动。

3. 设计决策和报酬制度

决策和报酬制度直接关系到实施营销战略和营销计划的成败。例如，奖励如果是以短期的经营利润为标准的话，营销人员的行为必定趋于短期化，他们就不会有为实现长期战略目标而努力的积极性。

4. 开发人力资源

营销的实施最终是由企业内部人员来完成的，所以，人力资源的开发至关重要。这涉及人员的考核、选拔、安置、培训和激励等问题。

此外，企业还必须决定行政管理人员、业务管理人员和一线业务人员的比例。在美国，许多企业削减了公司各级行政管理人员的数量，目的是减少管理费用，提高工作效率。

应当指出的是，不同的战略需要不同性格和能力的管理人员。“拓展型”战略要求具有创业和冒险精神的、有魄力的人员去完成；“维持型”战略要求具备组织和管理方面的才能；而“紧缩型”战略则需要寻求精打细算的管理者来执行。

5. 建设企业文化和管理风格

企业文化是一个企业内部全体人员共同持有和遵循的价值标准、基本信念和行为准则。企业文化对企业经营思想和领导风格，对职工的工作态度和作风均起着决定性的作用。

管理风格是指企业中管理人员不成文的习惯约定和共同工作的方式，一种人际关系和组织环境气氛。有的企业的管理者习惯于一种紧张而富有逻辑的工作秩序，心照不宣的默契；有的管理者却推崇宽松随和的组织气氛，给予较大的工作自由度。不管何种管理风格，都应有利于营销的实施。

表 13-2 列举了营销实施中应回答的问题。营销战略和营销计划能否顺利实施，取决于企业能在多大程度上协调和开展上述五个方面的活动。

表 13-2　　营销实施中应回答的具体问题

实施要素	所要回答问题
1. 制定行动方案	(1) 营销实施的任务有哪些？哪些是关键性的 (2) 如何完成这些任务？采取什么样的措施 (3) 本企业拥有什么样的实力
2. 建立组织结构	(1) 本企业的组织结构是什么样的 (2) 各部门的职权是如何划分的？信息是如何沟通的 (3) 临时性组织如专题工作组的委员会的作用是什么
3. 设计决策和报酬制度	(1) 重要制度有哪些 (2) 主要控制因素是什么 (3) 产品和信息是如何沟通的
4. 开发人力资源	(1) 本企业人员的技能、知识和经验各是什么 (2) 他们的期望是什么 (3) 他们对企业和工作是何态度

（续表）

实施要素	所要回答问题
5. 建设企业文化和管理风格	（1）是否具有共同价值观 （2）共同价值观是什么？它们是如何传播的 （3）企业经理的管理风格是什么 （4）如何解决矛盾
6. 各要素之间的配合	（1）各要素是否与营销战略相一致 （2）各要素之间是否配合协调

第二节　市场营销组织

营销组织是企业组织的一个组成部分，是为实现企业营销目标和共同经营目标，通过职能的分配和人员的分工，并授予不同的权力和职责而进行的合理协调营销活动的有机体，是营销管理的基础和重要保证。从整体来讲，营销部门是企业联结其他职能部门，并使企业经营一体化的核心。

一、市场营销组织结构的演变

企业的组织形式并不是自然形成的，它受三方面因素的制约：一是宏观经济环境和经济体制；二是企业经营思想；三是企业自身的发展阶段、经营范围和业务特点等内在因素。

我们以西方企业为例，说明营销部门组织结构的演变过程。在上述所说的三个主要因素的影响下，西方营销部门组织结构大体经历了五个阶段。营销组织结构的演变，如图 13-2 所示。

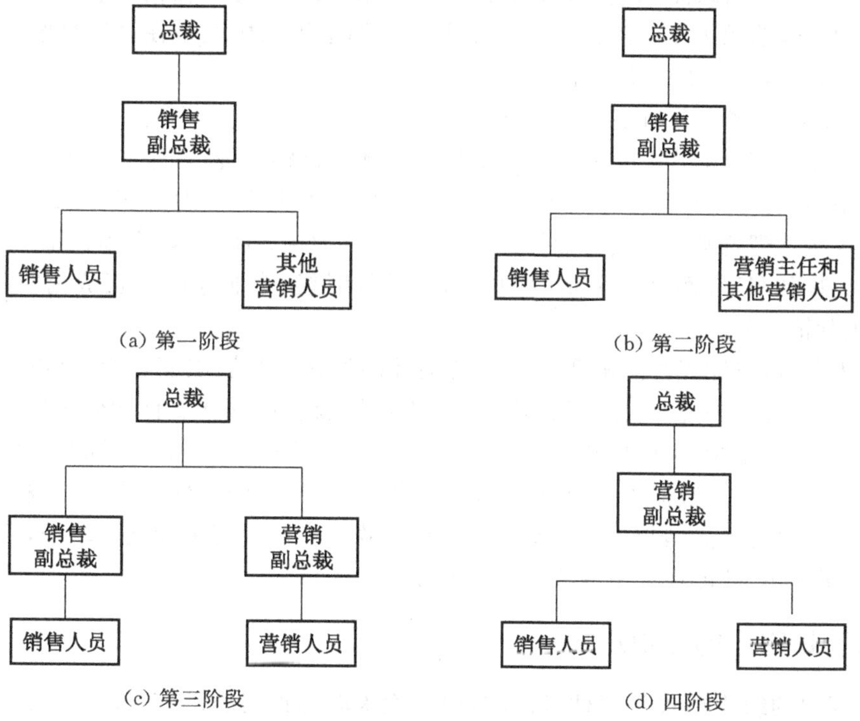

图 13-2　营销组织结构的演变

1. 第一阶段:简单销售部门

20世纪30年代以前,西方企业以生产观念作为经营指导思想,企业大都仅具备简单的四个基本功能,如财务功能、销售功能、运作功能和会计功能。销售部门只负责销售生产部门生产出来的产品,通常由一位副总裁负责,管理销售人员,并兼管市场调研和广告宣传工作,如图13-2(a)所示。

2. 第二阶段:具有辅助功能的销售部门

20世纪30年代经济大萧条后,市场竞争日趋激烈,企业需要经常进行营销调研、广告宣传以及其他促销活动,这些工作逐渐演变成为专门的职能,当工作量达到一定程度时,会外聘一位专家或内部任命一名销售主任负责这方面的工作,如图13-2(b)所示。

3. 第三阶段:独立的营销部门

随着企业规模和业务范围的进一步扩大,作为辅助性工作的营销调研、新产品开发、广告促销和客户服务等营销职能的重要性日益增强,营销部门发展成为一个相对独立的职能部门,使企业最高管理层能够通过营销部门了解到企业的发展机会和战略上存在的问题。作为营销部门负责人的营销副总裁同销售副总裁一样,直接接受总裁的领导,两个部门相互配合、相互独立、地位平行,如图13-3(c)所示。

4. 第四阶段:现代营销部门

尽管销售部门和营销部门的目标是一致的,但平行和独立又常使他们之间的关系处于彼此对立、相互猜疑和互不信任的状态。销售部门常倾向于追求短期目标,并注重完成眼前的销售任务;而营销部门常常倾向于长远目标,致力于从满足消费者长远需求出发来规划和开发最恰当的产品和相应的营销策略。如果销售部门和营销部门之间存在太多的矛盾和冲突,企业最高管理层可以有三种方法处理:第一种是由销售副总裁来负责营销活动;第二种是让另外的行政副总裁协调解决两部门关系;第三种是由营销副总裁管理包括销售部门在内的全部营销工作。西方大多数企业的营销组织结构就是在第三种解决方法的基础上建立起来的,如图13-3(d)所示。

5. 第五阶段:现代营销企业

企业有了现代营销部门,并不等于就是一个现代营销企业,如果企业的其他部门不重视市场营销,各自强调自身工作的重要性,就会形成多种中心。因此,只有当企业所有的部门员工和各级管理者都认识到企业的一切工作都是"为顾客服务","市场营销"不仅仅是一个部门的名称和职责,而是一个企业的经营哲学的时候,企业才能真正成为"以顾客为中心"的现代营销企业。

以史为鉴,可以知兴亡。由西方企业营销部门的这种发展演变过程,可以得到一些启示:有什么样的外部环境,什么样的经营思想和意识,就会设立什么样的营销组织结构。反之,我们通过组织结构,也能看出一个企业所具有的经营思想和意识。综观我国的国有企业和私有企业,只有为数极少的企业组织结构真正达到了第五阶段,这与日益完善的市场经济环境和竞争日趋激烈的市场格局极不相称。我国企业只有主动适应环境,以顾客为中心,积极寻求变革,才能在未来商战中立于不败之地。

二、营销部门的组织形式

营销部门的组织形式是多种多样的,但不论采取哪种组织形式,都要体现以顾客为中心的指导思想,都要与营销活动的四个基本方面——职能、地理区域、产品和顾客市场相适应。因此，营销组织的基本形式有四种。

1. 职能型组织结构

这是最常见的组织形式。这种营销组织由各种营销职能经理组成，他们分别对营销副总裁负责。职能型营销组织如图 13-3 所示。

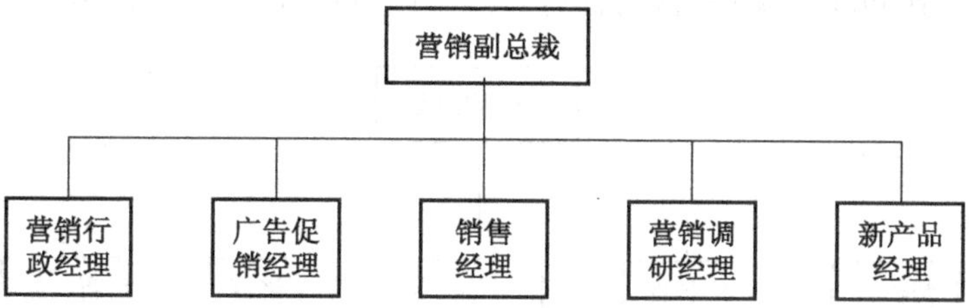

图 13-3　职能型营销组织

职能型营销组织的优点是管理层次少，管理简便；缺点是随着产品的增多和市场规模的扩大，组织的效率越来越低，表现在：①由于对具体的产品和市场缺乏针对性，没有人对所有的产品或市场负全部责任，这样，职能专家不喜欢的某些产品或市场很容易被忽略。②各个职能部门为了获得更多的预算和更多的权力而相互竞争，使营销副总裁经常面临解决纠纷的难题。

2. 地区型组织结构

较大规模的企业有广泛的地域性市场，往往按地理区域安排和组织其市场销售力量。这类企业除了设置职能部门经理外，还按地理区域范围大小，分层次地设置区域经理，层层负责。地区型营销组织如图 13-4 所示。

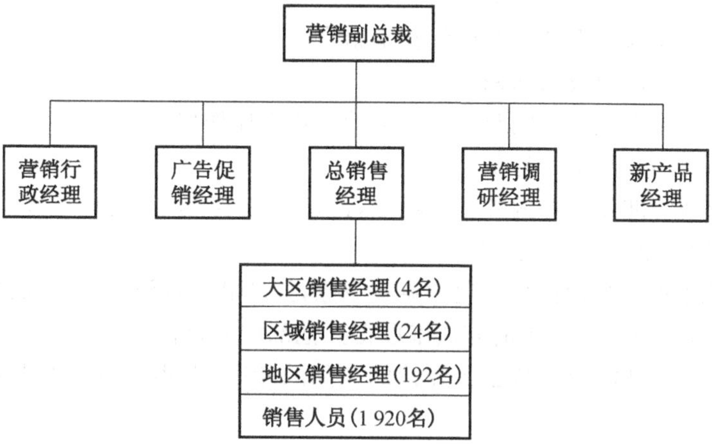

图 13-4　地区型营销组织

图 13-4 中，有 1 名负责全国市场的总销售经理和 4 名大区销售经理、24 名区域销售经理、192 名地区销售经理和 1 920 名销售人员。从上到下所管辖的下属人员(即管理幅度)逐步扩大，当销售工作复杂、销售人员的薪水很高，并且其业绩好坏对企业利润影响很大的情况下，这种分层的具体控制是很有必要的。

3. 产品管理型组织结构

生产多种类、多品牌的企业，往往按产品或品牌建立管理组织，即在职能型组织的基础上,增设产品经理,负责各种产品的策略与修正等(见图 13-5)。产品经理的任务有:①发展产品的长期经营和竞争战略。②编制年度营销计划,进行销售预测。③与广告代理商和经销代理商一起研究广告的文稿设计、节目方案和宣传活动。④激励销售人员和经销商经营该产品的兴趣和对该产品的支持。⑤不断收集有关该产品的性能,顾客及经销商对产品的看法,产品遇到的新问题和新销售机会的信息。⑥改进产品,以适应不断变化的市场需求。

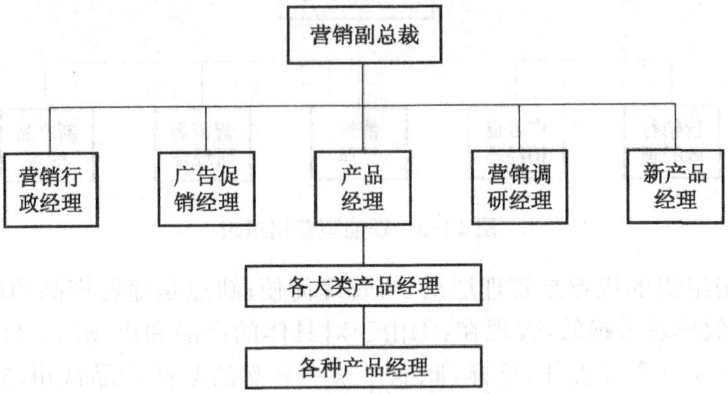

图 13-5　产品管理型营销组织

美国宝洁公司(P&G)1927 年首先采用了该组织机构。以后,许多厂商尤其是食品、肥皂、化妆品和化学工业的厂商纷纷效仿。例如,通用食品公司的各产品经理分别负责麦片、宠物食品和饮料等各类食品,而在麦片产品部门中,又分别有营养麦片、含糖儿童麦片、家用麦片等单一的产品经理,依次下去,营养麦片经理又要管理他的各品牌经理。

产品管理型组织结构的优点是:

(1) 产品经理能够实现产品的最佳营销组合。

(2) 产品能够较快地成长起来。

(3) 能够对市场出现的问题及市场状况的变化迅速作出反应。

(4) 较小品牌的产品不容易受到忽视。

(5) 产品经理要涉及企业内外各种活动,这是培养年轻经理的较好场所。

产品管理型组织结构的缺点是:

(1) 产品经理的组织设置会产生冲突或摩擦,如产品经理没有足够、必要的权力去有效履行自己的职责,不得不靠说服的方法来取得其他部门的合作。

(2) 产品经理虽然能成为自己所经营的产品的专家,但很难成为企业其他职能部门的专家(如广告促销)。

(3) 组织经营需要的费用较高。

(4) 产品经理任期通常较短,过不了几年,往往被派去经营另一品牌或另一产品,这样使产品营销计划缺乏长期持续性,从而影响了产品长期优势的建立。

针对这些缺点,企业要采取一些措施加以克服,如明确产品经理的职权范围;以产品小组代替产品经理;取消次要产品的产品经理,让其余的每一个产品经理兼管两个或更多的次要产品;按企业的主要产品设立事业部,并在各产品事业部内设立职能部门等。

4. 市场管理型组织结构

如果企业向各种各样的市场销售其系列产品,采用市场管理型组织结构就可以把企业的所有用户，按照不同的购买行为和产品偏好划分成不同的用户组，如图 13-6 所示。

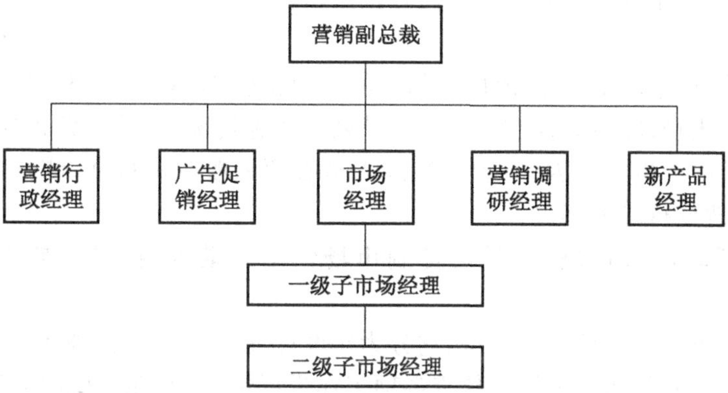

图 13-6 市场管理型营销组织

市场管理型组织结构类似于产品管理型组织结构，由总市场经理管辖若干个细分市场经理，各市场经理负责自己所管辖市场的年度销售利润计划和长期销售利润计划。这种组织结构的主要优点是：企业可以根据特定客户的需要开展一体化的营销活动，而不是把重点放在彼此割裂开的产品或地区上。在市场经济环境中，越来越多的企业组织是按照市场管理型组织结构建立的。一些营销专家认为，以各目标市场为中心来建立相应的营销部门和分支机构，是确保企业实现“以顾客为中心”的现代营销观念的唯一办法。其缺点与产品型组织结构类似。

除了上述四种基本组织形式外，近些年来，随着企业规模的扩大，多元化经营的实施，企业在产品品种、品牌、销售市场呈多样化发展趋势，因而，企业组织形式又出现了新的模式：

(1) 新组织模式一：产品—市场管理型组织结构。生产多种产品并向多个市场销售的企业，常常会遇到如何设置营销组织的难题，如果采取产品管理型组织结构，那就需要产品经理熟悉高度分散、差异性很大的不同市场；如果采用市场管理型组织结构，则需要市场经理熟悉各种式样的产品特点，为解决这个矛盾，就产生了把两者有机结合在一起的新的组织结构模式，即同时设置产品经理和市场经理，形成矩阵式组织结构。

在矩阵式组织结构中，产品经理负责产品的销售和利润计划，为产品寻找新的用途；市场经理负责开发现有的和潜在的市场。这种组织模式适用于多元化经营的企业。但其缺点是管理费用大，且产品经理和市场经理的责权不够明晰。

(2) 新组织模式二：事业部制组织结构。事业部制组织结构是按不同产品或地区独立核算的组织形式。当企业规模很大，产品种类和市场很多时，企业常把主要产品或市场分设为独立的事业部。事业部独立经营，对公司的利润负责。各事业部内往往设有比较齐全的职能部门，包括市场营销部门。事业部制组织结构有利于发挥产品或地区事业部的主动性、积极性和创造性，有利于经营组织的稳定，使之适应激烈的市场竞争及国际市场的开拓。

第三节 市场营销控制

营销控制是市场营销管理基本环节和基本功能之一，由于营销计划在实施的过程中总会发生许多预料不到的事件，因此，营销部门必须对营销活动进行控制，才可以避免和纠正产生的各种偏差，使全部生产营销活动向着预定目标进行。营销控制是企业有效经营的基本保证。

营销控制有四层含义：①营销控制的中心是目标管理，营销控制就是监督任何偏离计划和目标的情况出现；②营销控制必须监视计划的实施情况；③通过营销控制，判断任何严重偏离计划的情况产生的原因；④营销控制人员必须采取改进行动，使营销活动步入正确的轨道，必要时改变行动方案。

对于营销活动进行控制，一是要控制市场营销活动本身，二是要控制营销活动的结果。

营销控制并不是一个单一的过程，它分为年度计划控制、盈利率控制、效率控制和战略控制。年度计划控制是按年度计划核查各项工作进展情况，并在必要时采取纠正措施。盈利率控制是检查和确定在各种产品、地区、最终顾客群和分销渠道等方面的实际获利能力。效率控制是寻找能够改善各种营销手段和开支效果的方法。战略控制则是审查企业的营销战略是否抓住了市场机会，以及是否能与不断变化的营销环境相适应。表13-3简要概括了四种营销控制的特点。

表13-3 营销控制种类

控制种类	责任者	控制目的	方法
年度计划控制	高层管理部门 中层管理部门	检查计划目标是否实现	销售分析、市场份额分析、销售—费用分析、财务分析、顾客态度分析
盈利率控制	营销监察人员	检查公司在哪些方面盈利，哪些方面亏损	产品、地区、顾客群和分销渠道订货多少等盈利情况
效率控制	直线和职能式结构营销监察人员	评价和提供经费开支以及营销开支的效果	销售队伍、广告、促销和分配等效率
战略控制	高层管理部门 营销审计人员	检查公司是否在市场、产品和渠道等方面正在寻求最佳机会	营销有效性评价手段 营销审计

一、年度计划控制

年度计划控制的目的是确保企业年度计划中制定的销售、利润和其他目标的实现。年度计划控制的核心是目标管理。控制的过程分为四个阶段：

(1) 管理部门确定年度计划中的月份或季度目标。

(2) 每月和每季检查销售计划的实施情况。

(3) 及时发现问题，找出偏差原因。

(4) 采取必要的纠偏措施，或增加销售力量，或修改实施方案，或变更计划目标，以缩小计划与实际之间的差距。

年度计划控制主要是对销售额、市场份额和费用率等进行控制。

1. 销售分析

销售分析是将销售目标和实际销售情况进行衡量和评价。销售分析有两种方法：

(1) 销售差异分析。这种方法用来衡量不同因素对造成销售差距的影响程度。

例如,年度计划规定在第一季度,以 1 元 1 件的单价销售 4 000 件产品,共计 4 000 元。季度末实际只按每件 0.8 元的单价销售了 3 000 件产品,共计 2 400 元,销售业绩差额共有 1 600 元(4 000－2 400),是销售预期的 40%。于是产生了这样的问题:这一业绩差额中有多少是由于降价造成的,有多少是因为销售量未完成造成的？对这一问题可计算如下:

$$\text{由于降价造成的差额} = [(1-0.8)\times 3\,000\div 1\,600]\times 100\% = 600\div 1\,600 = 37.5\%$$

$$\text{由于未完成销售量造成的差额} = [1\times(4\,000-3\,000)\div 1\,600]\times 100\% = 1\,000\div 1\,600\times 100\% = 62.5\%$$

可见,将近 2/3 的业绩差额是因为没有完成规定的销售量指标。因此,应进一步分析未完成规定销售量的原因。

(2) 微观销售分析。这种方法是用来衡量导致销售差距的具体地区。

如上例中该公司在甲、乙、丙三个地区有销售业务,预计销售量分别是 1 500 件、500 件和 2 000 件,共计 4 000 件。实际销量分别是 1 400 件、525 件和 1 075 件,与计划差距分别为－6.67%、＋5%和－46.25%,可以看出,丙地区是未达到预计总销量的主要障碍。因此,应进一步查明丙地区销量减少的原因,并加强该地区营销工作的管理。

2. 市场份额分析

市场份额分析能揭示出企业同其他竞争者在市场竞争中的相互关系。如果企业市场份额提高了,那么,企业在与对手的较量中就取得了胜利;反之,则说明企业在与对手的较量中处于不利地位。

市场份额分析有四个指标:

(1) 总市场份额。即其自身的销售在全行业总销量中占有的百分比。

(2) 可占领市场份额。即其自身的销售占其可占领市场的总销售比例。

(3) 相对市场份额(与三个最大竞争者比)。即企业的销量与三个最大竞争者的总销量之比。例如,一个企业占有市场销量的 30%,而它的三个最大竞争对手分别占有 20%、10%和 10%,那么,这家企业的相对市场份额就是 75%(30÷40×100%)。实力比较雄厚的企业的相对市场份额一般都在 33%以上。

(4) 相对市场份额(与领先竞争者比)。即企业与领先竞争者的销量之比。企业的相对市场份额上升,表明它正在缩小与市场领先竞争者的差距。

3. 费用率分析(营销费用—销售分析)

在企业年度计划控制中,确保企业在达到销售计划指标时营销费用无超支。例如,某企业的费用—销售比率为 30%,其中包括销售人员费用比率(15%)、广告费用比率(5%)、促销费用比率(6%)和营销调研费用比率(4%)。

管理者应当对各项费用率加以分析,并将其控制在一定的限度内。如果费用率变化不大,处于安全范围内,则不需采取措施。如果变化幅度过大,或是上升幅度过快,以至接近或超出控制上限,则必须采取有效措施。如图 13-7 中,时间 15 点的费用率已经超出控制上限,应立即采取控制措施。有的费用率即使落在安全控制范围之内也应加以注意。图 13-7 中,从时间 9 起费用率就逐步上升,如能及时采取措施就不至于升到超出控制上限的地步。

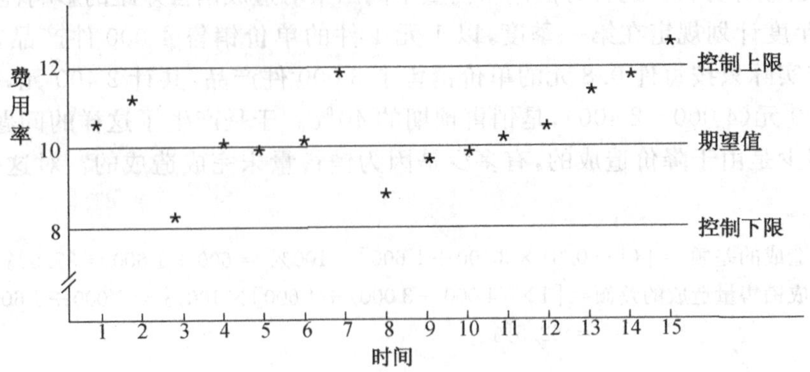

图 13-7 费用率控制图

二、盈利率控制

除了年度计划控制外，企业还要衡量和评估不同产品、地区、市场、分销渠道和订货批量等方面的盈利水平，使企业管理者在产品、市场或营销活动的扩大、收缩或改进决策方面得以借鉴。

盈利率分析是通过对财务报表的有关数据进行一系列分析处理，把所获利润分摊到不同产品、不同地区、不同渠道或不同市场上，从而衡量每一种产品、地区、市场、分销渠道的盈亏情况。其具体步骤是：①确定功能性费用。即销售、推广、包装、储存、运输等活动引起的各项费用。②将功能性费用按产品、地区、市场、分销渠道进行分配。③根据收入及费用编制利润表，如产品利润表、地区利润表、渠道利润表和市场利润表等。

盈利率分析的目的在于找出妨碍获利的因素，并采取相应措施排除或减弱这些不利因素的影响。由于可采取的措施很多，企业应全面考虑之后作出最佳选择。

三、效率控制

效率控制就是企业采用有效的方法对销售队伍、广告、销售渠道等活动进行控制，从而实现综合效率的最大化。

1. 销售队伍效率控制

反映销售队伍效率的关键指标有：①每个销售人员每天推销访问的平均次数；②平均每次推销访问所花费的时间；③每次推销访问的平均收入；④每次推销访问的平均成本；⑤每百次推销访问获得的订单百分比；⑥每阶段新增顾客数；⑦每阶段失去顾客数；⑧总成本中推销成本的百分比。

2. 广告促销效率控制

主要应掌握的统计资料有：①每一种媒体类型、每一种广告工具触及 1 000 人的广告成本；②每一种媒介工具能够注意、看到、联想该广告的人与该媒体观众的百分比；③消费者对广告内容和广告吸引力的意见；④对于产品态度的事前、事后衡量；⑤由广告所激发的询问次数；⑥每次调查的成本。

3. 营业推广效率控制

营业推广包括数十种激发顾客的兴趣及试用企业产品的方法。为了提供营业推广效率，营销管理者应记录每一次促销活动及其活动成本对销售的影响，以便寻找最有效的促销措施。特别是注意以下统计数据：①优惠销售的百分比；②每1元销售额中的展示成本；③赠券的回收比例；④一次实地示范所引发的咨询次数。

4. 分销效率控制

企业管理者还需研究分销这一经济活动，以提高仓储和运送的效率。

四、战略控制

战略控制是指对整体营销效果进行评价，以确保企业目标、政策、战略和计划与市场营销环境相适应。战略控制有两种工具可以利用，即营销效益等级评定和营销审计。

1. 营销效益等级评定

营销效益等级评定可从顾客宗旨、整体营销组织、足够的营销信息、营销战略导向和营销效率等五个方面进行衡量。上述五个方面为编制营销效益等级评定表的基础，由各营销经理或其他经理填写，最后综合评定。每一方面的分数都指出了有效营销行动的哪些因素最需要注意，这样，各营销部门便可据此制定校正计划，用以纠正其主要的营销薄弱环节。

2. 营销审计

营销审计是指对一个企业或一个业务单位的营销环境、目标、战略和营销活动所作的全面的、系统的、独立的和定期的检查，其目的在于发现问题和机会，提出行动建议和计划，以提高企业的营销业绩。

营销审计通常由企业主管和营销审计机构共同完成，包括拟定有关审计目标、资料来源、报告形式以及时间安排等方面的详细计划，这样就能使审计所花的时间和成本最小。营销审计的基本准则是，不能仅仅依靠内部管理者收集情况和意见，还必须访问顾客、经销商和其他有关外部团体。

营销审计的内容主要有：

(1) 营销环境审计。审计要求分析主要宏观环境因素和企业微观环境（市场、顾客、竞争者、分销商、供应商和辅助机构）中关键部分的趋势。

(2) 营销战略审计。主要检查企业的营销目标及营销战略，评价它们对企业当前的和预测的营销环境的适应程度。

(3) 营销组织审计。要求具体评价营销组织在执行对预期的营销环境所必要的战略方面应具备的能力。

(4) 营销制度审计。包括检查企业的分析、计划和控制系统的质量。

(5) 营销效率审计。主要检查各营销实体的盈利率和不同营销活动的成本效益。

(6) 营销功能审计。审计包括对营销组合的主要构成要素，即产品、价格、分销渠道、销售人员、广告、促销和公共宣传的评价。

营销审计不只是审查有问题的营销活动部分，而是审查整个营销活动的所有方面。营销审计不仅为陷入困境的企业带来解决问题的办法，也能为富有成效的企业增加效益。

【本章小结】

市场营销计划、实施、组织与控制是市场营销管理的重要内容。计划系统根据企业总的战略规划的要求，制定市场营销计划，通过一定的组织系统实施计划，控制系统负责考察计划实施结果，诊断产生问题的症结，并反馈回来采取适当的纠正措施，包括改善实施过程,优化组织系统,或调整计划本身使之更切合实际。

企业在发展中都经历过或正在经历以下的四个基本阶段中的一个阶段:①无计划阶段;②年度计划阶段;③长期计划阶段;④战略计划阶段。

营销计划包含的内容有:①经营摘要;②当前营销状况;③机会和问题分析;④目标;⑤营销战略;⑥行动方案;⑦预计的利润表;⑧控制手段。

营销实施是指企业将营销战略和计划转为行为和任务,并保证这种任务的完成,以实现营销战略目标的过程。企业在实施营销战略和营销计划过程中出现问题的原因主要有以下几个方面:①计划脱离实际;②长期目标和短期目标的不一致;③因循守旧的惰性;④缺乏具体明确的实施方案。

营销实施过程包括紧密相连、密不可分的五项内容:①制定行动方案;②建立组织结构;③设计决策和报酬制度;④开发人力资源;⑤建设企业文化和管理风格。

营销组织是企业组织的一个组成部分,它受三方面因素的制约:一是宏观经济环境和经济体制;二是企业经营思想;三是企业自身的发展阶段、经营范围和业务特点等内在因素。西方企业营销部门的组织结构大体经历了五个阶段:①简单销售部门;②具有辅助功能的销售部门;③独立的营销部门;④现代营销部门;⑤现代营销企业。营销组织的基本形式有四种:①职能型组织结构;②地区型组织结构;③产品管理型组织结构;④市场管理型组织结构。

营销控制是企业有效经营的基本保证。对于营销活动进行控制,一是要控制市场营销活动本身,二是要控制营销活动的结果。它分为年度计划控制、盈利率控制、效率控制和战略控制。

【同步测试】

一、概念

市场营销管理　市场营销计划　市场营销组织　市场营销控制

年度计划控制　赢利能力控制　市场营销审计

二、选择题

1. 市场营销计划实施过程中,(　　)起着决定性作用。

A. 制定行动方案　　B. 调整组织结构

C. 形成规章制度　　D. 协调各种关系

2. 年度计划控制的第一步是(　　)。

A. 确定目标　　B. 评估执行情况

C. 规定企业任务　　D. 选择目标市场

3. 现代市场营销企业要建立(　　)组织。

A. 市场导向型　　B. 供给导向型

C. 柔性　　D. 刚性

4. 生产多种产品或拥有多个品牌的企业,往往按照(　　)来建立市场营销组织。

A. 地域　　B. 市场环境

C. 需求情况　　D. 产品或品牌

5. 产品—市场管理型组织的主要缺点是(　　)。

A. 组织管理费用太高　　B. 有些产品和市场容易被忽略

C. 容易造成计划与实际的脱节　　D. 不能及时得到足够的市场信息

三、思考题

1. 市场营销计划有哪几个阶段？
2. 市场营销计划主要包括哪些内容？
3. 营销预算常用方法有哪些？
4. 市场营销实施的过程是什么？
5. 市场营销组织发生过哪些变化？有哪几种基本形式？
6. 市场营销控制包含哪些内容？

【技能训练】

万 科 公 司

万科公司组建于 1984 年，最初从事录像机进口贸易，接着“什么赚钱就干什么”。到 1991 年年底，万科的业务已包括进出口、零售、房地产、投资、影视、广告、饮料、机械加工和电气工程等 13 大类。在企业发展方向上，其创始人王石曾提出，把万科建成一个具有信息、交易、投资、融资、制造等多种功能的大型“综合商社”。1992 年前后，万科通过增资扩股和境外上市筹集到数亿元资金，一方面将业务向全国多个地区、多个领域扩展，另一方面向国内 30 多家企业参股，多元化发展的速度和程度达到其历史顶点。虽然万科的每一项业务都是盈利的，但是，从 1993 年开始，万科的经营战略发生了重大改变：

(1) 在涉足的多个领域中，万科于 1993 年提出以房地产为主业，从而改变过去的摊子平铺、主业不突出的局面。

(2) 在房地产的经营品种上，万科于 1994 年提出以城市中档民居为主，从而改变过去的公寓、别墅、商场、写字楼什么都干的做法。

(3) 在房地产的投资地域分布上，万科于 1995 年提出回师深圳，由全国 13 个城市转为重点经营京、津、沪、深四个城市，其中以深圳为重中之重。

(4) 在股权投资上，万科从 1994 年开始，对在全国 30 多家企业持有的股份进行分期转让。

讨论：万科集团的多元化经营是成功的，因为其每一项业务都盈利，但是，为什么万科集团要从多元化经营向单一领域经营回归呢？你如何看待万科集团的决策？

第十四章 服务营销与国际市场营销

【学习目的与要求】 本章主要介绍服务的定义、分类和特性，了解服务市场营销组合策略；企业通过分析国际营销环境，掌握进入国外市场的主要方式，能够应用选择国际目标市场的基本标准，揭示和分析进入国际市场的基本营销策略。

第一节 服务营销概述

【案例导入】 **迪斯尼创造欢乐**

迪斯尼乐园创造出独特、丰富的体验项目，用心去描绘、激发每个人心里潜藏的梦想。在迪斯尼乐园，每一位员工都被称为“演员”，米老鼠、唐老鸭就是表演的道具，员工的任务就是利用这些道具“制造欢乐”，而管理层的任务就是“分配”角色。新员工到迪斯尼乐园上班的第一天，并不会被告知“你的工作是保持这条大道的清洁”，而是“你的工作就是创造欢乐”。

【引例分析】

迪斯尼乐园利用服务创造出了独特价值：“制造梦想，激发快乐”。

服务行业的门类很多，如政府部门，包括法庭、职业服务机关（职业介绍机构）、医院、军事部门、警察和消防部门、邮政局、电信局、管理机关和学校等；非盈利部门，包括博物馆、慈善团体、教会等都属于服务行业；还有许多企业部门，包括航空公司、银行、计算机维修处、旅店、保险公司、律师事务所、电影公司、房地产公司等也是服务行业；在制造业部门，许多工作人员其实也是服务的提供者，如计算机操作人员、会计师和法律顾问等。事实上，这些已构成一个“服务工厂”，专门向社会及“商品工厂”提供服务。

一、服务的定义、分类及特性

（一）服务的定义

服务在经济学上是指一种特殊的劳动产品。马克思指出，劳动不是作为物，而是作为活劳动提供服务的；服务劳动生产出来的产品即商品，对于提供这些服务的生产者来说，服务就是商品。

美国市场营销专家菲利浦·科特勒给服务下的定义是：服务就是一方能够向另一方提

供的基本是无形的任何活动或利益，它并且不导致任何所有权的产生。它的生产可能与某种有形产品联系在一起，也可能毫无关系。

（二）服务的分类

一般来说，服务可以按照不同的标准或要求进行分类。

1. 按照顾客参与服务生产过程的程度的高低，划分为高接触性服务与低接触性服务

在高接触性服务中，顾客参与全部或大部分服务生产过程，卷入程度高，如公共交通服务、理发服务和普通学校中提供的教学服务等；而在低接触性服务中，顾客只是部分或在一段时间里参与生产过程，也可能完全不与服务提供者接触，而是通过技术手段、仪器设备传递服务，顾客卷入服务生产过程程度较低，如邮电服务、汽车修理服务、金融服务等。一般而言，顾客参与服务生产过程的程度越高，对服务的个性化要求也就越大，对企业的服务营销水平的要求也就越高。

2. 按照对服务提供者专业技能水平的要求，划分为高专业技能服务与低专业技能服务

高专业技能服务是指需要服务提供者具备相关的专业知识、掌握特殊的技能的服务，如电器的维修、管理咨询等；而低专业技能服务，如家庭保洁、家庭保姆等。

3. 按照顾客不同的购买动机，划分为个人服务与商业性服务

服务会由于个人需要和商业性需要的不同而有较大区别，服务提供者经常会为个人用户和商业性用户设计不同的服务营销方案。

4. 按照服务要素的构成，划分为核心服务、配称服务与辅助服务

核心服务是指企业为顾客提供的服务产品的最基本的利益或效用，如通讯公司提供的便捷、通畅的通信服务，医院为患者提供的诊疗服务等。配称服务是指为配合、方便核心服务的使用而提供的服务，如通讯公司通过银行窗口提供的缴费服务、医院的候诊大厅服务等。配称服务是不可或缺的，若没有这些服务，会给顾客使用核心服务带来不便。而辅助服务的作用则是为了增加服务的价值或使企业自己的服务区别于竞争对手，如通讯公司提供的通讯终端销售和代维服务、医院提供的家庭病床服务等。辅助服务常被企业作为差异化营销战略而使用。

5. 按照服务在产品的流动过程中的内容和形式，划分为售前服务、售中服务和售后服务

售前服务的主要形式有：免费培训班、请顾客参加设计、导购咨询、免费试用、参观商品使用实态、赠送产品宣传材料、参观产品生产过程、商品展示、上门展示、商品质量鉴定展示、调查顾客需要情况和使用条件等。售中服务的主要形式有：提供舒适的购物现场、现场导购、现场宣传、现场演示、现场试用、现场培训、热情回答、协助挑选、帮助调试和包装等。售后服务的主要形式有：技术培训、送货上门、安装、调试、维修、包退包换、定期拜访用户，与用户保持联系，建立用户档案，请用户提意见和建议，终身保修，用户免费热线电话，以旧换新，用户监督卡，质量保险，维修保险，用户质量跟踪卡，与用户之间开展联谊和信息交流活动等。

（三）服务的特性

服务本身有着不同于有形物质产品的特点。概括起来，服务具有五个基本特性，即服务的无形性、不可分割性、可变性和易消失性、缺乏所有权。

1. 无形性(Intangibility)

服务的无形性是指服务不像有形物质产品，在被购买前是看不见、摸不着、品不到、听

不见也嗅不出的，即服务在提供前是不可感知的，难以对服务的过程和服务的最终结果准确描述和展示。例如，人们去理发店理发，在接受这种服务之前是无法预知服务结果的。现在，纯粹的无形服务很少，很多服务的提供需要借助有形的物质产品才可产生。实际上，很多产品是产品和服务的连续体，这里有产品本身，也有服务的成分和服务质量在里面，像电脑、汽车等高科技产品。图 14-1 列举了不同产品或服务的有形性与无形性对比。越是靠近左端，有形产品的特征越明显，越是靠近右端，无形服务的特征越明显。

2. 不可分割性(Inseparability)

有形物质产品从生产、存储、销售到最终消费的每一个环节都会有一定的时间间隔，如我们今天在市场上买到的冰箱、洗衣机，都是在若干月以前生产的。而服务本身具有不可分割性，服务的生产过程和消费过程是同时进行的，服务在时间上不能与它们的提供者分离。例如，通讯运营商提供的电话服务，仅当用户需要打电话时，电话交换机才产生相应的动作，而电话挂断时，相应的动作也立即结束。不可能发生用户打电话时交换机不发生动作和用户不打电话而交换机自发动作的情况。

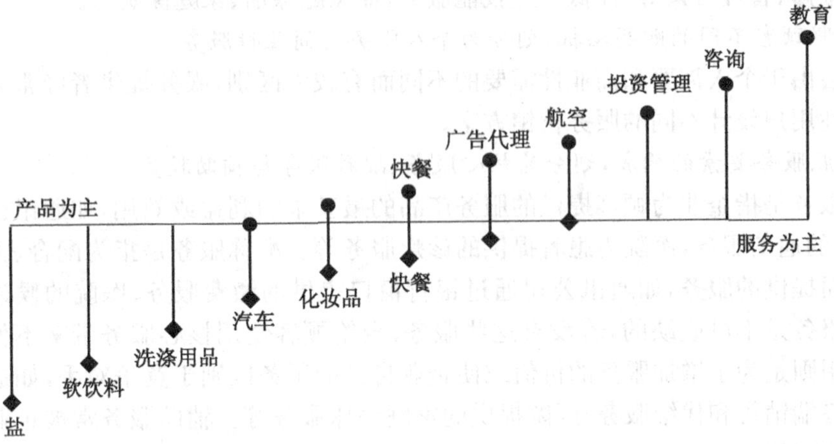

图 14-1 不同产品和服务的无形性比较

3. 可变性(Variability)

服务具有高度可变性，顾客感受的服务质量和结果因服务提供者、接受服务的顾客、服务的时间、地点、方式的不同而有很大的差别。例如，同一个顾客在不同时间去同一个理发店接受同一个理发师的服务会有不同的结果；而同一个理发师在同一个理发店为不同的顾客服务也会有不同的结果。

4. 易消失性(Perish Ability)

由于服务的生产与消费的不可分割性，服务不能储存以备将来使用，服务的价值只存在于顾客需要的那一段时间。当服务过程未发生时，就不存在服务的价值。如飞机客运业务，只有当顾客旅行消费时才体现服务的价值，否则，就不产生任何价值。

5. 缺乏所有权(Lack of Ownership)

缺乏所有权是指在服务的生产和消费过程中不涉及任何物品所有权的转移。既然服务是无形的又不可存储，服务在交易完成后便消失了，消费者并没有“实质性”地拥有服务。这会使得顾客在购买服务时感受到有较大的风险。如何克服这种消费心理，促进服务销售，是市场营销管理人员所要面临的主要问题。一些服务企业采用“会员制度”的方法维系企业与顾客的关系，当顾客成为企业的会员后，他们可享受某些特殊优惠，使他们从心理上感觉到，在某种程度上，他们确实拥有企业所提供的服务。

二、服务营销组合策略

(一) 服务营销的重点

服务本身的营销与产品营销有着许多区别，这是由服务本身的特性所决定的。这就需要我们在设计服务方案时，有针对性地进行服务营销管理。一般来说，应侧重以下几个方面。

1. 创造特色优于功能提供

有形物质产品本身就能展示自己的竞争优势，产品本身就是一个活广告。对有形产品的质量，人们可以根据它的大小、型号、规格、材质、形状、颜色、重量、设计和技术说明等一些统一的质量标准来衡量，具有一定的客观性。服务的无形性，使服务本身没有能让你感觉到的直观的东西，在销售中服务本身难以展示自己的质量水平和服务特色，而且服务品质的不确定感，使对服务品质的衡量很难找到一个客观的评价标准。因此，服务营销的一个重要任务，就是要求服务提供者要创造性地使自己的产品区别于竞争对手。创造企业的差别优势或特点，可以通过在服务的内容、服务的提供物、人员、设施、提供服务的环境、交付或形象上提供差别化，创出特色服务。美国西南航空公司是美国的第四大航空公司，与其他大的航空公司不同的是，西南航空公司一直致力于简化服务。例如，不预订座位，不设头等舱座位，不提供机上餐饮服务，不提供行李转运业务，不采用计算机订票系统，飞机标准化(全部是波音 737)，以及可以重复使用的登机牌等，看上去公司提供的服务内容远不及其他航空公司，但是这些简化的服务使其能够在选定的航线上做到 15 分钟就有一班飞机，同时大大降低了成本。对顾客来说，西南航空公司的低票价和准时快捷是他们选择它的主要原因。西南航空公司在制定服务营销策略时，找准了定位，强调服务特色，尽量降低服务成本，使它最终牢牢把握住了目标市场。

2. 均衡供需重于扩大生产

服务必须在与客户的交互作用中产生。由于服务的易消失性，没有客户需要服务，交互作用不可能发生，就会带来生产能力的闲置、浪费；如果服务需求超过供给能力，供不应求，也会让顾客对服务不满。所以，服务营销的重点是调节和控制需求。例如，我国春运期间运力与大量返程旅客需求之间存在明显的矛盾，解决的办法就必须通过均衡需求来加以实现。此时，单靠增加运力将不能迅速缓解运载旅客的压力，同时，大量运力的增加将造成高峰过后能源的闲置和浪费。因此，错开民工流和学生流就成为解决矛盾的有力手段。

3. 服务质量在于员工表现

尽管从未来技术的发展趋势来讲，一些服务可能由机器设备直接提供，如自动售货机、自动柜员机等，但服务的表现还主要依赖于提供服务的人的表现。这里的“人”是指服务提供过程中交互作用的双方，因为买卖双方都会对服务有影响。但服务质量在很大程度上取决于服务提供者的表现。例如，理发师在整个服务过程中的表现，包括言语、动作等，都会直接影响顾客的最终满意度。因此，在做服务营销时，一方面要细分市场，确定企业的目标市场，了解目标市场客户欲望和需求，为目标市场的客户提供更有针对性的服务；另一方面，对于一线服务员工的培训、激励，也是提高顾客满意度和忠诚度的重要措施。

4. 服务体验决定营销措施

服务本身是一个体验的过程，比如在星巴克(Starbucks)，顾客需要的不仅仅是一杯咖啡，而是一种体验。星巴克的咖啡种类繁多，顾客的选择性很大，可以喝到任何一种咖啡，并在那里找到充满活力的为你煮咖啡、不厌其烦地教你喝咖啡的员工；能看到全球统一的装潢壁饰、吧台、调理柜；能勾起许许多多美好的回忆。凭借这种满足客户体验的服务措施，星巴克取得了很好的业绩。因此，要结合服务的最终感受来确定服务提供过程的每一个环节，确定与客户的主要接触点、次要接触点，控制重要的流程，这样才能在一定程度上管理提供服务的满意程度。

(二) 服务市场营销组合

由于服务的特性，决定了服务营销及其组合与产品营销组合的不同。近几年来，随着对服务营销研究的深入，人们不断发现有必要重新调整相应的组合以适应服务市场营销。有人提出在整个服务提供过程中，在传统的4Ps营销组合之外，服务营销还应加上3个P，即服务的参与者(People)、服务的有形展示(Physical Evidence)和服务的提供过程(Process)，形成了扩展的服务营销组合(7Ps)。

1. 服务的参与者(People)

服务的参与者包括直接接触顾客的企业员工(企业提供服务的员工)、接受服务的顾客本人以及处于服务环境中的其他顾客。服务提供者或与顾客直接接触的人员，他们的着装、能力、谦恭、诚实、可靠、负责、沟通和自身的素质在很大程度上影响着服务的质量，影响顾客对服务的感知和评价。在一些服务情境中，顾客本身也会影响到服务提供的质量，顾客对服务提供者制定的服务方案的执行与否会影响到服务质量的结果。而在服务情境之中的其他顾客，通过言语、行为和表现，会影响到他人对接受的服务质量的感知。

2. 服务的有形展示(Physical Evidence)

服务的有形展示包括服务提供的环境、企业与顾客相互接触的场所，任何便于服务履行和沟通，以及影响服务过程的各种设施的所有有形因素。服务有形展示的形式，具体包括办公场所、公司信笺、名片、报表、招牌和服务设备设施，企业的人员、着装、色彩，提供服务的环境，提供服务的速度，这些都是最终形成对服务质量印象的东西。

3. 服务的提供过程(Process)

服务的提供过程包括服务提供的实际程序、机制和作业运作流程和操作步骤。顾客对服务质量感受的好坏，不仅表现在对最终结果方面，而且顾客会更重视接受服务的每一个环节，以至整个过程。

第二节 国际市场营销概述

【案例导入】 **肯德基进军香港**

1973年，赫赫有名的肯德基公司踌躇满志，大摇大摆地踏上了香港。

然而，肯德基在香港并没有风光多久。1974年9月，肯德基公司突然宣布多家餐店停业，只剩4家坚持营业。到1975年2月，首批进入香港的肯德基全军覆没，全部关门停业。

家乡鸡首次进入香港的失败，败在未对香港的环境文化作深入的了解。正如英国市场营销专家史狄尔先生的评价:“当年家乡鸡进入香港市场,是采用与美国一样的方式。然而,当地的情况,要求它必须修改全球性的战略来适应当地的需求,产品的用途和对产品的接受,受到当地的风土人情影响,食物和饮品类产品的选择亦取决于这一点。当年的鸡类产品不能满足香港人的需求,宣传的概念亦不适当。”

肯德基是大摇大摆地走进香港,又灰溜溜地离去。

【引例分析】

任何一个跨国集团在进行异域扩张时,都不能漠视当地的文化背景,应该有所借鉴,有所结合。

随着信息技术和高科技的发展,快捷的通信、高效的运输和全球的资金流动已成为现实,信息技术本身开放性、渗透性和网络性的特点,使得各国经济联系进一步加强,为世界经济一体化和经济全球化的纵深发展创造了条件。这种变化导致了新的国际分工和相应的国际经济结构的调整。在这样一个不断变化的环境中,企业为了更好地生存和发展,越来越多地跨越国界去组织生产要素,在一个更大范围内的国际市场提供自己的产品和服务,即越来越多的企业开始将其发展到国际舞台上,从事着国际市场营销活动,从而成为高度竞争的全球市场的一部分。

一、国际市场营销概述

(一) 国际市场营销的含义

国际市场营销是指企业通过满足国际市场需要,以实现自己的战略目标而进行的多国性市场营销活动。国际市场营销是企业超越国界的市场营销活动,是国内市场营销活动在国际市场上的延伸。

(二) 国际市场营销环境分析

由于国际市场营销与国内市场营销既有联系又有区别,所以,企业的市场营销活动要想在国外扩展并取得成功,国际市场营销人员就必须深入了解各种特殊的国际市场营销环境因素。

1. 经济环境

研究国际市场营销,首先必须对国际经济状况有所了解。因为一个国家经济状况的好坏,会影响该国人民对产品和服务的需求量。因此,国际市场营销人员应对各国的经济制度、经济发展水平、经济特征(人口、收入)、自然资源、经济基础结构、外汇汇率等进行认真的研究。

(1) 经济制度。从经济制度考察,各国经济可分为公有制占主导的经济和私有制占主导的经济,当前各国经济制度的一个新特点是,私有制主导的经济中也会有公有经济的存在,公有制经济也不排斥私有经济成分,相互补充、相互促进。不同的经济体制主要是以经济调节手段为标准来划分的,世界上主要存在计划经济与市场经济两大体制。当前世界范围内的一个新趋势是计划经济国家开始接纳市场调节手段,并承认市场在调节资源配置方面的合理性,如我国经济体制的目标模式就是建立社会主义市场经济体制。

(2) 经济发展水平。一个国家经济发展水平不同,国民收入高低不同,对产品的需求就会有很大差异,从而对国际营销的各个方面都会带来影响。就消费品市场而言,一般来说,经济较发达的国家偏重于强调产品款式、性能及特色,对广告与营业推广手段运用较高,市场竞争表现为品质竞争多于价格竞争;而经济发展水平较低的国家,则侧重于产品的功能与实用性,产品推广以人际传播居多,消费者对价格较为敏感。就工业品市场而言,经济发达国家着重于投资虽大却能显著提高劳动生产率的、自动化程度较高的设备;而经济相对落后的国家困于资金短缺,通常只能选择价值不太高、简单易操作的设备。显然对不同经济发展水平的国家,市场营销策略就需要变化。

(3) 经济特征。经济特征主要包括自然条件、消费模式、基础设施、城市化程度等方面情况,它们从各个方面影响着企业的营销活动。

第一,自然条件。自然条件是指实际上自然状况和潜在的各种资源以及土地面积、地形和气候、地理位置等。不同国家自然条件不同,营销工作的重点也不同。例如,中东地区因盛产石油而变富,购买力高,高档消费品普及率上升快,但由于缺水、多沙漠、水产品少,一些农作物需进口,由于地处热带,对冷气空调需求大,对暖气空调则无人问津。

第二,消费模式。消费模式对营销组合各方面有特定影响。恩格尔定律告诉我们,随着一个家庭收入的增加,用于食品方面支出的比重将逐渐减少,不发达国家的恩格尔系数可高达 0.9,而发达国家则可低至 0.2 以下,因此,不同国家对产品的选择就大不一样。此外,传统的消费习惯,如欧美人吃面包、东方人素以大米为主食,以及消费方式的革新状况,如快餐是否流行、零售方便商店是否受欢迎,对于产品的选择、促销方式的选择、渠道的选择也都有深刻影响。

第三,基础设施。基础设施主要包括能源供应、交通运输条件、通信设施以及各种商业基础设施。基础设施状况对国际营销活动影响甚大,以运输条件而言,有哪些运输方式可以选择、运输能力大小如何、运输费率高低水平怎样,都直接决定了产品实体分配的效率;至于商业基础设施,对于国际企业跨国营销活动影响更大,因为显然没有银行、信托公司、广告公司、市场调研公司和比较完整的分销渠道的支持与高效率运作,国际企业的营销活动就无从起步或难以为继。

第四,城市化程度。城市化程度也是需要考察的重要因素,它是以都市人口占全国总人口的比重来衡量。由于城乡差别的客观存在,就可能导致消费行为差别的客观存在,市场由此而得以细分。通常情况下,革新产品、技术含量高的产品往往首先为城市所接受。有些国家,城乡居民消费行为的差异小些,在另外一些国家,这种差别显得很大。国际企业应对此深入研究、具体分析,以制定不同的营销策略。

(4) 外汇汇率。货币兑换或者说是一个国家对另一个国家的货币的价格,是由政府根据供求关系和当时的经济状况决定的。一个国家货币对另一个国家货币的比率定得很低,那么,该国必须为进口支付更多的货币,对于一些依赖进口原料和生产零件的国家会造成很大的困难。反过来,如果货币升值,通常也会给出口国带来困难,因为这使得它的商品在进口国市场上的价格上升,从而直接影响商品在国际市场上的竞争能力。货币兑换率也是一种国际经济因素,企业必须掌握汇率的波动特点,全面衡量货币对出口销售所产生的影响,努力做好出口销售工作。此外,高额债务和动荡的政局会迫使一个国家的货币贬值,至少使该国的货币变化无常,汇率的波动较大。结果是外国投资者不愿大量持有这种货币,这也限制了国际贸易。

2. 法律环境

由于世界由各主权国家组成,因而,事实上不存在一部统一的"国际法律"。企业开展国际营销需适应国际法律环境,国际法律环境主要由国际公约、国际惯例和涉外法律三部分组成。

国际公约又称国际条约，是两国或数国之间缔结的关于确定、变更，或终止它们权利与义务的协议。国际条约因其缔约国的数量不同而分为双边或多边条约。一国只有依法定程序参加，接受某一国的条约，该条约才对该国具有法律约束力。国际公约是国际商法的主要表现形式。

国际惯例是指在长期国际经贸实践中形成的一些通用的习惯做法与先例。它们通常由某些国际性组织归纳成文，并加以解释，而为许多国家所认可。惯例不是法律，但在国际商业活动中，各国法律一般都允许各方当事人选择使用惯例。一旦某项惯例在合同中被采用，该惯例便对各方面的当事人具有约束力。

各国的涉外法规包括三方面内容：

(1) 基本法律。它们有外资法、商标法、专利法、反倾销法、环保法、产品责任法、反垄断法和保护消费者权益法等。这些虽然都是国内立法，但对国际经贸活动产生直接的影响。

(2) 关税政策。关税是指进出口商品经过一国关境时，由该国政府设置的海关对商品征收的一种税收。有些国家的政府为了"补助"或保护本国工业，往往征收不合理的高额关税以限制进口。关税不仅是国家重要的财政收入，而且可以利用其限制或鼓励某种商品的进出口，以达到保护本国经济的目的。关税主要有进口税、出口税、进口附加税(包括反补贴税和反倾销税)、差价税和优惠税等，关税的征收形式主要是从量税和从价税，以及以它们为基础的混合税和选择税。

(3) 进口限制。进口限制又称非关税壁垒。进口限制名目繁多，主要有进口配额制，进口许可制，最低限制，进口押金制，进出口国家垄断，以及各种苛刻的商检技术标准。

3. 政治环境

国际营销的政治环境主要表现在两个方面：

(1) 各国政府管理经济的方式。当今世界上完全自由放任、自由竞争的社会已不复存在。资本主义国家经济生活中政府的作用日益明显，所不同的只是各国所扮演的角色有所不同。比如，美国政府很少直接拥有企业，它主要是以最终消费者的身份对经济实行上游控制，并辅以税收、信贷等经济手段；英、法等国家政府自身拥有一部分企业，从而直接控制这些企业的活动，同时也利用各种经济杠杆干预经济。西方两党制的国家中，各党传统上对政府管理经济问题上的倾向有所不同。有的政府关于外国公司的规定日益增多，例如，规定在合资企业中国内合作者的股份应占大部分；要求大批雇佣本国人担任高层管理人员；对贸易诀窍实行技术转让；限制汇回本国的利润等。

(2) 政治风险。政治风险是指由于国际市场所在地政治不稳定致使国际营销企业蒙受巨大损失的可能性。所谓政治不稳定，包括因政策变动而导致企业经营受限制；资金、财产、人员不能自由转移；违约或片面修改合约；改变税租；强制性变动；国有化，以及社会局势动荡，出现骚乱、暴动、内战等。政治风险一旦成为现实，后果是极其严重的，它包括企业成本突然增加、丧失某些管理控制权，盈利无法汇出，货款无法收回，财产损失乃至人员生命受到威胁。

4. 社会文化环境

社会文化环境是指一个社会的民族特征、风俗习惯、语言、意识、道德观、价值观、教育水平、社会结构和家庭制度的总和。不同国家营销环境的差别，主要体现为不同国家文化背景的差异性，可以说社会文化环境是国际营销实践中最富有挑战意义的环境要素。

(1) 教育水平。教育水平高低往往与经济发展水平相一致,同时也与消费结构、购买行为有密切关系。受教育程度高的消费者,往往从事良好职业而有较高的购买力,他们对于新产品的鉴别能力和接受能力较强,购买时理性程度较高,对产品的质量和品牌比较挑剔,而且有的还有个性化要求;受教育少,对产品需求低,对新产品认识和接受比较困难,在接受广告信息方面,偏向于对图案颜色、声响产生兴趣。所以,教育水平可以作为市场细分的标准之一,而且对营销调研的效率、对营销组合策略的选择、对在当地寻求合适的营销人员的支持等都有较大影响。

(2) 社会组织。社会组织是指人与人相互联系的方式,它确定了人们的社会角色与关系形态,一般可分为亲属关系和社会群体两大类。亲属关系中最基本的单位是家庭,家庭又有核心家庭——即父母与一两个未婚子女组成的家庭,和扩展家庭——即包容更多的直系乃至旁系亲属的家庭。研究家庭形式是因为许多产品是以家庭为单位来购买的,如洗衣机、电冰箱、淋浴器、电话等,有些扩展家庭,其成员人均收入虽低,但因其成员多,集合购买力强,因此也可能购买汽车等较为昂贵的消费品。研究家庭结构,还应了解谁是购买决策人,在核心家庭中,丈夫还是妻子抑或是孩子往往对不同的产品购买拥有不同的影响力。

社会群体主要是指家庭以外的社会组织形式,包括年龄群体、性别群体和共同利益群体。年轻人与年长者由于在价值观念、生活方式等方面的显著差异而分属于不同的子市场;男性与女性生理、心理上的差异也决定了对许多产品的不同需求,此外,妇女社会地位也影响着其对购买的决策作用。至于共同利益群体,如消费者协会、行业协会、劳工组织、政党等在现代社会的消费潮流中也常扮演着举足轻重的角色。

(3) 信仰与态度。宗教信仰是一种重要的意识形态。世界上有三大宗教:佛教、基督教和伊斯兰教,每一宗教都有其流行地区。宗教属于文化中深层的东西,对于人的信仰、价值观和生活方式的形成有深刻影响。宗教在国际营销中具有重要作用:第一,表现为宗教节日往往是最好的消费品的销售季节,如圣诞节在欧美国家也意味着购物节,许多厂商借此机会竞相促销。第二,宗教上的禁忌制约着人们的消费选择,印度人不吃牛肉,穆斯林和犹太人禁饮烈性酒,相反穆斯林禁酒帮助可口可乐成为阿拉伯国家的畅销品。第三,宗教组织也是不可忽视的消费力量,其本身是重要的团体购买者,同时也对其教徒的购买决策起着制约作用。态度又称为价值观。不同国家、民族和宗教信仰的人,在价值观上有明显的差异。美国人喜欢标新立异,爱冒风险,因此,对新产品、新事物愿意去尝试,对不同国家的产品也抱着开放的心愿,而东方民族相对保守持重,日本许多年长者甚至认为购买外国货就是不爱国。在时间观念上,发达国家往往较某些发展中国家更具有时间意识,“时间即金钱”,因此,快餐食品、速溶饮料、半成品食品往往容易在发达国家受到欢迎。

(4) 审美。审美又称美学,包括文学、音乐、舞蹈、戏剧、民间传说、雕塑、造型、色彩等。世界各国人民的审美观是不同的,如色彩,欧洲人偏爱淡素色,北美人偏爱鲜艳色,美国人将其国家的红、白、蓝三色称为美国色;再如,非洲人很喜欢写实的画稿,欧洲人则喜欢抽象的图案,北美人偏爱大花大朵,欧洲人则爱小花小朵,山花野花。

(5) 语言文字。语言不仅表达思想,而且传递感情,在国际营销的文化环境中居极其重要的地位。销售者对销售对象的语言不精通,就无法进行销售宣传,也就不会激发消费者的购买欲望,草率行事还可能引起相反的结果。例如,美国通用汽车公司曾将其“NOVA型雪佛兰”汽车销往讲西班牙语的拉美国家,结果很少有人问津,原来“NOVA”在英语中意为“神枪手”,在西班牙语中却成了“跑不动”的意思,所以,语言是沟通的桥梁。

二、企业进入国外市场的主要方式

企业一旦决定从事国际营销，就要选定进入国际市场的方式，也就是要确定国际营销的广度和深度。从广度来看，就是确定在哪些国家进行营销，是邻国还是非邻国？是发达国家还是发展中国家？是一个国家还是几个国家、几十个国家乃至全世界各国？这需要根据国外市场吸引力、风险程度、企业竞争优势来决定。从深度来看，可以分为从最浅的间接出口到最深入的独资经营等五种基本方式(如图 14-2)。一般来讲，企业的国际营销活动也是据此由低参与到高参与循序渐进展开的。

图 14-2　进入国外市场方式

(一) 间接出口(**Indirect Export**)

间接出口就是企业通过外贸公司、出口商、外国进口商和中间商等经济组织向国外市场销售自己的产品。一般刚开始从事国际营销的企业，由于缺乏对国际市场的了解，缺乏出口销售的能力与经验，总是先委托各类中间商出口销售企业产品。从某种意义上讲，间接出口不是真正的国际营销，企业的产品出口与在国内市场销售的操作相同。

企业选择间接出口方式与企业自身的能力有关。如果一个企业自身规模不大，缺乏国际营销知识，没有能力进行国际市场调查，或没有必要的投资资金，企业就不可能直接进入国际市场。为确保企业进行国际营销取得应有的经济效益，企业可以通过国内现有的国际贸易机构来外销产品。这样不仅可以节约运输、保险、税款等费用，减少企业从事国际营销的机构和人员，同时，可以帮助企业了解相应的国际市场信息，积累国际营销经验。虽然企业从事间接出口无需专门技巧和投资就可以打开国外新市场，但由于企业远离国际市场，信息反馈较少，对国外市场的销售控制力受到限制，销售稳定性差，企业处于被动地位，无法掌握自己的命运。一旦其产品不能满足国际贸易机构的要求，对方就有可能立即弃之而去，转而寻求其他更为有利可图的产品。例如 20 世纪 50 年代，日本的劳动密集型行业的产品价格低廉，欧美诸国就大量从日本进口这类产品。但 20 年以后，日本失去了这一优势，欧美国家就转向了韩国、中国台湾地区和中国香港地区。因此，当企业出口产品销售额达到相当数量并建立了相当的业务关系后，就可以考虑直接出口了。

间接出口适用于刚刚开始从事国际市场营销或不具备外贸经营权的企业。此外，一些资本雄厚、经验丰富的大企业，通常同时采用几种方式进入国际市场，在这种情况下，间接出口也是辅助方式之一。

具体的间接出口方式有以下几种。

1. 通过设在本国境内的中间商外销

(1) 国际贸易公司(Import & Export Cooperation)。这是一种由中间商提供进出口业务的机构。其先购入商品，然后再向国外销售，从而承担了从货物购进到商品售出这一期间的商业风险。这类贸易公司长期进行国际营销，积累了丰富的国际营销经验，了解国际市场行情，广泛掌握各国市场供需的信息资料。因此，这一性质的公司在发展中国家与发达国家之间的贸易关系上起着重要作用，在世界各国的进出口业务中都占据着相当重要的地位。例如，日本大约有 1 700 个贸易公司，其足迹遍及全世界。其中 300 多家公司通过日本以外的 200 家分公司从事国内外贸易，年贸易额高达 2 400 亿美元。中国的国际贸易公司有贸促会，各部委和地方的进出口公司等。同样，我国的国有外贸公司，由于长期从事国际贸易业务，因而在争取配额、资金融通、客户关系、专业人才方面有着不可比拟的优势，大部分企业的进出口业务也均由他们代理。

但是应当注意的一点是：由于过去我国在计划经济模式下一直实行外贸代理制，外贸公司并不是买断产品，而是代理企业进行进出口交易，有时常常发生外贸公司越权代理，仅凭订单办事，无委托协议，或先签订外贸公司与外方的合同，然后才签订外贸公司与生产厂家的委托协议等现象，导致外贸公司赚取的是购销差价而非代理佣金，一旦与外商产生合同纠纷，法律责任承担者则是外贸公司而非委托方——生产企业。这种责任权利的不统一使得对外贸易问题频出。这就要求企业在委托代理出口产品时一定要明确规定双方的权利及义务，避免未来的经济利益纠纷，影响双方的合作关系。

(2) 外国企业在本国设立的采购机构。进口国的一些企业常在生产国设立产品采购处，有些采购处的产品需求数量很大，本国企业可以将产品直接销售给这些采购处，以达到企业出口产品的目的。外国商人在本国设立的采购机构，可以雇佣当地人员，也可以直接选派，或者兼而有之。中国的深圳、北京、上海等城市就有很多外国商人设立的采购处，实际上同中国的出口商相类似。

(3) 购买办事机构。即为出口而充当买主的一种采购供应站。它的特点就是按照客户的要求寻找客源或者推销产品。购买办事机构有很强的适应能力，可以从各处找到客户所需要的货源。其最主要的形式是常驻采购人员。这类人员通常是某一方面的专家，对某些商品具有专门知识。当客户把所需产品的名称、金额和数量告知购买机构时，购买机构的常驻采购员就会去寻找供货单位，挑选货物，并代办一切购买手续。由此也可看出，购买办事机构并不一定同国内的供货单位保持经常性的关系，但它确实是各个企业外销产品的一个得力助手。

(4) 制造商出口代理人(Domestic-based Export Merchant)。即代理中间商或者为制造商提供销售服务的代销中间商。它一般只经营一两个市场，在营销活动中完全以自己的名义出现，依靠收取客户的佣金获得收益。它和制造商通常保持长期友好的关系，对所经营的市场情况相当熟悉。但是其活动范围过于狭窄，不利于出口企业在国际市场上树立自己的形象，对于想长期深入地占据国际市场的企业来说不太合适。

2. 通过出口管理公司(Export Management Companies)外销

出口管理公司是一种属中间代理商性质的公司，在开展业务活动时通常以代理商的名义出现，代表企业同外商进行谈判。这种方式对于不愿意介入国际营销的企业，尤其是对于国际贸易数额较少的中小型企业来说，具有特别重要的意义。有时一些大公司也采取这一方式。例如，日本一些大出口管理公司的客户有 1/3 的销售额超过 5 000 万美元，有 1/8 销售额超过 5 亿美元。

通过出口管理公司外销产品具有以下优点：

(1) 企业可以节约为培养本企业外销专家所需支付的数目可观的费用。

(2) 充分利用出口管理公司原有的分销渠道，迅速将本企业的产品推向国际市场，并通过支付佣金的方式，鼓励出口管理公司进一步扩大外销。

(3) 通过出口管理公司可及时、准确地获得企业所需的外国市场信息。

(4) 出口管理公司为各委托企业办理联合运输,可以节省运费。

(5) 出口管理公司将各委托企业的产品进行调整,然后互补或配套出口,可以使各方受益。

(6) 大多数出口管理公司提供出口信贷服务,通过出口管理公司可以使企业及时收回货款,加速资金周转。

出口管理公司的规模有大有小,大至几百人,小至一个人不等,经验和联系广泛程度也不尽相同。因此,企业要根据自身产品的特性,选择适宜外销本企业产品的出口管理公司。

尽管依靠出口管理公司有诸多优点,却也有其不足之处。如果企业长期依靠出口管理公司,对企业培养自己的外销人员极为不利,随着外销任务的增加,或企业有意迈向更高一级的营销时,就会因缺乏自己的得力外销人员而感到困难重重。

当然,对于外销前景良好的产品,出口管理公司也不愿意放弃代理权,而让企业收回去自己出口。为避免这样的争执发生,出口管理公司常采用两种办法:要么采用中间商的办法,不再接受委托销售,而是先购进外销产品然后出口;要么将外销产品换上出口管理公司的商标,然后出口。以这两种方法来确保出口管理公司对产品的长期代理权和稳定的收益。

3. 联合出口

联合出口是指一些出口企业联合起来,建立出口合作联盟(Cooperative Organization),以一个整体组织的形象进行出口活动。联合出口的中心组织——出口联盟代表各成员对外谈判,统一产品价格,统一合同与销售条件,统一调查,统一发单,联合运输。这种方式特别适用于生产标准化程度较高的原料或中间产品的小型企业。企业加入出口联盟,不仅能更有效地进行外国市场调查,降低运费、推销费用等,提高产品在国际市场上的竞争能力,而且可以避免国内企业的彼此竞争,稳定出口产品的市场价格,同时为出口实力不强的企业创造良好的出口条件。国际上有些国家政府为了增强出口能力,常采用法律手段,强制企业联合出口。例如,美国的韦伯·帕孟龙联盟法(Welb-Pomerne Associations),一方面要求小出口企业必须加入出口联盟,另一方面又给予出口联盟的企业以一定的优惠条件。但是,联合出口也有不足之处,就是标准化程度差,品种和价格差别大的产品,难以采用此种方法。

4. 捎带出口

捎带出口是指一个国际企业捎带另一个企业的产品出口,通常是大公司带动小公司出口。对于大型跨国公司来说,由于在外国市场上往往具有庞大的销售网点,在企业能力充足、出口业务繁忙时,其出口设施和销售网点能充分利用,可不考虑捎带出口。但在出口经营冷淡,或企业无力提供满足国际市场需求的最佳产品而需挑选出口配套产品时,就可以考虑捎带出口,以保持其出口设施和外国销售渠道的充分利用,确保企业目标的实现。对于产品被捎带出口的企业来说,利用跨国公司出口设施和外国销售网点捎带出口,也不失为一种进入国际市场的捷径。捎带出口的优缺点同联合出口相同,但比联合出口更加灵活、方便。跨国公司对捎带出口的产品,要么采用收取佣金代理出口的方式,要么如同中间商一样,购买捎带出口产品。至于捎带出口产品的商标,可以采用出口企业的商标,也可以采用捎带出口企业的商标,这要依双方谈判的结果而定。

(二) 直接出口(Direct Export)

直接出口是指企业将产品直接出售给外国市场上独立的经销商或进口商。直接出口与间接出口的重要区别是:企业不经过国内中间商或代理商而由自己直接进行出口销售。

这是企业真正意义上的国际营销。直接出口的优点是能够扩大销售量,而且能够更有效地控制出口过程,并在国际营销中获得比较准确的市场信息和国际营销经验。由于直接出口方式大多将商品直接卖给国外经销商,由经销商在国外销售,这样在出售地所发生的问题均由经销商处理,相对来讲企业承受的风险大于间接出口,但是小于其他更为直接的进入方式。直接出口的缺点在于贸易谈判、运输成本较高,货物结算手续复杂,不可避免地遇到汇率波动的风险及外国政府对产品的贸易限制。不过,尽管我们将直接出口和间接出口进行对比分析,并不意味着这两种出口方式相互排斥,不能并用,企业可以向规模较大的市场采取直接出口销售,而向规模较小的市场采取间接出口销售。

直接出口的方式有以下三种。

1. 利用国外中间商

企业把产品直接卖给外国的进口商、进口代理商、批发商或零售商,就可以省去出口中间商这一环节。如果企业能够直接同国外一些大型零售商建立关系,企业就可缩短销售渠道,有利于产品外销。如果选用这一方式,企业就要预先对国外的销售机构和市场情况作调查,从中选择出适合的中间商,并与其建立一定的联系。

在我国,寻找、选择国外中间商的渠道很多,可以通过媒体广告搜集,也可以通过涉外银行、国际商会、商务参赞处、商业咨询中介公司、工商企业名录、当地国外子公司等机构的介绍和推荐获得,还可以通过参加贸易洽谈会、交易会、博览会、国际展览会的方式来结识合作伙伴。像我国具有世界影响、一年举办两次的广交会,有许多外商来华看样订货,企业就可以利用这一机会,了解国外市场行情并与某些外商建立长期的联系,以利于产品的出口。从 2000 年 1 月 1 日开始,中国国际电子商务网开始运行,外经贸部的所有外贸管理业务,如纺配招标、机电招标、进出口许可证及原产地证的申领、加工贸易的审批也在这个网上进行,这无疑是企业面临的又一巨大商机。

如果商品外销数量巨大的话,企业常常在销售国设立驻外办事处、展示中心、消费者服务中心,或派出海外销售代表,为中间商提供技术支持,树立产品形象及企业良好信誉,增强消费者的购买信心,从而扩大销售成果。

2. 企业在海外自设销售系统

企业在海外建立销售分公司,派出自己的销售人员常驻国外销售产品,通过这种分销系统,产品可不经过进口商之手,也尽量不经过批发商或零售商店,将产品直接卖给国外的消费者。这样,企业可以在国外自设零售点,直接接触外国市场,同时对需求和竞争情况作深入了解,信息反馈快,有利于企业正确决策。企业可以对海外机构和产品进行有效的控制。但是,这一方式的海外销售费用高昂,一旦销量达不到预期目标,或国外政策、经济形势发生变化,或推销方式难以适应当地环境要求,企业将损失惨重。因此,此方法只适用于产品销量大且稳定的消费品,或者大型成套机器设备的销售。企业采取这种方式时要慎之又慎,不可打无把握之仗。格兰仕在进入国际市场时,就彻底放弃自己做市场终端的想法,他们提出了一个口号:“做市场终端哪怕跨出一步就意味着死亡”。这话有些危言耸听,但反映了格兰仕稳重的经营作风。

3. 与国外生产商合作使产品进入国际市场

甲国制造商虽然自己在国外无销售渠道,但可以和乙国的某一制造商合伙经营,使产品能顺利进入乙国市场,在甲国生产出来的产品利用乙国制造商的品牌,由乙国的合伙方通过原有的渠道在乙国或第三国市场上销售。合伙生产的形式很多,如可以由乙方提供资金、设备、生产技术、管理技术或仅提供销售能力,甲方提供劳力和土地,乙方最后从甲方处分取一部分利润。这就是所谓的OEM形式(贴牌加工)。这种生产形式和销售方式在国外早已出现,近来,我国也采用了这一方式。一些外国公司由于国内工人工资高、原材料贵、生产成本高,而我国劳动力充裕、原料丰富、价格也低,这样外国公司愿意和我国企业合作生产。例如,美国的百事可乐公司与深圳汽水厂合作生产百事可乐,80%的产品销往美国或其他国家,但仍采用百事可乐的商标。由于该公司在国际市场上有很高的声誉,这样我方就无须做很大的努力就可以使合作产品顺利进入国际市场。但是,采用这一方式时,如果由于某种原因,一方中断合作,将会使产品失去原有市场,并使另一方处于相当被动的境地。

间接出口和直接出口的共同特点是产品在本国生产,因此,企业的核心是出口贸易。我们在表14-1中列出企业在采用这两种方式时常犯的十大通病,以示警戒。

表14-1　企业在出口时常犯的十大通病

序号	内　容
(1)	出口前未得到高质量的出口咨询,国际计划不周
(2)	最高管理层的能力不足以进行国际营销
(3)	在选择国内外代理商和分销商时不够谨慎
(4)	好高骛远,不愿踏踏实实地选定目标市场积累利润,而是满世界追逐国外订单
(5)	国内市场激增时忽视出口业务
(6)	不能以与国内分销商那样的平等地位对待国外分销商
(7)	不愿为满足其他国家的特殊需要或规定而调整产品
(8)	没有用当地语言印刷、服务和产品质量保证说明文字
(9)	没有考虑使用出口管理公司或其他营销中间人
(10)	没有考虑采取许可交易或合资经营

(三)许可生产(Licensing)

许可生产是许可方与国外的被许可方达成协议,由许可方向被许可方提供专利权、商标权、产权、产品或工艺技术、商业秘密等条件,由被许可方负责具体生产、销售,并向许可方支付一定的费用或提成的一种国际营销方式。这也是通常所说的技术转让。近二十年来,欧美及日本的公司凭借先进的技术,在工业品和日用消费品方面纷纷开展国外许可生产。例如,美国嘉宝公司的婴儿食品打入日本市场靠的就是许可证协议;可口可乐公司的国际营销也是从在世界各地以许可生产形式设立灌装厂、特约代营装瓶业务开始的。

采取许可生产的方式有较多的优点:第一,它无须输出资金,对小企业最为适合。第二,它通常是进入国外市场最便捷的途径。因为即使是资金充裕的企业,要建立当地生产和分销网络也需要漫长的时间过程。第三,企业可以藉此获得对当地市场的了解,避免了因不熟悉国外市场环境而产生的问题。第四,节省运输成本和销售费用。第五,一些国家为了保护本国工业,对输入的外国产品采取高关税和其他贸易限制,在某些行业规定了外资比例,但由于发展经济的需要,又希望引进先进的技术,许可生产可以满足东道国的愿望,对于实施国际营销的企业来讲,可以绕过关税壁垒和其他贸易限制,减少了经营风险。

例如，美国的 Philip Morris 以生产"万宝路"牌香烟闻名于世，该公司就是采取许可生产的方式在国外市场上经营的。之所以采取这一方式，是因为许多国家政府对烟草业实行垄断经营，进入这些市场的唯一途径就是许可国外企业生产和销售"万宝路"香烟。

尽管许可生产有许多优点，但也不能忽视其缺点。许可生产的一个最大缺点是可能将被许可企业培植成自己未来的竞争对手。在 5 年或 10 年的许可生产协议期间，许可生产方可能向被许可方输出了许多生产技术，终于有一天被许可方能够独立进行生产了，这对于许可生产方来说，也意味着丧失市场，甚至相邻的市场也丧失了。不过，如果许可生产方的品牌对于被许可方极为重要，那么，发生这种情况的可能性就小多了。

许可生产的另一个缺点是可获利润有限。尽管无需输出资金，但许可生产方必须投入管理和操作时间。许可生产的利润基本上局限于只占被许可方销售额的某种比例，通常为 3%～5%。相比之下，直接在国外生产虽然需要投入较多的人力和财力，但它产生的利润也比较大。

许可生产还有一个缺点是难于控制被许可方。尽管合同详细地载明了双方的责任，但是在执行中难免发生误解和冲突。最易发生冲突的是质量控制、被许可方的营销绩效、独断专行和市场范围的限制等问题。

如果企业打算以许可生产的方式进入国外市场，那么需要采取以下策略减少其风险：

(1) 慎重选择被许可生产商，这关系到企业的长远利益问题。公司应对若干个候选的被许可生产商进行甄别和认真评估其优劣。许多企业只按照被许可生产商的主动性和热情来选择他们，而不考虑其生产能力和商誉，用这种方法很难选出理想的对象。

(2) 仔细商定许可生产协议，以保护企业利益。许可生产方输出技术或工业产权之后必须对许可生产协议保有某种控制力。值得慎重对待的问题包括：协议的适用范围、有效期限、特许权益、保守交易秘密、最低标准的履约条款和质量控制等。

(3) 许可生产方不可向被许可方提供一揽子权利和生产技术，而应该从国内输出极少数关键零部件或配料，从而加强自己的控制能力。许可生产方可以用这种方法保持被许可方对自己的依赖性。

(4) 为了获得被许可方的股权，许可生产方或者输出资金或者以获得被许可方的股权代替特许的报酬，从而加强对被许可生产商的控制。许多合伙企业正是用这一方法来安排许可生产的。由于通过这一方式许可生产方可以不断地获得股利，因此，当双方的协议期满后，被许可生产商很难摆脱前者的控制。

(5) 许可生产方可以通过限制产品和营销范围来加强对被许可方的控制。另外，许可生产公司还可以单独与对方签订新产品开发的协议。不过，如果产品调整和新产品开发措施由双方共同进行，那么协议应该载明具体要求。

(6) 许可生产方应在国外市场上用自己的名字(而不是被许可商的名字)，为自己的专利和商标申请注册。

(7) 为了促使被许可生产方有效地履约，许可生产方应不断地保持协议具有强大的吸引力。为达此目的，许可生产公司既要协助被许可方进行生产和营销，又要保持技术、产品和营销的优越条件，不断进行技术创新，以使被许可方不断地从许可生产协议中获得一定收益。

(8) 有两种情形标志着公司的许可生产是成功的：①许可生产公司对于许可生产有一套策略和计划；②许可生产公司有专门负责许可生产的部门或负责人。换句话说，许可生产应该是有系统、有计划地进行的，而不是偶然地或因追逐零散的利润而任意开展的。

(四) 合资经营(Joint Ventures)

合资经营是指企业与国外投资者联合投资组成企业，共享所有权，共同实行管理的一种国际营销方式。

合资经营的基本性质是共同投资、共同经营、共担风险和共负盈亏。

合资经营按出资比例的不同，分为多数股权、对等股权和少数股权。即外国过半、各占一半、本国过半。投资比例越大，对企业的控制权也越大。发达国家实行开放的政策，一般不限制外资比例，但对于一些特殊的部门，如电讯电报、航空及内河航运、广播电视(舆论工具)、金融保险及被认定的外资比重不宜过大的部门和行业，在出资比例上会加以限制。发展中国家对外资比例的限制要严格一些，如印度、墨西哥一般规定外资比例不得超过50%(控股比例)。

1. 合资经营的投资方式

(1) 现金投入。一般是资本性货币，用于固定资产和流动资金。

(2) 实物出资。包括土地(一般指使用权，年限为50年左右)、厂房、基础设施(水、电等)、机器设备、生产原材料等。一般土地、厂房、基础设施是东道国出资方式，对外投资方可以以机器设备、生产原材料等实物进行投资，实物投资有作价问题，我国前些年在进口设备中就有以次充好、以旧充新的问题，因此，在接受外来的实物投资时，一定要注意设备的先进性与效益性。

(3) 工业产权出资。即对外投资方以商标使用权、专利和专有技术投资。与许可生产不同的是前者拥有股权，而后者仅为协议，没有股权参与，不具有控制东道国企业经营的能力。工业产权出资的难点在于专利、专有技术的估价，这也常常是合资双方在进行合资谈判时分歧最大的方面。

另外，一些无形资产，如销售网络、管理等也可作价入股。例如，小天鹅股份有有限公司是全国最大的全自动洗衣机生产企业，它与国内58家大商场建立了牢固的业务关系。销售网点917个，市场份额连续10年占全国的40%。在同德国西门子公司合资时，对方同意小天鹅将其国内营销网络折股1.6亿元人民币。

2. 合资经营的优点

(1) 凝聚力强。由于合资双方的局部利益和整体利益是一致的，因此，各方能各显其能，相互配合。

(2) 合资各方的权、责、利明确。股权较多的一方，控制程度高，因而获利多，但相应承担的风险和责任也较大。

(3) 能引进和运用先进的技术和科学的管理方式。对外投资方明白要想在东道国获利，就必须以优质、低价的产品占领市场。

3. 合资经营的缺点

(1) 当双方在投资、市场营销、利润分配和其他重大经营决策上出现不同意见时，结果不利于少数股东，使其处于被动地位。

(2) 尽管股份的多少决定着控制力的大小和利润的分享比例，但还是涉及责任分担不平衡的问题。有时候，对外投资方拥有对等股权，但是却感到自己在经营过程中所付出的技术、管理技能以及其他方面的努力超过50%，而所得到的利润仅仅是一半，合作伙伴获得了太多的“免费好处”。

(3) 合资经营会妨碍跨国公司执行其建立在全球基础上的特定的生产与营销政策。当对外投资方希望使产品设计、质量控制或其他方面标准化时，就会遭到合作伙伴的反对。

4. 国外跨国公司同我国企业进行合资的条件

(1) 我国政府在一段时期内，限定采用合资方式，如汽车制造、商业零售、外贸等，只允许外资以合资方式进入。

(2) 中方能提供国内营销网络或类似特许经营的权利。例如，前面所说的与小天鹅的合资。台湾新丽华公司在大陆投资若干家企业生产各类电线电缆，选择的合资伙伴都是当地电信局所属的通信器材公司。其原因是借助于电信部门的特殊权力和地位(因为铺设线路、安装电话私人无权自我决定)，产品可全部销售给电信局。

(3) 只有中方能提供有关客户、市场方面的专门知识，以及中方在国内市场上有号召力的品牌，如"海尔""神州"。

(4) 需要中方提供某些难以从公开市场获得的生产资源和公共信息，如富士通、西门子、拜耳等公司与国家有关部委、全国性行业公司的合作。

(5) 利用我国给予合资企业的某些特殊优惠政策，如设备进口零关税、免二减三等。

(6) 转让成熟或淘汰的技术、设备，利用我国与国外技术设备方面的差距，通过合资方式来延长技术及设备的经济寿命。

(五) 独资经营(**Sole Investment**)

企业在国外独自投资建厂或成立国外全资子公司，独立经营，自负盈亏的一种国际营销方式。独资可以是直接投资建厂，也可以对当地的企业进行收购改造。理论上来说，独资是指100%的所有权归国外投资方，但实际上由于东道国的限制，国外投资方只能得到全部收益的95%或者更少。

1. 独资经营对外国投资方的优点

(1) 拥有绝对的投资控制权。在资金运用上自主性大，避免了合资经营中投资双方在经营、出资比例和方式、利益分配等方面引起的矛盾。由于能够独立地行使经营决策权，处理问题迅速、果断。

(2) 国外投资方拥有绝大部分国外经营利润，在收益上不会产生纠纷。一般情况下还允许利润汇回本国。

(3) 有利于投资方保守技术诀窍与商业秘密。在技术上，由于投资项目在国际上具有先进性和垄断性，一般不愿意将核心技术扩散、流失，所以采用独资方式经营很有利。在财务管理上，由于原材料采购、生产组织、销售等只对单一所有者负责，易于保守企业秘密。

(4) 可充分利用东道国丰富的资源、廉价的劳动力和广阔的市场，降低产品成本，取得高于国际平均水平的利润。

(5) 对跨国公司而言，可以进行资金、产品、价格、市场的全球统一规划，统一调配，形成统一的生产经营体系。

2. 独资经营的缺点

独资经营的缺点是投资额庞大，风险性较大。如果投资环境发生变化，如货币不能自由兑换或货币贬值，时常出现萎缩或工厂遭受当地政府接管、没收等，企业又没有良好的调整能力，则易遭受重大的经济损失。

随着直接投资规模的日益扩大，一个母公司所拥有的合资、独资企业由一家发展到多家，企业便要实行一体化营销，在专业分工上，把提供原材料、零部件、最终产品的子公司设置在最有利的国家和地区，合理地分配资源，大规模专业化生产，形成集投资、生产、贸易服务、信息于一身，跨不同产品、不同行业的综合性跨国公司，实行网络管理体制，允许人力资源、信息等在母、子公司网络内自由流动，整个公司相互支持、相互配合，朝着一个同一目标运作，共同开发，共同生产，共同占有市场，共享资源和收益，最终发展成为混合体经营方式。

进入国际市场，还有其他的一些方式，如契约式经营、国外装配、转口贸易、补偿贸易、国际租赁、易货和对销贸易等，这些方式在特定环境条件下，也不失为不错的进入国际市场方式。总之，一个企业选择什么样的方式进入国际市场，是与自身的生产规模、产品生命周期、在国外市场所能达到的销售量以及企业市场经营目标等因素密切相关的。在具体方式的选择上，企业必须首先了解企业的国际营销现状，明确自己的目标和要求，同时综合考虑各种进入方式所具有的优点和局限性，并对其进行评价，从而选择出最佳的方式进入国际市场。

为了完整地理解进入国外市场的营销策略，我们以日本的丰田、松下、索尼等公司为例说明。

3. 独资经营的国际营销策略阶段

(1) 第一期(第 1～第 2 年)，自开始进入某海外市场起 2 年内。策略：销售公司现有产品，在行销研究上仅作简单的统计分析，进行有限制的市场渗透及促销活动，几乎不提供服务，不参与投资，也不改进产品，仅使用国内可用之资源，尽可能采用邮购或独立中间商，尚谈不上变更组织、人事。组织管理及所有权绝对控制在本国母公司。

(2) 第二期(第 3～第 4 年)。策略：考虑推出相关产品，进行较复杂的行销研究、市场渗透及经由特别设计的促销活动，提供服务，改进现有产品，租用当地厂房或与当地合作生产，进行直接投资，沿用邮购方式、独立中间商，采用代理商、业务代表，任用专家，轻微地变更组织制度，与当地厂商虽然维持合同关系，但控制权仍然在母公司手里。

(3) 第三期(第 5～第 9 年)。策略：全面发展相关产品，进行当地市场分析，全面渗透市场，努力促销，提供服务，并进行产品设计，在当地生产，采用代理制或业务代表，母公司开始幕后组织，建立海外附属机构，控制较为松弛。

(4) 第四期(第 10～第 19 年)。策略：产品及行销策略沿用上期，但本期开始发展较特别的产品，实行交互生产(甲地生产交予乙地装配或再制)，由海外附属机构或分公司销售，采用全球式的幕后及组织制度，实行分权管理，与当地厂商建立合资企业，成立事业部。

(5) 第五期(20 年以后)。策略：除了采用多国性组织、运作，建立多国性公司以外，一切策略大致与第四期相同。

上述的策略时间仅是一个参考，策略的采用与否或采用方式，都应以能适应企业的目标为前提，若忽视企业的性质、规模及当地情况，一味仿效，极可能招致失败。

4. 国际产品生命周期理论

美国的维农(R. Vernon)教授提出国际产品生命周期理论，阐述了发达国家出口贸易、技术转让和对外直接投资的发展过程。维农将产品周期分为四个阶段，如图 14-3 所示。

(1) 新产品开发阶段($t_0 \sim t_1$)，即创新阶段。开发国在开发新产品、采用新技术方面居于优势地位，这一阶段，厂商垄断技术诀窍，将新发明的技术首次用于生产，最有利、最安全的选择是在国内组织生产，大部分产品供国内市场，并通过出口贸易形式，满足国际市场的需求。

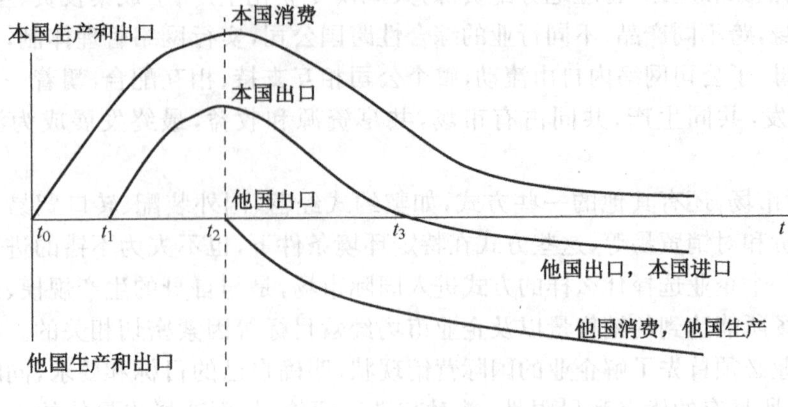

图 14-3 国际产品生命周期理论

(2) 产品成熟阶段($t_1 \sim t_2$)。这一阶段，新产品日益成熟，产品日益定型，同时新产品吸引了国外大量消费者，因而开始时出口量迅速上升，但潜在的市场也使他国厂商模仿制造该产品，这些厂商与本国厂商相比，在运费、关税、市场开发费用等方面具有优势，因而产品价格比本国进口货低。这样，本国向他国的出口增长率降低。由于本国在成本上较低，在 t_2 点达到最大出口额。

(3) 产品饱和阶段($t_2 \sim t_3$)。他国厂商经过一段时期的模仿以后，随着经验的积累和产量的增加，逐步达到经济规模，本国的出口开始下降，并逐步被排挤出他国市场，但在本国国内市场上，由于关税保护，仍由本国厂商垄断，在 t_3 点上本国向他国出口为 0。

(4) 产品标准化阶段(t_3 以后)。他国已能在本国和第三国市场上获得足够的利润，他们就会利用剩余的生产能力生产该产品，向原开发国削价竞销，同时，生产的相对优势已转移到技术水平低、工资低和劳动密集型产业占优势的地区，愿意向第三国直接投资，转让标准化技术。他国大规模减少或停止在本国生产该产品，转为从第三国进口。

产品周期理论能够帮助企业选择出口、技术转让、直接投资的时机，但在实际应用中，确定产品当前处在生命周期的哪一阶段是相当困难的，需要运用专业方法加以判断。

其他的有关理论还有波斯纳(M. Posner)的"技术差距理论"、林德(S. B. Linder)的"偏好相似理论"、海默(S. H. Hymer)的"垄断优势论"、巴克雷·卡森和拉格曼的"内部化理论"、邓宁的"国际生产折中理论"等，企业在进行国际市场营销时可作为理论上的参考。

三、国际市场营销策略

(一) 国际产品策略

不同国家的消费者对具体产品的要求是不一致的。因此，企业要根据不同的产品特性采取不同的策略。

1. 相同产品提供相同效用

相同产品提供相同效用，供应所有市场。这是一种最简单的策略，其优点是：可使产品批量扩大，产品成本下降；产品设计、产品工艺简化得多；可适合顾客的旅行和迁居，不论到哪一个国家和地区，都可以找到相同的产品；可调剂各不同市场间的产品供需，如各种矿产品，化工产品。美国的可口可乐即如此，它在全世界几乎都保持相同的品质。

2. 相同的产品供应不同用途的市场

相同的产品供应不同用途的市场，在广告、使用说明等方面有所更改。例如自行车，在美国等国家属运动器械，而在其他一些国家属交通工具。

3. 相同产品不同的市场生命周期

相同产品在不同市场处于不同的市场生命周期。某种产品在国内市场虽然进入成熟期，但对于其他国家的市场而言，由于时差关系，这种产品尚处在早期投入引进阶段。在国际市场营销中，必须分析在同一时间内，产品在不同的国际市场中所处的阶段。

4. 变更产品

为适应国际市场消费者的需要，在某些方面做相应的变更。变更的方法有如下几种：

(1) 功能的更改。根据市场环境的不同，在同一产品上增加或减少一部分功能。

(2) 外观的更改。即色彩和造型方面的更改。各国文化背景不同，对产品的色彩和造型也有着不同要求。

(3) 包装的更改。由于地理环境与条件的不同，以及文化因素的影响，不同地区包装都有着不同要求，所以，应根据市场环境的不同而改变包装。

(4) 标签的更改。不同的国家，要用不同的文字。以符合当地有关法规的规定，同时使消费者更易了解产品。

(5) 品牌和商标的更改。一般情况下，不宜更改品牌和商标，但如果品牌和商标与进口国的文化风俗习惯有冲突，则要作更改。

产品的变更，既要考虑消费者需要，也要考虑成本费用的增加。如果改进后有一定的经济效果，有利于扩大销售，能补偿所花的费用，则更改是值得的。

5. 产品创新

产品创新是指专门针对某一国市场的特殊需要设计一种新产品。国际市场变化多端，只有不断生产新颖的产品，才能争取顾客，开拓市场，使自己在国际市场竞争中立于不败之地。

另外，产品的质量保证和售后服务(包括交货、安装、修理和保养以及提供各种零备件)也是相当重要的，尤其是家电和机械产品。对于国外顾客，更倾向于购买有严格的生产质量控制、方便维修服务的产品。因此，企业一方面要对产品进行国际标准化，取得国际认证，如 ISO 9000 系列、ISO 14000、美国 UL 认证；另一方面，要有计划地逐步在国外建立服务网络，提高知名度和信任度，这样才能达到理想的促销效果。

(二) 国际定价策略

国际市场的定价是一项十分棘手的工作，因为国际市场的价格除了受价值规律支配以外，各国的政局、对外政策、经济周期、垄断和竞争、国内货源、财政收支、工资水平、科技实力等都会引起价格的波动。另外，在国际市场定价时，还要考虑关税、运输条件、支付方式等。因此，除了在前面章节中讲的定价方法和策略外，还应考虑以下内容。

1. 出口价格构成

在直接出口产品时，一般包括如下几项：

(1) 基本价格。即国内采购价格或出厂价格。

(2) 出口费用。包括运费、报关费、保险费、包装费、内陆运费、仓储费、检验装船费用等。

(3) 出口杂费。包括利息费、邮电费及其他杂费。

(4) 预期利润。

最终价格除了出口价格外，还要加上中间商(进口商、批发商、零售商)利润。这样，销到国外的产品出厂价格虽然很低，但经过层层手续和各种中间商，到达目标市场的最终价格必然要高。我国某些出口到日本的产品，最终价格往往是出厂价的5～6倍。最终价格关系到市场销路的大小，因此，应通过各种途径，设法降低各种费用的开支和减少中间环节，促使最终价格降低，增强产品在国际市场上的竞争能力。

在报价方式上，一般来说，出口方愿用FOB厂价报价，而进口方愿意接受CIF价，使用后一种报价方式具有促销优势。

在选择报价货币上，出口公司当然愿意用本国货币报价，可是外国进口商也希望用自己的货币报价，因为这可以使他们避免汇率波动可能造成的损失。在这种情况下，出口公司应该设法与对方妥协，或者用对方货币报价，或者选择双方能接受的其他货币报价，这样往往能达到促销的目的。

在结算方式上，出口商经常区别对待国外购买者。例如，国内购买者可以用赊销的方式购买产品，但是国外进口商则必须以信用证付款。国外客户一般愿意接受与出口国内客户相同的结算方式，如果出口商想以此作为促销手段，那么应该尽可能地满足对方的愿望。

国际市场营销的价格策略，有三种选择：

(1) 在各地统一定价。这种策略较少见，因为各国的经济状况、居民收入和消费水平是不同的。

(2) 根据各国市场需求、竞争定价。如果公司的产品质量高于对手，那么，公司可以采取高定价策略，以树立产品的品牌和质量形象。在购买力比较低的国家，公司应适当降低产品的价格。例如，可口可乐公司用这种办法，以各国所能承受的价格销售。但是，这样忽视了各个国家之间的实际成本的差异，另外，有价格歧视或倾销的嫌疑，易遭到当地国的法律惩罚。

(3) 根据各国成本定价。依据各个国家的实际成本，在世界各地使用统一的标准成本加价。

2. 转移定价

对于跨国直接投资，内部各部门、子公司间产品交易较频繁的企业，存在着“转移定价”(Transfer Price)的选择。转移定价是指国际企业下属海外不同的部门和机构之间商品和劳务的交易价格。一般来说，有三种基本策略：

(1) 高转移定价策略。有意提高转移价格，以使产品中的成本或获取的利润在国际企业内部得以重新分配，从而实现资金的定向移动。用这种定价策略，就可以使企业达到在有利的地区积累利润，在不利的地区减轻税赋，或确保赢利汇回本国的目的。即当产品由高关税国家或地区调往低关税国家或地区时，使用此策略，就可以在低税国内积累利润；或者当产品由低所得税国家或地区调往高所得税国家或地区时，应用此策略，从而可以少缴所得税。

(2) 低转移定价策略。有意压低转移价格，以使产品的成本或获取的利润在国际营销企业内部得以重新分配。用这种定价策略，也可达到减轻税赋的目的。即当产品由低关税国家或地区调往高关税国家或地区时，使用此策略，就可以降低征税基础，从而减少关税负担。

(3) 适中转移价格策略。前面两种策略之间的一种转移定价策略。其目的主要是为了维护国际企业内部各方的利益，调动各个部门的积极性，并使其经营实绩在全面利润中得到合理体现。当进行交易的两个部门所处的外界环境相同或类似时，如两个国家或地区的税率相同，常用此方法。

国际营销企业的高层管理者，应根据不同的情况，各国不同的税收制度和政策、法律环境，选用不同的转移定价策略，来达到不同的目的。

（三）国际分销策略

外销和外贸企业在国外选择国际销售渠道时，一般有如下几种策略可供选择：

(1) 渠道扩展策略。这种策略是尽可能多地使用中间商，实施渠道扩展，广泛分销，对中间商负责的地区范围不作明确规定，对其经营能力不严格要求。

(2) 独家经营业务策略。即在国际市场的一部分地区内。只有一家中间商经营其产品。这种策略包括包销和代理两种方式。双方要签订书面合同，规定双方的权利和义务。

(3) 精选策略。即在同一目标市场中精选少数符合要求的中间商。这些中间商一般销售能力强、信誉好。他们并不享有独家代理经营权，但相对集中。没有特殊情况，外销企业不再与其他客户成交。

(4) 短途渠道策略。这是一种减少渠道中间环节，出口者尽可能与实销户见面的渠道策略。这不仅有利于扩大销售网络，而且可以争取有利的交易条件，改变过去那种把生意让给进口商去做的被动局面。外销企业的营销渠道越长，销售成本就越高，往往造成经营利润下降。克服这一缺点的方法就是在当地市场建立营销子公司。这是外销企业常用的一种最有力的促销措施。

（四）国际促销策略

促销包括广告、宣传、人员推广、销售促进等。促销的目的在于沟通信息，提高企业产品声誉，激发消费者的购买欲望。因此，不同的手段有着不同的策略。

1. 国际广告

最重要的决策就是广告的标准化和适应化程度的确定。以国内市场为目标的企业通常不会花费太大的精力研究，因为，多数情况下，就一个国家或地区而言，尽管会存在诸多差异，但无论从量上还是质上讲都相对较小。但以世界市场为目标的企业则无法回避这个问题，因为不同的选择会直接影响到广告的效果与花费。在世界范围内实行标准化广告会极大地节省人力和财力，但常常会因为市场的诸多差异导致广告在不同的地区效果差异太大，针对不同的市场采用不同的广告会因成功地解决不同地区或国家之间的差异问题而收效显著，但付出的是巨大的广告费用。

广告的标准化和差异化问题主要取决于购买者的购买动机，其次是语言问题。另外，其他诸如媒体可获性、广告代理机构的选择等限制因素也影响了国际广告的标准化与差异化决策。一些跨国公司认为，从资源配置及控制角度讲实行标准化广告有利，但不同国家之间的基本民族差异又要求广告模式在许多情况下作适应性变化。大多数公司也力求达到高度的广告标准化，以统一企业和产品形象。为此，许多大公司在总部策划一套典型示范性的广告活动，然后将此活动推广到各国的子公司去，每个子公司都必须采用这一广告的基本主题，但他们可享有较大的自主权，可以灵活改变表达这一基本主题的创造性方法。这样，既可控制在世界范围内所作的广告主题，同时又兼顾了个别市场的具体特点。

2. 人员推销

人员推销管理依然包括招聘与选择、培训、激励、监督与报酬等内容，只是由于多局限于特定国家内，因此销售人员管理多属分权式，公司总部只起监督、指导作用。

3. 销售促进

销售促进在某些国家市场上很有效果，特别是一些低收入国家，消费者常常对“不劳而获”极有兴趣，因此，免费品尝、赠物及有奖销售等大受欢迎。但有些国家对销售促进有各种限制，如规定免费赠物的价值限定在产品售价的某一百分比上(法国为5%)，赠物种类必须与所销售的产品有关系等。当地市场上的竞争形势也对使用销售促进法有一定影响。另一方面，企业可能觉得自己是被迫使用特殊销售促进手段，因为竞争对手也在使用这种手段。也许使用特殊的销售促进手段并无利润而言，可是如果不使用，会给企业带来损失。一方面，当企业通过强有力的销售促进手段获得巨大效益时，市场国竞争对手必然要采取措施，他们要么采取贸易联合行动，要么通过政治、法律渠道来达到限制企业的目的。例如，某国际公司以生产空调而著名，该公司通过使用销售促进手段将产品成功地打入日本市场。成功的秘诀是：①邀请当地杰出的商人去国外旅游；②对当地采购本公司空调的人员奖励价值30万日元的彩电。结果日本空调生产公司采取联合行动强烈要求禁止使用上述两种奖励手段。他们的要求得到日本“公平贸易委员会”的批准，这家国际公司只得放弃原来的促销策略。

企业在选择、确定具体销售促进措施之前，要了解当地市场的有关情报，然后再确定投入多少资金用于支付各种开销。此外，还应注意配合使用广告、人员推销等手段以求最终扩大销售量。

【本章小结】

服务营销是随着服务业的兴起与发展而产生和发展起来的。服务具有无形性、不可分割性、可变性和易消失性和缺乏所有权五个基本特性。服务的特性对设计市场营销方案影响极大。服务营销策略的重点体现为对服务参与者的管理策略、服务有形表现的设计策略、服务提供过程的实施策略、服务能力与需求管理策略，以及整合服务营销沟通策略的计划和实施。

国际市场营销对于企业扩大产品市场份额，实施战略扩张起着举足轻重的作用。由于国内外市场环境的重大差异，在具体的营销策略、营销计划及营销业务等方面与国内市场营销有较大的差别。

进入国际市场有间接出口、直接出口、许可生产、合资经营、独资经营五种基本方式。一个企业选择什么样的方式进入国际市场，是与自身的生产规模、产品生命周期、在国外市场所能达到的销售量，以及企业市场经营目标等因素密切相关的。在具体方式的选择上，企业必须首先分析企业的国际营销现状，明确自己的目标和要求，同时综合考虑各种进入方式所具有的优点和局限性，并对其进行评价，从而选择出最佳的方式进入国际市场。

国际营销组合策略包括国际产品策略、国际定价策略、国际分销策略、国际促销策略。

【同步测试】

一、概念

服务　国际市场营销　直接出口　间接出口

二、选择题

1. 民航服务属于(　　)。

A. 作用于物的有形服务　　B. 作用于人的有形服务
C. 作用于物的无形服务　　D. 作用于人的无形服务

2. 街头收费电话属于(　　)。

A. 连续性,会员关系的服务　　B. 连续性,非会员关系的服务
C. 间断性,会员关系的服务　　D. 间断性,非会员关系的服务

3. 交通运输、饭店和宾馆一般属于(　　)。

A. 需求波动幅度较小的服务
B. 需求波动幅度大而供应基本跟得上的服务
C. 需求波动幅度大并会超出供应能力的服务
D. 需求波动幅度较大并会超出供应能力的服务

4. 易逝性是由于服务的无形性和(　　)造成的。

A. 生产过程　　B. 不可分离性
C. 差异性　　D. 消费过程

5. 政府在经济发展中扮演的角色是(　　)。

A. 参与者与管理者　　B. 参与者与决策者
C. 参与者、管理者、决策者　　D. 管理者与决策者

6. 在国际市场进入模式中,以"新产品——新需求——国际市场"为基本格局的是(　　)。

A. 市场渗透型模式　　B. 产品开发型模式
C. 市场开发型模式　　D. 多种经营型模式

三、思考题

1. 简述服务的特性。
2. 服务市场营销组合有哪些因素?
3. 企业进入国际市场有哪些方式?

【技能训练】

海外并购

当美国百年家电企业美泰传出出售的消息时,竞购者名单中赫然出现海尔的名字,一下子吸引了海内外众多的目光。

海尔的国际化路线是特立独行的。1999年,海尔在美国的南卡罗来纳州开办了一家家电组装工厂,尽管在美国办厂成本很高,风险很大,盈利预期也不明朗,但海尔还是毅然这样做了。

海尔在美国市场的努力得到了部分回报,海尔的小冰箱在美国市场很畅销,其大尺寸的冰箱、窗式空调及便携式风扇在市场也取得了相当不错的成绩,分别有2%,16%和8%的市场占有率。一个不争的事实是,虽然海尔品牌在美国打出了一定的知名度,并且取得了一定的市场份额,但是其美国业务至今仍然处于亏损状态。

国内诸多企业非但没有采取海尔的国际化模式,相反却探索出自己的另一条国际化之路——跨国并购。

TCL作为吃螃蟹者,2003年成功合并了法国老牌家电厂商汤姆逊的彩电业务,组建了全球最大的彩电帝国。整合汤姆逊的彩电业务,TCL总裁李东生喊出了18个月内合资公

司盈利的目标。而联想也在2004年出资17.5亿美元成功收购了IBM的PC业务。

这种国际化运作模式比海尔原来的国际化路线来得更有声势，连海尔自己也向这种趋势靠拢。

美国时间2004年6月21日，经过长时间的酝酿和考虑后，海尔终于亮出了自己的初步收购计划。海尔美国公司联手两家美国知名私募基金——贝恩资本(Bain Capital)以及黑石集团(Black stone Group)以每股16美元的收购价向美国电器业的百年老店美泰公司抛出价值12.8亿美元的"绣球"。

分析：

1. 海尔在收购美泰之前对外直接投资采取的是什么方式？这种方式有什么缺点？
2. 国内其他企业没有仿效这种方式而纷纷采用收购方式的原因是什么？

部分参考答案

第一章 绪 论

二、选择题

1. B 2. B 3. A 4. C 5. C 6. A 7. D 8. B

第二章 市场营销环境

二、选择题

1. A 2. C 3. B 4. B 5. A 6. A 7. C 8. B 9. C 10. D

第三章 营销调查与预测

二、选择题

1. C 2. D 3. B 4. B 5. C 6. C

第四章 市场营销战略

二、选择题

1. C 2. A 3. A 4. B 5. A

第五章 消费者购买行为分析

二、选择题

1. D 2. B 3. B 4. A 5. A 6. B 7. B 8. D

第六章 组织市场及其购买行为分析

二、选择题

1. B 2. D 3. A 4. C 5. B 6. B

第七章　目标市场战略

二、选择题

1. D 2. C 3. C 4. C 5. B 6. A

第八章　产 品 策 略

二、选择题

1. A 2. C 3. B 4. B 5. A 6. A

第九章　品牌与包装策略

二、选择题

1. D 2. B 3. A 4. C 5. B 6. A 7. A 8. A

第十章　定 价 策 略

二、选择题

1. A 2. ABC 3. ACD 4. A 5. A 6. A 7. A 8. C 9. C

第十一章　分 销 策 略

二、选择题

1. ABCDE 2. A 3. B 4. ACD 5. A 6. C 7. ABCD

第十二章　促 销 策 略

二、选择题

1. AE 2. CDE 3. BCE 4. E

第十三章　市场营销管理

二、选择题

1. B 2. A 3. A 4. D 5. A

第十四章　服务营销与国际市场营销

二、选择题

1. B 2. D 3. A 4. A 5. A 6. D